教育部人文社会科学重点研究基地
南开大学中国社会史研究中心资助
中央高校基本科研业务费专项资金资助
中国社会科学引文索引（CSSCI）来源集刊

中国社会历史评论

Chinese Social History Review

第二十一卷·二〇一八

常建华 主编

天津出版传媒集团
天津古籍出版社

图书在版编目(CIP)数据

中国社会历史评论. 第二十一卷, 二〇一八 / 常建华主编. — 天津:天津古籍出版社, 2018.12
ISBN 978-7-5528-0737-0

Ⅰ. ①中… Ⅱ. ①常… Ⅲ. ①史评－中国 Ⅳ. ①K207

中国版本图书馆CIP数据核字(2018)第245270号

ZHONGGUO SHEHUI LISHI PINGLUN
中国社会历史评论
(第二十一卷)

常建华/主编

出版人/张玮

天津古籍出版社出版
(天津市西康路35号　邮编300051)
http://www.tjabc.net

三河市冠宏印刷装订有限公司印刷
全国新华书店发行
开本 787毫米×1092毫米 1/16　印张 20.25　字数 468千字
2018年12月第1版　2018年12月第1次印刷
ISBN 978-7-5528-0737-0　定价:86.00元

编辑委员会
（以汉语拼音为序）

顾问

冯尔康　刘泽华

委员

常建华	杜家骥	江　沛	李金铮	李治安	刘　毅
王利华	王力平	王先明	许　檀	阎爱民	余新忠
张分田	张国刚	张荣明	张　思	朱凤瀚	朱彦民

编辑部

夏　炎　张传勇

主编

常建华

目 录

【信仰与社会】

从"东夷首领"到"一方正神"：逄伯陵信仰演变考论 …………… 赵树国（1）
争衡圣域
　　——两宋间杭州宗教空间的变迁与重构 ………………………… 谢一峰（43）
山岳效灵：明代齐云山与休宁地方社会关系研究 ………………… 王　浩（72）

【石刻文献与社会】

唐永淳元年关辅灾荒的社会史考察
　　——基于出土石刻文献的新证 ………………………………… 徐　畅（94）
北魏刘晦墓志考释 ………………………………………………… 刘　昕（109）
北京明代公主墓志初步研究 ……………………………………… 周　莎（115）

【宗族与社会】

明初"江西填湖广"移民现象的历史解读
　　——以湘中地区为中心的分析 ………………………………… 李　扬（136）
清至民国河南西平的宗族建设
　　——以西平县权寨镇陈氏为中心 ……………………………… 朱绍祖（149）
试述北方宗族祠堂的演变与发展
　　——以豫北地区为中心 ………………………………………… 申红星（167）

【古史新论】

先秦忌日礼俗考述 ………………………………………………… 邓国军（178）
"孔子衣镜"不能作为刘贺的翻案依据

——基于汉代"孔子画像"的考察 ………………………… 何　丹(187)
明中叶毁"淫祠"行动中的思想因素
　　——以魏校欲罢祀陈献章于乡贤祠为例 ………… 庄兴亮　黄　涛(211)

【近世变迁】

《蚕坡章程碑》考论：地方社会、国际市场与产业变迁 ………… 武　强　刘　芹(222)
晚清教育改革与乡村塾师的家庭生活
　　——以祁门县胡廷卿为例 …………………………………… 董乾坤(242)
粗鄙之语
　　——民国时期作为叙事辅助的粤语脏话"丢那妈" ………… 林旭鸣(256)

【研究述评】

"南开中古社会史工作坊：中古中国的都市与社会"会议综述 ……… 路锦昱(266)
小历史与大历史勾连
　　——"生活与制度：中国社会史新探索"国际学术研讨会综述 …… 王嘉乐(272)

【书评】

宣卷研究的新史料和新视野
　　——《中国农村的民间艺能》述评 ………………… 朱小屏　张笑川(279)
浅谈《凤阳花鼓全书》的学术研究方法 ……………………………… 张英聘(286)
思想史与社会史结合的佳作
　　——读《新天下之化：明初礼俗改革研究》 ……………… 朱亦灵(291)
跳出范式的窠臼
　　——读《地方性流动及其超越：晚清义赈与近代中国的新陈代谢》…… 王　倩(298)

编后语 ……………………………………………………………………… (305)
英文摘要 …………………………………………………………………… (307)

CONTENTS

【Faith and Society】

From "Barbarian Leader" to "Official Divinity": Study on Faith Evolution of Pang Bo – ling ········· Zhao Shuguo(1)

To Compete in a Sacred City—the Transformation and Reconstruction of Religious Space in Hangzhou (960—1276) ················ Xie Yifeng(43)

Social Relations Study on Mount Qiyun and Xiuning County in Ming Dynasty ················ Wang Hao(72)

【Stone Inscriptions and Society】

The Socio – Historical Analysis on the Famine in the Guanzhong Area in the Year 682 of Tang—Based on New – Prove of unearthed Stone Inscriptions ············ Xu Chang(94)

Interpretation on Liu Hui Epitaphs of Northern Wei Dynasty ················ Liu Xin(109)

Priliminary Study on Princess Epitaph of Ming Dynasty in Beijing ············ Zhou Sha(115)

【Clan and Society】

Historical Interpretation on Migration Phenomenon from Jiangxi to Hunan, Hubei and Guangdong Province in Early Ming Dynasty—Analysis on Central Hunan Province ······ Li Yang(136)

Clan Construction of Xiping in Henan Province from Qing Dynasty to the Republican Period_ Centre on the Chens in Quan Zhai Town of Xiping Country ············ Zhu Shao zu(149)

Describe Clan Hall Evolution and Development in the North of China—Centre on North of Henan Province ················ Shen Hong xing(167)

【New Theory on History Opinion】

Investigation on Death Anniversary Etiquette and Custom in the pre – Qin Period ················ Deng Guojun(178)

"Confucius clothing mirror" Cannot be Used as the Evidence to Change Liu He's Historical Image—Based on the Investigation of the "Confucius portrait" in Han Dynasty ················ He Dan(187)

Mentality Factor on Local Officers' Activities of Combating Evil Deities in the Middle of Ming Dynasty—Taking Wei Xiao Dismiss Chen Xianzhang in the Temple of Local Respectable Dead Person as Example ·············· Chang Xingliang Huang Tao(211)

【Modern Times Changes】

The Analysis of Tussah Field Regulations Stele: Local Society, International Market and the Industry Evolution ·············· Wu Qiang Liu Qin(222)

Educational Reform and Family Life of Country Private School Teacher in Late Qing Dynasty—Take Hu Ting-Qing of Qimen County as Example ·············· Dong Qiankun(242)

Vulgar Language—Auxiliary Narratation Cantonese Dirty talking "Diu Na-Ma" in the Republican Period ·············· Lin Xuming(256)

【Research Review】

Meeting Overview on "Nan kai Middle Ancient Times Social History Workshop: Middle Ancient Times of Chinese City and Society" ·············· Lu Jinyu(266)

Relation Between Small History and Great History—A Summary of the International Symposium on "Life and System: New Exploration of Chinese Social History" ·············· Wang Jiale(272)

【Book Review】

New Documents and New View Points for Xuan Paper Studies—Review on Chinese Country Artistic Skill ·············· Zhu Xiaoping Zhang Xiaochuan(279)

A Brief Discussion on the Academic Research Methods of the Whole Book of Fengyang Flower Drum ·············· Zhang Yingpin(286)

Good Works of Intellectual History and Social History Combination—Book Review of Renewing Chinese Culture: Research on Etiquette and Custom Reform in Early of Ming Dynasty ·············· Zhu Yiling(291)

Thinking Outside the Paradigm—A Comment On Fluidty and Transcendence of Locality: Charity Relief in Late Qing and The Metabolism of Modern China ·············· Wang Qian(298)

Editorial ·············· (305)
Summary of Articles ·············· (307)

【信仰与社会】

从"东夷首领"到"一方正神":逄伯陵信仰演变考论

赵树国

【摘　要】 逄伯陵是商代活跃于古齐地的逄族的首领,在山东留下了诸多遗迹,如因其而得名之逄山等。先秦时期,齐地流行自然崇拜,这一习俗至汉代仍存。西汉后期,逄山因有石社、石鼓而被列入国家祭祀,此后逄山信仰开始流行。宋代以后,中国神灵信仰出现了新的变化,人格神逐渐兴盛。元明时期,逄山周边地区实现了村落重构,形成了"六社"格局,原先作为自然神的逄山崇拜转化为对人格化社区神逄伯陵的信仰。同时,六社地区围绕着"逄山影像"产生了诸多关于逄伯陵的传说。逄伯陵信仰之演变,既与中国神灵信仰的发展趋势相契合,同时又与六社地区的社会变迁密不可分。

【关键词】 逄山;逄伯陵;自然神;人格神;六社

民间信仰以神灵崇拜为主要特点,其产生、发展与人类文明进程紧密相关。中国的神灵崇拜由来已久,早在文明初曙之时即已滥觞,后随着历史的不断演进而被赋予新的内容,这一发展过程也折射出社会的变迁。以神灵崇拜为核心的民间信仰是探讨人类文明发展进程的一个重要内容。中国的神灵崇拜大都具有时间长、涉及面广的特点,因其时间长,故举凡被信仰的人物的"真实"的历史及其"成神"后的发展、演变等均应被考虑;因其涉及面宽,与之相关的政治、经济、社会、文化等因素都可能对其发展、变化产生影响。与此同时,神灵信仰也在影响着以上各种因素。因此,探讨中国民间神灵信仰的发展、演变,需将其放入其产生、发展的环境内,从长时段进行考察。

在漫长的历史进程中,中国民间神灵信仰因受政治、经济、社会、文化等各种因素的影响,不断发生着变化。这种情况引起了欧美学者的关注。詹姆斯·沃森在《神的标准化:在中国南方沿海地区对崇拜天后的鼓励(960—1960 年)》中提出了"神的标准化"概念,认为妈祖自宋代进入国家祀典,成为被国家"允准"的神灵,后来又被政府不断加封,实现了"标准化"过程。国家通过"标准化"这种"微妙的方式干预"极大地推进了天后信仰的传播,使其成为南方沿海地区一位声名显著的神灵。当然,天后之所以被广泛信仰还在于其信仰形态比较灵活,不同群体可以表达不同诉求,"社会等级各层次上的人都可以建构他们自己"对天后的看法。[①] 杜赞奇《刻化标志:中国战神关帝的神话》在梳理关帝信仰变迁时提出

---

① 詹姆斯·沃森:《神的标准化:在中国南方沿海地区对崇拜天后的鼓励(960—1960 年)》,见[美]韦思谛编,陈仲丹译:《中国大众宗教》,南京:江苏人民出版社,2006 年,第 57—92 页。

"刻化标志"的概念,指出自宋至清,国家一直通过"刻化"关帝形象,如战神形象等,以寻求其所需要的信仰标志。与此同时,其他群体也按照自己的需求"刻化"出关帝的其他形象,如财神等。值得注意的是,这些不同力量在对关帝形象进行"刻化"时往往并不矛盾,"刻化的机制自身也必然要求至少在标志周围要保留某些其他声音的存在",且有相通之处,"一个重然诺的武士转而忠于既有的权威;一个保卫庙宇、社区和国家的英雄转而成为健康和财富的确保者"。① 理查德·冯·格兰《财富的法术:江南社会史上的五通神》将代表财富的五通神形象的演变置于江南商品经济发展的大背景中,认为在16世纪及以前货币经济初步兴起造成严重的经济不稳定时,五通神形象为邪淫之神,而当18世纪市场经济稳定后,五通神形象则演变为积极的五路财神。② 以上文章为考察中国神灵信仰的发展、变迁提供了一个视角,那就是在考察神灵形象、传说内容演变时,要充分考虑到国家的塑造、不同社会群体的需求,以及社会环境变化的作用。

除此之外,中国民间神灵信仰体系的演变与地方社会密切相关。除观音、关帝、妈祖、文昌等全国性神灵外,还有大量的地方性神灵,他们的产生、发展与本地历史、文化密不可分,只有将其置于特定的区域历史脉络中方能厘清其变化轨迹。这一点为学者所关注。郑振满《神庙祭典与社区发展模式——莆田江口平原的例证》探讨了莆田江口平原地区神灵体系、神庙祭典与地方社会发展之间的关系,为本文提供了借鉴。③ 赵世瑜关注到南、北方的不同,提出"做华北的研究又特别要注意国家的在场""华北的研究往往是长时段研究",为本文提供了方法论的启迪。④

盛行于今青州西南部山区(即清代临朐县西北"六社"⑤)的逄伯陵⑥信仰,是当地历史悠久、内容丰富的一种民间神灵崇拜。该信仰发轫于先秦时期,至今仍存,对当地历史文化产生了深远的影响。逄伯陵是上古齐地逄族的首领,其事迹史籍记载甚少,有学者曾对此

---

① 杜赞奇:《刻化标志:中国战神关帝的神话》,见[美]韦思谛编,陈仲丹译:《中国大众宗教》,第93—114页。
② 理查德·冯·格兰:《财富的法术:江南社会史上的五通神》,见[美]韦思谛编,陈仲丹译:《中国大众宗教》,第143—196页。
③ 郑振满:《神庙祭典与社区发展模式——莆田江口平原的例证》,《史林》1995年第1期。
④ 赵世瑜:《小历史与大历史——区域社会史的理念、方法与实践》,北京:北京大学出版社,2017年,第6、7页。
⑤ 逄伯陵信仰流传的青州西南部山区,主要在今青州市王坟镇境内,历史上这一地区长期属于邻近的临朐县,在明清时期由"六社"(原为五社)构成。据(明)王家士修,祝文、冯惟敏纂:嘉靖《临朐县志》卷之一《乡社》载:"礼让乡,在县之西,所领社二十有二。……东庄社、逄峪社、镇头社、田庄社……辛庄社",见《天一阁藏明代方志选刊》第43册,上海:上海古籍书店,1962年;又据(清)姚延福修,邓嘉缉、蒋师辙纂:光绪《临朐县志》卷五《建置》载:"田庄社:领六庄;逄峪社:领五庄,有集,四、九日市;振(镇)头社:领十三庄,涝洼有集,二、七日市;辛庄社:领十八庄;人(仁)和社:《旧志》无,新增,领四庄,西北界益都;东庄社:领九庄,北界益都。"见《中国地方志集成·山东府县志辑》第36册,南京:凤凰出版社,2004年,第42页。可见该地区原为五社,清末新增仁和社,形成"六社"格局。
⑥ "逄"在古代有时也写作"逢",本文除引用文献时尊重原貌外,一律写作"逄"。另:逄伯陵祠,也称"逄公祠""逄山祠"等,当地俗称为"逄山庙",本文在涉及逄伯陵祠的表述时,会根据上下文语境酌情采用不同称呼。

进行钩稽,①但对于逢伯陵信仰,学术界尚缺乏关注。逢伯陵信仰作为一种流传时间久远、流传区域固定的民间信仰,既为考察中国民间神灵的历史变迁提供了一个很好的案例,也为以此切入探讨地方社会变迁提供了契机,故笔者不揣浅陋,特撰此文,不当之处,敬请方家指正。

一、"忠义成神":一则关于逢伯陵的传说

位于青州市西南部山区的王坟镇,地处鲁中山区东北部,该镇大部分村庄在历史上曾长期归临朐县管辖。这部分村庄在清末属于临朐县礼让乡,具体包括六社,即田庄社、逢峪社、镇头社、辛庄社、仁和社(清末增置)、东庄社,是该县西北部褊狭之一隅。②

由于地理环境和行政区划的原因,该地区成为一个相对独立的单元。这个单元以弥河支流石沟河(简称石河)水流经区域为大致脉络。石沟河水发源于今青州市王坟镇胡林谷村,光绪《益都县图志》记述其在益都县内的流向为:"石沟水出城西南六十余里之双孤顶山,北行二十里,有水自苏峪来注之,即石沟水之北源也,至孙旺集合流,东行十余里至三阳山,入临朐界……(旧志无,今据县境全图增入)"。③ 进入临朐县境后,又有数条大小不一的水源汇入。先是在两县接壤地附近,自仁和社北流而下的一条水汇入,接着黄马村中一条小河沟汇入。向东流经里许后,到涝洼村附近,这时出自仰天山、顺流向北经过辛庄社及镇头社部分村庄的一条水源又汇入其中。东流里许,自镇头社北镇头村南流之水汇入。而后一路东流,约两千米左右,郭庄村西沙沟子河南流汇入,自上梢、腰庄、大峪口顺流而下之水北向汇入。再往东流经里许,自东庄社赵家庄村南流之水汇入,而后一路东行,至大章庄村南出六社境。以上便是石河在六社内的流经区域。

石河是一条季节河,夏秋之际水量丰盈、秋冬时期干涸见底。在河的两边,是起伏的山峦,山峦之下零星分布着一些村庄,位于当时的临朐县境内者,就是本文所述之六社诸村。历史上,这一地区长期属于临朐县的礼让乡。为自然环境所限,这一地区相对封闭,仁和社、辛庄社、逢峪社、田庄社南端为山岭,镇头社、东庄社北端也是山岭,与外界交往颇为不便。石河干流自西向东穿过六社中的镇头社、逢峪社、田庄社,即光绪《益都县图志》所载:

---

① 何光岳:《有逢氏的来源和迁徙》,《学术论坛》1991年第2期;李学勤:《有逢伯陵与齐国》,《古文献论丛》,上海:上海远东出版社,1996年,第103—104页;孙敬明:《逢史献苴》,见张光明、姜永利主编:《夏商周文明研究》('97山东桓台中国殷商文明国际学术讨论会)》,北京:中国文联出版社,1999年,第95—109页;郭济生:《逢陵——齐文化的源头之一》,见侯希杰主编:《齐国治国思想论集》,济南:山东文艺出版社,2002年,第560—575页;逢振镐:《山东古国与姓氏》,济南:山东人民出版社,2006年,第69—73、267—274页;朱继平:《金文所见商周逢国相关史实研究》,《考古》2012年第1期。

② 据嘉靖《临朐县志》卷之一《乡社》载:"礼让乡在县之西,所领社二十有二……孝慈乡在县之西南,领社二十有七……仁寿乡在县之南,领社三十……忠善乡在县东北,领社二十有七",本文所述地区在明代仅为五社;又据光绪《临朐县志》卷五《建置》载:"乡四,西北为礼让乡,领社二十有三;西南为孝慈乡,领社二十有六;东北为忠善乡,领社二十有五;东南为仁寿乡,领社二十有九",本文所述地区此时涵盖六社,第42页。由上可见,明清时期临朐县共有四乡,所辖社总数在一百零五上下波动,本文所述地区仅辖五六社,在全县所占比重甚小。

③ (清)张承燮修,法伟堂纂:光绪《益都县图志》卷十《山川志下》,《中国地方志集成·山东府县志辑》第33册,南京:凤凰出版社,2004年,第86页。

石沟水在入临朐界后,"东行三十余里至龙山之西,入巨洋水",①河畔的一条东西路是该地区的交通主道,该道西端连接益都县境,往东可达临朐县城。除主干道外,六社内还有一些小路与外界相通,如东庄社北部可翻越石虎山至益都县,镇头社北部可翻越玲珑山至益都县,辛庄社可翻越天井岭至临朐,逢峪社上梢村可翻越石门坊至临朐,但山路崎岖,行走不便。

这个地区耕地相对较少,在 20 世纪 70 年代后期逢山庙附近诸村沿河滩垫地之前,主要以山地为主,在夹河而立的连绵起伏的丘陵之上,分布着大小不一的田地。该地区虽地处石河流域,水量相对丰富,但经济却并不丰饶,诚如光绪《临朐县志》所言:

> 邑多山少平壤,聚落甚小而繁,四民杂处,耕者十七,读者十二,贩鬻者十一,山巉岩、水湍疾,……农苦而不必勤,高田播殖待泽尤急,盛夏十日不雨土龟坼矣,山溪流急,既亡能导引储蓄,穿泉凿井,又病土深甘泽稍靳,有束手仰天而已。故农常逸于他境,而忧苦则过之。②

尽管这一地区围绕着石河上游展开,但由于地势起伏,田高水低,无法利用河水资源,故而并未形成明清时期一些地区(如山西等地)那种以水为中心的社会网络。不过,石河水系多少也对该地区民众之间的交流产生了一定的影响,依河流走向而形成的弯弯曲曲的河畔道路成为当地民众交流的主要通道。

六社内部地近交通要道的某个村庄会有集市。长期以来,六社内部一直存在两个集市。明嘉靖年间,这两个集市分别是逢峪集、庙头集,"逢峪集:在县西二十里;庙头集:在县西北二十五里"。③ 逢峪集延续至今,庙头集则时兴时废,地点也在附近村庄不断转移。据光绪《临朐县志》记载:"逢峪社:领五庄,有集,四、九日市。振头社:领十三庄,涝洼有集,二、七日市。"④由此可知,庙头集后来转移到其西南约一千米处的涝洼村。20 世纪 60—70 年代,涝洼集又转移到村西里许的王坟镇政府所在地王坟村。⑤ 庙头集之所以多次转移,我们猜测主要原因当是为满足六社民众的市场需要。庙头集所在的庙头村西位于六社东西向交通主干道上,虽交通方便,但却无法充分满足南溜辛庄社、西南溜仁和社、北溜东庄社的需要,更多的只是服务于镇头社的某些村庄,故有"庙头集,阿陀赶(庙头村西邻之村),阿陀不赶就瞪了眼"⑥之说,故后来迁至位置相对更为合理的涝洼村。最终迁至王坟村,应当是为发展镇政府所在地经济。由上可见,在明清至 20 世纪 90 年代,六社地区主要有两个集市,即逢峪集、庙头集(涝洼集、王坟集)。逢峪集在六社中部偏东的逢峪社,主要面向逢峪社、田庄社、东庄社,庙头集(涝洼集、王坟集)在六社中部偏西的镇头社,主要面向镇

---

① 光绪《益都县图志》卷十《山川志下》,第 86 页。
② 光绪《临朐县志》卷八《风土》,第 66 页。
③ 嘉靖《临朐县志》卷之一《风土志·市集》。
④ 光绪《临朐县志》卷五《建置》,第 42 页。
⑤ 被采访人张乐美,女,84 岁,青州市王坟镇崮后村人,采访时间 2018 年;被采访人杨桂荣,女,60 岁,采访时间 2018 年。
⑥ 被采访人王延和,男,54 岁,青州市王坟镇庙头村人,采访时间 2018 年。

头社、辛庄社、仁和社。集市对六社民众的生产、生活起了重要作用,六社民众既可于此购买所需的生产、生活资料,还可以传递信息(在电话未普及之前,让集市上邻村的熟人捎口信),集市甚至还成为未婚男女非正式相亲的地方,也是邻近村庄中一些老人们见面、娱乐的地方。①

由上可见,限于自然条件、行政区划,在长期的历史进程中,六社逐渐发展成一个相对独立却不封闭的区域,六社民众可以通过集市等相互沟通、交流,也可通过东西向主干道及山间小路与外部交往。

就在这片土地上,长期流传着一位古齐地诸侯逄伯陵的传说,传说以该地区中部镇头社崮后、庙头村前的逄山、逄山庙为根本,以六社及邻近社的若干村落为线索,描述出一个有血有肉的神灵形象。笔者曾于 2002 年、2004 年做过一番田野调查,现据调查所得,整理如下:

> 据说,逄山爷名叫逄伯陵,逄峪村人,殷朝诸侯。(一说为:逄伯陵在朝中任御医,为人忠诚厚道。②)封国在山东诸城,在殷商众诸侯中,其封国地盘较小。其姊嫁与逄峪村东南曾家溜村一杨姓男子,生子杨王(本名杨骥),杨王便是逄伯陵的亲外甥。
>
> 曾家溜村西有一道山梁,由西向东又向北一拐形似游龙,石河流经此地,在龙形山梁的西北方向形成了一个大湾,名为"龙湾"。在龙湾的东南岸上栽着许多垂柳,杨王长大后,经常去柳树林中玩耍。有一次,他一个人来到柳林中,遇见了一位先生,在攀谈之中,这位先生说:"你有帝王之福,不过现在时机尚不成熟,等你见这棵柳树的枝条能够下垂到水面之时,你即可兴大事,到那时殷朝气数已尽,你一兴兵,四海呼应,可一举成功。"谁知小伙子性情太急,时机尚未成熟,他已迫不及待。但是柳树距水面还差一截,他实在等不及了,就拿来一条小绳拴上一块小石头,把它系在最接近水面的一根柳条上,这样一来,柳枝就搭在水面上了。(一说为:算命先生告诉其母此事,其母急不可耐,以石头系柳条。)
>
> 接着,他开始招兵买马、储草屯粮,并自封杨王,占据了逄山顶。就在这时,一天夜里,国王做了一个奇怪的梦,梦见金銮殿上来了一只小羊羔,在金殿上,一回蹿到这,一回蹦到那,好生自在。眼看就要蹦到国王的宝座上时,来了一个大螃蟹,把两只大螯向羊羔一挥,这个羊羔就乖乖地溜走了。(一说为:北京钦天监夜观天象,发现山东境内有人造反。)国王醒来,急忙召见国师前来解梦,国师想了一会儿说:"大王莫惊,虽有人想夺我江山,但无大碍,这人姓杨,只要派一姓逄的去征讨定能成功。"结果,这天探马来报,说山东地段有一人自封杨王,扯旗造反,欲夺大王江山。国王立刻召集各路诸

---

① 另外,民国时期在南溜辛庄社白洋口村一度也出现过集市,据周钧英修,刘仞千纂:民国《临朐续志》卷十五之十六《礼俗略·市集》记载:"三八期:……白杨口",见《中国地方志集成·山东府县志辑》第 36 册,南京:凤凰出版社,2004 年,第 410 页。但是此集市存在时间可能并不长。笔者在田野调查时曾听到这样一种说法:"白洋口起了集,就会有灾难,如战争等。以前曾起过几次,均未成功,故有此说。现在的白洋口集大约起于 1986 年、1987 年。"被采访人高继才,男,46 岁,青州市王坟镇上白洋村人,采访时间 2018 年。由上可见,今日之白洋口集系后来建立,与民国《临朐续志》所载之"白杨口集"虽说位置相同,却不可同日而语,疑民国《临朐续志》所载之"白杨口集"并未持续很长时间。

② 孟庆刚:《古州寻踪》,北京:中国文联出版社,2007 年,第 67 页。

侯,商量此事,决定派逄伯陵为统帅,带领大将徐魁(徐魁——徐家沟人,善用一根铁扁担,英勇无敌)等前去征讨(一说为:逄伯陵认为自己是杨王的亲母舅,如果亲自驾临的话,杨王势必束手就擒,因而自请圣旨前去征讨),大军驻扎在距杨王根据地十多市里的地方,分别居两个营盘,这就是现在的前营村和后营村。然后,他号令将士每人用战袍兜一兜土,集中在一起,形成了一个炮台,在炮台上架炮准备向逄山顶轰击,这个炮台就是现在郭庄村南的大土堆,现在仍叫做炮台。

古代社会母系权威相当大,杨王得知亲母舅前来征讨,不敢对敌(一说为:杨王得知亲母舅前来征讨,只得答应投降,而后又用计逃跑),只得用"悬羊击鼓、饿马刨槽"的战术,虚造声势,给对方制造一个山上要坚守阵地、决一死战的假象,使其不敢轻易上山,为自己赢得了时间,随后带领人马一溜烟儿地逃跑了。据猜测现在云南省的客家族人有可能就是杨王部队的后代。(一说为:杨骥用"悬羊击鼓、饿马刨槽"之计撤离后,逃至仁河上游安居,从此归隐山林、不问世事,后来其隐居地形成村落,就是青州市杨集乡,今属庙子镇。)逄氏大军等了好些时候,发现山上动静越来越小,逄伯陵领人到山上一看,才发现一个人也没有了。这时,他感到没有拿住杨王,无法交代,悔恨之极用战袍把头一蒙跳崖而死。后来,国王为表彰他的忠心,封逄伯陵为神,名叫逄山爷,建逄山庙,让他接纳这一方的香火。据说自从逄伯陵坠崖后,在逄山背阴悬崖上就留下了这样一个影像,头戴乌纱、身着黄袍,手持浮尘,这就是逄山爷像。现已成为一个景观,被称为"逄山影像万古传"。①

据说,后来南方风水先生曾在逄山山顶的饮马池中见到一个未完全发育成熟的龙的影子,这条龙身上大部分已经变成龙形,只有手和脚还是人手、人脚,原因就在于,柳条在还没自然垂落到水面时被人用石头拽到了水面,导致杨王因仓促起兵而失败,故而没成真龙天子。②

这则传说至今仍流行于青州市王坟镇一带,被当地民众视为"信史"。揆诸情理及史实,上述传说中绝大多数内容都是虚构的,这无须赘言。但即使是虚构,上述传说的形成也非一蹴而就,而是在长期的历史发展中,不断叠加相关信息,经历了一个"层累的造成"的"建构"过程,最终才形成的。

该传说虽是被不断"建构"起来的,却包含了诸多对探讨逄伯陵信仰尤其是该信仰发展、变迁有重要作用的核心信息,现将其整理、归纳如下:

其一:逄山爷名叫逄伯陵,殷商诸侯,封国在山东诸城,在殷商众诸侯中,其封国地盘较小。

其二:故事发生于今青州西南地区(原临朐县西北)逄山一带,涉及附近一些村落,如徐家沟、郭庄、逄峪、曾家溜、前营、后营等。

其三:逄伯陵之姊嫁与逄峪村东南曾家溜村杨姓男子后生子杨王。杨王长大后扯旗造

---

① 被采访人杨凤来,男,94岁,青州市王坟镇庙头村人,采访时间2002年;被采访人董凤山,男,80岁,青州市王坟镇郭庄村人,采访时间2004年;被采访人杨庆德,男,70岁,青州市王坟镇崮后村人,采访时间2004年。
② 采访人张乐美,女,70岁,青州市王坟镇崮后村人,采访时间2004年。

反,逄伯陵带兵出征,杨王得知亲母舅前来征讨,只得用"悬羊击鼓、饿马刨槽"的战术,从逄山悬崖峭壁上逃走。

其四:自从逄伯陵坠崖后,在逄山背阴悬崖上就留下了一个头戴乌纱、身着黄袍、手持浮尘的人影,是为逄山爷像。现已成为当地著名景观,人称"逄山影像万古传"。

在以上四个核心信息中,第一、第二、第四更多的是背景性描述,第三才是传说的核心部分。四个部分之间关系密切,共同构成了一个全面、生动的传说故事。该传说的形成与当地历史发展、社会变迁密切相关,解析传说中涉及的各个要素、还原该传说被建构的过程,成为探究逄伯陵信仰形成及发展、演变的重要线索,也是研究该地区社会变迁的重要切入点。

二、从"逄伯陵"到"逄山":早期逄伯陵信仰的形成与发展

逄伯陵是上古时期古齐地逄族的首领,由于生活年代甚早,史书中对其记载非常少,故后世大多仅知史上曾有此人,对其事迹却不甚了了。但逄族在山东早期文明史上地位非常重要,故其首领逄伯陵之名为后世所熟知,留下了许多"遗迹",如因其而得名之逄山等。若要厘清逄伯陵信仰的早期状况,尚需对相关史籍、考古资料进行梳理。

(一)逄伯陵其人

关于逄伯陵其人为谁、其地何在,在早期史书中有一些语焉不详的记载,大致有三个重要来源。

其一,最早记载逄伯陵的是《左传》。据《左传·昭公二十年》载,齐相晏婴对齐景公追溯齐国历史时曾说:

> 昔爽鸠氏始居此地,季荝因之,有逄伯陵因之,蒲姑氏因之,而后大公因之。①

这则史料在后世广为流传。李学勤在综合前人观点的基础上,对上文中"此地"做了一番推测,指出"近人熊会贞认为'晏子历举爽鸠氏、季荝、逄伯陵、蒲姑、太公,皆就齐国概言之'(杨守敬《水经注疏》第761页,江苏古籍出版社),是正确的",②赞同逄伯陵是古齐地诸侯之说。

《左传》之说为后世诸多史书所继承,《汉书·地理志》对此进一步阐释:"齐地,虚、危之分壄也。……少昊之世有爽鸠氏,虞、夏时有季荝,汤时有逄公柏陵,殷末有薄姑氏,皆为诸侯,国此地。"③此说较《左传》更进一步,不但指出逄伯陵是姜太公以前的齐地之主,还指出了他统治齐地的时间是商汤时。后来,晋代杜预在为《左传》作注时也指出:"季荝,虞、

---

① 杨伯峻编著:《春秋左传注》,北京:中华书局,2009年,第1421页。
② 李学勤:《有逄伯陵与齐国》,《古文献论丛》,第103—104页。
③ (汉)班固:《汉书》卷二十八下《地理志》第八下,北京:中华书局,1962年,第1659页。

夏诸侯,代爽鸠氏者""逢伯陵,殷诸侯,姜姓""蒲姑氏,殷周之间代逢公者",①认为逢伯陵是商代统治齐地的诸侯,该政权至商、周之际为蒲姑氏所取代。

其二,《国语》中也有关于逢伯陵的记载。据《国语·周语》记载:

> 我姬氏出自天鼋,及析木者,有建星及牵牛焉,则我皇妣大姜之侄,伯陵之后,逢公之所凭神也。

韦昭注:

> 大姜,大王之妃,王季之母,姜女也。……伯陵,大姜之祖有逢伯陵也。逢公,伯陵之后,大姜之侄,殷之诸侯,封于齐地。齐地属天鼋,故祀天鼋。死而配食,为其神主,故云凭。凭,依也,言天鼋乃皇妣家之所凭依也。②

此处本是追溯周朝的开国历史,却也涉及逢伯陵。《国语·周语》认为周部族的大姜是逢伯陵的后人,上文中所说的"成神"的逢公是她的侄子。韦昭注进而指出,"成神"的逢公系"伯陵之后,大姜之侄,殷之诸侯,封于齐地"。由此可见,他们也认为逢伯陵及其后人逢公是齐地诸侯。

其三,《山海经》中也有相关记载。据《山海经·海内经》记载:

> 炎帝之孙伯陵,伯陵同吴权之妻阿女缘妇,缘妇孕三年,是生鼓、延、殳。始为侯,鼓、延是始为钟,为乐风。③

清人董增龄在《国语正义》中进一步完善了《山海经》的说法,认为:

> 《山海经》炎帝生器,器生伯陵,是知伯陵姜姓,炎帝后。前封于齐,而太公其继焉者也。④

《山海经》及董增龄《国语正义》均认为逢伯陵是炎帝之孙,姜姓,《国语正义》进而指出其被封于齐地。

以上这三种说法相互之间联系甚少,但却从不同方面记载了逢伯陵的相关信息,将它们合在一起,基本上可以窥见上古时人对逢伯陵的认识:逢伯陵是上古时期封国在山东的一位诸侯。

---

① (晋)杜预:《春秋左传集解》第二十四《昭公五》,上海:上海人民出版社,1977年,第1466页。
② 徐元诰撰,王树民、沈长云点校:《国语集解·周语下第三》,北京:中华书局,2002年,第124—125页。
③ 袁珂校注:《山海经校注·海经新释》卷十三《海内经(山海经第十八)》,上海:上海古籍出版社,1980年,第496页。
④ (清)董增龄:《国语正义》卷三,成都:巴蜀书社,1985年,第350页。

后世诸多史书在记述逢伯陵时,虽会有所偏重,但大致不出以上三种说法。宋代罗泌《路史》在遵循前者的基础上又有所补充,该书卷二十四《国名纪·炎帝后姜姓国》记载:

  逢(麠):伯爵,伯陵之国,黄帝所封,夏有逢蒙(一作蠭,又作麠)。《穆天子传》逢公其后也,地今开封蓬池,一曰逢泽(县东北十四里。《九域志》:逢陂忌泽。《汲冢纪年》:梁惠王发逢忌之薮以赐民者,字当音麠。秦孝公使公子少官会诸侯于蓬泽。天宝初载,更名福源)。
  北齐:《内传》:齐之先有逢伯陵,盖伯陵前封逢,后改于齐,故《山海经》有北齐之国,姜姓是两齐云。①

由上可见,宋代罗泌所撰《路史》在继承前者的基础上,又增加了一个新的说法,那就是逢伯陵先被封于开封蓬池,后改封于齐地。此说后来大行于世。

元代于钦《齐乘》记载:

  逢陵城:般阳府东北四十里。逢伯陵,商之诸侯,封于齐,薄姑氏代之,后太公又代之,逢蒙、逢丑父皆其后,或曰此即丑父之邑也。②
  逢山:临朐西十里。按《路史》:逢伯陵,姜姓,炎帝后,太姜所出,始封于逢,在开封逢泽,后改封于齐,犹称逢公,山因名焉。③

《齐乘》是现存山东最早的一部方志,其记载既综合了以上各种说法中关于逢伯陵履历的介绍,又遵循了《路史》中逢伯陵封地先逢泽、后齐地的顺序,为后世山东诸多文献所本。

嘉靖《山东通志》卷十八记载:

  逢伯陵祠:在临朐县西逢山麓。伯陵,殷诸侯也。④

明清之际临朐人傅国撰《昌国艅艎》卷一《封建》记载:

  逢:伯爵,伯陵之国。《穆天子传》:逢公其后也。初封开封蓬[蓬]池,后改封齐,即《山海经》北齐之国。姜姓,子父,一作朱。逢伯陵之封齐,在《传》当殷商之世,而伯益书炎帝生器,器生逢公伯陵。《路史》云:"逢伯陵,炎帝时封齐,而逢公其继焉者

---

① (宋)罗泌:《路史》卷二十四《国名纪·炎帝后姜姓国》,《景印文渊阁四库全书》第383册,台北:台湾商务印书馆股份有限公司,1986年,第256—257页。
② (元)于钦:《齐乘》卷四《古迹·城郭·逢陵城》,见《宋元方志丛刊》第1册,北京:中华书局,1990年,第580页。
③ 《齐乘》卷一《山川·逢山》,第515页。
④ (明)陆钶等纂修:嘉靖《山东通志》卷之十八《祠祀·青州府》,《天一阁藏明代方志选刊续编》第51、52册,上海:上海书店,1990年,第1139页。

也。"犹后稷母为有邰氏女姜嫄,而后稷之封亦曰邰。①

笔者曾于2004年做过一番田野调查,发现残碑数块。其中一块明代残碑《建立逢山庙碑记》记载:

逢公,固商世之忠臣,亦朐邑之福神。②

另一块清同治十年(1871)所立《禁伐山木碑记》碑记载:

逢山之为灵,昭昭也。有殷以来,剖符传封,由逢泽来主逢山,固以其系出炎黄,实神明之后也。③

由上可见,宋代以后的文献均认为逢伯陵是殷商时期的诸侯,有些还进而指出,逢伯陵原封于开封逢泽,后迁至山东,这一观点也为当地人所接受,在碑文中有所体现。④

笔者之所以罗列上述史料,并非要对逢伯陵的生卒年代、统治区域及逢国世系等做出精准考证,而在于通过对以上"参差不齐"的史料的解读,得出一个基本认识:逢伯陵是大

---

① (明)傅国:《昌国艅艎》卷一《封建·殷》,见杨显伟主持整理、政协临朐县委员会编:《临朐县旧志续编》,山东省新闻出版局内部资料准印证(2002)第121号,第7页。
② (明)《建立逢山庙碑记》残碑,笔者2004年在田野调查时发现,藏于青州市王坟镇郭庄村董凤山家中。
③ (清)马毓珩撰:《禁伐山木碑记》,此碑系笔者2004年田野调查时所获,藏于逢山森林公园。
④ 何光岳《有逢氏的来源和迁徙》一文认为,"有逢氏既于尧舜时已由渭水上游东迁到河南开封的逢泽""逢泽在河南开封东北,因逢伯陵曾居此而得名。逢伯陵之后曾东迁山东临淄",认为逢族迁徙路线是由西向东,由逢泽迁至临淄,大致与《路史》吻合,详见《学术论坛》1991年第2期。此外,赵庆淼《商周汾水流域与山东地区的族群交流——基于"地名组群"重叠现象与古史传说的考察》一文对于逢族的来源进行了探讨,指出:"商周时期的汾水流域和山东地区之间存在着一系列重叠的地名、国族名,这一现象是区际族群交流和政治联动的结果……陆续自汾域辗转东迁者尚有姜姓的逢、吕诸氏,前者早在晚商以前就已活动于临淄一带,后者则是随着周初太公封齐才移植于东方的,是西周初年推行分封的产物""据晏子所云,早在太公封齐以前,逢伯陵之族便已定居于临淄附近,直至晚商阶段方为薄姑氏所取代,可见逢氏当属徙居东土较早的姜姓旧族",认为逢族早在晚商之前便由汾水流域迁至山东临淄一带,见《历史研究》2017年第4期。近年来,史学界、考古学界对逢伯陵、逢国进行了研究,大致认为逢国在山东境内的迁徙路线是由东而西。20世纪70—80年代,考古工作者在山东省济阳县姜集乡刘台子相继发现、发掘了几座西周初年的墓葬,发掘者对其年代、族属进行了考订,认为该墓地属逢国。据此可见,至迟在西周初年,逢国已经迁徙到济阳一带,详见德州行署文化局文物组等:《山东济阳刘台子西周早期墓发掘简报》,《文物》1981年第9期;德州地区文化局文物组等:《山东济阳刘台子西周墓地第二次发掘》,《文物》1985年第12期;山东省文物考古研究所:《山东济阳刘台子西周六号墓清理报告》,《文物》1996年第12期。李学勤在梳理文献的基础上佐之以刘台子考古材料得出结论,"逢国系姜姓,其始封君逢伯陵是炎帝之后,时在商朝,取代季荝一系,都于齐。周太王之妃太姜,即出自逢国。商武乙、文丁以及周穆王时,逢国仍存,其君逢公且颇有重要地位",见氏著《有逢伯陵与齐国》,《古文献论丛》,第106页。孙敬明在梳理文献记载及山东地区考古发掘如西朱封、刘台子等遗址的基础上,认为"逢国或逢族大的活动范围主要在潍淄流域,并且商代则主要在弥河流域,西周则在济水流域",见《逢史献苴》,见张光明、姜永利主编:《夏商周文明研究('97山东桓台中国殷商文明国际学术讨论会)》,北京:中国文联出版社,1999年,第99页。朱继平《金文所见商周逢国相关史实研究》认为:"商代逢族曾长期活跃于东方东地""至迟在帝辛二年之前,逢族已由逢陵故城西迁至古济水以北,在今济阳刘台子一带立国""西周之世,逢、周继续保持十分密切的关系",见《考古》2012年第1期。由于史料缺乏,我们对逢族是否由开封逢泽或汾水流域迁来尚不敢确定,但可以凭借考古资料确定的是,晚商时期逢族逐渐由潍淄流域向西迁徙,至西周初年迁至济阳县刘台子附近。

约商朝时期,活动于古齐地的诸侯,逄族是东夷中一支重要势力。所以,逄伯陵信仰流传于今青州西南部地区是完全有可能且合情合理的。

(二)逄伯陵信仰的初步形成

逄伯陵信仰在先秦时期即已萌芽。《左传·昭公十年》:"郑裨灶言于子产曰:'戊子逄公以登,星斯于是乎出。'"①将逄公之死与星象变化联系在一起。前文所引《国语·周语》也记载了这个情况:

> 我姬氏出自天鼋,及析木者,有建星及牵牛焉,则我皇妣大姜之侄,伯陵之后,逄公之所凭神也。

韦昭注:

> 大姜,大王之妃,王季之母,姜女也。……伯陵,大姜之祖有逄伯陵也。逄公,伯陵之后,大姜之侄,殷之诸侯,封于齐地。齐地属天鼋,故祀天鼋。死而配食,为其神主,故云凭。凭,依也,言天鼋乃皇妣家之所凭依也。②

李学勤据此认为"传说成神的逄公是太姜之侄,与王季同辈,大约是商王武乙、文丁时人",肯定了"成神"这一说法。事实上,此处的"成神"应当是接受祭祀之意,指逄公是当时官方高级祭祀的奉祀对象。这种以星象崇拜为特征的祭祀形式,类似于太庙中的祖先祭祀或者古帝王祭祀,所以此处的逄公"成神"并不具备特殊意义。况且,此处的逄公是生活于商、周之际的逄伯陵后人,并非其本人。所以,逄公"成神"似乎与本文探讨的逄伯陵信仰并没有直接关系。不过,商周之际逄族首领逄公被祭祀,足以显示逄族在上古时期的山东地区势力之大、影响之深,为逄伯陵在后世声名远播奠定了基础。

关于逄山信仰较为明确的记载最早出现于西汉宣帝时,据《汉书》卷二十五下《郊祀志》第五下记载:

> 宣帝即位,……时,大将军霍光辅政,上共已正南面,非宗庙之祀不出。十二年,乃下诏曰:"盖闻天子尊事天地,修祀山川,古今通礼也。间者,上帝之祠阙而不亲十有余年,朕甚惧焉。朕亲伤躬斋戒,亲奉祀,为百姓蒙嘉气,获丰年焉。"……改元为神爵……又祠太室山于即墨,三户山于下密,祠天封苑火井于鸿门。又立岁星、晨星、太白、荧惑、南斗祠于长安城旁。又祠参山八神于曲城,蓬山石社石鼓于临朐,之罘山于腄,成山于不夜,莱山于黄。成山祠日,莱山祠月。又祠四时于琅邪,蚩尤于寿良。京师近县鄠,则有劳谷、五床山、日月、五帝、仙人、玉女祠。云阳有径路神祠,祭休屠王也。又立五龙山仙人祠及黄帝、天神、帝原水,凡四祠于肤施。③

---

① 杨伯峻编著:《春秋左传注》,第1315页。
② 徐元诰撰,王树民、沈长云点校:《国语集解·周语下第三》,第124—125页。
③ 《汉书》卷二十五下《郊祀志》第五下,第1248—1250页。

《汉书》卷二十八上《地理志》第八上亦载：

临朐(有逢山祠)。①

由上引《汉书》可见，西汉宣帝祠"蓬山石社石鼓于临朐"，是其"尊事天地，修祀山川"的一个举动，祭祀的对象是日月星辰、山川神灵等。此时逢山"石社石鼓"与"参山、之罘、成山、莱山"等一并祭祀，显然是将其作为自然神的山岳崇拜，"义非人鬼，了无可疑"。② 而且，此时的逢山崇拜主要体现为祠"石社石鼓"，尚看不到其与逢伯陵的直接联系。如果说二者之间已经开始出现一种若隐若无的联系的话，那就是祭祀地点选择在逢山。

这种情况在以后的很长一段时间内一直持续。东晋郭缘生《续述征记》云：

逢山在广固南三十里，有祠并石鼓，齐地将乱，石人辄打石鼓，声闻数十里。③

郭缘生的这段记载是关于早期逢山信仰最为全面的记载，其中明确指出祭祀的地点逢山在广固(今山东青州)南三十里，与《汉书》中的记载吻合。同时还"推测"了《汉书·郊祀志》中"祠逢山石社、石鼓于临朐"的原因，指出"齐地将乱，石人辄打石鼓，声闻数十里"是当时逢山的灵异之处。

北魏时期，逢山祠依旧存在，郦道元在《水经注》卷二十六《巨洋水》中记载到：

巨洋又东北迳委粟山东，孤阜秀立，形若委粟。又东北，洋水注之，水西出石膏山西北石洞口，东南迳逢山祠西。洋水又东南，历逢山下，即石膏山也。山麓三成，壁立其上。山上有石鼓，鸣则年凶。郭缘生续述征记曰……④

郦道元在描述巨洋水的流向时，提到该水流经当时的逢山祠，同时对逢山的地形及山上石鼓的传说等做了记述，还转述了郭缘生《续述征记》中对逢山的记载。

从汉魏以来的记载可以看出，在早期关于逢山的崇拜、祭祀中，更多的是一种自然崇拜，可以视为上古时期山川河岳、日月星辰崇拜的延续和发展，与逢伯陵似乎没有必然的联系。但值得注意的是，在先秦至魏晋时期逢山信仰形成之初，其祠庙已经具体到逢山这个地方，这为以后逢山信仰在此地的传播及逢伯陵传说的形成奠定了基础。从这个意义上说，本文第一部分所述逢伯陵传说的四个核心要素中，除去第四个本身就是客观存在的自然现象外，此时已经初步具备了第一、第二个，尽管它们之间的联系还没有建立起来，但逢

---

① 《汉书》卷二十八上《地理志》第八上，第1583页。
② 光绪《临朐县志》卷五《建置》，第48页。
③ (东晋)郭缘生：《续述征记》，转引自(北魏)郦道元著，陈桥驿校证：《水经注校证》卷二十六《巨洋水》，北京：中华书局，2013年，第593页。
④ (北魏)郦道元著，陈桥驿校证：《水经注校证》卷二十六《巨洋水》，第593页。

伯陵传说的背景已经初步具备。

三、从"逢山"祠到"逢公"祠：宋元以降逢伯陵信仰的演变

在北魏以后的数百年里，逢山祠似乎逐渐淡出了人们的视野，鲜有史料提及。直到宋元时期，逢山祠才再度在文献中出现。此后，逢山信仰逐渐兴盛起来，呈现出与以前不同的特点：秦汉、魏晋时期对逢山的信仰，此时已演化为对逢伯陵的崇拜。作为人格神的逢伯陵成为当地民众祭祀的主体，并日渐演化为六社的社区神，逢伯陵传说也随之产生。随着这一传说的形成及传播，本是东夷首领的逢伯陵被塑造成一位出生于当地、以身殉国的忠义臣子，得到当地政府和民众的尊重与敬仰。以下对其发展略作梳理。

真正意义上以逢伯陵为祭祀对象的逢公祠可能始建于宋代，据光绪《临朐县志》记载："逢公祠，在县西二十五里镇头社逢山之阴、洋水之北，旧在洋水南，相传宋时建。"①

比较确切的"逢公祠"的记载是在元代。于钦《齐乘》卷之一《山川·逢山》记载：

> 逢山：临朐西十里。按《路史》：逢伯陵，姜姓，炎帝后，太姜所出，始封于逢，在开封逢泽，后改封于齐，犹称逢公，山因名焉。有逢公祠。《汉志》云：祠逢山石社石鼓于临朐。山旧有石鼓，或击而有声，则齐乱。今不存矣。其山四面斗绝，惟一径可登且有泉，金末避兵于此者多获免。②

由于前文所引的宋代建祠只是"相传"，且无甚明显的遗存留传下来，所以此处的"有逢公祠"便成为目前所见史书中关于逢公祠的时间最早、最确切的记载。在这段文字中，作者在以《汉书》《路史》为据追溯逢山、逢伯陵历史的基础上，明确指出逢山是因逢伯陵被封于此而得名、逢山附近有逢公祠。

元代时，可能对逢公祠进行过整修。据光绪《临朐县志》记载，至迟在清光绪年间，祠下还有元碑，不过此碑"非纪始之文，亦不得据为缘起"，③当为记载整修之碑，现已不存。从《齐乘》中"逢公祠"之名的出现可以断定，至迟在元代，逢伯陵已经成为祭祀的主体，逢

---

① 光绪《临朐县志》卷五《建置》，第48页。按：逢公祠建于宋代之说，仅见于本处，系孤证且言辞含糊，难以据此得出结论，故只能表述为"可能始建于宋代"。不过，逢公祠建于宋代也是有可能的。据王洪吉编《逢山影像万古传》第一章《人物传奇篇·古代人物传奇·逢伯陵的传说》载："逢伯陵以身殉国的消息传到京城，为收买人心，皇帝封逢伯陵为逢山山神。过去逢山原属临朐县，因此朝廷在临朐各地建逢公祠三十多处""单是临朐县祭祀他的祠庙就达三十多处"，济南：济南出版社，2017年，第7、8页；又据光绪《临朐县志》卷九下《艺文》记载："逢山庙大定残碑（正书在西安店逢山庙壁间，存），残石方尺许，字径五分，苍劲有格，《山左金石志》不载。"第83页。大定是金世宗完颜雍的年号，时间为1161—1189，据此则临朐西安店逢山庙至迟在金大定年间已经建立，那么作为总庙的镇头社逢山庙建立时间肯定不晚于此，故有可能是宋代。但由于此碑现已不存，加之笔者在田野调查中并未听闻逢山庙有分庙之说，故其与镇头社逢山庙究竟有无从属关系、该碑具体内容为何等都不得而知，故不敢据此下结论，所以在下文涉及逢山庙重建时间时均笼统表述为"至迟在元代"。

② 《齐乘》卷之一《山川·逢山》，第515页。

③ 光绪《临朐县志》卷五《建置》，第48页。

山信仰人格化了,《汉书》中所载"石社石鼓"已成旧事。

由上可见,至迟在元代,逢山信仰已经由古老的山岳崇拜转化为以逢伯陵为中心的人格神信仰,《齐乘》中"逢公祠"称谓的出现可视作转化完成之标志。

但是问题似乎并没有彻底解决,明清时期,地方官员、文人、乡村民众等对于逢山祭祀的源流、逢公祠祭祀的对象究竟是"逢山"还是"逢公"等,有着自己的解释。以下按照史料来源,将其分为三类加以梳理。

(一)一统志、地方志及地理文献的记载

1.《寰宇通志》。撰成于明朝景泰年间的《寰宇通志》,其卷之七十五《青州府·山川》记载:

> 逢山:在临朐县西二十五里,山麓有殷诸侯逢伯陵祠,因名。①

卷之七十五《青州府·祠庙》记载:

> 逢伯陵祠:在临朐县西二十五里逢山麓,逢伯陵,殷诸侯也。②

《寰宇通志》认为在逢山山麓有逢伯陵祠,所祀之神即殷诸侯逢伯陵。此处的逢伯陵祠显然是人格化的神祠无疑。

2. 嘉靖《山东通志》。该书卷之六《山川下》记载:

> 逢山:在临朐县西二十五里许。相传山麓有殷诸侯逢伯陵祠,故名。其山四面厓壁陡绝,惟一径可通,上有泉出岩窦,甘洁。金末避兵者多获济焉,巨洋水历其阴。③

卷之十八《祠祀》记载:

> 逢伯陵祠:在临朐县西逢山麓,伯陵,殷诸侯也。④

成书于嘉靖初年的《山东通志》对逢山的记载就内容而言与《齐乘》一脉相承,明确言及逢山山麓有祭祀殷诸侯逢伯陵的神祠。

3. 嘉靖《临朐县志》。成书于嘉靖中后期的《临朐县志》的记载相对详细,该书卷首《临

---

① (明)陈循:《寰宇通志》卷之七十五《青州府·山川》,见《玄览堂丛书续集》第66册;此外,(明)李贤:《明一统志》卷二十四《青州府·山川》:"逢山:在临朐县西二十五里,山麓有殷诸侯逢伯陵祠,故名。"见《景印文渊阁四库全书》第472册,第581页。
② (明)陈循:《寰宇通志》卷之七十五《青州府·祠庙》,见《玄览堂丛书续集》第66册;(明)李贤:《明一统志》卷二十四《青州府·祠庙》:"逢伯陵祠:在逢山麓,伯陵,殷诸侯。"见《景印文渊阁四库全书》第472册,第584页。
③ 嘉靖《山东通志》卷之六《山川下》,第412页。
④ 嘉靖《山东通志》卷之十八《祠祀》,第1139页。

朐境内图一》中载有"逢山庙"。①

卷之二《祠庙》记载：

> 逢山祠：在逢山之北。②

卷之四《杂志·古迹》记载：

> 石鼓：在逢山上，《从征记》曰：齐地乱，则石鼓声闻数十里。今不存。③

卷之四《杂志·冢墓》记载：

> 逢伯陵冢：在逢山之巅，相传有石椁在焉。④

在以上所引嘉靖《山东通志》、嘉靖《临朐县志》的相关记载中，我们可以发现，前者明确地表述了逢伯陵祠所祀神灵的人格神属性，而后者则依违期间，甚至愿意将"逢伯陵"信仰记述为对自然神逢山的崇拜，一方面从其称其为"逢山庙""逢山祠"似可看出；另一方面，该书卷四《杂志·遗事》中谈到了作者的质疑：

> 今逢山庙，在逢山之北，按汉地理志：临朐有逢山祠，则其来久矣。今岂因《礼》"祭因国之在其地而无主后者"之文而祭所谓逢伯陵乎？每岁县官以三月二十三日诣其庙祭焉，予以学官岁岁陪祀，云为祭逢山，而所主实非逢山，将为逢伯陵，又莫考其尝国于此否也。晏子遄台之对，其指远矣。读其残碑，云为东齐大夫，亦莫知其为谁，何也？大率其碑记、祝词、像塑，皆里俗为之，后来者因循而莫之是正。噫！有其举之莫敢废也，岂是之谓乎？⑤

由上可见，嘉靖《临朐县志》的作者曾以临朐县学官的身份每年三月二十三日陪同知县诣庙祭祀。祭拜之时，他对逢山庙的祭祀对象产生了疑惑，指出，如果说祭祀对象是逢山的话，那么现在的祭祀对象明明是已经偶像化了的逢伯陵，所以说祭祀逢山不符合事实。但如果说祭祀的是上古诸侯逢伯陵，那么又没有考证逢伯陵之国是否确在其地？假如逢国不在本地，这就不符合《礼》中"祭因国之在其地而无主后者"的祭祀原则，不应该被祭祀。另外，他在读罢庙里残碑后还发现了另一种说法，那就是逢伯陵本为东齐大夫，更是不知为谁了。最后，作者做了一番推测，说道："大率其碑记、祝词、像塑，皆里俗为之，后来者因循

---

① 嘉靖《临朐县志》卷首《临朐境内图一》。
② 嘉靖《临朐县志》卷之二《官政志·祠庙》。
③ 嘉靖《临朐县志》卷之四《杂志·古迹》。
④ 嘉靖《临朐县志》卷之四《杂志·冢墓》。
⑤ 嘉靖《临朐县志》卷之四《杂志·遗事》。

而莫之是正。嘻!有其举之莫敢废,岂是之谓乎!"推测作为逢山庙之主的"逢伯陵"形象是民间社会不断塑造后形成、并为后世因循的。

从上面这段话中我们可以得到一些信息,那就是不管作者对逢山庙的祭祀对象有多么疑惑,该庙的祭祀对象事实上已经成为人格化的逢伯陵,这是毋庸置疑的。与此同时,作者也不得不承认民间社会对于逢伯陵信仰的塑造起了重要作用,指出"大率其碑记、祝词、像塑,皆里俗为之,后来者因循而莫之是正,嘻有其举之莫敢废"。后世地方文献中对此仍有诸多记载,但大多不出以上范围。

4. 嘉靖《青州府志》。成书略晚于嘉靖《临朐县志》的嘉靖《青州府志》中有诸多记载,但多为引用前二者之文,如该书卷之六《地理志一·山川》记载:

逢山:相传山麓有殷诸侯逢伯陵祠,故名,其山四面崖壁巉绝,惟一径可通,上有泉出岩窦,甘洁。①

卷之七《古迹·临朐》:

逢山石鼓:在县逢山上。《从征记》曰:齐地乱,则石鼓声闻数十里。②

卷之十《祀典·临朐》:

逢伯陵祠:在逢山麓,祀殷诸侯逢伯陵。③

卷之十一《陵墓·临朐》:

逢伯陵冢:在县逢山之巅。④

卷之十八《杂志》:

逢山石鼓:旧有石鼓在临朐逢山之上,《从征记》曰:齐地乱,则石鼓声闻数十里。至今犹存。县志。⑤

由上可见,嘉靖《青州府志》的记载均采自成书略早的嘉靖《山东通志》、嘉靖《临朐县志》,此后清代官方所修之省志、府志、县志的相关记载也大多与此类同。这里有个比较有

---

① (明)杜思修,冯惟讷纂:嘉靖《青州府志》卷六《地理志一·山川》,《天一阁藏明代方志选刊》第41、42册,上海:上海古籍书店,1965年。
② 嘉靖《青州府志》卷之七《古迹·临朐》。
③ 嘉靖《青州府志》卷之十《祀典·临朐》。
④ 嘉靖《青州府志》卷之十一《陵墓·临朐》。
⑤ 嘉靖《青州府志》卷之十八《杂志》。

代表性的现象,就是嘉靖《青州府志》在编纂时,将能搜集到的关于逄伯陵、逄山的所有记载一股脑儿全部收录,所以在其中既可以看到作为人格神信仰的逄伯陵祠,还可以看到作为上古自然崇拜遗迹的石鼓、逄伯陵冢等。这种记载方式比较有典型性,后世的省志、府志、县志在记载此事时大多采用这种方式。①

5.《肇域志》。顾炎武在《肇域志·山东·青州府·临朐县》记载:

> 逄山,在县西二十五里。相传山麓有殷诸侯逄伯陵祠。其山四面陡绝,惟一径可登,上有泉出岩窦,甘洁。②

6.《读史方舆纪要》。顾祖禹在《读史方舆纪要》卷三十五《山东六·青州府·临朐县》中写道:

> 逄山,在县西二十五里。其山峭绝,惟一径可通。有泉出岩窦,甘洁异常。相传殷诸侯逄伯陵国也。今山麓有逄伯陵祠。郭缘生云:"山在广固南三十里。洋水历其险而东北流,世谓之石匮水也。又山有石鼓,齐地将乱则鼓自鸣,声闻数十里。"隋时逄山县以此名。宋季民避兵于此者多获济。③

以上两处记载,主要是因循了《齐乘》及嘉靖《山东通志》的说法,并无多大新意。

---

① 如成书于明末,由临朐人、进士傅国私人所修临朐地方志书《昌国艅艎》。该书卷一《封建》:"逄:伯爵,伯陵之国。"该书卷之二《山川》:"出仰天谷西北三十里为逄山……下有逄山庙,祠伯陵。"卷之四《庙祀》:"逄伯陵祠:祠在逄山之阳(按:当为阴)礼殷诸侯逄伯陵。有司以清明月亲诣致祭。"卷之七《陵墓》:"逄伯陵冢:在逄山之巅,相传有石樽在焉。……《汉[书]·地里(理)志》:'临朐有逄山祠。'今逄山庙在逄之北,即逄祠也。每岁县官犹以三月诣庙致祭。"卷之七《古迹》:"逄山祠:《汉[书]·郊祀志》:祠'逄山石社、石鼓于临朐'。今逄山祠与石鼓犹存。""石人、石鼓:在逄山上。《(续)从(述)征记》曰:'齐地将乱,则石人[辄]打石鼓,〈声〉闻数[十]里。'崇祯乙亥,曾有闻其声者,云自山鸣,而声若鼓也。"见该书第7、12、26、44、44、45 页。傅国撰《昌国艅艎》系私人所修临朐志,其记载较嘉靖《临朐县志》更为全面。在书中,傅国尽管有时称其为"逄山庙",有时又呼之为"逄伯陵祠",然都明确说明其祭祀对象为殷诸侯逄伯陵。他还明确指出西汉时期开始祭祀的逄山祠就是当时逄山北边的"逄山庙"。与此同时,该书中还记载了石人、石鼓的传说,并阐明了传说中的石人打石鼓并非真事,声源源自山鸣。此外,康熙《临朐县志》对此也有详细记载。该书卷之一《山川》:"逄山:壁立直上,上有石鼓,相传鼓鸣则年凶。郭绿(缘)生《述征记》:'逄山祠并祀石鼓,齐地将乱,石人辄打石鼓,声闻数里。'崇祯十三年,修石城时当取石其上,山鸣数日。康熙四年大旱,亦鸣如牛吼,非石人打石鼓也。"卷之一《宫观庙阁》记载:"逄山庙:在镇头社,至县二十五里。"卷之二《古迹》记载:"逄山祠:《汉(书)·郊祀志》:'祠逄山石社、石鼓于临朐。'今祠犹存。……石人、石鼓:在逄山上。《从征记》曰:'齐地将乱,则石人辄打石鼓,声闻数十里。'今不知所在。崇祯乙亥曾有闻其声者,自云:'山鸣而声若鼓也。'"卷之二《陵墓》:"逄伯陵冢:在逄山之巅。相传有石樽在焉。……《汉(书)·地里(理)志》:'临朐有逄山祠。'今逄山庙在逄山之北,即逄祠也。每岁县官于三月内致祭不废。"见(清)屠寿徵修,尹所遴纂:康熙《临朐县志》卷一《山川》,杨是伟、许孝义主持整理,政协临朐县委员会:《临朐县旧志汇编》本,潍坊市新闻出版局内部资料2002 年12 月,第45—46、51、65、66 页。康熙《临朐县志》的相关记载与《昌国艅艎》相差不大,他既将"逄山庙"和"逄山祠"分列于"宫观庙阁"和"古迹"中,以示二者之不同,但又在《陵墓》条中说道"今逄山庙在逄山之北,即逄祠也",认为二者本是一回事,可见其仍未搞清逄伯陵信仰的发展、变化,故有此矛盾之处。此后各个版本的省志、府志,如康熙《山东通志》、雍正《山东通志》、康熙《青州府志》、咸丰《青州府志》等,在关于这一问题的记载上与前者大同小异,兹不赘引。

② (清)顾炎武撰,谭其骧、王文楚、朱惠荣等校点:《肇域志·山东·青州府·临朐县》,上海:上海古籍出版社,2012 年,第 910 页。

③ (清)顾祖禹:《读史方舆纪要》卷三十五《山东六·青州府·临朐县》,北京:中华书局,2005 年,第 1643 页。

7. 光绪《临朐县志》。光绪《临朐县志》中的记载虽与以前诸多版本的省志、府志、县志一脉相承,但难得的是,该书对前人的记载做了系统地梳理与考辨,故择其要者录于下。该书卷三上《山水》:

> 西北境之山以十数,领胜标奇,各有异境,而皆统于逢山。在县治西二十二里。《汉书·地理志》……《水经注》……《述征记》……《齐乘》……《路史》……旧有石鼓或击而有声,今不存矣。今按旧志:明崇祯十三年山鸣数日,国朝康熙四年大旱,鸣如牛吼,据此则实为山鸣,非有石人打鼓事矣。……汉逢山祠在山东麓,今移建山阴。①

卷四《古迹·祠宇》:

> 逢山祠:在逢山东麓。《汉书·郊祀志》:"祠蓬山石社、石鼓于临朐。"《地理志》:"临朐有逢山祠。"即此。《水经注》:"洋水径逢山祠西。"似在元魏时,此祠犹存,今废无迹,石鼓亦不知所在。②

卷之四《古迹·邱垅》:

> 殷逢伯陵墓:在逢山之巅,相传有石椁在焉,此亦《昌国艅艎》之说,而旧志因之。按《齐乘》云:"《路史》:逢伯陵,姜姓,炎帝后,大姜所出,始封于逢,在开封逢泽,后改封于齐,犹称逢公,山因名焉,有逢山祠",而不云有墓(古迹邱垅亦不载),则此墓亦传疑也。③

卷五《建置·坛庙》:

> 逢公祠:在县西二十五里镇头社,逢山之阴、洋水之北。旧在洋水南,相传宋时建,雍正间知县黄辑移建今地。④

相对于之前文献记载而言,光绪《临朐县志》无疑最全面、清晰。在"逢山"条中,详述了《汉书》《水经注》《续述征记》《齐乘》《路史》中的相关记载,考证了汉代逢山祠的地理位置。同时,还将《汉书》中所载之"逢山祠"归于古迹,指出其已"今废无迹",而将现存之"逢公祠"列入坛庙,对二者进行了明确区分,解决了以前方志《昌国艅艎》、康熙《临朐县志》中将汉代逢山祠与明清逢公祠混为一谈的问题。同时,还指出逢伯陵之冢"在逢山之巅,相传有石椁在焉,此亦《昌国艅艎》之说,而旧志因之"(按:实际上,此说最早出自前引之嘉靖

---

① 光绪《临朐县志》卷三上《山水》,第20页。
② 光绪《临朐县志》卷四《古迹·祠宇》,第35页。
③ 光绪《临朐县志》卷四《古迹·邱垅》,第38页。
④ 光绪《临朐县志》卷五《建置·坛庙》,第48页。

《临朐县志》),并对此提出怀疑,认为逢冢在"逢山之巅"说,《路史》《齐乘》等均不载,所以应"亦传疑也"。

此外,光绪《临朐县志》卷五《建置·坛庙》中对以前的认识误区进行了梳理、考辨:

> 《旧志》逢山庙,谓是祀逢伯陵(庙院下不详,详于古迹、陵墓),而《通志》《府志》逢山庙与逢伯陵祠俱并出,询之土人,今只一祠,似当从旧志。然《汉书·郊祀志》"祠蓬山石社、石鼓于临朐",与参山、之罘、成山、莱山之属类举,义非人鬼,了无可疑。(郭缘生《续述征记》、郦道元《水经注》逢山祠,均不云祠逢公。)乃攓归逢伯陵,旧志之说亦不可通也。考《山海经》《左氏传》《国语》《路史》诸书,逢伯陵君于齐地信而有征,独庙祀未有明文。(《古郱纪略》据《国语注》齐祀天鼋、逢公死而配食之说,谓逢公必有功德于民,后配食典废民犹不忘,故即墓所立祠祀之,语颇近理,然无确证,未敢根据。)逢公祠见于《齐乘》,今祠下有元碑,然非纪始之文,亦不得据为缘起。窃谓逢山之祠为不应礼,匡衡、张谭并尝言之,自汉代已兴罢不常,况于后世,奚事踵袭?逢公既为齐之故君,又相传墓在山上,《礼》曰:因国之在其地而无主后者则祀之,揆诸经义,此为差合。今既秩之祀典、通乎民庶,即使春秋荐缭因汉废祠之旧,亦宜厘革昔名取副今实。矧又明明今昔异地(汉逢山祠在逢山东麓,《水经注》洋水径逢山祠西是也,今祠在山阴,洋水径其南),乃务牵合,自取混淆,不已惑乎。(明万历间庙碑,杂引诸书下及稗官野乘,既称逢公忠义流闻西土,又有山川兴云雨见怪物则祀之之文,逢山、逢公两无所主,骑墙之见非所详也。)兹本《齐乘》正逢公祠之名,列于坛庙,逢山祠虽载汉志,今已不存,归之古迹,于义为正。①

光绪《临朐县志》堪称地方志类文献中对逢伯陵信仰记载之集大成者。以其为代表的地方性官方文献,在记述逢伯陵信仰时,往往会旁征博引、追根溯源,力求爬梳清楚史书中对于逢山、逢伯陵祠及相关问题的所有记载。这种记述方式就历史书写的"求真求实"精神而言是没有问题的,但这样一来,它们往往就有了历史包袱。作者们念念不忘史籍中(尤其是《汉书》《续述征记》《路史》等史书中)对逢伯陵本人及该信仰早期发展的记载,而没有注意到该信仰前后有很大的不同,进而无视其在后世的发展变化,所以在面临当时的实际情况时,显得莫衷一是,故出现时而写作"逢山祠"、时而写作"逢公祠"的现象。直到光绪《临朐县志》编纂时,修纂者在参考以前资料的基础上,又经过田野调查,基本理清了逢伯陵信仰的发展脉络,方才得出相对准确的结论,做出将逢伯陵祠列入坛庙、逢山祠列入古迹的巧妙处理。

通过此类文献可以看出,他们在记述逢伯陵及该信仰时,特别乐于强调逢山信仰由来已久,尤其是在汉代已得到最高统治者首肯的历史,因为这既可以说明逢伯陵信仰具有悠久的历史传统,也可以借此反衬临朐是一个有古老历史的地方,对提高地方名声有益。

(二)碑文及地方文人对逢伯陵的记述

逢山庙中所存历代碑文对于逢伯陵事迹及逢山庙的建立、维修等有所记述。由于年岁

---

① 光绪《临朐县志》卷五《建置·坛庙》,第48页。

久远,庙宇曾数次遭到毁弃,所存之碑也流散各处,虽然近年来逄山庙重建后曾收集过,但所收之碑仍寥寥无几。不过这仍是探讨逄伯陵信仰的重要文献。此外,在明清时期,当地文人中也有曾对该庙进行游访并撰有文章者。这类材料虽然少且分散,但对于考察逄伯陵信仰的变迁有很高的史料价值。本处以碑文为据,并结合地方文献中所收录的地方文人的一些记载,略作记述。

1. 元碑。逄山庙碑中最早被提及的是元代碑。此碑在清中期尚存,现已佚。这块元碑对逄伯陵的身份做了新的解释,据(清)李廷枢撰《巨平文集》之《祠逄山记事》记载:"遍搜碑版读之,有元碑,题曰'东齐大夫'之记",但此碑在当时已经"缺折泐蚀不可辨",具体内容不得而知。① 关于称逄伯陵为"东齐大夫"之事,嘉靖《临朐县志》卷之四《杂志·遗事》中最早谈及,称:"读其残碑,云为东齐大夫,亦莫知其为谁,何也? 大率其碑记、祝词、像塑,皆里俗为之,后来者因循而莫之是正。噫! 有其举之莫敢废也,岂是之谓乎?"②也是根据一块"云为东齐大夫"的残碑。据上引李廷枢《祠逄山记事》可证,此题为"东齐大夫"之"残碑"当系元碑。可惜的是此碑在明嘉靖时期即已残破,所记内容也无从得知。不过,从其称逄伯陵为"东齐大夫"来推测,似乎将逄伯陵视为古齐地的一位臣子。

2. 迟凤翔撰《临朐旧令褚公生祠德政记》。褚宝于嘉靖九年(1530)出任临朐知县,三年后因升任"秋官郎"而离任,"十余载后",迟凤翔撰文纪念他,文中谈及逄伯陵,说道:"朐青属也,古爽鸠氏之故都寔在焉,周太公尝治此矣,尊贤而尚功,今不可谓无遗化也。今之民非三代之民欤,殷诸侯逄伯陵尝祠于朐之逄山麓矣,迄今不知几千载也,其赫赫忠孝今犹在人之耳,不可没也。"③迟凤翔在此文中提到了逄伯陵"赫赫忠孝今犹在人之耳,不可没也",据此推知,那时逄伯陵的忠臣形象已经广泛流传并深入人心。

3. 明碑一。此碑或存。光绪《临朐县志》记载:"庭有元残碑一,明碑二。"④嘉庆十七年(1812)李廷枢曾造访逄山祠,对此明碑有所记述,"明中叶间碑,书刻端劲,称逄公生时,孝义忠勇,流闻西土云云,缺折泐蚀不可辨",⑤碑文中指出逄伯陵"孝义忠勇,流闻西土"。笔者在田野调查中觅得残碑一方,或是此碑。该碑名为《建立逄山庙碑记》,仅为半方,残存字如下:

> 昔文宣删述垂训,列俎豆于千秋,武……
> 逄公固商世之忠臣,亦朐邑之福神,……
> 心之好善也,粤自甲寅之岁大殿告……
> 今门庭墙宇焕然一新,而接绪修补……⑥

该碑残破严重,留下来的字不多,但基本信息还算明确,认为逄伯陵是"商世之忠臣,亦

---

① (清)李廷枢:《巨平文集》之《祠逄山记事》,临朐古文资料之一,第 22 页,2000 年 1 月。
② 嘉靖《临朐县志》卷之四《杂志·遗事》。
③ (明)迟凤翔:《临朐旧令褚公生祠德政记》,见嘉靖《临朐县志》卷之四《杂志·诗文》。
④ 光绪《临朐县志》卷五《建置·坛庙》,第 48 页。
⑤ (清)李廷枢:《巨平文集》之《祠逄山记事》,临朐古文资料之一,第 22 页,2000 年 1 月。
⑥ (明)《建立逄山庙碑记》残碑,笔者于 2004 年田野调查时发现,藏于青州市王坟镇郭庄村董凤山家中。

朐邑之福神",肯定了逄伯陵的忠臣形象和地方神的角色。另外,此碑文中的"甲寅"年在明代出现过五次,分别是洪武七年(1374)、宣德九年(1434)、弘治七年(1494)、嘉靖三十三年(1554)、万历四十二年(1614)。李廷枢在《祠逄山记事》中界定其为"明中叶间碑",故时间当为明孝宗弘治七年(1494),或者是嘉靖三十三年(1554),因为之前的甲寅为洪武七年(1374)、宣德九年(1434),显系明初,之后的甲寅为万历四十二年(1614),又显系明末。

4. 明碑二。此碑现已不存。李廷枢在《祠逄山记事》中谈及两块明碑时说,明碑有二,一块是上文所列"明中叶间碑",一块是"万历中王令云龙碑记,文则卢令云龙撰",据光绪《临朐县志》卷十一上《秩官表》记载:"卢云龙,广东南海进士,二十二年任……王云龙,二十九年任。"①因此碑现已不存,故只能就李廷枢所述获取相关信息:"卢,南海人,其文洒洒千余言,微据详核。凡左氏传、班史诸典籍及稗官野乘,而一衷于祭法:山川之兴云雨,见怪物,则祀之;因国之在其地,而无主后,则祀之。并援故碑,称逄公孝义忠勇,流闻西土,为有功德于民,殁而得祀之义。典瞻辨晰,不诡于理。"②此处,李廷枢说到"并援故碑,称逄公孝义忠勇,流闻西土,为有功德于民,殁而得祀之义",此"故碑"当为上文所引之明中叶碑。可以想见,在该碑文中,卢云龙旁征博引,对逄伯陵的事迹做了一番梳理,肯定了故碑中对逄公"孝义忠勇"的记载。

除此之外,清初尚有两块碑,据李廷枢所言"国初谢令赐牧碑、嘉庆丁卯(1807)王令吉碑,多用其意若词"。③据光绪《临朐县志》卷十一下《秩官表》记载:"谢赐牧,江南祁门恩贡,(顺治)十五年任……王吉,顺天大兴监生,(嘉庆)八年任。"④可知,清顺治、嘉庆年间,临朐知县谢赐牧、王吉分别立过碑,不过内容多因循万历间碑,现已佚。

5. 清乾隆三年(1738)《新迁逄山庙记》。此碑现存逄山森林公园。李廷枢在《祠逄山记事》中列元碑一、明碑二、清碑二后,说"余则乡里间,修斋醮,志禳祷,题姓氏之石耳",⑤提到祠中还有别的碑。乾隆三年(1738)撰《新迁逄山庙记》即其中之一,该碑主要讲述雍正年间临朐知县黄辑重修逄山庙之事,重点描述了逄公显灵自择庙址的灵验事迹:

6.

  旧庙在庄之西,雍正八年淫雨为灾,庙垣倾圮。众□等焚香默祷,祈神自卜吉地,以图改迁,乃使道人请逄公主位,附近遍行。甫至此,旋风大作,环绕不动,众等相故骇异,稽首建标而旋风顿息。适甘时邑侯黄公诸庙致祭,闻其事而异之,亲临观望,停舆赞叹,顾谓绳祖等曰:"逄峰虽秀,闻溪环流,真美地也。新迁之举,尔等勿惮。"绳祖等凛然领……勉膺其后而远近(?)士庶莫不闻风慕义,相助成功,是信也真……

  逄公之灵爽(?)众人之公义

    绳祖等

---

① 光绪《临朐县志》卷十一上《秩官表》,第106页。
② (清)李廷枢:《巨平文集》之《祠逄山记事》,临朐古文资料之一,第23页,2000年1月。
③ (清)李廷枢:《巨平文集》之《祠逄山记事》,临朐古文资料之一,第23页,2000年1月。
④ 光绪《临朐县志》卷十一下《秩官表》,第109、111页。
⑤ (清)李廷枢:《巨平文集》之《祠逄山记事》,临朐古文资料之一,第23页,2000年1月。

……敢以是为媚神邀福计哉
谨记
领袖:庠生 吕绳祖、于正、尹全、赵国柱、王学著、王学美、李袖
道人:刘成
木匠:魏楷、汤文理
石匠:时文相①

这次修庙的真正时间为雍正甲寅,即雍正十二年(1734),据光绪《临朐县志》记载:"雍正间知县黄辑移建今地。(礼堂东壁有石刻,记雍正甲寅迁庙,逢公自择地于此,事颇灵异。)"②又载:"黄辑:十二年署任。"黄辑署任临朐知县时间不长,雍正十三年(1735)时临朐知县已是秦郁。③ 此次重修就在其署理临朐知县期间。此碑主要围绕着逢伯陵在迁庙中的灵验事迹展开,未谈及逢伯陵生平。

6. 清同治元年(1862)《重修逢山祠记碑》。此碑现存逢山森林公园,但上部残缺,下部为水泥覆盖,整个碑面已被严重破坏。该碑未谈及逢公生平,但却记述了当地民众对该信仰的虔诚态度:"……林野寺间,虽牧竖樵夫,咸知西向而奠焉。余初见而疑,继而思……□心者,而何□奉之诚且恪也?"④

7. 清同治十年(1871)《禁伐山木碑记》。此碑现存逢山森林公园,碑文中写道:

逢山之为灵,昭昭也。有殷以来,剖符传封,由逢泽来主逢山,固以其系炎黄,实神明之后也。后之人揭虔妥灵,以山之主祀为山之神,迄今四千余年,蒸勤昭应,历久弥灵。观欧阳永叔《樊侯庙灾记》所云,怒则薄而为风霆,其不和之甚者凝结而为雹,天雨雹而附山而处者,历世不为灾,是故能赞阴阳、御大灾,《礼》所谓"有功德于民则祀之"者舆?里人像神眀(明)而庙祀于山,宜矣。⑤

此碑先言逢山,接着讲述逢伯陵的生平,认为逢伯陵本系炎黄之后,商朝时位列诸侯,由开封逢泽转封古齐地逢山一带,殁后为神,"以山之主祀为山之神"。且认为逢伯陵为神颇著灵应,可避雹灾,对其祭祀符合《礼》所谓"有功德于民则祀之"的原则。

8.《镇头等六社题名碑》。该碑中罗列了镇头社、仁和社、田庄社、东庄社、逢峪社、辛庄社六社的167名信士,最后附录六社地保之名。⑥

观诸以上碑记及地方文人所述,元代以降,逢山庙所祀主神的神格属性已经非常明确,那就是作为人格神的逢伯陵。此时的逢伯陵已经具备了活生生的形象,并且有自己的家属及随从,李廷枢《祠逢山记事》中描述其所见,"衮冕执圭,巍然中正者,逢山之神也;副笄袆

---

① 此碑系笔者2004年田野调查时所获,藏于逢山森林公园。
② 光绪《临朐县志》卷五《建置·坛庙》,第48页。
③ 光绪《临朐县志》卷十一之下《秩官表》,第110页。
④ 此碑系笔者2004年田野调查时所获,藏于逢山森林公园。
⑤ 此碑系笔者2004年田野调查时所获,藏于逢山森林公园。
⑥ 此碑系笔者2004年田野调查时所获,藏于逢山森林公园。

衣,肃然左右者,逢公之二妃也;阁东执事者,森然恪悉,罗立于东西者,逢公之侍从舆台也"。① 此外,逢山庙内碑记及地方文献中描述的逢伯陵,身份相对固定,除去元碑中"东齐大夫"之外,大致都认为他是商朝时分封于山东的诸侯,尽管对他的事迹并未详细记载,但也透出了他"商世之忠臣"的基本信息。

(三)民间传说中对逢伯陵及逢山庙的记述

明清以降,当地民间传说中的逢伯陵形象越来越丰盈,相关传说、故事也越来越多,大致包括以下几个方面:

1. 逢伯陵传说日渐成熟。详见本文第一部分。
2. 雍正年间建逢山庙时逢山爷显灵。

(1)显灵择庙址。

雍正八年(1730)大水将逢山庙冲毁,在重建时,逢伯陵显灵自择庙址。关于此事,民间传说中有两个略微不同的版本:

> 其一,雍正八年发大水,大水把逢山庙冲了,原庙址变成了河滩,所以只好另选他地。据传大雨过后,逢山爷的神像淤在不远的河边上。临朐知县和六社会首商定东迁重建。于是找了八个哑巴抬着神像向东走,走到现在的庙址处,抬像的绳子断了,神像蹲在地上,负责人认为是逢山爷看中了这个地方,于是就以该处为基,重建了逢山庙。②
>
> 其二,雍正八年,大水冲毁逢山庙。逢山爷无处安身,托梦给当时的临朐知县黄辑,要求重新修建。于是,雍正十二年修庙时,大家在逢山庙原址附近,点燃一个花笺纸蹲,随后一阵旋风平地而起,向东驶去,就在今天的庙址处盘旋不前。人们就于此地立庙。③

关于此事,前引乾隆三年修《新迁逢山庙记》中也有记载:"雍正八年,淫雨为灾,庙垣倾圮。众□焚香默祷,祈神自卜吉地,以图改迁。乃使道人请逢公主位,附近遍行,甫至此,旋风大作,环绕不动,众等相顾骇异,稽首建标,而旋风顿息。"④以上传说和记载,内容虽不完全相同,但基本信息一致,均在于宣告:逢山爷是一位非常灵验的神灵,他亲自参与了庙址的选择。

(2)建庙后续事宜中逢山爷显灵。

> 其一,逢山庙建庙中后期,垒墙用的砖供应不上,眼看下午就要停工。建庙总指挥非常发愁,不料就在这天上午约十点钟,一大帮赶驴的送砖而来,总指挥当即问驴帮首领,这些砖何人所买? 驴帮首领道:"这天夜里做了一个梦,梦见一个清秀的白胡子老头说,这里还需要多少块砖,必须在今天中午前赶到,货到付款。"就这样解了燃眉之

---

① (清)李廷枢:《巨平文集》之《祠逢山记事》,临朐古文资料之一,第21—22页,2000年1月。
② 被采访人杨凤来,男,94岁,青州市王坟镇庙头村人,采访时间2002年。
③ 被采访人董凤山,男,80岁,青州市王坟镇郭庄村人,采访时间2004年。
④ 此碑系笔者2004年田野调查时所获,藏于逢山森林公园。

急。结果庙修好后,砖一块不多,也一块不少。①

其二,传说这次修庙后期,其他神像都已塑好,唯独大将徐魁之像未塑,因为塑神像之工匠心中没谱,不知该塑什么形象、什么姿势,盲目地试着塑了几个,连自己也没相中。碰巧这天临朐大集,西溜(即仁和社)某村一农民赶集卖柴火回来,听说逢山庙上塑神,就顺便过来看看。进到山门,把扁担往地上一拄站在一边。这人生的眼似铜铃、血盆大口,其凶神恶煞的模样,被塑神的工匠一眼看中,他立即抓住这一千载难逢的好机会,飞快地就把徐魁的像塑好了。这个像魁梧、威严,令人望而生畏。不过这个卖柴火的回家后,很快就得病而死,当地人都说被塑神像的工匠抓了胎去。②

3. 逢山爷显灵惩治不虔诚之人。

(1) 临朐县逢姓县长。

民国时期,临朐县长逢某(实无此人,系附会),前来祭祀逢山爷。祭祀时,他本应行叩首之礼。逢县长为人比较诙谐,他不愿行此大礼,于是言道:"你是老逢,我是小逢,都是一家人,就不给你磕头了。"结果,在返回途中,路经曾家溜山头时,忽然降起冰雹。此冰雹不是从天上往地下落,而是从四面八方向逢县长轿子里扫。故老相传,逢山爷所降冰雹,一般都有一个蒂把,逢县长得知逢山爷计较其失礼后,忙朝西北逢山庙处跪拜,紧接着立刻返回、重新祭拜方才了事。③

(2) 逢山庙长工。

民国时期,逢山庙挑水种园的一个长工,私自把逢山庙的一块匾偷去,藏于井中。驻庙道士贾世法日夜祷告逢山爷,结果,长工在汲水时,因口含月饼不慎被辘轳把打入井中,神匾也找到了。④

(3) 附近村某村民。

"文化大革命"时期,逢山庙东崮后村一王姓村民,用绳子套住逢山爷神像脖颈处

---

① 被采访人杨凤来,男,94岁,青州市王坟镇庙头村人,采访时间2002年。
② 被采访人杨凤来,男,94岁,青州市王坟镇庙头村人,采访时间2002年。
③ 被采访人董凤山,男,80岁,青州市王坟镇郭庄村人,采访时间2004年;被采访人杨庆德,男,70岁,青州市王坟镇崮后村人,采访时间2004年。还有一说略有不同,据王洪吉编著《逢山影像万古传》第一章《人物传奇篇·古代人物传奇·逢伯陵的传说·逢伯陵小惩张狂徒》中说:"有一年临朐县有个姓唐的知县,在三月里来逢山庙祭祀。有点张狂且好开玩笑的唐知县自恃自己是县大老爷,遂口占诗一首:'你老逢,我老唐。你住逢山庙,我住衙门房。今天只鞠躬,不弯膝腿梁,老逢多担待,原谅我老唐。'吟罢打油诗,也不磕头跪拜,只鞠了个躬,便带人马回临朐县城了。……一会儿狂风刮了起来,'咔嚓'一声,轿杆被齐齐刮断,唐知县的官轿便打起了前滚翻,一下子把知县从轿子里倒了出来,摔了个狗啃泥。接着一声响雷过后,瓢泼大雨夹杂着茶碗大的冰雹顷刻而至,直砸得这伙人喊爹叫娘。……"除知县姓氏不同外,情节大致相同。济南:济南出版社,2017年,第8页。
④ 被采访人董凤山,男,80岁,青州市王坟镇郭庄村人,采访时间2004年。

游街,结果晚上颈部疼痛难忍,只得烧香祭拜,方才了事。①

(4)降雹灾惩戒不虔诚之人。民国《临朐续志》根据当时的民间说法记述到:"或曰神能为雹灾。每岁春社前,土人相诫虔祀,不敢违延,否则有雹患。"②

4.降雨。

(1)六社到逢山庙祈雨。

  每当天旱无雨之时,六社社长(会首)共同会议,定下求雨的章程。然后,他们作为六社之代表,祭拜逢山爷。祭拜完毕后,抬上逢山爷的法身,一路东行,到庙东九里地远的珍珠山玉皇庙,去拜祭玉皇,称作"朝玉皇"。其含义为:六社请逢山爷出马,到玉帝处为一方生民求情,以讨取降雨圣旨。而后,逢山爷将降雨圣旨交付逢山庙西南数里处郝疃村白龙王爷,由白龙王爷据玉帝圣旨降雨。降雨后,要举行"谢雨祭",其费用由求雨的各社均摊。在谢雨祭时,要请赫疃村前的白龙王爷来听戏,因为他是降雨的真正执行者。③

(2)据孟庆刚主编《古州寻踪·古胜景·名山·逢山》记载:

  据说这位逢山爷当了山神后,碰到旱灾,当地老百姓祈雨时总是有求必应,他总能及时降甘霖以救百姓。而且,这位逢山爷在降甘霖时总是先降几粒小雹子,这雹子也和别地方的不一样,而是带个小把儿,以让人们知道这雨是他下的。④

5.抵御雹灾。逢山庙附近村民相信,每当有冰雹来临之时,逢山爷用拂尘一挥,便可将其赶走。⑤

对比以上三种不同来源的史料和民间传说,我们可以清晰地发现,他们因对逢伯陵信仰的记述角度不同、侧重点不同,从而建构起形象、事迹不太一样的逢伯陵。这种情况在中国神灵信仰中并不罕见。杜赞奇在研究关帝信仰时提出了"刻化标志"的概念,指出宋代以降国家一直在"刻化"关帝的形象,如战神等,其他群体也在"刻化"着关帝的其他形象,如财神等。不同力量对关帝形象的"刻化"并不矛盾,而是互相包容,"刻化的机制自身也必然要求至少在标志周围要保留某些其他声音的存在",这就使得关帝被刻化出来的不同形象之间有着相通之处,"一个重然诺的武士转而忠于既有的权威;一个保卫庙宇、社区和国家的英雄转而成为健康和财富的确保者"。⑥ 这种情况在逢伯陵信仰中也体现得非常明

---

① 被采访人赵玉田,男,65岁,青州市王坟镇崮后村人,采访时间2004年。
② 周钧英修,刘仞千纂:民国《临朐续志》卷十五之十六《礼俗略·祀典》,《中国地方志集成?山东府县志辑》第36册,南京:凤凰出版社,2004年,第404页。
③ 被采访人杨庆德,男,70岁,青州市王坟镇崮后村人,采访时间2004年。
④ 孟庆刚:《古州寻踪》,北京:中国文联出版社,2007年,第68页。
⑤ 被采访人杨庆德,男,70岁,青州市王坟镇崮后村人,采访时间2004年。
⑥ 杜赞奇:《刻化标志:中国战神关帝的神话》,见(美)韦思谛编,陈仲丹译:《中国大众宗教》,第93—114页。

显。其一,在一统志、方志、地理文献记载中,学者、地方精英们着意于通过旁征博引来梳理逄伯陵信仰的来龙去脉,目的主要在于从学理上搞清此事,进一步说(主要是指地方志撰写者),是为逄伯陵信仰寻求历史根据。所以,对于逄伯陵及其信仰,他们主要强调的是史书中记载的逄伯陵东夷首领的尊贵身份和该信仰在汉代已属国家正祀的尊崇地位。他们也关注到来自民间的不同声音,故而产生对于所祀对象是"逄山"还是"逄公"的疑惑(以前文所引嘉靖《临朐县志》卷四《杂志·遗事》的记载及光绪《临朐县志》中"逄山、逄公两无所主,骑墙之见非所详也"之说最为典型),以致相关记载显得比较杂乱,有时名为"逄山祠""逄山庙",有时又名为"逄公祠",但其侧重点无疑仍是逄伯陵、逄山庙的正统地位。这类史书对逄伯陵生平的记载虽然比较简略,但大多采自古代文献,相对来讲可能更为权威。其二,逄山庙中所存碑及地方文人著述中的记载,较之前者要更为宽泛、灵活,虽也有根据古代文献对逄伯陵生平所作之简介,但主要是明确肯定逄伯陵的"忠臣"形象,这类碑文虽被方志纂修者视为"大率其碑记、祝词、像塑,皆里俗为之",①"明万历间庙碑杂引诸书下及稗官野乘",②但无疑更接地气。此外,这类文献中还有对逄山庙布置及逄山爷主要显灵事迹的记载,对了解明清时期逄山庙的状况更为实用。显然,这类记载是以逄伯陵其人事迹及逄山庙修建为核心的。其三,地方民间传说为逄伯陵建构起一个活生生的非常灵验的神灵形象,他生为千古忠臣,死为一方名神。丰盈的人物形象、灵验的神灵事迹是这类文献主要关注的。其实,正如杜赞奇所揭示的,以上三种由不同群体所撰写的史料在对逄伯陵形象的"刻化"上有着相通之处:一位享有盛名的古齐地部族首领,死后留下了诸如逄山等以其命名的遗迹,在汉代时围绕该遗迹的信仰被列入国家正祀,逄伯陵信仰因之逐渐流传。在长期的流传过程中,他被民众塑造成一位品行高洁、颇著灵应的神灵。因此,我们可以说逄伯陵形象的形成是不同群体共同"刻化"的结果。

综合以上三种史料,我们大致可以勾勒出明清时期逄伯陵信仰的基本面貌。首先,这一时期,逄伯陵已经成为一个活生生的人格神。在民间传说中,他有着自己因尽忠殉国而为人称颂的完美人生履历,又是一个性格鲜明的神灵,既可以庇佑六社虔诚民众又可以惩戒不诚之人。当地民众在为其建庙时,也将他置于一个亲情伦理氛围中,清代的逄山庙中有其妻子、随从,传说中他也有自己的家将徐魁、老朋友白龙王爷等。其次,这一时期的逄伯陵是一个社区神。逄伯陵信仰的主要流传范围就是今青州市西南部山区(原临朐县西北部),即"镇头等六社题名碑"中的六社,其"辖区"就是这个地方。在"辖区"内,逄山爷行使着自己的权力,当然也在尽着自己的义务。即如上文所引民间传说中讲述的逄山爷降雨之事,民众视其为六社内神界事务的协调者。遇到天旱,六社代表先去求逄山爷,而后抬其法身赴珍珠山朝见玉皇,再将从玉皇处求得的降雨法旨交付郝壇村白龙王爷,由其负责降雨。这一求雨程序、仪式,隐含着非常严格的职责分工和等级关系。在求雨仪式中,玉皇、逄山爷、龙王,各司其职,不可违反。在这一仪式中,我们可以发现,逄山爷的角色较为微妙,他既没有批准降雨的权力,也没有行云布雨的神通,可是却成为求雨活动的核心角色,原因就在于他六社社区神的角色,所以他尽管不具体负责某项事务,却居中调度,事事都离不开

---

① 嘉靖《临朐县志》卷之四《杂志·遗事》。
② 光绪《临朐县志》卷五《建置·坛庙》,第48页。

他。这从逢山庙中还建有菩萨殿(送子娘娘殿)、蚕姑殿亦可得到佐证,此二神与逢山爷共同接受祭祀,前者负责送生、后者负责保蚕,①二者皆为顺应社区内女性民众最大心理需求之神灵。

四、逢伯陵信仰形成及演变原因蠡测

逢伯陵信仰滥觞于先秦、秦汉时期,一直延续至今。大约是北魏至宋元时期,该信仰似乎一度淡出了民众的视野,在史籍中难觅踪迹。宋元以降,该信仰重新崛起,成为六社最重要的神灵信仰。其形成、演变轨迹,既与中国民间信仰的发展之路相吻合,同时又与当地历史文化发展和区域社会变迁密不可分。以下试作分析:

逢伯陵信仰出现甚早,限于史料,对其出现之原因难免有臆测之处。就目前所见史料而言,逢伯陵信仰最初的源头似有两处。

其一,先秦时期对天鼋的祭祀。光绪《临朐县志》记载:"《古郱纪略》据《国语注》'齐祀天鼋,逢公死而配食之说',谓逢公必有功德于民,后配食典废,民犹不忘,故即墓所立祠祀之。"②《古郱纪略》据《国语注》之说,认为逢伯陵信仰系先秦时期齐地祭祀天鼋之俗的遗留,是天鼋之祀废后,民众"即墓所立祠祀之"。此处尚需对先秦祭祀天鼋之习俗略作交代。

前引《国语·周语》载:"我姬氏出自天鼋,及析木者,有建星及牵牛焉,则我皇妣大姜之侄,伯陵之后,逢公之所凭神也。"韦昭注:"大姜,大王之妃,王季之母,姜女也。……伯陵,大姜之祖有逢伯陵也。逢公,伯陵之后,大姜之侄,殷之诸侯,封于齐地。齐地属天鼋,故祀天鼋。死而配食,为其神主,故云凭。凭,依也,言天鼋乃皇妣家之所凭依也。"③李学勤认为"传说成神的逢公是太姜之侄,与王季同辈,大约是商王武乙、文丁时人",肯定了逢公"成神"这一说法。刘桓认为"'逢公'系逢(逄)伯陵的后代、大姜之侄,也是殷之诸侯,封于齐地。由于齐地对应的星宿是天鼋(玄枵),所以当地祭祀天鼋。逢公死后,人们在祭祀天鼋时,就以他为配食者"。④ 显然,他们认为配食天鼋的"逢公"系商周之际人,乃逢伯陵之后,并非逢伯陵本人。所以不能据此认为逢伯陵信仰源于此处。但有一点值得注意,配食天鼋的逢公虽非逢伯陵本人,却为其后代无疑,故其逢族领袖的身份是确定的,其配食天鼋无疑提高了逢族的地位,为当时及后世留下了一个宝贵的信仰资源,这是毋庸置疑的。从这个意义上,我们似乎又可以将其视为逢伯陵信仰的一个源头。但《古郱纪略》中所说的"后配食典废,民犹不忘,故即墓所立祠祀之"⑤之事有牵强附会之嫌。首先,其引用《国语注》中配食的"逢公"并非逢伯陵,而是其后人;其次,没有确切证据证明逢伯陵之墓就在

---

① 被采访人张乐美,女,70岁,青州市王坟镇崮后村人,采访时间2004年;被采访人赵玉田,男,79岁,青州市王坟镇崮后村人,采访时间2018年。又据光绪《临朐县志》卷八《风土·风俗》记载:临朐县,"妇力于蚕,豫事亡作;一妇不蚕,比屋詈之",第66页。由此可见,养蚕成为本地区主要的家庭副业,在妇女生活中占据重要地位。
② 光绪《临朐县志》卷五《建置·坛庙》,第48页。
③ 徐元诰撰,王树民、沈长云点校:《国语集解·周语下第三》,第124—125页。
④ 刘桓:《商周金文族徽"天鼋"新释》,《历史研究》2010年第1期。
⑤ 光绪《临朐县志》卷五《建置·坛庙》,第48页。

逢山之巅。故光绪《临朐县志》非常谨慎地评价此说道:"语颇近理,然无确证,未敢根据。"①

其二,西汉宣帝时,祠"蓬山石社石鼓于临朐",②《汉书》卷二十八上《地理志》第八上亦载:"临朐(有逢山祠)。"③这是逢山信仰确立之始。不过,这一时期的"逢山祠"及"蓬山石社、石鼓"与逢伯陵本人似乎并无直接关系,而仅是一种单纯的自然崇拜,正如光绪《临朐县志》所说"义非人鬼,了无可疑"。④

尽管并无明确证据证明这次立祠与逢伯陵直接相关,但其对逢伯陵信仰的产生、发展无疑起了极为重要的作用,所以有必要探求这次立祠的原因。先秦时期,山东地区的自然崇拜渊源有自,长期流传着"八神"崇拜,至秦汉时期,"随着大一统社会的建立以及封建统治者的大力提倡,秦汉时期的'八神'祭祀总体上已经是一套结构较为完整的国家宗教祭祀体系,虽然其祭祀的地理位置较为松散,分属不同的区域,长期以来却始终保持着国家层面的最高祭祀规格"。⑤可以说,自先秦时期至西汉中期,"八神"崇拜一直流行不衰。据《史记·封禅书》记载:

> 于是始皇遂东游海上,行礼祠名山大川及八神,求仙人羡门之属。八神将自古而有之,或曰太公以来作之。齐所以为齐,以天齐也。其祀绝,莫知起时。八神:一曰天主,祠天齐。……二曰地主,祠泰山梁父。……三曰兵主,祠蚩尤。……四曰阴主,祠三山。五曰阳主,祠之罘。六曰月主,祠之莱山。皆在齐北,并渤海。七曰日主,祠成山。……八曰四时主,祠琅邪。……皆各用一牢具祠,而巫祝所损益,珪币杂异焉。⑥

这一崇拜持续时间甚长,有学者对其进行统计后指出,"从秦始皇三年到汉宣帝十三年的国家祭典相关记载来看,'八神'作为东方宗教祭祀、宗教崇拜中心的盛行时间持续了160年左右,直到西汉末年匡衡等人奏请进行国家祀典改革以后,才逐渐淡出了历史舞台"。⑦可知,在汉宣帝十三年前,"八神"崇拜是被载入国家祀典的。那么,汉宣帝十三年以后为什么不再被纳入国家祀典了呢?这应当与汉宣帝十二年的祀典改革有关。据《汉书》卷二十五下《郊祀志》第五下记载:

> 宣帝即位,……时,大将军霍光辅政,上共已正南面,非宗庙之祀不出。十二年,乃下诏曰:"盖闻天子尊事天地,修祀山川,古今通礼也。间者,上帝之祠阙而不亲十有余年,朕甚惧焉。朕亲饬躬斋戒,亲奉祀,为百姓蒙嘉气,获丰年焉。"……改元为神爵……又祠太室山于即墨,三户山于下密,祠天封苑火井于鸿门。又立岁星、晨星、太白、

---

① 光绪《临朐县志》卷五《建置·坛庙》,第48页。
② 《汉书》卷二十五下《郊祀志》第五下,第1250页。
③ 《汉书》卷二十八上《地理志》第八上,第1583页。
④ 光绪《临朐县志》卷五《建置·坛庙》,第48页。
⑤ 李传江:《"八神"祭祀的国家宗教中心及民间承续》,《东岳论丛》2014年第6期。
⑥ (汉)司马迁:《史记》卷二十八《封禅书》第六,北京:中华书局,2014年,第1644—1645页。
⑦ 李传江:《"八神"祭祀的国家宗教中心及民间承续》,《东岳论丛》2014年第6期。

荧惑、南斗祠于长安城旁。又祠参山八神于曲城,蓬山石社石鼓于临朐,之罘山于腄,成山于不夜,莱山于黄。成山祠日,莱山祠月。又祠四时于琅邪,蚩尤于寿良。京师近县鄠,则有劳谷、五床山、日月、五帝、仙人、玉女祠。云阳有径路神祠,祭休屠王也。又立五龙山仙人祠及黄帝、天神、帝原水,凡四祠于肤施。①

这次祭祀改革对以往国家祭祀做了调整,"不再分别提及日主、月主等八神神名。在成山祠日、莱山祠月、琅邪祠四时,与故齐地八神祠中的日主、月主、四时主地点相当。祠之罘山于腄,与故齐地八神之阳主地点相同。寿良祠蚩尤,与原东平陆监乡的兵主祠位置不同。原临淄天主、梁父地主未提及。原曲城三山为原阴主祠所在地,宣帝时'祠八神'于此"。②除此之外,这次调整还添加了大量新祭祀,于逢山祠"石社、石鼓"就是其中之一。由此可知,早期临朐的逢山祭祀是与先秦齐地"八神"崇拜一脉相承的,是上古时期自然崇拜的遗留。汉宣帝的这次调整,极大地提高了逢山的地位。然而,汉宣帝调整后的国家祭祀体系并没有持续太长时间。汉成帝初年,因匡衡等人建言再度进行调整,将"不应礼,或复重"之"四百七十五所"罢斥,其中"孝宣参山、蓬山、之罘、成山、莱山、四时、蚩尤、劳谷、五床、仙人、玉女、径路、黄帝、天神、原水之属,皆罢"。③但匡衡被罢官后不久,汉成帝又"复长安、雍及郡国祠著明者且半",④临朐逢山祠是否在其中尚不得而知。汉哀帝即位后,"寝疾,博征方术士,京师诸县皆有侍祠使者,尽复前世所常兴诸神祠官,凡七百余所,一岁三万七千祠云",⑤将以前所废弃之神祠尽数恢复。据此可推知,在成、哀之际,临朐逢山祠很可能又被恢复。汉平帝时,王莽再度调整祭祀体系,将"天地五帝之祭集中于长安城中和四郊,将政治中心与宗教中心合而为一,构建了一个全新的体式,并为后世所沿袭"。⑥随着王莽这次调整的完成,汉帝国的祭祀中心已经转移到都城长安附近,原先以"八神"信仰为特色的山东祭祀体系走向衰落。

西汉宣帝时期的这次祭祀调整,对以山东为主的东方祭祀体系而言,既保留了"八神"崇拜中的部分内容,又适当做了增补,可以说是对以前祭祀体系的继承与发展。这次调整中为何将逢山石社、石鼓列入祭祀,史书中并未明言。我们可以做一个推测,以"八神"为主的齐地信仰体系,主要是祭祀天、地、阴、阳、日、月、四时等自然物,属于自然神信仰,而逢山石社、石鼓也显系自然物,与之具备同一属性。再者,当时可能已经开始流传关于逢山石社、石鼓的神异传说并已引起人们的注意,如东晋郭缘生《续述征记》所云:"逢山在广固南三十里,有祠并石鼓,齐地将乱,石人辄打石鼓,声闻数十里。"⑦这可能是西汉宣帝时将逢山石社、石鼓列入国家祭祀的原因。

---

① 《汉书》卷二十五《郊祀志》第五下,第1248—1250。
② 田天:《齐地八神祠略考》,见《北京大学中国古文献研究中心集刊》第八辑,北京:北京大学出版社,2009年,第301页。
③ 《汉书》卷二十五下《郊祀志》第五下,第1257、1258页。
④ 《汉书》卷二十五下《郊祀志》第五下,第1259页。
⑤ 《汉书》卷二十五下《郊祀志》第五下,第1264页。
⑥ 田天:《齐地八神祠略考》,见《北京大学中国古文献研究中心集刊》第八辑,第302页。
⑦ (东晋)郭缘生:《续述征记》,转引自(北魏)郦道元著,陈桥驿校证:《水经注校证》卷二十六《巨洋水》,第593页。

由上可见，西汉末年以"八神"为特色的山东信仰体系已经衰落，但逄山信仰却流传下来了。据前文所引东晋郭缘生《续述征记》、郦道元《水经注》等可见，在东晋、北魏时期，逄山祠依旧存在。不过，这一时期的逄山信仰是作为自然崇拜而被确立的，与逄伯陵似乎并无直接联系。但祭祀地点定于逄山为以后逄伯陵信仰的兴起提供了条件。

北魏郦道元以后的很长一段时间里，史书中一直没有关于逄山祠的记载，故而在这段时间里该祠经历了怎样的一段历史？是否曾遭遇毁弃，又是否重修等，均不得而知。

直到宋代，后世史书中方才有零星的记载，即光绪《临朐县志》所载："逄公祠……相传宋时建。"①这是唯一一则逄公祠建于宋代的记载，且系"相传"，并不确定，所以逄公祠是否建于宋代还是有疑问的。元代时，有确切记载的逄公祠出现。②

元明清时期，随着当地历史变迁、社会发展，逄伯陵信仰逐渐成熟，主要表现在两个方面：其一，逄伯陵传说逐渐发展成熟；其二，逄伯陵逐渐发展成当地社区神。对这两点内容，需做着重探讨。

（一）逄伯陵传说形成的背景及原因

本文第一部分所载逄伯陵传说的形成并非一蹴而就，而是经历了不断地发展、演变最终成型的。尽管限于史料，我们尚无法精确还原其形成过程中的各个步骤，但通过梳理该传说流行的"六社"地区及其周边所发生的历史事件，再结合当地地理环境，大致能找寻到传说中的各个元素。

首先，金朝时益都人杨安儿、杨妙真领导的红袄军起义。杨安儿，益都人，本名杨安国，"自少无赖，以鬻鞍材为业，市人呼为'杨鞍儿'，遂自名杨安儿"。金章宗泰和间举兵伐宋，"山东无赖往往相聚剽掠"，金朝下令"州郡招捕之"，杨安儿暂时投降金朝，被任命为副都统为金戍边。大安三年（1211），杨安儿用计逃回山东，"与张汝楫聚党攻劫州县，杀略官吏，山东大扰"，金朝派仆散安贞率军讨伐，败杨安儿于益都城东，迫使其逃奔莱阳。杨安儿至胶东后，莱州徐汝贤以城降，登州刺史耿格也以城归顺，"安儿遂僭号，置官属，改元天顺，凡符印诏表仪式皆格草定"，并派兵攻陷宁海、攻打潍州，势力最大时，其属下方郭三据密州，"略沂、海"，妹夫李全"略临朐，扼穆陵关，欲取益都"。后来在仆散安贞大军镇压下，杨安儿义军陷入绝境，安儿在渡海逃难时为舟人曲成等击入水中淹死。③后来其妹杨妙真、妹夫李全继续领导义军。值得注意的是，这场规模巨大的起义建立了政权，"渠帅（杨安儿）岸然以名号自居"。④

那么，这场起义与逄伯陵传说的形成是否有关系？关系何在？我们可以据逄伯陵传说和这段史实进行一番推测。逄伯陵传说中，在青州西南地区逄山一带扯旗造反的杨王本名杨骥，而益都人杨安儿也"以鬻鞍材为业"，二者都姓杨，且都与"马"有或多或少的联系，故当地民间学者认为"杨王"的最初原型便是杨安儿。⑤诚然，仅据此便断定杨安儿就是"杨

---

① 光绪《临朐县志》卷五《建置》，第48页。
② 《齐乘》卷之一《山川·逄山》，第515页。
③ （元）脱脱：《金史》卷一〇二《仆散安贞》，北京：中华书局，1975年，第2243—2245页。
④ （金）元好问：《遗山集》卷二十八《临淄县令完颜公神道碑》，《景印文渊阁四库全书》第1191册，第313页。
⑤ 被采访人王洪吉，男，68岁，青州市王坟镇大峪口村人，采访时间2018年。

王"有穿凿附会之嫌,但杨安儿的事迹或多或少为逢伯陵传说中杨王形象的形成提供了一些素材,还是有可能的。

其次,明朝永乐年间的唐赛儿起义。唐赛儿是山东蒲台县民林三之妻,"少好佛诵经,自称佛母,诡言能知前后成败事,又云能剪纸为人马相战斗",原为当地民间宗教组织首领,后在丈夫林三因劳役致死后,愤而起义,"往来益都、诸城、安丘、莒州、即墨、寿光诸州县,扇诱愚民,于是奸人刘信、刘俊、丁谷刚、宾鸿、徐辉、王宣、白拜儿、郝允中、高羊儿、兰复昇、张思名、董彦皋等各率众从之,拥众五百余人,据益都卸石栅塞,遂劫掠乡村,驱胁良善",规模非常大。青州指挥高凤领兵围捕,反而被唐赛儿"乘间冲击,官兵溃散,凤等皆陷"。① 后明成祖派安远侯柳升领兵征讨,并指授方略,"贼徒凭高,无水且乏资粮,当坐困之,勿图近功"。② 柳升先将卸石棚寨围困,然后派遣旗手卫指挥吴亮前去招抚,唐赛儿不为所动。夜晚耿童儿下寨乞降,言"寨中食尽且无水,东门旧有汲道,儿赛(按:当为赛儿)等议趋此宵遁",柳升立即调兵把守,结果是夜二鼓时分,"贼袭官军营,与战多被杀。都指挥刘忠力战中流矢死,赛儿及刘信等潜遁"。黎明时分,柳升始发觉,马上分兵追捕,但为时已晚,"获贼党刘俊等男妇百三十四人,贼坠岩谷死者甚众,而赛儿等竟不获"。③ 明成祖大怒,切责柳升,又"以唐赛儿久不获,虑削发为尼或混处女道士中,遂命法司凡北京、山东境内尼及女道士悉逮至京诘",④结果一无所获。后搜索规模进一步扩大,"上惩妖妇唐赛儿诵经扇乱,遂命在外有司,凡军民妇女出家为尼及道姑者悉送京师",⑤最终仍杳无音信。⑥

细究起来,唐赛儿起义的相关史实与逢伯陵传说中的某些情节也有相似之处。传说中的"杨王"和唐赛儿都是在今青州西南部山区据险造反,对此光绪《益都县图志》编纂者曾感慨:"其地面山负海,扼全齐之背,……杨安儿、唐赛儿之流亦往往据山险以为窟穴,一邑虽小而海岱之安危系焉。"⑦此外,传说中的"杨王"和现实中的唐赛儿起义,义军都是在重兵围困的情况下,以虚假消息迷惑敌人,最终逃脱,后不知所终。从这个意义上讲,唐赛儿起义的事迹也能为逢伯陵传说提供一些素材。

再次,逢山险要的地形使其成为兵家重地,为逢伯陵传说的展开提供了舞台。《水经注》曾描述逢山之险,"山麓三成,壁立其上";⑧《齐乘》中也说,"其山四面斗绝,惟一径可登且有泉";⑨明人冯琦在《仰天寺记》中言,"逢山屹立,巨嶂如锦川,石青苍五色,上映天碧,石纹隐隐如门状,逶迤而东,皆如琐窗重闼"。⑩ 这种地形既适合据险而守,又可以躲避

---

① 《明太宗实录》卷二百二十二,永乐十八年(1420)二月己酉,台北:台湾"中研院"历史语言研究所1962年校印本,第2193页。
② 《明太宗实录》卷二百二十三,永乐十八年(1420)三月戊戌,第2202页。
③ 《明太宗实录》卷二百二十三,永乐十八年(1420)三月辛巳,第2199页。
④ 《明太宗实录》卷二百二十三,永乐十八年(1420)三月戊戌,第2203页。
⑤ 《明太宗实录》卷二百二十五,永乐十八年(1420)五月丁丑,第2211—2212页。
⑥ 还有另外一种说法,据《明史纪事本末·平山东盗》记载:"既而捕得之,将伏法,怡然不惧。裸而缚之,临刑刃不能入,不得已,复下狱。三木被体,铁钮系足,俄皆自解脱,竟遁去,不知所终",北京:中华书局,1977年,第373页。
⑦ 光绪《益都县图志》卷五十《外传》,第645页。
⑧ (北魏)郦道元著,陈桥驿校证:《水经注校证》卷二十六《巨洋水》,第593页。
⑨ 《齐乘》卷之一《山川·逢山》,第515页。
⑩ (明)冯琦:《宗伯集》卷十五《仰天寺记》,《四库禁毁书丛刊》集部第15册,北京:北京出版社,1997年,第216页。

灾祸，"金末避兵于此者多获免"。① 此外，清末捻军入境时，当地民众也曾于此结寨自保。据光绪《临朐县志》记载：

> 李弧南，字星史，邑西涝洼庄人，咸丰九年岁贡，事继母得其欢，喜谈兵法，凡孤虚、旺相、阴符、韬略诸书靡不窥究。十一年，捻匪扰邑东北境，弧南率六社丁壮筑圩恨虎山口，以纪律部勒村人，步伐整齐，进退有节，贼不能犯，避难归之者六七千家，乃结寨逢山之巅，坚壁清野，为守战之备。同治元年，捻匪犯黄草关，弧南督乡兵御之，发巨炮毙其前部贼数十，贼为披靡，已而大队麕至，弧南退保逢（逢）山，贼沿山而东，欲肆焚掠，乡人皆保寨自固，贼无所逞，夺气而去，明年卒，乡人震悼，如失保障云。（李景纲采访）②

此事在逢山庙碑中也有记载，清同治元年（1862）《重修逢山祠记碑》中曾言："初皖匪寇东境，朐当其冲，嗣后有淄邑之变，山人还邑城□……（下残）屠戮，及逢山，疾驰而去，莫敢仰视。"③

除当地民众在战乱时倚仗地形自保外，也有不法之徒啸聚于此。清同治十年（1871）《禁伐山木碑记》中写道："山环以树，垂水蘘峰，列植而交荫，气佳哉！郁郁葱葱……乃草窃萌生，视为利薮，屯结啸聚，槎蘖伐夭，山几童矣。"乡民张公"侦知其故，酿社会为守御"，结果为匪徒所知，"恶其害己也，怀利刃踵其门，甘言诱出村外，乘其不虞，傅刃左肋，幸公家有余庆，徒手与搏，未至殒命"。④ 民国时期，逢山脚下大峪口村村民王二麻子土匪团伙啸聚于方山，势力波及逢山。据民国《临朐县续志》记载：

> 方山：盖逢山南峰也。南北袤延数里，三面悄壁危耸，惟西北略可攀跻，岩径仄曲，举步悚慄，上无水泉林木之属，可资游览登临者绝少。民国十七年冬，匪首王二麻啸聚，党羽百余人盘踞此山，掳掠焚杀，毒痛一方，迭经剿击，卒不能克。十八年春，匪于山巅竖红旗且演剧自寿，征赋派捐，意图大举。五月，驻青国军刘团长督队进剿，县警团亦往协助，匪凭险拒守，官军不利，多有伤亡。既而，易攻为困，匪苦无水，不支遂降。逾年，王匪余党复据此山，县警团急往攻之，一战擒渠，余众悉散，匪乱既平，乡民虑山险之易资匪窟也，相与毁其要隘，后来者无所凭藉矣。⑤

逢山与方山一脉相连，至今逢山顶部仍存以前的建筑遗址，可能是王匪啸聚时所留。据传，王匪啸聚方山期间与周边村民保持着良好的关系，因方山缺水，附近村民从逢山北麓往上运输，每运送一担水，匪送其半担面、一块银元，并于匪兵伙房招待一顿。

---

① 《齐乘》卷一《山川·逢山》，第515页。
② 光绪《临朐县志》卷十四之中《先正下》，第176页。
③ 此碑名为《重修逢山祠记碑》，系笔者2004年田野调查时所获，时藏于逢山森林公园。
④ 此碑名为《禁伐山木碑记》，系笔者2004年田野调查时所获，时藏于逢山森林公园。
⑤ 民国《临朐续志》卷六之七《山水一》，第275页。

由上可知,逢山一带因地形险要,在历史上曾被附近村民作为躲避兵燹之地,也成为匪患频发的地区。所以说,逢山因其特殊的地理形势成为逢伯陵传说中"杨王造反"的发生地,也就显得合情合理了。

最后,逢山影像的作用。在逢山西峰北麓的悬崖峭壁上,有一个天然形成的红褐色人形印迹,站在逢山脚下村子里抬头仰望时,可发现此像头带武冠,鬓须飘逸,手持拂尘,神态安若,这便是附近民众传说的"逢山爷",此奇观被编入临朐古十景,是为"逢山影像万古传"。当地民众认为,此像系逢伯陵捕捉杨王不成,跳崖身死后,感动天地所留。逢山影像成为逢伯陵传说中最核心、最神秘的因素,当地民众据此阐释的其忠于朝廷、自杀殉国的行为是其成神的关键。

应当说,逢伯陵传说之形成是当地历史发展与地理环境相结合的结果。殷商时期,逢伯陵作为东夷逢族首领曾活跃于此,留下了诸多遗迹,汉代承续古齐地自然崇拜传统而设立的逢山石社、石鼓祭祀为该地祭祀逢山奠定了基础。宋代杨安儿、杨妙真起义、明初唐赛儿起义等为逢伯陵传说中"杨王"故事的塑造提供了素材。逢山影像的神迹、汉代以来祭祀逢山的传统以及逢山的险要地势使得逢山成为传说中故事的主要发生地。这些因素汇聚在一起,最终形成了本文第一部分所记载的那个故事。

(二)逢伯陵社区神角色形成的背景及原因

逢伯陵信仰主要流传于原临朐县西北部的六社,即光绪《临朐县志》所载之"田庄社:领六庄;逢峪社:领五庄,有集,四、九日市;振(镇)头社:领十三庄,涝洼有集,二、七日市;辛庄社:领十八庄;人(仁)和社:《旧志》无,新增,领四庄,西北界益都;东庄社:领九庄,北界益都"。① 六社究竟下辖哪些村,该书并未记载。民国《临朐续志》卷六之七《区乡》中虽取消社而名之为乡,但却提供了六社下辖村落的相关信息。今以此为准,佐之以《青州市地名志》的记载,梳理下这些村落的相关历史信息。

表1 逢伯陵信仰流传区域村落历史信息②

社名	乡名	村名	建村信息
田庄社	田庄乡	大田庄	元末,田氏自临朐田家井迁来立村,后褚姓于洪武初自枣强迁入。
		于家庄	明初于姓自登州府赤山寨迁至临朐,后于龙门山前为乔姓招赘。嘉靖间,改回于姓。后因人丁滋生,于乔家庄东立村。
		乔家庄	唐天宝间,乔姓立村,后曾姓于明初自山西洪洞迁入。
		西田庄	洪武初,褚公由枣强迁入大田庄,其孙另居村西,即此。
		大张庄	洪武初,张姓自洪洞迁来立村。
		曾家溜	洪武四年,曾姓由临朐曾家寨迁来定居。

---

① 光绪《临朐县志》卷五《建置》,第42页。
② 民国《临朐续志》卷六之七《区乡》,第288页;青州市地名委员会办公室编:《青州市地名志》,天津:天津人民出版社,1992年,第193—198、351、371—375页。

续表

社名	乡名	村名	建村信息
逄峪社	逄峪乡	逄峪	元末逄姓立村于逄山下,故名。明初,魏姓自山西洪洞迁入,常姓自南京南门里徙入。
		申明亭庄	洪武间,王姓自洪洞县平阳府大王庄迁来立村。
	大峪乡	大峪口	元至正间,王姓自兖州王家镇迁此定居。
		腰庄	万历间,夏、安二姓自洪洞迁来立村。
		上梢	相传春秋、战国时已有住户。洪武间,焦、冯二姓分别由洪洞、枣强迁入。
东庄社	东庄乡	金家楼子	始称三甲村,建年无考。据同治八年(1869)《金氏世系谱碑》载:金姓先从洪洞迁至临朐石沟河庄,后因水患迁至逄峪村,二世行信迁至金家楼。
		姜家庄	现名前庄子。洪武初,姜、温、刘三姓自山西洪洞迁入。
		许家庄	洪武年间,许姓由洪洞县迁来立村。
		鞠家河	洪武初年,洪洞县鞠姓迁来立村。
		赵家庄	先有于姓居此,称于家林,有墓为证。洪武间,赵姓从山西洪洞迁入,繁衍为大户,后改名赵家庄。
		东胡	嘉靖年间,张姓自临朐纸坊迁入。
		西胡	洪武三年(1370),胡姓由山西洪洞迁来立村。
		张家庄	洪武间,张姓先自洪洞迁至临朐纸坊,永乐十年(1412),又自纸坊迁入。
		李家庄	洪武四年(1371),李姓从山西洪洞迁来立村。
镇头社	镇头乡	郭庄	商代郭姓立村于此。
		崮后	宋康定年间,史姓立村于逄山之阴,故名。
		庙头	宋代建逄山庙。徐、胡等姓傍庙而居,故名。雍正八年(1730),因洪水侵袭,北移1千米,即今址。
		阿陀	宋元丰二年(1079),郭姓来此定居。
		南镇头(小)	与下村实为一村。
		南镇头(大)	明永乐间,苗姓由山西洪洞迁来,立村于商代逄伯陵所设南阵处,故名。
		北镇头	传说商代姚王据逄山作乱,侯王逄伯陵率兵亲征,在此附近布南、北二阵。后刘姓迁来,在北阵处立村北阵,渐演为北镇。洪武间,高姓由龙山峪顶子迁入。
		台头	光绪元年(1875)李氏墓碑:"李氏旧居西安庄,乾隆十五年(1750)始祖唯信迁居此地。"因地形而得名。
		前黄马	古有回马场。天启年间,尹姓由临朐狮子口迁来立村。
		后黄马①	与前实为同一村。
		涝注	元末,张氏自钱塘迁至今王坟村(当时名为张家庄)立村。嘉靖六年(1527),被衡王迫迁至此。
		徐家沟	万历四十六年(1618),徐姓立村。
		雷家崖头	洪武初,雷氏自洪洞迁此立村。
		岭子	乾隆间,李氏自郭庄迁此落户,因地形而得名。

---

① 据《青州市地名志》记载:赵家黄马、李家黄马、张家黄马(三村即今后黄马)。景泰间,赵姓由洪洞迁来立村。景泰末,李东山自洪洞迁入。万历间,张文广自淄博张家坡子迁入。第355页。此三村在历史上一直属于益都县,与本文所述之前黄马相隔甚远,故文中之"后黄马"当为前黄马之后村,与前黄马前村以村中石崖为界,今与前黄马同属一村。

续表

社名	乡名	村名	建村信息
仁和社	仁和乡	陈家园	顺治五年(1648),陈姓由赵瞳迁居于此。
		丰家庄	洪武间,丰氏由山西洪洞县迁来立村。
		张家庄	洪武九年(1376),张文连自洪洞县迁来立村。
		西崮庄	始建无考。元代前张姓居此。
辛庄社	下辛庄乡	上白洋	崇祯二年(1629),宋氏自宋家老营迁此立村。
		腰白洋	洪武五年(1372),高、傅二姓自洪洞迁此立村。
		白洋口	元末,杜、闵二姓立村。
		马峪口	不详。现属于临朐县。
		钓鱼台	东汉初,陈氏立村于此。元末,张姓自钱塘迁入。
		郝瞳	洪武间,郝、阎二姓自洪洞迁此立村。
		宋家庄	明代赵、杨二姓同时迁此立村。
		汶口	元代,吴、杨、牛三姓居此。洪武初,崔、张自桃园、涝洼迁入。
		井峪	明初,景氏自洪洞迁入。
		滴泉	嘉庆年间,宋景和自临朐朱堡迁此定居。
	上辛庄乡	胡家宅	洪武十一年(1378),胡氏自洪洞迁此立村。
		辛庄	万历四十年(1612),赵姓自莱芜辛庄迁此,仍用旧名。
		吴家庄	洪武年间,吴氏自莱芜吴家迁入,仍用旧名。
		河北庄	成化间,赵姓由洪洞迁此立村。
		前坡庄	疑即杨家坡。嘉庆间,程氏自胡家宅迁此。
		东段地	万历间,赵姓自辛庄迁此立村。
		西段地	道光间,赵氏自莱芜迁此落户。
		南道	洪武三年(1370),宫氏自沂水迁此立村。
		北道	永乐间,赵姓立村。
		流洛	洪武二十一年(1388),吴氏自洪洞迁此落户。
		后庄	即后孟埠。道光间,薛氏自临朐薛家庙迁此立村。
		李家园	道光年间,马家蓼子李氏二兄弟于此开荒建房,后发展成村落。
		孟埠	明代已立村。
		程子庄	乾隆十五年(1750),高氏自临朐小高庄迁此落户。
		蓼子庄	乾隆十七年(1752),马氏从临朐朱堡迁来落户,又称马家蓼子。
		门里庄	宋代已有村落,明代有卢、牛、郭等姓居住。

除以上村庄外,尚有数村需着重说明。现属青州市弥河镇的前营、后营、大涧头、赵瞳四村邻近六社中的田庄社,但却不属于六社。前营村是洪武二年(1369)王谨先自洪洞迁至临朐陡沟、后再迁至此地建村,后营村是洪武间康、高二姓自山西迁来落户,之所以称为前、后营,是因为"元代战争频起,附近设前、后二兵营";大涧头系明隆庆间王氏始祖王汝学由日照迁来立村,因坐落于南北两涧之头,故名;赵瞳村立于宋代,"赵姓立村,取名赵瞳",赵

氏至明代已无,牛、张、郭、陈等姓迁入。① 此处的前营、后营、大涧头、赵疃,也被纳入到逢伯陵传说中。前营、后营被认为是逢伯陵征讨杨王时屯兵之前、后大营,打造箭头的军工所住的地方叫"打箭头",后改为"大涧头",打造箭头的炉火光亮照到近处的石河河滩上,叫"照滩",后改名"赵疃"。②

根据《青州市地名志》记载,上表所列六社所辖村庄中,除去极少数外,绝大多数建于明清时期。揆诸情理,这种状况并不符合历史史实,因为明代之前此地几乎没有村庄的情景是不可想象的。但这也反映了一种情况,那就是明代以来,当地经历了一个村落重建的过程。元末战乱导致此地生灵涂炭、经济残破,兵燹之后,明初大量移民迁入,随之形成一些新的村落,旧的村落也得到整合,最终形成了今日六社的村庄格局。在这一村落整合的过程中,六社及其附近的村庄被纳入到传说中,出现了诸如逢伯陵老家"逢峪",其姥姥家"东胡",其姐姐家"曾家溜",麾下大将徐魁家为"徐家沟",其安营扎寨的"前营""后营"二村,布阵的"北镇头""南镇头"二村,及打造箭头的"大涧头""赵疃"等。除此之外,逢山庙附近村子有名"庙头"者,在求雨时逢伯陵需朝见的珍珠山玉皇在"大田庄东",其好朋友白龙王爷是在"郝疃"。以上村落大都形成或"重构"于元、明时期。我们可以据此推论,明清时期,随着六社村落重构、整合的完成,当地村落的历史与逢山爷的传说有机地融合到了一起,逢伯陵传说最终形成,逢伯陵也随之成为六社社区神。

逢伯陵信仰在元明以降为何能够盛行于六社地区而经久不衰,其社区神地位形成之原因何在,这也需要加以说明。

首先,明初村落重构后,基层社会组织"社"发挥起重要作用。元明清时期逢伯陵信仰之所以能够在六社中流行,与"社"这一基层乡村行政组织不无关联。社制发端于金,盛行于元,明清时期在北方某些地区仍然延续,顾炎武曾说:"今河南、太原、青州乡镇犹以社为称。"③逢山周边的六个社,由于行政区划、地理环境的原因,逐渐发展成一个相对独立的小单元,逢伯陵信仰主要流传于这个小单元内。赵世瑜在谈到地方性神祇的发展轨道时说:"地方性神祇的发展,无论如何它们与地方发展有密切联系,如果没有村这个聚落,就不会存在村庙;如果跨村落的联系没有建立起来,也就不会有跨村落的区域性信仰圈。"④六社对外相对独立、内部联系频繁的特点,使其成为逢伯陵信仰流传的固定区域。此外,元代社制管理具有"强制化"的特点,⑤"社"是一种相对强势的基层社会组织。作为乡村基层行政组织首领的六社社首有一定权力,体现在逢伯陵信仰中就是六社首领共同维系着该信仰的运转。逢山祠内现存一方名为《镇头等六社题名碑》的碑,该碑时间不详,碑中罗列了镇头社、仁和社、田庄社、东庄社、逢峪社、辛庄社六社的167名信士,最后附录六社地保之名。⑥据当地民众回忆:逢伯陵庙系由六社共同出资兴建,每年有三次庙会(大规模祭祀),即"古

---

① 青州市地名委员会办公室:《青州市地名志》,第350—351页。
② 王洪吉编著:《逢山影像万古传》第一章《人物传奇篇·古代人物传奇·逢伯陵的传说》,第5页。
③ (清)顾炎武撰,黄汝成集释:《日知录集释》卷二十二《社》,《续修四库全书》第1144册,上海:上海古籍出版社,2002年,第347页。
④ 赵世瑜:《狂欢与日常——明清以来的庙会与民间社会》,北京:北京大学出版社,2017年,第57页。
⑤ 赵秀玲:《中国乡里制度》,北京:社会科学文献出版社,1998年,第38页。
⑥ 此碑系笔者2004年田野调查时所获,藏于逢山森林公园。

历三月二十三开庙门到四月初八关庙门"、六月谢雨祭、九月九民祭祀,参加者主要是六社民众,具体由六大社社首主持。① 除此之外,还有一个需要注意的问题,那就是明清时期六社地区乡村士绅势力的相对弱小与宗族的相对弱化,所以公共事务更多地需要由六社首领来承担。据光绪《临朐县志》记载:"邑多山少平壤,聚落甚小而繁,四民杂处,耕者十七,读者十二,贩鬻者十一,……达官显仕久绝于世。"② 六社所在的临朐西部山区,因土瘠民贫,乡村民众疲于奔命,获得科举功名者甚少,士绅势力相对弱小,且以不干预地方政务为高尚品行,如东庄社鞠家河村的鞠珍,成化十九年(1483)举人,曾任南乐县主簿,归乡后"闭户读书,复悠游于朐山、洱水之侧,……非公事足迹不履县廷"。③ 镇头社涝洼村张绎,弘治间岁贡,曾任怀仁知县、大同府通判等,"告归筑室方山之阳,杜门谢客,治家有法,尤为当时所称"。④ 田庄社大张庄村陈占,康熙三十二年(1693)岁贡,"归隐居逢山深谷中,肆志山水"。⑤ 蔺超然,咸丰二年(1852)恩贡,"和厚循谨,天性笃孝……闭户读书,足迹不至城市"。⑥ 同时,该地区宗族势力也不大,光绪《临朐县志》谈及当地丧葬礼俗时说,"祭于寝、于墓,故家遗庙十一二存",⑦作为宗族凝聚精神支柱的家庙尚能毁弃,宗族势力之衰便可想而知了。在这种情况下,乡村基层行政组织"社"便发挥起重要作用。六社首领需积极参与诸如逢伯陵祭祀等地方事务,逢伯陵信仰也因有维系"六社同心"之功能而不断被当地强化,成为当地社区神。事实上,六社确因逢伯陵信仰而密切地联系在一起,围绕逢伯陵祭祀的诸多活动,成为六社民众交流的一个重要渠道。光绪《临朐县志》卷八《风土》:"四月八日,村庄醵钱赛山灵,挈榼聚饮,尽醉乃归,曰祭山。……奔走祈福,妇女云集,二氏煽惑,据为利薮。"⑧这种"娱神"的活动本质上也是为了"娱人"。笔者通过田野调查发现,"戏"是逢山庙祭祀不中可或缺的一部分。光绪《临朐县志》记载逢山庙之规模时曾提及,"门外广场夷旷,剧楼对峙,背枕洋水",⑨山门外广场西侧的建有戏台,供有戏祖唐明皇之像,出门在东、进门在西,分书"海市""蜃楼"。⑩ 不管是临朐县长每年的亲祭,还是六月的"谢雨祭"都要唱戏,且美其名曰:逢山爷及其尊贵客人——白龙王爷喜欢看戏。"看戏"成为庙会经历者所津津乐道的永恒话题,附近村民一年中为数不多的看戏机会,主要来自逢山庙的祭祀。⑪ 在这个"娱人"的过程中,六社民众聚合在一起,促进了彼此之间的交流。

其次,宋元以降民间神灵系统发展、变迁的影响。宋元以降,中国的神灵体系越来越完善,出现了诸多专业神,如水神龙王,文化神文昌、魁星,生育神观音,海神妈祖,蝗神八腊、刘猛将军,财神比干、关公等等,这些都是在全国范围内影响较大的专业化神灵,他们的崛

---

① 被采访人杨凤来,男,94岁,青州市王坟镇庙头村人,采访时间2002年。
② 光绪《临朐县志》卷八《风土》,第66页。
③ 光绪《临朐县志》卷十四下《节行》,第177页。
④ 光绪《临朐县志》卷十四上《先正上》,第148页。
⑤ 光绪《临朐县志》卷十四中《先正下》,第169页。
⑥ 光绪《临朐县志》卷十四中《先正下》,第176页。
⑦ 光绪《临朐县志》卷八《风土》,第67页。
⑧ 光绪《临朐县志》卷八《风土》,第68页。
⑨ 光绪《临朐县志》卷五《坛庙》,第48页。
⑩ 被采访人赵玉田,男,79岁,青州市王坟镇崮后村人,采访时间2018年。
⑪ 被采访人张乐美,女,70岁,青州市王坟镇崮后村人,采访时间2014年。

起对一些"神职"功能相对单一的地方神难免会形成冲击。在这种情况下，那些流传范围相对较小的地方性神灵适时地转化为社区神，显然有助于避免这些全国性专业化神灵的"冲击"，更有利于自身的发展。如与六社距离不算太远的益都县颜神镇——清雍正十二年（1734）独立为博山县——其地方性神灵颜文姜信仰就呈现出这样的发展轨迹。该信仰产生较早，至迟在北周时已经建庙奉祀，所祀之神颜文姜一开始是作为水神出现的，后来其神职功能不断扩大，除降水外，还可以御灾、治病、送子等，至明清时期已经演化为颜神镇一带的社区神。① 逄伯陵信仰也是如此，由前论可知，该信仰真正崛起于元明时期，此时专业化神灵已经基本就位，而逄伯陵又是一个地方性神灵，所以其不失时机地发展为社区神，既有助于增强地方社会（六社）的凝聚力，也有助于该信仰的推广和传播。

　　再次，地方政府的认可与支持。逄伯陵信仰的发展离不开政府的认可与支持。历史上，该信仰一度与政府保持着较为密切的关系，在其早期发展阶段还得到西汉中央政府的认可。但后来其与政府关系如何，一直史无明文，直至嘉靖《临朐县志》中方才显露端倪。该书将"逄山祠"与文庙、东镇庙等一并列入"祠庙"一目，②且明确记载由县官致祭、学官陪祀，该书卷四《杂志·遗事》中载："每岁县官以三月二十三日诣其庙祭焉，予以学官岁岁陪祀。"③至清光绪年间，这种情况依然存在，光绪《临朐县志》虽然提出了一个疑惑，认为逄伯陵祠"虽官祭而会典、通礼俱不载，无明文可征，疑因袭前代而祀者也"，但仍将"逄公祠"列入"坛庙"，且言"每岁三、九月县官致祭"。④ 民国时期，临朐县长依旧亲身致祭。据说每年三月二十三日临朐县长亲身致祭，此后其他组织方可依次祭祀，至九月二十三日临朐县长再祭后，该年大规模祭祀方才告一段落。⑤ 此外，据说临朐县政府对逄山庙还有经济上的支持，县政府每年免征40大亩（相当于120市亩）地的皇粮国税充作寺庙运营之经费。⑥ 由上可见，尽管自西汉后逄伯陵神就再未获得过国家层面的册封，但似乎并未对该信仰发展产生太大的影响，因为直到明清时期其在临朐县内还是受到政府认可的。临朐县政府的认可对逄伯陵信仰的发展产生了非常重要的作用，尤其是雍正十二年（1734）临朐知县黄辑亲身致祭、迁庙址使县政府的支持达到顶峰，即光绪《临朐县志》所载"雍正间知县黄辑移建今地"。⑦ 黄辑致祭、迁庙址极大地提高了逄伯陵在百姓中的威望，庙附近百姓甚至据此认为自从雍正八年（1730）——即逄山庙被水冲毁之年。当地民众误将雍正十二年（1734）黄辑协助迁庙址记作该年，实则此时黄辑尚未署任临朐知县，逄山庙也还未重修——逄山爷开始成为皇帝御祭的国家正祀。⑧ 这对逄伯陵信仰起了很大的推动作用，在逄山庙祭祀时演戏中体现得尤其明显。据说，逄山庙祭祀时，如果事情仓促，一时雇不到戏班子，逄山爷的权威就体现出来了。逄山庙供奉有雍正皇帝圣旨，这时主祭者就会利用特权"抓官戏"。

---

① 赵树国：《"生为烈妇，死为明神"：博山颜文姜信仰考论》，《中国社会历史评论》第19卷，天津：天津古籍出版社，2017年。
② 嘉靖《临朐县志》卷之二《官政志·祠庙》。
③ 嘉靖《临朐县志》卷之四《杂志·遗事》。
④ 光绪《临朐县志》卷五《建置·坛庙》，第49、48页。
⑤ 被采访人董凤山，男，80岁，青州市王坟镇郭庄村人，采访时间2004年。
⑥ 被采访人杨凤来，男，94岁，青州市王坟镇庙头村人，采访时间2002年。
⑦ 光绪《临朐县志》卷五《建置·坛庙》，第48页。
⑧ 被采访人杨凤来，男，94岁，青州市王坟镇庙头村人，采访时间2002年。

"抓官戏"者头顶圣旨,到有戏班子的地方,把皮锣一翻。戏班子就心知肚明,或留人或雇人为原来的东家结束戏台,自己则清点人马赴逢山庙唱戏。① 黄辑的支持使逢山庙获得了更大的权威,六社民众又积极利用这一权威扩大了逢山庙的影响。至于前文所引民国时期临朐逢县长因未行跪拜礼而遭遇冰雹之事,可视为当地民众对民国以来战乱频仍及破除迷信背景下神灵信仰不再如过去那般受重视的一种"无可奈何花落去"的失落情绪的反映。

由上可见,逢伯陵信仰作为一种历史悠久的民间信仰,其自身也在发生着变化,突出地表现为由原先的自然神转化为人格化社区神,这一变化既与中国民间神灵信仰的发展有相通之处,同时又与当地的历史文化、社会进程有机地交融在一起。

五、余 论

通过梳理逢伯陵信仰的源流及演变,我们可以发现几个值得注意的问题:其一,中国民间神灵体系的发展、演变有其自身之规律。其二,地方性神灵信仰的变迁与区域社会发展脉络交融在一起。其三,在北方靠近政治中心的地区,国家的作用、正统思想对民间信仰的浸淫不可忽视。

由上文所述逢伯陵信仰的演变可以发现,较之于上古其他信仰如"八神"等崇拜而言,其之所以能够避免消亡之命运,在元明清时期再度得以繁兴,主要是因为其顺利地完成了由自然神向人格神的转化,这是中国民间信仰的一个重要特点,也符合中国民间神灵体系演变的自身规律,如包伟民为《变迁之神:南宋时期的民间信仰》一书所作"译者前言"中针对南宋"民间宗教"所言,"除龙王外,民众几乎已不再崇拜其他动物神,所有神祇生前都被认为是人身""联系世界宗教史发展的一般规律,我们是否可以这么认为:动物神从民间宗教神殿的消失,正是人类社会文明发展的反映,这是宋代社会的发展给民间宗教带来的一个进步"。② 随着人类文明的不断发展,在民间信仰中必然会从以自然神为主过渡到以人格神为主。逢伯陵信仰之所以能重现生命力,主要原因就在于其不失时机地完成了这一转化。元明清时期,逢伯陵已经被"刻化"为一个与逢山密切相关的人格神,他是一个活生生的人物,有着完美的人生履历和丰富多彩的故事、神通。古老的人物崇拜、山岳信仰与当地历史文化、社会变迁有机地融合在一起,这是逢伯陵信仰得以持续、再度兴起的重要原因。

那么,为什么逢伯陵信仰能顺利完成这一转化呢? 这与六社地区的社会变迁息息相关。郑振满在探讨福建莆田地区神庙祭典时,密切注意到当地神庙系统、祭典组织与地方社会发展脉络之间的关系。③ 虽然因南北相隔甚远,六社与莆田有很大的不同,如莆田地区神灵众多且等级分明,故而围绕神灵祭祀形成种类繁多、层级不一的组织,而六社地区神灵体系相对简单,神灵分布在社区内部的不同村落,共同维系着社区民众的需要,但均能体现出国家与社会之间的关系。逢伯陵信仰再度发展的元明清时期,也是六社社区重构的关键

---

① 被采访人董凤山,男,80 岁,青州市王坟镇郭庄村人,采访时间 2004 年。
② [美]韩森著,包伟民译:《变迁之神:南宋时期的民间信仰》,上海:中西书局,2016 年,"译者前言"第 3—4 页。
③ 郑振满:《神庙祭典与社区发展模式——莆田江口平原的发展例证》,《史林》1995 年第 1 期。

时期。如前所述,元代时期大力推行村社制度,北方的青州、临朐一带推行地格外彻底,"社"作为一级地方乡村行政组织长期存在直至清末始废。元明鼎革造成当地社会残破,大量移民从外地迁入,在村社制度的架构下,地方社会迅速实现重构,形成了"乡—社—村"的基层行政格局。由于行政区划、地理环境所限,六社逐渐发展成为一个相对独立的小单元。这个小单元僻处临朐西北部山区,土瘠民贫,社会名流、贤达人士较少,社会发展相对落后,在县域内处于不太受重视的地位,故而特别期望得到地方政府的认可和重视。如何引起上层的重视? 逢伯陵信仰无疑为其提供了一个很好的机会。当地人之所以津津乐道于临朐知县亲身致祭,就是意图通过强调临朐知县的重视来表达地方政府对逢伯陵信仰乃至六社地位的认可。前文所引碑文中讲述的雍正年间黄辑因闻听逢伯陵亲择庙址之事予以充分肯定、民众传说的民国逢县长因未亲自致祭而遭惩罚不得不重新祭拜以及民间社会想象出的雍正皇帝御祭等,都体现了当地对于被国家认可、重视的渴望。在六社民众的努力下,逢伯陵信仰确实得到了地方政府的积极肯定。尽管在汉代以后该信仰就没有再得到后世帝王的册封(包括宋代大规模的封神运动),但在明清时期临朐县政府却始终以"正祀"待之。在这种情况下,乡村基层行政组织首领社首对此高度重视也就顺理成章了。他们积极参与该信仰,并在诸如筹集经费、组织祭祀等活动中起到主导作用,意在与政府保持一致的情况下获取六社民众对自己权威的认可。就宋代以降的国家而言,基层乡村行政组织的地位比较微妙,在不同地区的情况也不尽相同。傅衣凌先生指出中国传统社会是一个多元的结构,"中国传统社会的控制系统分为'公'和'私'两个部分。……一方面,凌驾于整个社会之上的是组织严密,拥有众多官僚、胥役、家人和幕友的国家系统,……另一方面,实际对基层社会直接进行控制的,确是乡族的势力"。[①] 谭景玉在对宋代乡村行政组织进行细致的考察后指出:宋代乡村社会,是"一个多元社会,其权力结构也应是多元的。乡村行政头目所控制的权力应当是属于'公'的那一部分,主要是乡村社会的行政权力,而'私'的那一部分则掌握在另外一些人或群体手中"。[②] 多元权威的情况在六社地区也存在。尽管作为乡村基层行政组织的"社"势力较大,士绅、宗族势力相对较小,但并不意味着这一势力就不存在。翻阅光绪《临朐县志》可发现,明清时期,六社地区还是有一些士绅的。如东庄社鞠家河村的鞠珍,成化十九年(1483)举人,曾任南乐县主簿,其曾孙鞠学诗,嘉靖间举人。[③] 镇头社涝洼村张绎,弘治间岁贡,曾任怀仁知县、大同府通判等。[④] 其孙张邦彦,嘉靖二十六年(1547)进士,曾任大同巡抚;张邦直,邦彦弟,中嘉靖二十五年(1546)举人;张敦善,邦直子,万历二十年(1592)联捷进士。[⑤] 田庄社大张庄村陈占,康熙三十二年(1693)岁贡。[⑥] 蔺超然,咸丰二年(1852)恩贡。[⑦] 这些人中的大多数可能并不热衷地方行政事务,

---

[①] 傅衣凌:《中国传统社会:多元的结构》,《中国社会经济史研究》1988年第3期。
[②] 谭景玉:《宋代乡村组织研究》,济南:山东大学出版社,2010年,第454页。
[③] 光绪《临朐县志》卷十四下《节行》,第177页。
[④] 光绪《临朐县志》卷十四上《先正上》,第148页。
[⑤] 光绪《临朐县志》卷十四上《先正上》,第151页。
[⑥] 光绪《临朐县志》卷十四中《先正下》,第169页。
[⑦] 光绪《临朐县志》卷十四中《先正下》,第176页。

如鞠珍,归乡后"闭户读书,复悠游于朐山、洱水之侧,……非公事足迹不履县廷"。① 张绎,"告归筑室方山之阳,杜门谢客,治家有法,尤为当时所称"。② 陈占,"归隐居逢山深谷中,肆志山水"。③ 蔺超然,"和厚循谨,天性笃孝……闭户读书,足迹不至城市"④。但他们的存在客观上也会对基层权力产生影响。而且,士绅中的某些人也积极参与了地方事宜,如同治年间率众击退捻军的涝洼村岁贡生李弧南,同治十年(1871)《禁伐山木记碑》中所载试图召集民众防御匪患而被伤之"乡达"张公,雍正十二年(1734)重修逢山庙的领袖庠生吕绳祖等。在这种情况下,六社社首为巩固自己的地位、权威,必然会更加积极地利用这一信仰资源。他们以"六社同心"为口号,积极参与整修逢伯陵祠庙,组织六社民众共同致祭,创《六社题名碑》,建《禁伐山木碑》等,以此来加强自己的权威。他们的努力收到了积极的效果,至今当地民众说起关于逢山庙的修建、维护时,总是第一个想起六社社首。

逢伯陵信仰之所以在六社长久流传并为临朐县政府所认可,还有两个重要原因。其一,汉代即列入国家祭祀的历史使其容易获得后世地方政府的认同。其二,该信仰的存在基础——逢伯陵传说中传达的积极因素易为后世认可。在中国民间信仰的发展过程中,得到中央政府的认可、完成沃森所说的"标准化"过程,对其发展而言是至关重要的。对神灵进行"标准化"管理以宋代为最,但却并非宋代所独有,包伟民曾说"对民间神祇进行封赠并非宋代首创,但它在宋代开始普遍化"。⑤ 诚然,从严格意义上讲汉宣帝将临朐逢山列入国家祭祀,与后世封赠神灵还不一样。在宋代大规模的封神运动中,逢山爷也没有得到封赠。但民间社会却不较真,他们认为逢山信仰自汉代便为国家正祀。尽管临朐县志编纂者有时对县官致祭逢山不以为然,但也不得不承认汉代祭祀逢山的史事,这就使得逢伯陵信仰一直是正统信仰,与"淫祠"划清了界限,为其发展扫清了道路。除此之外,逢伯陵传说中其"忠义成神"的故事,符合封建国家倡导忠孝思想的大政方针。六社所在的鲁中山区,受传统儒家思想浸淫已久,故在民间信仰中非常重视道德。如与六社相距不远的益都县颜神镇一直流传的颜文姜信仰,颜文姜因为具备孝行和灵验而被当地民众敬仰,"孝为天地之经,神乃阴阳不测,生当异矣,死则庙焉。颜娘之神,是其徒也"。⑥ 地方政府甚至封建国家之所以孜孜以求将颜文姜、逢伯陵等纳入到信仰体系中,是为了达到"神道设教"之目的,力图通过宣扬其高尚道德,倡导移风易俗、稳定社会秩序。同时,对于品行不端之神灵,民众则会果断唾弃。清人安致远撰《青社遗闻》载:"吾邑之北某村,有一白发老人,每夜淫人妇女,里人竞逐之,乃入一土地祠,倏而不见,众撤其像乃止。"⑦此"白发老人"当为邪神无疑,世人并不客气,果断将其"绳之以法"。此外,对于一些不良行为,六社民众也会以神的名义大加挞伐,这在逢伯陵祭祀中体现得非常明显。光绪《临朐县志》中载,西山村落"秋

---

① 光绪《临朐县志》卷十四下《节行》,第177页。
② 光绪《临朐县志》卷十四上《先正上》,第148页。
③ 光绪《临朐县志》卷十四中《先正下》,第169页。
④ 光绪《临朐县志》卷十四中《先正下》,第176页。
⑤ [美]韩森著,包伟民译:《变迁之神:南宋时期的民间信仰》,"译者前言"第4—5页。
⑥ (宋)周沆:《淄州重修颜神庙记》,碑现存山东省淄博市博山区山头街道北神头村颜文姜祠;又见赵卫东、王予幻、秦国帅编:《山东道教碑刻集·博山卷(上)》,济南:齐鲁书社,2013年,第223页。
⑦ (清)安致远:《青社遗闻》卷三《吾邑之北》,台北:广闻书局,1976年,第42页。

谷既登,村社务间演剧赛神,群辈坌集;黠者开场设具,以为利囮,浮浪子弟趋之若鹜。赛期既毕,更敛钱酬优人,展之三日者积至五日,五日者积至十日,阳托娱神之名,阴利聚博之实。奸徒之橐充而陷溺者,不知凡几矣"。① 这种情况引起了逢伯陵及其好友的反感,逢山爷的好友,赫瞳村的白龙王爷,对此深恶痛绝,每当其离庙之时,总是用法力让轿夫在空中横飞,以轿夫之脚践踏赌摊。所以,后来每当白龙王爷回宫之时,赌徒们都提前收拾好。② 在地近国家政治中心的鲁中地区,逢伯陵信仰的正祀地位及该神灵的忠义品行,使该信仰具备了持久的生命力。

综上而言,逢伯陵信仰流传的六社地区位于鲁中山区,是人类早期文明史的重要发祥地之一。先秦时期,曾活跃于山东大地的逢族领袖逢伯陵在当地影响深远,留下了诸多"遗迹",如以其命名的逢山等,为后世该信仰的形成提供了重要资源。此外,先秦时期,山东濒海地区方术流行,出现了诸如海上仙山、海外仙药等传说,形成了以自然神信仰为特色的"八神"崇拜,对秦汉时期的国家祭祀产生了重要影响。西汉后期,国家扩展祭祀对象时,将自然神属性的逢山石社、石鼓纳入国家正祀之列。虽然此时的逢山崇拜尚未明确以逢伯陵为祭祀对象,但因石社、石鼓而祀逢山、进而祭祀逢伯陵(逢山系因逢伯陵而得名)的逻辑已经形成,二者具备了融合的条件。宋元以降,随着中国民间神灵体系的发展,人格神成为民众信仰的主体,逢伯陵遂取代逢山成为六社民众信仰之神。元明以来,逢山附近村落经历了一个大范围的重新建构,逐渐形成六社的格局,逢伯陵信仰为其提供了一个难得的提升凝聚力的信仰资源,并因此受到当地民众的尊崇。在乡村行政组织首领及地方政府的支持下,逢伯陵信仰日渐兴盛,成为当地的社区神,逢伯陵传说也随之产生。由逢伯陵信仰的发展、变迁可以看出,中国民间信仰的发展有其自身的规律,早期以自然神为主,随着文明的进步逐渐过渡到以人格神为主。在这一过程中,人格神与其诞生、流传之区域也会发生密切的联系,民众通过传说等建构起神灵的"人生履历",从而使神灵与其流传之地建立起密不可分的联系,进而使该信仰资源成为基层社会治理、民众日常生活中不可或缺的因素,此举既推动了神灵信仰的发展,也协调了地方社会的秩序。时至今日,逢伯陵仍旧是六社民众敬仰的一方名神,其为国尽忠的品德、庇佑生民的神通,为当地民众所津津乐道。

作者简介:赵树国,山东师范大学齐鲁文化研究院副研究员、历史与社会发展学院副教授。

---

① 光绪《临朐县志》卷八《风土》,第67页。
② 被采访人刘成义,男,75岁,青州市王坟镇崮后村人,采访时间2004年,其系亲历者。

争衡圣域

——两宋间杭州宗教空间的变迁与重构*

谢一峰

【摘 要】南宋初年的都城临安,在经历了吴越国时期作为地方政权都城和北宋时期是为杭州州治的双重变奏之后,依然是一片禅林密布的佛国世界。宋廷南渡之后,道观数量的急剧增长,尤其是所谓御前宫观的兴建,大大增强了道教在临安宗教空间中的份额和影响力。而在道教宫观的分布方面,宋都临安也呈现出明显的内重外轻之势。道教宫观集中于地处政治核心区的皇城、京城和西湖周边的若干区域,其对临安宗教空间的改造,也非平均用力,而是由内而外、逐层递减的。在宗教空间改造和重构的过程中,宋廷通过"打入"和置换的方式,在极为有限的城市空间中,建立起道教在局部宗教空间中的相对优势。体现出南宋道教的"国家性格",也在一定程度上打破了杭州佛教独尊的局面,完成了对于这一圣域的重构。

【关键词】南宋;道教;杭州;御前宫观;宗教空间

绪 论

谭其骧先生在《杭州都市发展之经过》一文中讨论了杭州城市发展的六个时期,从山中小县到南宋首都,杭州都市的发展,至宋室南渡而登峰造极。① 诚所谓"不依国主,则法事难立",②两宋间杭城政治地位的变迁,也在很大程度上对其宗教空间格局产生了深刻的影响。

据《咸淳临安志》所载:"今浮屠老氏之宫遍天下,而在钱塘为尤众。二氏之教,莫盛于钱塘,而学浮屠者为尤众。合京城内外暨诸邑,寺以百计者九,而羽士之庐不能什一。"③又如明人田汝成在《西湖游览志》中所云:"至绍兴建都,生齿日富,湖山表里,点饰浸繁,离宫

---

* 基金项目:本文系中央高校基本科研业务费资助项目,项目编号531107051041。
① 即山中小县、江干大都、吴越国都及两浙路治所,南宋首都、江浙行省治所和浙江省会。参见谭其骧:《长水集》(上),北京:人民出版社,1987年,第417—428页,原载杭州《东南日报》,1948年3月6日。
② (梁)僧祐:《出三藏记集》卷一十五,[日]高楠顺次郎主编:《大正新修大藏经》第55册,大正一切经刊行会,1928年,第108页上。
③ 潜说友纂修:《咸淳临安志》卷七十五,北京:国家图书馆出版社(中华再造善本,据南京图书馆所藏宋咸淳刻本影印),2006年,第1页a。

别墅,梵宇仙居,舞榭歌楼,彤碧辉列,丰媚极矣。"①由是而见,南宋时期的都城临安,确可谓寺观林立,"梵呗之音、步虚之声,隐入霄汉而散落林谷者,相望不绝也"。②

从目前的研究现状来看,南宋杭州道教宫观中最为引人关注的部分,当属官方宫观中最为显赫的"御前宫观"③无疑。在此方面,陈涛、段玉明和林正秋分别对南宋临安御前宫观的建筑、沿革和在后代的兴废情况进行了颇为系统的梳理;汪圣铎则从活跃于这些御前宫观的高士入手,对其行迹进行了较为详细的考索。④王仲尧的《南宋临安及元明清杭州道教宫观考》一文,又将考察的时代下延至明清,唯于南宋诸宫观则稍嫌简略,未展开更为深入的解析。⑤

而在佛教方面,相关的研究则远为丰富,孙旭在其博士学位论文——《宋代杭州寺院研究》中已有系统回顾,兹不赘述。⑥而其本人的研究,则聚焦于杭州寺院发展的历史背景、地理分布、创建和破坏、建筑设施和布局、两宋皇室官僚与杭州寺院的互动五个方面,并在附录中对《咸淳临安志》所载寺院进行了详细的考辨。⑦又及于宋代杭州佛教同世俗社会的关系层面,新近发表的成果则有张祝平和任伟玮合撰的论文可资参考。⑧

需要指出的是:或许是由于学科畛域和学术旨趣方面的分殊和差异,目前学界对于宋代杭州宗教的研究仍是佛、道二分的,而并未将其视为一个整体性的宗教空间来进行考量。然在个案研究层面,鲍志成的《宋室南渡与神祇随迁》一文,可谓另辟蹊径,将随着政治中心南移而流寓江左的佛道神祇和民间祠庙,一并纳入其讨论的范畴之内,在一定程度上突破了佛、道二分的固有研究范式。⑨令人稍感遗憾的是,此文考证有余而论述不足,并未针对神祇南迁对于临安宗教空间的扰动和形塑展开更为详尽的讨论和分析。赵嗣胤的硕士学位论文——《南宋临安研究》,则以天庆观、惠照院、太一宫、明庆寺和上天竺寺为重点,对临安礼仪空间的展开和南宋君臣的都城行幸活动进行了较为深入的解析;⑩朱溢的《临安与南宋的国家祭祀礼仪——着重于空间因素的探讨》一文,则主要从礼仪空间的视角着眼,对临安的国家祭祀礼仪展开了颇为深入的解析,亦对临安新建的皇家宫观(如太一宫、

---

① 田汝成著,陈志明编校:《西湖游览志》卷一,北京:东方出版社,2012年,第4页。
② 潜说友纂修:《咸淳临安志》卷七十五,第1页a。
③ 这一概念,可参考吴自牧《梦粱录》中"御前宫观,在杭城者六,湖边者三"的说法,载吴自牧:《梦粱录》卷八,丛书集成初编,上海:商务印书馆,1935年,第65页。
④ 参见陈涛:《南宋临安御前宫观建筑研究》,东南大学硕士学位论文,2003年;林正秋:《杭州道教史》,北京:中国社会科学出版社,2011年,第93—104页;汪圣铎:《南宋御前宫观的高士》,载何忠礼主编:《南宋史及南宋都城临安研究》(下),北京:人民出版社,2009年,第627—645页,后收入氏著:《宋代政教关系研究》,北京:人民出版社,2010年,第445—461页。
⑤ 参见王仲尧:《南宋临安及明清杭州道教宫观考》,《杭州师范学院学报》(社会科学版)2005年第6期,第42—46页;《南宋临安及元明清杭州道教宫观考》,载连晓鸣主编:《天台山暨浙江区域道教国际学术研讨会论文集》,杭州:浙江古籍出版社,2008年,第91—102页。
⑥ 参见孙旭:《宋代杭州寺院研究》,上海师范大学博士学位论文,2010年,第10—12页。
⑦ 参见孙旭:《宋代杭州寺院研究》。其后来发表的单篇研究成果,则可参考孙旭:《宋代杭州寺院的地理分布及原因》,《中南大学学报》(社会科学版)2013年第2期,第208—212页。
⑧ 参见张祝平、任伟玮:《宋代杭州佛教与世俗社会关系研究》,《宁夏大学学报》(人文社会科学版)2015年第5期,第119—130页。
⑨ 参见鲍志成:《宋室南渡与神祇随迁》,载何忠礼主编:《南宋史及南宋都城临安研究》(下),第735—760页。
⑩ 参见赵嗣胤:《南宋临安研究》,复旦大学硕士学位论文,2011年,第31—39、56—65页。

万寿观等)和附于寺观的国家祭祀礼仪进行了较为全面的梳理。① 又及于综合性的研究方面,日本学者斯波义信在其《宋代江南经济史研究》一书的"前篇 四:城市化的局面和事例"一章中,也用数页篇幅对南宋临安的文化、宗教区进行了较为全面探索,并将国家祀典、民间祠庙和佛道寺观合并起来展开讨论,从高层文化(great tradition)和民间文化(little tradition)的两个层面解析了杭州的文化功能。②

在笔者看来,南宋临安的宗教空间之所以有其独特的研究价值,正在于其政治地位在吴越、两宋时期所经历的两次重要转折:一变者,是由一地方性政权(吴越国)的都城,变成了两浙路所属的地方州府;而其二变者,则是由有"东南第一州"③之谓的通都大邑,变成了南宋政权的政治中心。而在妹尾达彦看来,与建康(今南京)和开封的情形相似,临安都城的壮丽景象也是在花费了很长时间和劳动力后实现的,或可称之为"帝都化"或"都城化"的过程。④ 需要注意的是:吴越国时期作为地方政权首都的经历,为杭州都市空间的形塑和变迁,增加了一重"去都城化"的色彩。换言之,宋廷对于杭州都市空间的改造和重塑,在北宋和南宋经历了两个完全不同,甚至截然相反的过程。而在此"去都城化"和"再都城化"的双重变奏之中,杭州的宗教空间也被反复地加以改造和重塑,凝聚成错综复杂而又充满张力的局面。

又及于此项研究的史料文献方面,本论则以成书于度宗咸淳年间(1265—1273),在"临安三志"⑤中卷数最多、保存也最为完整的《咸淳临安志》为核心;辅之以《梦粱录》、(成化)《杭州府志》和《西湖游览志》⑥等成书于元明时期的相关文献材料,力图尽可能完整地呈现出杭州及其所属各县佛寺、道观的变迁兴废和空间分布情形。

一、吴越至南宋佛道寺观的数量变迁

由是,笔者遂以唐亡之天祐四年(后梁开平元年,907)为起点,结合《咸淳临安志》之成书年代将讨论的年代下限设定为咸淳三年(1267),系统梳理其三百六十年间宫观、佛寺的发展和变迁。需要说明的是,南宋前期的杭州经历了由州城到都城的华丽蜕变,发生了极

---

① 参见朱溢:《临安与南宋的国家祭祀礼仪——着重于空间因素的探讨》,《"中研院"历史语言研究所集刊》第八十八本第一分(2017),第145—195页,尤其是第166—167、168—174页。
② 参见斯波义信著,方健、何忠礼译:《宋代江南经济史研究》,南京:江苏人民出版社,2012年,第364—365、368—369页。此处之所谓"高层文化"和"民间文化",系人类学家雷德菲尔德(Robert Redfield)所提出的概念,即国内学界通常所译之"大传统"与"小传统"。
③ 宋仁宗:《赐梅挚知杭州》,载厉鹗编:《宋诗纪事》(第1册)卷一,上海:上海古籍出版社,1983年,第7页。
④ 参见[日]妹尾达彦著,郭雪妮译:《帝都的风景、风景的帝都——建康・大兴・洛阳》,载陈金华、孙英刚编:《神圣空间:中古宗教中的空间因素》,上海:复旦大学出版社,2014年,第45页。
⑤ 即《乾道临安志》《淳祐临安志》和《咸淳临安志》,参见中国科学院北京天文台主编:《中国地方志联合目录》,北京:中华书局,1985年,第376—378页。
⑥ 《咸淳临安志》《梦粱录》《西湖游览志》依前述版本,(成化)《杭州府志》则采陈让、夏时正纂修:(成化)《杭州府志》,载四库全书存目丛书编纂委员会编:《四库全书存目丛书》史部第175册(据南京图书馆藏明成化刻本影印)。又有关《咸淳临安志》的基本信息、体例,及其与《梦粱录》之关系,则可参看林正秋:《南宋(咸淳)〈临安志〉述略》,《文献》1990年第3期,第120—127页;曾洁:《〈梦粱录〉与咸淳〈临安志〉》,《中国地方志》2012年第5期,第57—61页。

为显著的变化。为更为细致地分析此一时期临安宗教格局的嬗变,建炎元年(1127)至淳熙十四年(1187)间遂以 10 年为时代断限;而在其余的三百年间,则依前例,仍以 20 年为限,以明其变迁之势。

又及于统计表格的分栏方面,则因《咸淳临安志》中所记"宫观"之所属,均只题"城内外"或其他各县,而并未如佛寺有"在城"和城外周边各区的详细区隔之故,[①]遂依以繁就简之法,统一归并为"城内外"一项,而将城墙之内的核心城区和城墙之外的外围城区作为一个整体来考虑。即如下列两表(表 1、2)所示:

表 1 《咸淳临安志》所载临安城内外及各县宫观数量统计表

年/政区	城内外	於潜	新城	临安	余杭	富阳	昌化	盐官	总计
907	8	5	1	3	4	0	0	1	22
927	10	5	1	5	4	0	0	1	26
947	11	5	1	5	4	0	0	1	27
967	11	5	1	5	4	0	0	1	27
987	11	5	1	5	4	0	0	1	27
1007	11	5	1	5	4	0	0	1	27
1027	11	5	1	5	4	0	0	1	27
1047	11	5	1	5	4	0	0	1	27
1067	11	5	1	5	4	0	0	1	27
1087	12	5	1	5	4	0	0	1	28
1107	12	5	1	5	4	0	0	1	28
1127	11	7	2	5	4	0	0	1	30
1137	12	7	2	5	4	0	0	1	31
1147	15	7	2	5	4	0	0	1	35
1157	18	8	2	5	4	0	0	1	39
1167	20	8	2	5	4	0	0	1	41
1177	22	8	2	5	4	0	0	1	42
1187	22	8	2	5	4	0	0	1	42
1207	24	8	2	5	4	0	0	1	44
1227	27	8	2	5	4	0	0	1	47
1247	34	8	2	5	4	0	0	1	54
1267	39	8	2	5	4	0	0	1	59

---

① 如元真观,即归为"城内外";大中祥符寺,归为"在城";化度寺则属"自北关门外至临平下塘诸乡"等。参见潜说友:《咸淳临安志》卷七十五,第 4 页 a;卷七十六,第 3 页 a—b;卷八十一,第 15 页 a—b 等。

表2 《咸淳临安志》所载临安城内外及各县寺院数量统计表①

年/政区	城内外	於潜	新城	临安	余杭	富阳	昌化	盐官	总计
907	111	19	17	25	17	13	5	16	223
927	126	21	25	38	25	14	6	16	271
947	221	31	30	53	28	24	10	20	417
967	287	34	41	60	33	32	12	23	522
987	328	35	42	63	34	33	14	26	575
1007	328	35	42	63	34	33	14	26	575
1027	330	35	42	63	34	34	14	26	578
1047	330	35	43	63	34	34	14	26	579
1067	331	35	43	63	34	34	14	26	580
1087	331	35	43	63	34	34	14	26	580
1107	332	35	43	63	34	34	14	26	581
1127	329	35	44	63	33	33	14	27	578
1137	337	36	44	63	34	37	15	29	595
1147	350	36	44	64	35	37	15	30	611
1157	355	37	44	64	37	37	15	31	620
1167	368	37	44	64	41	37	15	37	643
1177	389	37	44	64	41	38	15	37	665
1187	399	37	45	64	41	38	15	38	677
1207	430	39	45	64	41	38	15	41	713
1227	448	39	45	65	41	39	15	41	733
1247	454	39	45	65	41	39	15	41	739
1267	472	39	45	66	41	39	15	41	758

从总体上来看,杭州道教宫观的数量变迁情形,大体可以分成三个高速增长期和两个平稳过渡期。第一个高速增长期出现在唐天祐四年(后梁开平元年,907)至吴越国开运四年(947)之间的四十年中。此一时期,吴越国都杭州先后兴建了水府院(即宋之水府净鉴观)、三官院(即宋之玉虚观)和开元宫(即宋之报恩光孝观)三座道教宫观。② 由是可悉,在

---

① 孙旭在其《宋代杭州寺院的地理分布及原因》一文中,对咸淳年间杭州辖域内寺院之数量统计如下:共计773所,城内外494所,余杭41所,临安66所,於潜33所,富阳40所,新城40所,盐官44所,昌化15所。参见孙旭:《宋代杭州寺院的地理分布及原因》,第211页。更为详细之考证,则可参考其博士论文之附录三:《咸淳临安志·寺观》所载寺院一览表,参见氏著:《宋代杭州寺院研究》,第171—201页。

② 据《咸淳临安志》载:水府净鉴观"在候潮门外,清水闸东。旧在嘉会门外桐木园。世传五季马自然修炼于此。(龙德)三年(923),钱氏号水府院。国朝天圣四年(1026)诏定天下名山洞府二十,钱塘江水府居其一,岁投龙简"(卷七十五,第4页a)。又玉虚观"在龙山。旧为三官院,钱氏肃王龙德三年置,以奉天地水三官。祥符四年(1011)赐今额"(卷七十五,第10页a)。再则"在报恩坊。清泰四年(清泰年号仅行用三年,似应为天福二年,即937年。参见方诗铭编著:《中国历史纪年表》(修订本),上海:上海人民出版社,2007年,第102页)钱氏建,旧号开元宫,国朝景德四年(1007)改景德观,崇宁二年(1103)改崇宁万寿观,赐盐官县田一千亩"(卷七十五,第3页b)。

武肃王钱镠和文穆王钱元瓘的时代,吴越国对道教是甚为尊崇的。唯需注意的是,吴越王崇道的影响,似不及佛教之既深且广。吴越王在其统治的全境范围内(如前文中所述的台州、绍兴、明州等地)掀起一场延续数十年之久的建寺高潮;而道观的兴建则在很大程度上局限于首都地区,为其官方的道教活动提供必要的场域(如投龙仪式)。① 而在开运四年(947)之后,吴越国都杭州之道教宫观的营建工作则已陷于停顿,维持在 11 座之数,一直持续到北宋英宗时期。

而在英宗、神宗时代的数十年间,杭州道观之数仅增加了 1 座,即为表彰钱氏纳土之功而兴建的表忠观。② 根据《咸淳临安志》的记载:该观"在城南龙山。熙宁十年(1077)守赵清献公以钱氏坟庙芜废请于朝,即龙山废佛刹妙因院为观,俾钱氏之孙为道士曰自然者首居之,仍岁度其徒一人,以供洒扫。诏赐额曰表忠,详具苏公所撰碑。"③ 由是可知,此座道观系以钱氏坟庙改建,由其子孙为道者居之,仍在很大程度上显示出其与钱氏地方政权的关系。

值得注意的是,在北宋末年徽宗时代的崇道高潮中,杭州的道观数量却依然未见明显的增长;而在两宋之际的烽火硝烟中,玉虚观则于建炎初"荡于兵火",直至绍兴年间(1131—1162)始复重建。④

建炎元年至绍兴七年(1137),杭州的道观数量在南宋立国的最初十年时间里,仍未能有所增长。⑤ 然自绍兴十一年(1141)和议达成,尤其是"绍兴十二年体制"形成之后的数年间,临安道教宫观的数量则由 12 座猛增至 15 座之数,⑥迎来了第二个发展高峰。根据寺地遵的看法,"绍兴十二年体制"的成立,不仅意味着南宋政权"所遇到的最大政治课题在此时得到解决";⑦亦使其从内外交困的危局中摆脱出来,在得到金廷正式承认的同时,收归了诸将的军权,完成了军队的国家化进程。⑧ 而据笔者之见,这一体制的成立,也为临安道教的发展注入了新的动力,提供了一个相对安定的周边环境。在此后的二十年间,即从绍

---

① 早在唐末之光化三年(900),吴越王钱镠便在杭州重建了天柱观,亲撰《天柱观记》一篇,参见邓牧编:《洞霄图志》,上海:商务印书馆,1936 年,第 71—74 页;录文可参考吴亚魁编:《江南道教碑记资料集》,上海:上海辞书出版社,2007 年,第 87—90 页。又其相关之研究,则可参考刘凯:《唐末五代杭州天柱观与江南道教发展论考——以钱镠所撰〈天柱观记〉为中心》,《中山大学学报》(社会科学版)2014 年第 2 期,第 99—109 页。有关吴越国道教之研究,则可参考曾国富:《道教与五代吴越国历史》,《宗教学研究》2008 年第 2 期,第 33—39 页;何勇强:《钱氏吴越国史论稿》,杭州:浙江大学出版社,2002 年,第 352—381 页等。

② 相关史料,可参考苏轼《表忠观碑》《乞椿管钱氏地利房钱修表忠观及坟庙状》,苏轼撰,孔凡礼点校:《苏轼文集》(第 2 册)卷一十七,北京:中华书局,1986 年,第 499—501 页;(第 3 册)卷三十二,第 904—906 页。

③ 潜说友:《咸淳临安志》卷七十五,第 5 页 a。

④ 参见潜说友:《咸淳临安志》卷七十五,第 10 页 a。

⑤ 仅于绍兴三年(1133)建旌忠观,参见潜说友:《咸淳临安志》卷七十五,第 7 页 a—b。

⑥ 具体而言,包括了景星观(即东岳行祠,建成于 1140 年)、四圣延祥观(建成于 1144 年)、万寿观(建成于 1147 年)四座,参见潜说友:《咸淳临安志》卷七十五,第 12 页 a—b;卷一十三,第 4 页 a—5 页 a、11 页 a—13 页 b。

⑦ 在"绍兴十二年体制"形成之前,南宋政权经历了从诞生到稳固,即所谓政权确立的过程;而在此之后,则是其如何维持、运作暨变动的情况,亦即如何继承绍兴十二年(1142)体制的过程。参见[日]寺地遵著,刘静贞、李今芸译:《南宋初期政治史研究》,上海:复旦大学出版社,2016 年,第 16—17、22 页。

⑧ 参见[日]寺地遵著,刘静贞、李今芸译:《南宋初期政治史研究》,第 27—30 页。

兴十七年至孝宗登基之后的乾道三年,杭州道教宫观的数量由 15 座持续增长至 20 座之数,①增幅达 33.33%,年均增长率 1.45%,迎来了继吴越国前期之后的又一发展高峰。

颇为有趣的是,此番临安道教宫观的营建高峰,在相当程度上是同高宗的统治和"绍兴十二年体制"的成立与瓦解相始终的。乾道三年之后,临安道教宫观的数量虽仍有小幅增长;然乾、淳之际的数十年间,仅增长了两座之数,②未及高宗朝之盛,出现了一个相对较为平稳的过渡时期。

再及于宁宗开禧三年之后,直至南宋末之度宗咸淳三年(1267)间,则是临安道教发展的第三次高速增长期。在此六十年中,城内外道教宫观的数量由 24 座增长到 39 座之众,③增幅达 62.5% 之多,年均增长率为 0.81%。尤其是理宗时代自宝庆三年至淳祐七年(1247)的二十年间,临安城内外的道教宫观数量,更是由 27 座激增到 34 座之数,迎来了临安道教自入宋以来的又一次增长高峰。④

而在杭州佛教寺院的数量变迁方面,则大体可依吴越、北宋、南宋之序,分为三个大的发展阶段。与前述台州、明州和绍兴的情形相似,吴越国都杭州的佛寺数量,也在 907 至 987 年间的八十年中获得了空前的发展,由 111 座增至 328 座,增幅达 1.955 倍,年均增长率为 1.36%。尤其是在吴越宝正二年(927)至开运四年(947)之间,杭城内外的佛寺数量在短短二十年中激增了 95 座之多,增幅 75.4%,年均增长率高达 2.85%。正如田汝成所云:"而城郭内外,增建佛庐以百数。盖其时偏安一隅,财殷阜,故兴作自由。"⑤

下及于北宋时期,在太宗雍熙四年(987)以降的一百四十年时间里,杭城内外佛寺的数量则保持了高度的稳定:至徽宗大观元年(1107)止,仅增长了 4 座之数,是为 332 座。而在徽宗时代的崇道高潮之中,城内的佛寺数量甚至不升反降,至南宋立国的建炎元年(1127)止,已减少至 329 座,较之一百四十年前仅增长了一座,几乎陷于停滞。由此而论,北宋之一百数十年间,杭州佛寺数量的总增长幅度(0.3%),尚不及吴越国时期年均增长率(1.36%)的 1/4,可见其转折之甚。

值得注意的是,在南宋立国,尤其是杭州成为宋廷的行在之后,临安佛教寺院的数量则

---

① 具体为太乙宫、显应观(均建成于 1148 年)、宁寿观(建成于 1150 年)、中兴观(建成于 1159 年)和重建之玉虚观,参见潜说友:《咸淳临安志》卷一十三,第 1 页 a—2 页 b、13 页 b—18 页 b;卷七十五,第 7 页 b。

② 璇玑观,乾道八年(1172)建殿,以旧斋殿为之;淳熙三年(1176)更建观,令附太乙宫,即后之臻福宫。参见潜说友:《咸淳临安志》卷一十三,第 2 页 b。相关之研究,可参考吴羽:《南宋临安璇玑观的殿廊神像与礼仪》,载李淞主编:《道教美术新论:第一届道教美术史国际研讨会论文集》,济南:山东美术出版社,2008 年,第 211—221 页;又见氏著:《唐宋道教与世俗礼仪互动研究》,北京:中国社会科学出版社,2013 年,第 93—106 页。佑圣观,淳熙三年(1176),诏改为道宫,以奉真武。参见潜说友:《咸淳临安志》卷一十三,第 5 页 a—6 页 a;吴自牧:《梦粱录》卷八,第 67 页。

③ 具体为新兴宫、真圣观、旌德观、玉清宫、鹤林宫、云涛观、崇福观、冲虚观、灵耀观、至德观、龙翔宫、西太一宫、上清宫、清源崇道观、天清宫和显惠观,分别建成于 1224、1226、1226、1228、1231、1231、1228—1233、1228—1233、1236、1244、1252、1241—1252、1253、1257、1253—1258 年,参见潜说友:《咸淳临安志》卷一十三,第 3 页 a—b、7 页 a—8 页 b;卷七十五,第 8 页 a—12 页 a、13 页 b—14 页 a。又孝宗后期至光宗、宁宗之 1187 至 1207 年间,则建有顺济宫(即云涛观)(1190 年建成)、开元宫(1201 年建成),参见潜说友:《咸淳临安志》卷七十五,第 12 页 b;卷一十三,第 6 页 a—7 页 a。咸淳四年(1268),分别建成了宗阳宫和崇真道院,参见潜说友:《咸淳临安志》卷一十三,第 9 页 a—11 页 a;卷七十五,第 14 页 a。

④ 关于理宗崇道之情形,可参考汪圣铎:《宋代政教关系研究》,北京:人民出版社,2010 年,第 241—260 页;张悦:《略论宋理宗与道教》,《宗教学研究》2012 年第 1 期,第 99—102 页。

⑤ 田汝成著,陈志明编校:《西湖游览志》卷一,第 3 页。

再次出现了一定程度的增长。这一增长的趋势,自绍兴七年(1137)之后而逐渐趋于显著,而在此后的五十年中(即高宗、孝宗时期),保持了每十年数座至十余座寺院的增长速率。显而易见,无论从其增长的数量还是速率方面来说,①这一时期临安佛寺的发展都无法同吴越国时期相提并论。然就其总的情形而论,显与北宋时期几乎完全趋于停滞的局面迥然有别,呈现出平稳增殖的趋势。

在淳熙十四年(1187)至开禧三年(1207),即孝宗后期至光宗、宁宗前期的二十年间,或许是由于孝宗对于佛教偏爱等因素的作用和影响,②杭州佛教寺院的数量增殖出现了有宋一代三百年间难得一见的"小高潮",由 399 座增至 430 座,增幅为 7.77%。而在此后的六十年中,临安佛寺数量则继续保持一定幅度的增长,由 430 座增至咸淳三年(1267)的 472 座,维持了年均 0.16% 的增长幅度。综上而论,南宋时期临安佛寺的数量增殖,虽远不及吴越国时期之速,然较之几无任何发展可言的北宋时代而论,已呈现出一定程度上的复兴趋势。

又及于各县道教宫观的数量变迁情形,则除於潜、新城、临安三县稍有增长外,余杭、盐官二县维持原道观数量三百余年不变。至于富阳、昌化二县,则在《咸淳临安志》中并无一座道观记载,成为了临安府境中道教发展的"盲区"之所在。而在道教宫观数量有所增殖的三县之中,数量增长最多的当属於潜县。其道观数量由吴越国时期的 5 座,最终增长至南宋中后期的 8 座之数;而其所增建之三座道观的兴建年代,则全部集中于北宋后期之徽宗崇道时期和南宋初期的高宗绍兴年间③,非常明确地提示出此一区域之道教在两宋之际的一次发展高峰。而在新城县方面,唯一一座新增的道教宫观则是景德观,根据《咸淳临安志》的记载,该观"在县北二里,政和七年(1117)建请景德观旧额,有葛仙翁浴丹井"。④ 由是可知,新城县之道教宫观的增长,亦仅见于北宋末年的徽宗崇道高潮时期。临安县所新建的新兴女冠宫和冲虚宫,则建成于吴越国前期,⑤或与钱镠之崇道有关;在此之后,便再无增长,陷入长时期停顿的局面之中。

而在各县佛寺数量的增长变化方面,为简明起见,则将南宋初六十年间(即 1127—1187 年)的时间间隔全部统一为 20 年之后,图示如下(图1):

---

① 建炎元年(1127)至淳熙十四年(1187),临安城内外之佛寺由 329 座增长至 399 座,总增幅为 21.28%,年均增长率为 0.32%,远低于吴越国时期的 1.36%。
② 有关孝宗崇佛方面的讨论,参见汪圣铎:《宋代政教关系研究》,第 226—237 页。又可参考曾其海:《南宋孝宗崇佛的史料、思想及影响》,《台州学院学报》2003 年第 4 期,第 17—20 页;王黎芳、刘聪:《宋孝宗与灵隐寺》,《湖南科技学院学报》2016 年第 1 期,第 52—55 页。
③ 具体而论,新建的道观包括神霄玉清万寿宫下院(建成于 1111 年)、紫霄宫(建成于 1127 年)和许游观(建成于 1156 年),参见潜说友:《咸淳临安志》卷七十五,第 25 页 a—26 页 b。
④ 潜说友:《咸淳临安志》卷七十五,第 26 页 b—27 页 a。
⑤ 分别建成于后梁乾化元年(911)和后唐同光四年(926),参见潜说友:《咸淳临安志》卷七十五,第 24 页 a、23 页 b。

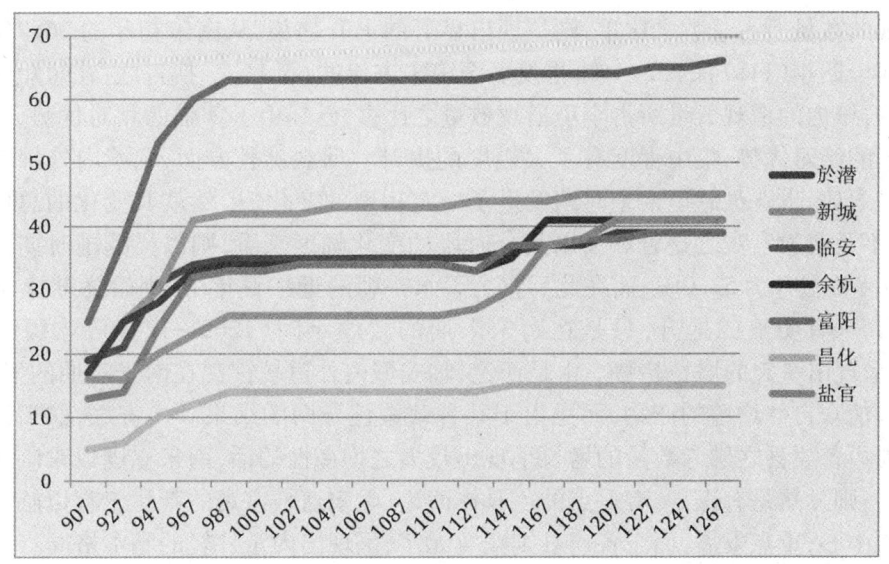

图 1　临安府(杭州)各县(除钱塘、仁和外①)佛寺数量增长情况图示

由是可知,从大体的发展趋势而论,临安府自於潜以下七县之佛寺数量,均在吴越国时期至北宋初年,即 907 至 987 年的八十年中有了较大幅度的增长,尤以新城、临安两县为甚,分别增长了 1.47 和 1.52 倍,年均增长率为 1.14% 和 1.16%。初始基数较低的富阳县和昌化县,也在此八十年中分别增长了 1.54 和 1.8 倍,年均增长率高达 1.17% 和 1.30%。而在此后的北宋时期,上述七县的佛寺数量则进入了一个持续一百四十年之久的漫长平台期,基本维持原有之数量不变或稍有增减。

值得注意的是,在南宋立国之后,余杭、盐官二县之佛寺数量出现了较大幅度的增长,分别由建炎元年(1127)的 33 座和 27 座,增长至开禧三年(1207)之后的 41 座。如果更进一步分析,则余杭县之寺院数量,是在高宗立国至孝宗初即位的四十年间(即 1127 至 1167 年),实现其 33 座至 41 座的增殖的;盐官县之寺院数量增殖,则幅度更大、持续时间更长,在高、孝、光、宁四朝持续增长,总增幅达 51.9%,与其佛寺数量长期保持不变的北宋时期形成了鲜明的对照。

综上而论,吴越至南宋临安(杭州)所属各县佛寺数量发展变迁的总体特征,是与浙东之台州、明州和绍兴保持一致的,即吴越国时期的高增长和天水一朝的长期稳定、停滞局面。然稍有不同的是,临安府中的部分属县的佛寺数量,在宋室南渡、定鼎临安之后,出现了一定幅度的增长,迎来了自吴越国时期以来的第二次发展高潮。

最后需要指出的是:杭城内外道观所占全境道观数量总和的比重,可以吴越—北宋和南宋为界,分为前、后两期。② 前期城内外之道观数量虽较之其他各县为众,却始终大致保持在全境总数之 35%—40% 之间的水平;然而,自南宋立国之后,尤其是定鼎临安以降,城

---

① 钱塘、仁和为附郭县,其佛寺均列于"城内外"诸寺之中,而并未单列,故此不计。
② 907 年,杭州城内外道观 8 座,占全境 22 座之 36.4%;987 年为 11 座,占全境 27 座之 40.7%;1127 年为 11 座,占全境 30 座之 36.7%;1187 年为 22 座,占全境 42 座之 52.4%;1267 年为 39 座,占全境 59 座之 66.1%。

内外道观的数量所占总数之比重,则呈现出显著的上升趋势,从南宋初年的36.7%上升至孝宗淳熙十四年(1187)的52.4%,再发展至南宋末年的66.1%。换言之,在短短一百余年的时间内,城内的道观数量所占全境道观数量之比重,已经由1/3强的相对优势,变成了几近于2/3的绝对优势,集中程度有了大幅度的提升。反观佛教方面,杭城内外佛寺同全境佛寺数量之比,也在吴越至南宋时期发生了一定程度的变化。①然就其变化的总体幅度而言,则远不及道教宫观之显著。又以其分时段的变化幅度来看,则以吴越国时期至宋初为高,由49.8%上升为57.0%;而在此后整个天水一朝的近三百年中,则始终维持在57%至58%左右,未有明显的提升,只是在南宋末期的咸淳年间(1265—1274),才缓慢提升至62.3%,呈现出一定的增长趋势。由是而论,临安城内外道教宫观在南宋时期的显著发展,显然并非信众自然增殖的产物,而是出于某种政策性导向的结果。换言之,如果说杭城内外及其周边各属县之佛寺数量的增长呈现出较大之均衡性的话,南宋立国以来临安道教宫观的发展,则显然是有谋划、有重点的。具体而论,南宋道教宫观的新建工程以临安城区及其周边为中心,重点发展,而于各属县则嘱意无多,呈现出内重外轻的基本格局。

二、临安宗教的空间解析

然而,在明晰了上述"内重外轻"的南宋临安道教空间格局之后,我们是否还能继续深入,将其置于具体的空间场域之中,从而获得其更为清晰和具体的图景呢?

答案是肯定的。《咸淳临安志》卷一中保存的四幅地图,②作为留存至今最早的宋版杭州地图文献,为我们的进一步探索提供了坚实可信的材料基础。根据阙维民的说法,"京城四图""所载地图信息,远多于其他南宋地图。在其流传过程中,经不断传抄刊刻而增加了10多种明清版本,且大多保存下来,是南宋都城史与杭州历史地理研究的重要史料。"③

然而,宋版"京城四图"中许多漫漶不清、难以辨识的部分,给我们充分利用这一颇为难得的地图材料造成了相当大的困难。"清人抄补此书在摹绘这些图时虽然费力甚多,但仍有很多无法辨认之处,不得已以'方围'(即□)作替,即使是已释文字,也多有鲁鱼亥豕之误。"④令人欣喜的是,姜青青所著的《〈咸淳临安志〉宋版"京城四图"复原研究》一书,在国家图书馆藏宋本《咸淳临安志》图的基础上,结合近年来杭州考古发掘等方面的最新成果,利用计算机技术对其进行了系统的考辨和分析,释宋图之疑,辨明图之误,补清图之缺,最终完成了以宋版原图为底图,可以清晰浏览的重绘图。⑤由是,我们接下来对临安城区及

---

① 907年,杭州城内外佛寺111座,占全境223座之49.8%;987年为328座,占全境575座之57.0%;1127年为329座,占全境578座之56.9%;1187年为399座,占全境677座之58.9%;1267年为472座,占全境758座之62.3%。
② 即《皇城图》《京城图》《浙江图》和《西湖图》,以下简称"京城四图"。
③ 阙维民序,载姜青青:《〈咸淳临安志〉宋版"京城四图"复原研究》,上海:上海古籍出版社,2015年,第1页。
④ 姜青青:《〈咸淳临安志〉宋版"京城四图"复原研究》,第1页。
⑤ 参见姜青青:《〈咸淳临安志〉宋版"京城四图"复原研究》,第3—6页。此外,北京大学刘未的博士学位论文《南宋临安城复原研究》,亦有相当之参考价值,惜尚未出版。此文中有关"京城四图"之校正本,参见刘未:《南宋临安城复原研究》,北京大学博士学位论文,2011年,第142、144、146、148页。该讯息为复旦大学文史研究院博士研究生范桢提供,谨致谢忱。

其周边地域宗教空间的考察,便可以姜书之重绘图为底本,在图中绝大多数信息均已明确①的前提下展开讨论,而免图版漫漶、难以辨识之弊。

首先需要关注的,是南宋皇城(即大内)及其周边区域的情形。如下图所示(图2),以深黑色方框内为道观,浅黑色方框内则为佛寺。

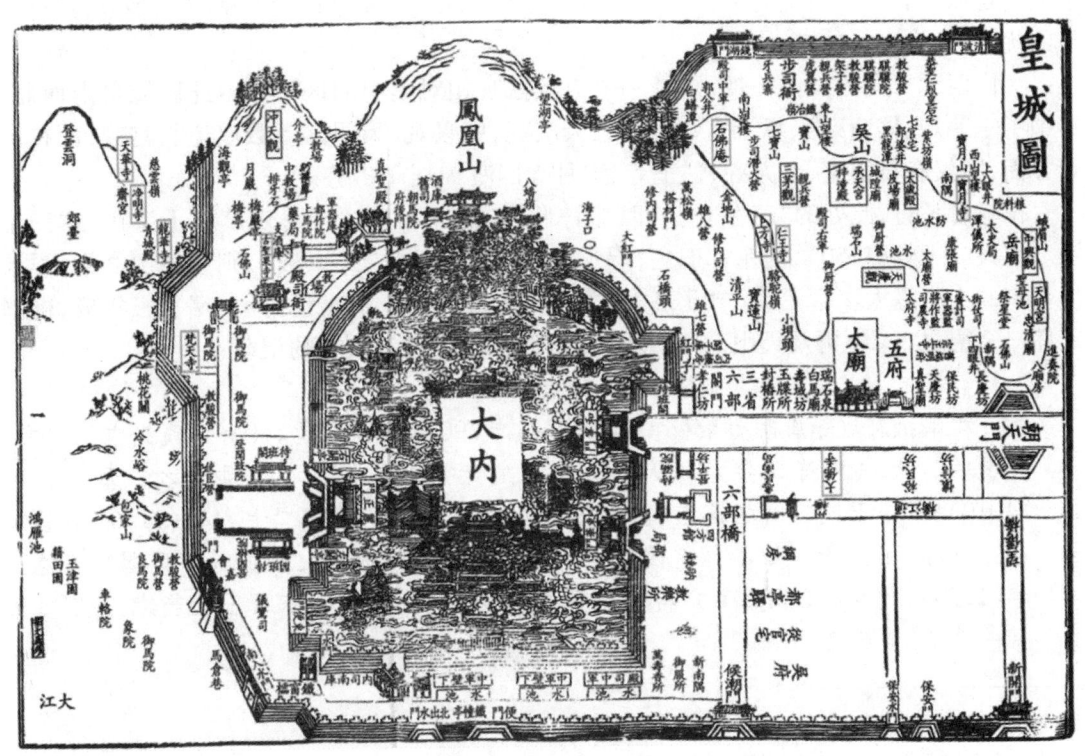

图2 《咸淳临安志》皇城图所见之宗教空间

需要说明的是,此皇城图的方位是上西下东,左南右北,故其佛寺、道观较为集中的区域,约可分为南、北二区。南区,即大内西南之殿前衙、御马院一带,一直延伸至城外的登云洞、郊台一线,是为一区,以佛寺为主。具体而言,自南向北包含了城外的天华寺、净明寺、龙华寺和城内的梵天寺、古圣果寺;②而在道观方面,则仅有冲天观一座。然据《咸淳临安志》所载,冲天观即承天灵应观,"在吴山之巅,旧为天地水府三官堂,绍兴间改冲天观。绍定四年(1231)毁,端平三年(1236)重建,旨改赐今额,仍建梓潼帝君行祠。淳祐十年

---

① 根据姜青青的说法,其总体复原成功率已高达97.97%,虽非尽善尽美,然较之宋版原图而论,已有显著的推进。参见姜青青:《〈咸淳临安志〉宋版"京城四图"复原研究》,第6页。重绘之"京城四图",参见其书第350—1、2、3、4页。本文中之图2—10即以姜书复原之"京城四图"为基础补绘而成。
② 天华寺,于清泰元年(934)为吴越王所建,参见潜说友:《咸淳临安志》卷七十七,第2页a;净明寺,即净明院,于天福七年(942)为吴越王所建,参见同书卷七十七,第1页a—b;龙华寺,即龙华宝乘院,开运二年(945)吴越王钱弘佐舍瑞䓇内园建,仍造傅大士塔,大中祥符元年(1008)改今额,参见同书卷七十七,第1页b—2页a;梵天寺,乾德(963—968)中钱氏建,中兴后仅存小寺,参见同书卷七十六,第9页b—10页b;古圣果寺,"在包家山,旧在凤凰山之右,钱氏建……中兴后以其地为殿前司,寺徙今处",参见同书卷七十六,第9页a—b。

(1250),旨增建玉皇上帝宝阁"。① 由是可知,该观之位置应在大内西北面的吴山之巅,而非西南介亭旁所标之处。如果《咸淳临安志》所载不误的话,此处冲天观的性质究竟如何,尚待进一步考证;惟以其名见载于图之故,姑将其认定为一座道观。据此,大内西南城内外一带,除南宋初年为举行郊祀活动而兴建的郊台、斋宫、青城殿等一系列礼仪建筑之外,②基本上仍是以佛教寺院为主的宗教空间。佛寺占据了此一区域宗教建筑的绝大多数,具有明显的优势。

大内西北方向的吴山一带,则是一个道教宫观相对集中的区域。由此区域自南而北,集中了三茅观、梓潼殿③、承天宫、太岁殿、天庆观、中兴观、天明宫等数座道教宫观;而在佛寺方面,则仅有石佛庵、上方寺、仁王寺、宝月寺四座,④居于劣势。

据笔者考订,此处的"三茅观",即《咸淳临安志》中所载之宁寿观,"在七宝山,本三茅堂。绍兴二十年(1150),因东都旧名,赐观额",⑤又其所谓"太岁殿",则系吴山之巅、浑天仪旁侧的十一曜太岁堂无疑。"元隶太史局,绍定四年毁。羽士请为庐,端平三年成,御书其扁曰至德之观。"⑥再及吴山东侧的天庆观,则据《咸淳临安志》的记载:

> 在宰执府后。唐时为紫极宫,梁开平二年(908)改真圣观。(有记钱武肃王立文,多阙轶。)大中祥符二年(1009),诏诸郡建天庆观,尝以元真观为之。天禧三年(1019),郡守王钦若以朝谒差远,奏徙天庆观额于此。绍兴二十六年(1156)有旨重修,赐田五百亩,除其赋。绍定四年毁,有旨重建,御书天庆之观四大字以赐。咸淳六年(1270),又增拨官田二百亩给之。观内有真宗皇帝御制赐守臣王钦若诗、高宗皇帝御书老子《道德经》石刻。⑦

---

① 潜说友:《咸淳临安志》卷七十五,第8页a。
② 高宗在绍兴十一年(1141)和议达成之后,在临安相继兴建了一系列与郊祀大典相关的礼制建筑,并于绍兴十三年(1143)十一月间举行了郊祀大典。参见李心传:《建炎以来系年要录》卷一百五十,绍兴十三年十一月庚申,北京:中华书局,1956年,第2415—2416页。又据《建炎以来朝野杂记》所载:"绍兴四年(1134),高宗在平江,将还临安。始命有司建太庙。十二年,和议成,乃作太社太稷、皇后庙、都驿亭、太学。十三年,筑圜丘、景灵宫、高禖坛、秘书省。……凡定都二十年,而郊庙宫省始备焉。"参见李心传撰,徐规点校:《建炎以来朝野杂记》甲集卷二,北京:中华书局,2000年,第74页。
③ 梓潼信仰后演变为文昌帝君信仰,与科举发生联系;然此处仍将梓潼殿认定为一座具有道教性质的宗教建筑。关于梓潼信仰与道教之间的关系,可参考 Terry F. Kleeman. "Wenchang and the Viper: The Creation of a Chinese National God," Ph. D. Diss., University of California, Berkeley, 1988; "The Expansion of the Wen—ch'angCult," in Patricia Buckley Ebrey and Peter N. Gregoryeds. Religion and Society in T'ang and Sung China, Honolulu: University of Hawai'i Press, 1993, pp. 45—74;张泽洪:《论道教的文昌帝君》,《中国文化研究》2005年第3期,第1—9页;谢聪辉:《新天帝之命:玉皇、梓潼与飞鸾》,台北:台湾商务印书馆,2013年等。
④ 石佛庵,即石佛接待庵,咸淳元年(1265)辟地增建,参见潜说友:《咸淳临安志》卷八十二,第9页a;上方寺,即上方院,后梁贞明七年(921)钱氏建,参见同书卷七十六,第14页a;仁王寺,即开宝仁王寺,在七宝山,系东京流寓寺院,于绍兴五年(1135)建成,参见同书卷七十六,第4页b—6页b;宝月院,在宝月山,龙德三年(923)钱氏建,参见同书卷七十六,第12页a。
⑤ 潜说友:《咸淳临安志》卷一十三,第13页b,参见13页b—16页a。《梦粱录》所载稍略,题为"三茅宁寿观",参见吴自牧:《梦粱录》卷八,第68页。
⑥ 潜说友:《咸淳临安志》卷七十五,第8页a—b。
⑦ 潜说友:《咸淳临安志》卷七十五,第2页a—3页b。有关天庆观制度之详细记载,可参考徐松等辑录,刘琳、刁忠民、舒大刚、尹波等校点:《宋会要辑稿》第2册,礼五,上海:上海古籍出版社,2014年,第572页上—575页上。

需要申说的是，临安天庆观虽然在真宗朝即已徙建于此，然其自南宋立国之后，尤其是在高宗绍兴二十六年(1156)和理宗绍定四年(1231)重修、重建的过程中所获得的大规模赐田和御书等项，则显然是其他府州级别的天庆观所无法企及的。换言之，临安天庆观虽然在理论上仍应视为府州一级的地方宫观，①却因其所处政治区位方面的优势，受到了超乎寻常的关注和优遇。

吴山北面，是兴建于绍兴七年(1137)，至二十九年(1159)始成的中兴观；②忠清庙后，则有嘉泰年间(1201—1204)建成的天明宫；③再加上前文中已经述及的承天宫和梓潼殿，遂构成吴山周边区域内一个颇具规模的道教宫观群。

有趣的是，如果我们将整个吴山一带的宗教空间格局向前追溯，选取高宗去世的淳熙十四年(1187)和南宋立国的建炎元年(1127)作为节点，则可获得下列两幅完全不同的宗教空间图景(图3、4)：

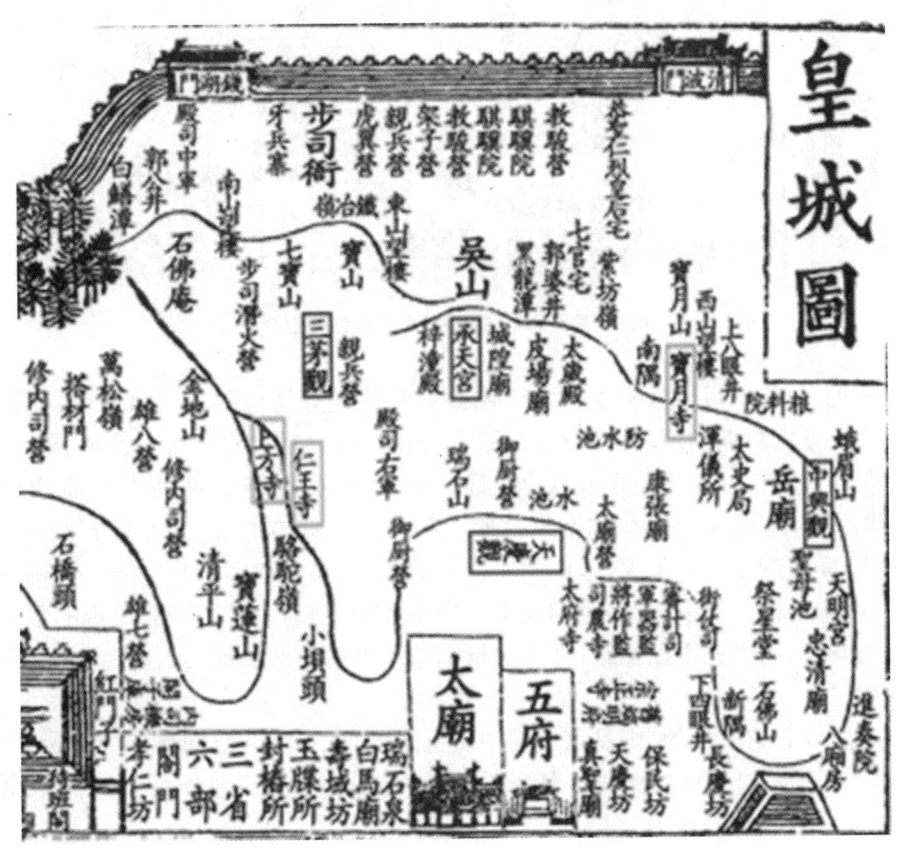

图3　淳熙十四年吴山一带之宗教空间格局

---

① 其在《咸淳临安志》中仍被归于卷七十五"宫观"，而非卷一十三"行在所录"之"宫观"。换言之，就其根本性质而言，其显非御前宫观，而只能视为一般性的地方宫观。
② 参见潜说友：《咸淳临安志》卷七十五，第7页b。
③ 参见潜说友：《咸淳临安志》卷七十五，第8页a。

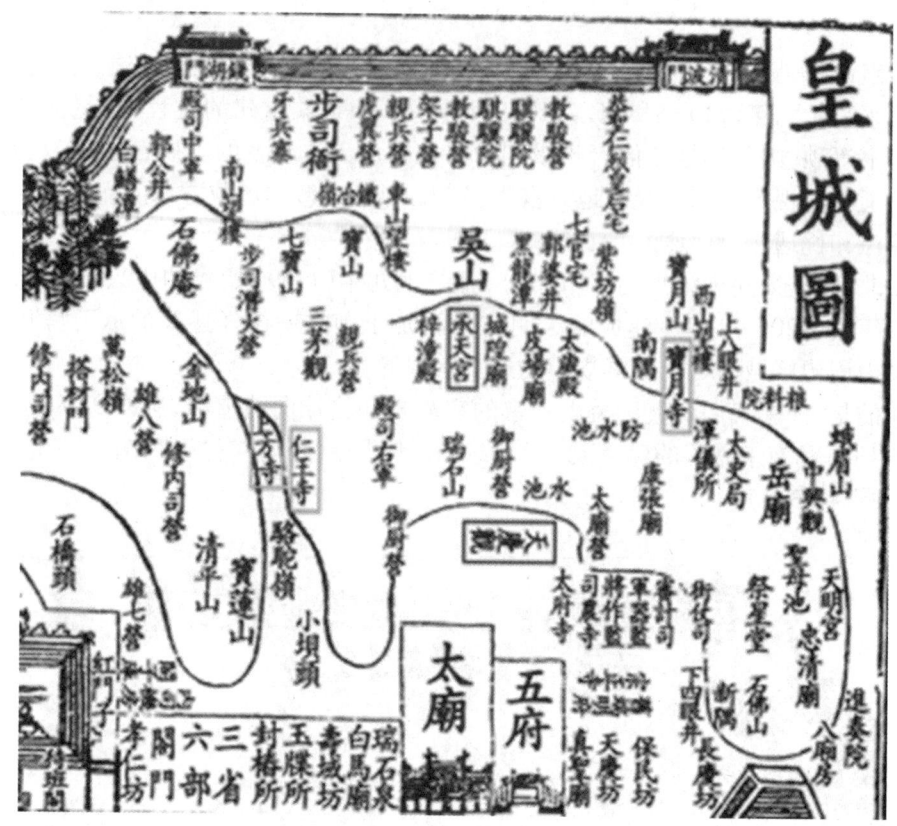

图 4　建炎元年吴山一带之宗教空间格局①

显而易见,吴山一带道教宫观较之于佛教寺院的优势地位并非一蹴而就,而是逐步奠定的。上溯至孝宗时期的淳熙十四年(1187),吴山一带之道教宫观有三茅观、承天宫、天庆观和中兴观四座,较之佛教仅稍具优势;而在南宋立国,尚未定都临安之前的建炎元年(1127),此地的宗教空间格局则与南宋时期大相径庭。具体来看,佛寺有上方寺、仁王寺、宝月寺三座,而道观则仅有承天、天庆两座。据此而论,吴山地区宗教空间中的佛寺道观之数,正是在南宋前期的高宗、孝宗时期发生了根本性的逆转。在此期间,道观的数量呈现出持续增长的态势,而迅速得以扩张;佛寺数量则基本维持原有之局面,仅在南宋后期新建了一座石佛庵。

接下来所要着重解析的,则是京城图中所见之佛、道寺观的空间格局。为免重复之弊,笔者权将《咸淳临安志》京城图中左侧部分与皇城图相重复的部分截去,②而依皇城图之法,以黑色浅深分别佛道如次(图5):

---

① 需要指出的是,此处之于建炎元年临安宗教空间的推定,重在展现其道观、佛寺格局之变化进程,而于其他建筑,如太庙、五府等,则依《咸淳临安志》"京城四图"之旧,不作还原处理。后皆循例。
② 具体而言,则截取京城图中清波门至新开门一线以北之区域,而舍其以南与皇城图基本重复之区域。而就地图方向而言,则仍于皇城图保持一致,上西下东,左南右北。

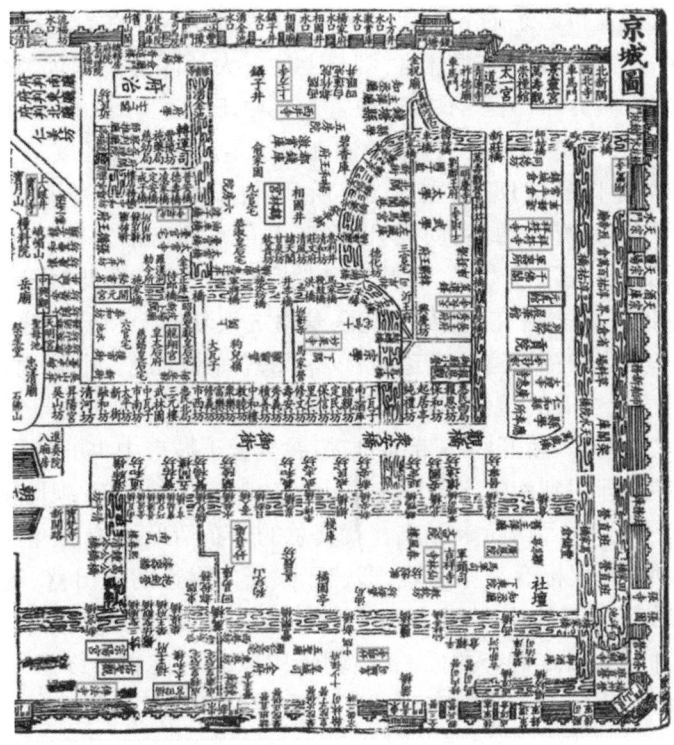

图 5 《咸淳临安志》京城图（皇城以北部分）所见宗教空间格局

很明显，从总体上来看，京城中佛寺的数量仍远多于道观。值得注意的是，城中道教宫观较为集中的区域大体可分为三片：其一是以开元宫、龙翔宫、报恩观和元真馆①为核心的区域，分布于御街西侧贯通南北之狭长区域，相对较为分散；其二则是位于城区西北角的钱塘门与余杭门之间的区域，太一宫、万寿观和景灵宫②便聚集于此；其三则是位于城东之新

---

① 开元宫为宁宗皇帝潜邸，于嘉泰元年（1201）四月改充开元宫，参见潜说友：《咸淳临安志》卷一十三，第6页a—7页a，又可参吴自牧：《梦粱录》卷八，第68—69页；龙翔宫，参见潜说友：《咸淳临安志》卷一十三，第7页a—8页b，又可参吴自牧：《梦粱录》卷八，第69页；报恩观，即报恩光孝观，参见潜说友：《咸淳临安志》卷七十五，第3页a—4页a；元真馆，即元真观，参见潜说友：《咸淳临安志》卷七十五，第4页a。

② 太一宫，即（东）太乙宫，始建于绍兴十七年（1147），于次年建成，参见潜说友：《咸淳临安志》卷一十三，第1页a—2页b，另可参吴自牧：《梦粱录》卷八，第65—66页；万寿观，参见潜说友：《咸淳临安志》卷一十三，第4页a—5页a，另可参吴自牧：《梦粱录》卷八，第65页；景灵宫，参见吴自牧：《梦粱录》卷八，第64—65页。又临安太一宫、万寿观和景灵宫兴建之更为详细的讨论，可参考朱溢：《临安与南宋的国家祭祀礼仪——着重于空间因素的探讨》，第165—167页。需要补充说明的是，景灵宫在很大程度上具有宋代原庙之性质，然其与道教之关系甚密，系仿唐太清宫制度而建，此仍作为具有道教性质的神圣空间来看待。根据李焘所载："（二年）景灵宫判官、知制诰刘筠请令礼仪院、宗正寺约唐朝《太清祠令》撰集《景灵宫祠令》，付本司遵守，从之"。（李焘：《续资治通鉴长编》卷九十一，天禧二年三月丁巳，第2106页）。相关之讨论，可参考［日］山内弘一：《北宋时代的神御殿与景灵宫》，《东方学》第70号（1985），第46—60页；Patricia Ebrey. "Portrait Sculptures in Imperial Ancestral Rites in Song China," T'oungPao, Vol. 83, Fasc. 1/3 (1997), pp. 42—92;［日］吾妻重二：《关于宋代的景灵宫——道教祭祀与儒教祭祀的交差》，收入［日］小林正美编：《道教的斋法仪礼的思想史研究》，东京：知泉书馆，2006年，第283—333页。

开门和崇新门之间、新宫桥以东的一小片区域,集中了宗阳宫、佑圣观和福田宫①三处。至于位于井亭桥以西、相国井旁侧的鹤林宫,则与上述三大片区距离稍远,略显孤立无援。而在佛教方面,城中之寺院分布广泛,不似道教宫观集中于上述三区,惟城北之明庆、祥符、净住、吉祥、仙林等寺,②分布颇为密集,构成一佛寺居于绝对优位的区域。

由此上溯至淳熙十四年(1187),则如图6所示,位于御街西面一带的道教宫观群,此时尚未成气候,仅报恩观、元真馆两座,尚无开元宫、龙翔宫等御前宫观。而在京城西北之钱塘门与余杭门之间的太一宫、万寿观、景灵宫道教宫观建筑群,则此时已经告竣,成为南宋前期城区道教宫观的中心之所在;又及于城区东面之崇新门至新开门之间的区域,则其时已初具规模,建有佑圣观和福田宫两座道观,仅宗阳宫尚未落成。由是而论,较之于南宋后期西北、中央、东路三线发展的整体格局而言,高宗、孝宗时期的道观营建则集中于城区西北角、吴山和城东之崇新门、新开门一带,而未拓展至居于城市中央的御街一线。

如果再往前追溯,即回到南宋定鼎临安之前的建炎元年(1127),则如图7所示,杭州城内道教宫观的上述三大中心,均尚未形成。就其总的分布情形而论,在清波门、朝天门至新开门一线以北的区域内,仅标有三座道观,即位于崇新门附近的福田宫、观桥西侧的报恩观和贡院西面的元真馆,可谓甚为寥落。值得注意的是,在建炎元年(1127)至淳熙十四年(1187)的六十年时间内,后之御街西面一线、朝天门以北的道观始终只有元真馆和报恩观两座。由此而论,南宋前期临安城内宫观营建的重心位于城区东西两侧,而非中央的御街一带。

佛教方面,综合南宋立国之初和孝宗淳熙十四年(1187)两个时间节点的城区佛寺分布情形来看,则其总体增殖有限,基本保持了原有的空间格局和密集区域,同道观之激增凸显相比,恰呈一静一动之势。

---

① 宗阳宫,参见潜说友:《咸淳临安志》卷一十三,第9页a—11页a,另可参吴自牧:《梦粱录》卷八,第69—70页;佑圣观,参见潜说友:《咸淳临安志》卷一十三,第5页a—6页a,另可参吴自牧:《梦粱录》卷八,第67页;福田宫,"在荐桥门里,旧名彤云,熙宁十年改赐梵严观。嘉定(1208—1224)中,恭圣仁烈皇后赐田一千亩,改今额",参见潜说友:《咸淳临安志》卷一十三,第13页a。

② 可参考潜说友:《咸淳临安志》卷七十六,第1页a—2页a、3页a—b、4页b、11页a—b。仙林寺,即仙林慈恩普济教寺,参见同书卷七十六,第2页a—b。

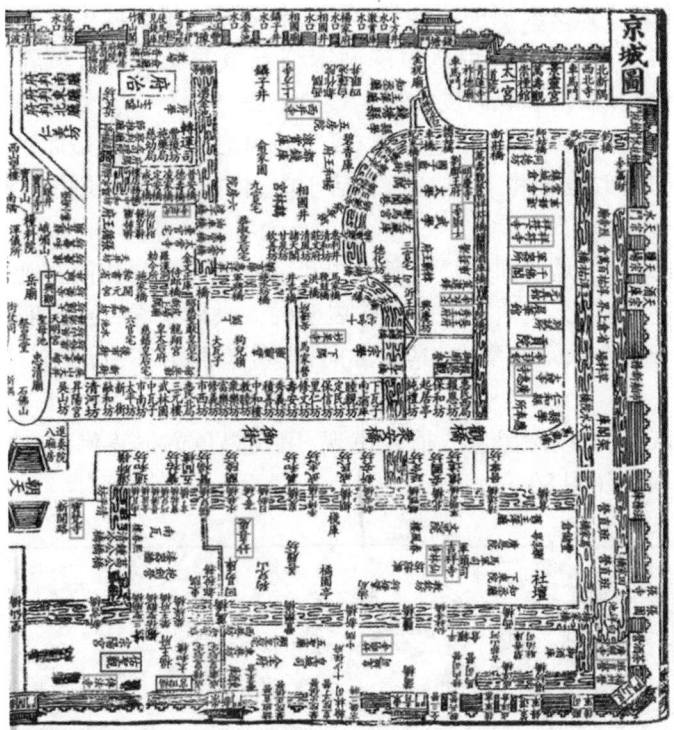

图6　淳熙十四年(1187)京城图(皇城以北部分)所见宗教空间格局

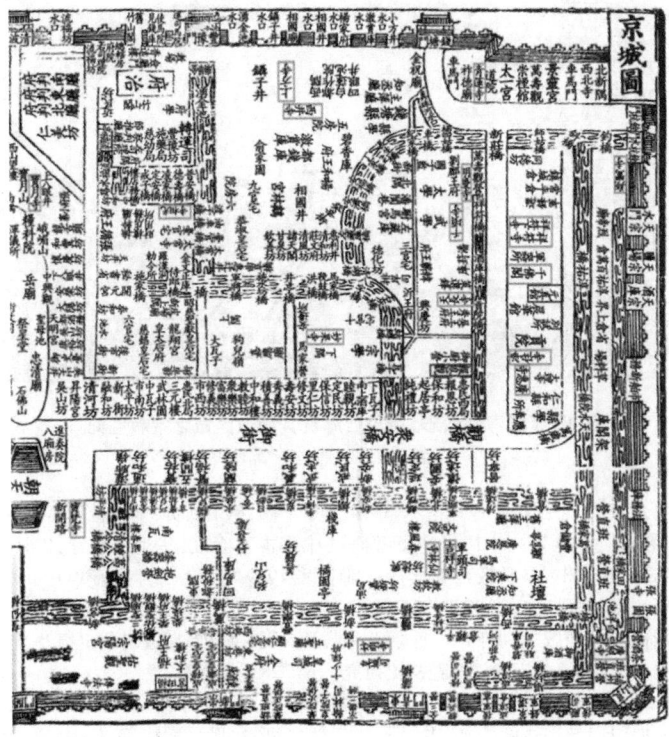

图7　建炎元年(1127)京城图(皇城以北部分)所见宗教空间格局

又据赵冈的说法,"临安发展的高峰期,郊区的面积远超过城中区的面积,而且郊区居民数也高于城中人数"。① 姜青青也认为:"南宋临安城的发展具有城郭同步的特点,常住人户不但在京城核心城区内形成高度集聚,城外也是一样。"② 至于《咸淳临安志》的作者潜说友,亦将西湖图与浙江图列于第一卷之首,视为杭城之一部。由是而论,我们在考察临安都市区的宗教空间时,似也应将上述二区囊括于内,构成一个面积更为宏阔的"广域都市圈"(Metropolitan Area)。③

首先将要展开分析的是西湖图。与皇城图和京城图的方向相同,此幅以西湖为中心的城郊地图,仍是以左南右北、上西下东的方式展开的。具体来看,位于西湖东侧的临安城区和大内凤凰山,居于整个画幅的下方;其他方向,则可谓群山环抱,一直延伸至杭州府境内的周边各县。

由是,笔者遂依前例,以深黑色方框表道观,用浅黑色方框表佛寺,将西湖及其周边区域的宗教空间解析如下(图8):

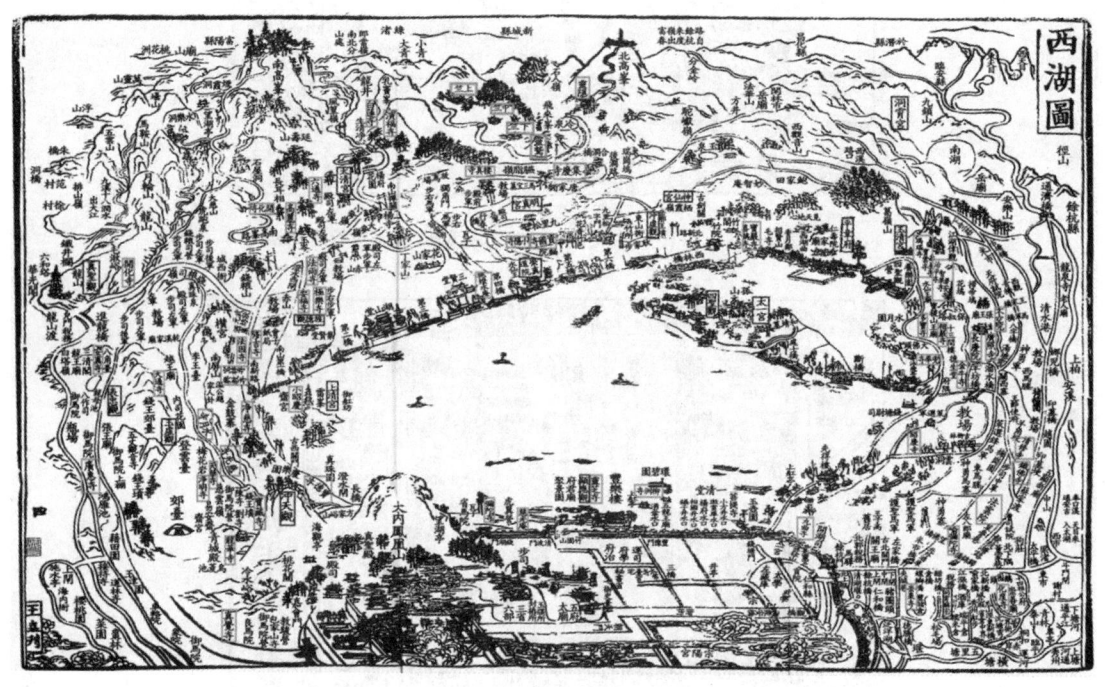

图8 《咸淳临安志》所见西湖及其周边区域之宗教空间

---

① 赵冈:《南宋临安人口》,《中国历史地理论丛》1994年第2期,第120页,全文参见第117—126页。又关于临安城市人口的讨论,则可参考[日]加藤繁:《中国经济史考证》(中译本),台北:华世出版社,1981年,第842页;林正秋:《南宋都城临安人口数考索》,《杭州大学学报》(哲学社会科学版)1979年第1—2期,第147—149页;[日]斯波义信著,方健、何忠礼译:《宋代江南经济史研究》,第329—331页等。

② 姜青青:《〈咸淳临安志〉宋版"京城四图"复原研究》,第5页。此外,斯波义信也提及了西湖北、西、南三面湖滨的宅地化,参见氏著,方健、何忠礼译:《宋代江南经济史研究》,第328—329页。

③ 这一广域都市圈的概念,被妹尾达彦用以定义建康外围广域内的都市区域,其在军事、政治、经济、宗教、文化等方面与建康密切相关。参见[日]妹尾达彦著,郭雪妮译:《帝都的风景、风景的帝都——建康·大兴·洛阳》,第54—55页。

从整体上来看，较之于皇城和京城中佛、道势力相对均衡的局势而言，西湖周边确可谓是典型之佛国世界。在西湖东岸、杭城西侧的狭长地带，便聚集了弥陀寺、慧光庵、灵芝寺、柳洲寺等四座佛教寺院，①而道教宫观则仅显应观②一所，可见佛教势力优势之一斑。

而在西湖北面自余杭门以外，直至葛岭山、江湖伟观、通济桥一线的广阔区域内，则道教宫观绝少，仅洞霄廨院和玉清宫两所，且相距甚远，不成气候。③ 佛教寺院方面，则自东而西，集中了崇果寺、化度寺、喻弥陀寺、九曲寺、法云院、铁佛寺、清修寺、昭庆寺、金牛寺、兜率寺、长庆院、广照寺、相严寺、多宝寺、不空院等，④尤其是在保叔塔（即保俶塔）一带，更集中了普安寺、智果寺、治平寺、寿星寺、宝云寺、玛瑙寺等六所寺院，⑤堪称西湖周边梵刹最为集中的区域之一。

值得注意的是，西湖西北面的孤山一带，则是西湖周边少有的道教宫观聚集区。在西林桥和断桥之前的孤山岛上，聚集了四圣观和太一宫两座高级别的御前道教宫观，⑥形成了道教独占孤山的局面。又及于孤山以西，西湖西北岸直至位于临安县的洞霄宫一带，则尚有冲虚观、神仙宫、洞霄宫三座道观，⑦再加上葛岭一带的玉清宫和孤山二观，遂成西湖西北方向一个道教占据绝对优势的空间场域。⑧

再及于西湖西面之第一桥至第六桥之间的区域，一直延伸至南、北高峰一带，则是一个佛道共享，而以佛教寺院为主的宗教空间。具体来看，以灵隐寺、灵鹫寺、集庆寺、上天竺、中天竺、下天竺为核心的一系列寺院，⑨共同构成了飞来峰周边杭城外围最为重要的佛寺群。而在其他部分，则以九里松至第四桥一带的资国寺、小隐寺和施灯水庵，第二桥以西的

---

① 弥陀寺，即法性院，"乾德五年(967)吴越王建，旧名弥陀，大中祥符中改今额"，在城外自慈云岭郊台至嘉会门泥路龙山，参见潜说友：《咸淳临安志》卷七七，第14页a—b；慧光庵，即慧光院，在聚景园前，建于乾道(1165—1173)间，参见同书卷八二，第2页a；灵芝寺，即灵芝崇福寺，在涌金门外，"太平兴国元年(976)建，本吴越王故苑，芝生其间，舍以为寺，遂号灵芝"，参见同书卷七十九，第1页a—4页b；柳洲寺，即慧明院，"在涌金门外，天福五年建，旧额资福，大中祥符中改今额。绍兴间斥为聚景园，徙于柳洲龙王堂通元庵"，参见同书卷七十九，第4页b。又有菩提寺，即菩提院，"太平兴国二年(977)钱惟演建，名惠严，七年(982)改赐今额，建炎(1127—1130)间毁"，参见同书卷七十九，第7页a—b。

② 显应观，亦属御前宫观之一，"在丰城门外，聚景园之北"，参见吴自牧：《梦粱录》卷八，第67页；又可参潜说友：《咸淳临安志》卷一十三，第16页a—18页b。

③ 洞霄廨院"在县西南半里大溪之际后。唐长兴四年(似应为长安四年，704)建，旧名法华廨院，至唐咸通八年(867)立为天柱廨院，今号洞霄廨院"。(潜说友：《咸淳临安志》卷七十五，第23页a。)又及于玉清宫，则在钱塘门外葛岭，建于绍定元年(1228)，参见同书卷七十五，第11页a。

④ 崇寺即崇果寺，九曲寺即九曲法济院，清修寺即清修院，昭庆寺即大昭庆寺，金牛寺即金牛护法院，广照寺即广照院，相严寺即相严院，喻弥陀寺、铁佛寺则在《咸淳临安志》的相关部分未见记载，姑存疑。参见潜说友：《咸淳临安志》卷八十一，第15页a—b；卷七十九，第7页b—11页a；卷八十，第28页a、11页b、23页a—b、24页b。

⑤ 普安寺即普安院，智果院即上智果院，寿星寺即寿星院，玛瑙寺即玛瑙宝胜寺。参见潜说友：《咸淳临安志》卷七十九，第11页a—14页b。

⑥ 四圣观即四圣延祥观，旧名四圣堂，参见潜说友：《咸淳临安志》卷一十三，第11页a—13页b；吴自牧：《梦粱录》卷八，第67—68页。太一宫即西太乙宫(或西太一宫)，参见潜说友：《咸淳临安志》卷一十三，第3页a—b；吴自牧：《梦粱录》卷八，第66—67页。

⑦ 参见潜说友：《咸淳临安志》卷七十五，第12页a、13页a—b。

⑧ 佛寺方面，图中仅记宝严寺、喜鹊寺两座。宝严寺参见潜说友：《咸淳临安志》卷七十九，第15页a—16页a；喜鹊寺失考。

⑨ 灵隐寺即景德灵隐寺，灵鹫寺即灵鹫兴圣寺，集庆寺即显慈集庆教寺，上天竺即上天竺灵感观音寺，中天竺即中天竺天宁万寿永祚禅寺，下天竺即下天竺法镜寺。参见潜说友：《咸淳临安志》卷八十，第1页a—4页a，11页b—22页a；卷七十九，第28页b—29页a。

法雨寺、极乐寺和安福寺,以及南高峰下直至龙井一带的开化寺、六通寺、高丽寺、白莲寺、演福寺等,①构成三个相对密集的子佛寺群。道教宫观方面,此一区域内仅有三座——太清宫、旌德观和崇真道院,②分别位于南山禅关方向,南山第一桥、第二桥之间和第四桥、第五桥之间。九里松一带的明真宫,则建于嘉定(1208—1224)中,宁宗皇帝御书明真二字,在《咸淳临安志》中被归入佛寺之列。③然据其以"宫"名之,又题"明真"二字,则依笔者之见,亦存是为道观之可能,姑权作道观以备考。由是而论,西湖西侧至南、北高峰一带的宗教空间格局,仍以佛教为主,道教为次,而与道观颇为集中的孤山一带形成了鲜明对照。

最后尚需讨论的,则是西湖南岸,南至六和塔、西至龙山、东至郊台一带的宗教空间格局。从整体上来看,此一区域仍以佛寺为众,自西向东包括了开化寺、安真寺等④一系列寺庙;尤其是在南屏山一带,更可谓佛刹林立,一直延伸至雷峰塔一线。而在其道教宫观的分布方面,则有真圣观,⑤位于龙山旁侧;又有表忠观、玉虚观,⑥集中于钱王郊台一带;至若上清宫,⑦则位于雷峰塔旁,占据了西湖南岸的显要位置。由是而论,在西湖南岸雷峰塔至六和塔之间的广阔区域内,佛教寺院的势力仍占据了主导性的地位;道教宫观则分布较为分散,且数量有限,未能形成合力,亦未见高等级的御前宫观。

鉴于西湖周边寺观林立、数量极众,图示之信息密度颇高之故,为简明起见,本文此处权择取西湖西北方向之断桥以西、北高峰以北之区,以作如下之回溯性探索。据各寺观之兴建时间和存续情形可知,在南宋立国之时(即1127年),即如图9所示,孤山一带的太一宫、四圣观,岳鄂王坟旁侧的冲虚观等道教宫观,均尚未建成。整个西湖西北方向,佛寺数量虽远不及西湖南、北二侧和南、北高峰一带为盛;然其道观数量,亦仅神仙宫、洞霄宫两座,而并未如南宋后期一般,形成一个相对密集的核心区域。直至孤山之四圣观建成以后,此一区域的道教宫观才逐渐增多,终在南宋后期发展为临安城郊地带最为重要的道教宫观中心。

---

① 资国寺即资国院;小隐寺恐为永宁崇福院,"元系内侍陈源花园,献重华宫,为小隐御园。寿皇圣帝拨赐贵妃张氏为坟寺";施灯水庵无考;法雨寺即法雨院;极乐寺即极乐院;安福寺即安福禅院;六通寺即六通慈德院;高丽寺即惠因院,"天成二年(927)吴越王建,元丰八年(1085)高丽国王子僧统义天入贡,因请从净源法师学贤首教,诏许之,遂竟其学以归"(相关之讨论,可参考黄时鉴:《相远以迹 相契以心——义天和他的中国师友》,载氏著:《黄时鉴文集Ⅱ远迹心契》,上海:中西书局,2011年,第73—86页);白莲寺寺难以确考;演福寺即崇恩演福禅寺。参见潜说友:《咸淳临安志》卷七十九,第21页a—b;卷七十八,第14页a—16页a、9页a—b、25页b—27页a;卷八十二,第5页b—6页a;卷七十七,第18页b。

② 参见潜说友:《咸淳临安志》卷七十五,第11页a—12页a、14页a。

③ 参见潜说友:《咸淳临安志》卷七十九,第4页b—5页a。

④ 开化寺即慈恩开化教寺,安真寺即安真院,参见潜说友:《咸淳临安志》卷七十七,第10页b—11页a、9页a。

⑤ 真圣观,在城南六和塔侧,参见潜说友:《咸淳临安志》卷七十五,第9页a—10页a。

⑥ 表忠观,在城南龙山,参见潜说友:《咸淳临安志》卷七十五,第5页a—7页a;玉虚观,旧为三官院,参见同书卷七十五,第10页a—b。

⑦ 上清宫,在西湖雷峰塔北,淳祐(1241—1252)间建,理宗皇帝御书清净道场,参见潜说友:《咸淳临安志》卷七十五,第11页b—12页a。

图9　建炎元年(1127)西湖西北方向之寺观空间分布图

尚需稍加考索的,则是浙江图所示之杭城与钱塘江之间的区域。从总体上来看,这一区域的道教宫观数量较之皇城、京城、西湖周边而言,可谓甚为寥落,仅景隆观(及道堂)和新兴宫两所,①且皆非御前宫观;而在佛寺方面,则有崇宁万寿院②等数十座禅林宝刹,尤集于新开门至艮山门外,具有绝对的优势。据此,仍以深浅黑色为别,如下图(图10)所示:

---

① 参见潜说友:《咸淳临安志》卷七十五,第10页a、12页b—13页a。
② 即崇宁万寿教寺,参见潜说友:《咸淳临安志》卷八十一,第5页b—6页a。

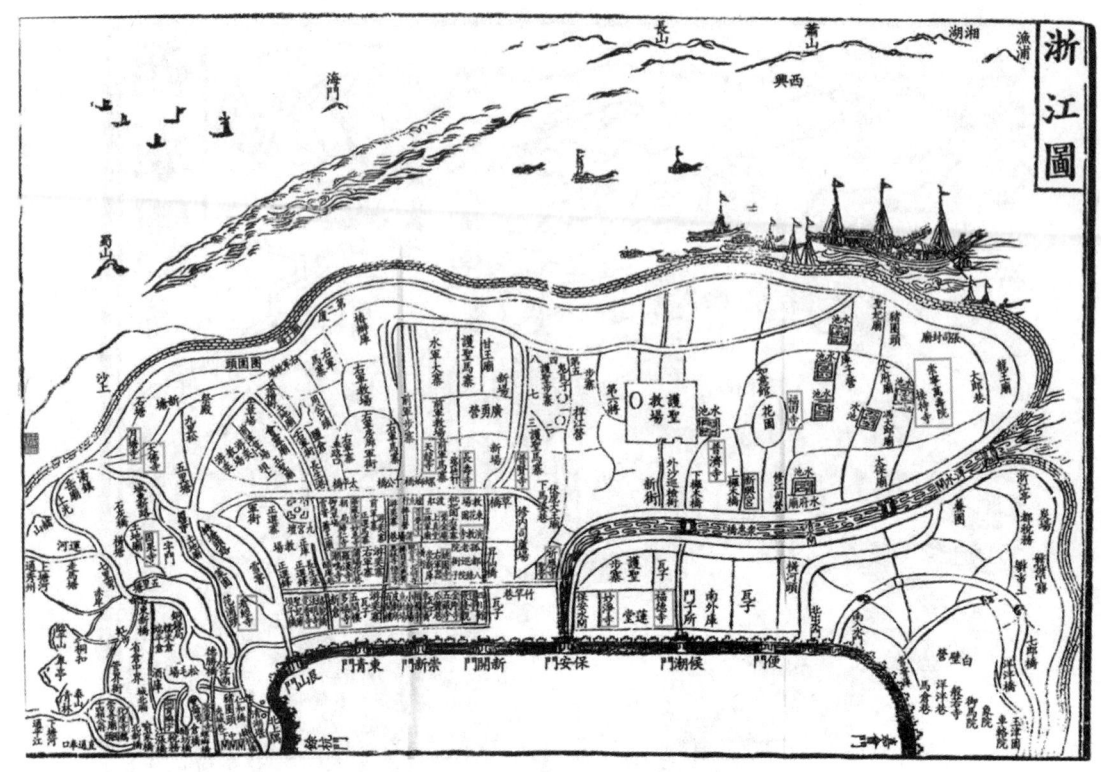

图 10 《咸淳临安志》所见杭城与钱塘江(浙江)之间区域的宗教空间

至此,我们对于"京城四图"中所见之临安及其"广域都市圈"内城郊地区的宗教空间,以至于其在南宋时期的沿革变化,已有了一个较为明晰的认识和把握。从总体态势而论,临安城内外的寺观数量,均是以佛寺为多,道观居少的。然而,若从更为细致的区域观之,则自内向外,道教宫观之势力呈明显的递减之势。即以皇城而论,佛寺、道观分集于大内南、北二侧,基本保持均势;而在京城城区之内,则总体数量虽以佛寺为众,却也在南宋一朝不断的营建过程中,成就了西北、东城和御街西侧三个道教宫观相对较为集中的区域,在总体居于劣势的形势下,创造出若干局部之道教宫观的优势地位;再及于西湖周边区域,则一片禅林佛海之中,道观仙宫点缀其间,显得颇为分散,不足以同佛寺相抗;惟孤山一带,汇集了四圣观、西太一宫两座颇具影响力的御前宫观,而与余杭之洞霄宫等遥相呼应,构成一个道教相对集中而处优势的空间;至若钱塘江沿线至杭城之间的区域(即浙江图所示区域),则佛寺数量较之于道观远胜,而呈压倒性的优势。

又及于御前宫观的布局方面,也呈现出明显的内重外轻之势。所谓"在杭城者六,湖边者三",①再加上位于城区西北角,在南宋国家祀典中占据重要地位的景灵宫和万寿观,则其城内、城外之比例,已达8∶3之数。又城外之三座道教宫观,则全部集中于西湖东岸和孤山之上,而未及于其他区域,更未能辐射至杭城与钱塘江之间的区域。据此而论,临安之道教空间的布置与拓展,确非平均用力,而是有重点、有取舍的。具体而言,即是内重外轻,

---

① 吴自牧:《梦粱录》卷八,第65页。

于整体劣势之中创造出局部优势,而将最具影响力的宫观安置于佛教势力相对薄弱的区位,以彰道教之隆盛。显而易见,从上文中所举南宋立国之初、孝宗淳熙十四年(1187)和宋末度宗咸淳三年(1267)这三个时间断面中临安局部宗教空间的变迁情势来看,宋廷的这一举措无疑是有效的。一百数十年间临安城内外道教宫观的不断兴建和扩展,虽然并未能够从根本上动摇和改变杭州佛教居优,"羽士之庐不能什一"的宗教空间格局,却凭借其集中突破、重点扩张的方式,在禅林佛海间打造出数个道教相对居于优势地位的区域和空间,有如围棋中的"打入"和"破空"一般,形成了独具特色、内外有别的首都宗教空间。换言之,宋廷是在局部改造,而非全盘重建的方针指引之下,以皇城、京城之政治核心为重点,逐步推展至杭城周边区域的若干地区,完成了临安宗教空间的重构。

三、局促空间中的佛道竞合

与长安、洛阳等自建都伊始便具有王都性格的都城不同,北宋时期的杭州虽有"东南第一州"①之美誉,却仍是州府一级的城市,而未有古代都城所应具备的宏阔格局。从这一点上而论,杭州与北宋的都城开封,似颇有相似之处。北宋之都城开封府,五代时即已数次为都,②然于唐代则仅为汴州州城,规模远较之以前的都城为小,街道也不宽阔。又据张晓虹的说法:"再加上唐代后期和五代时,居民不断侵占街衢修建房屋,所以街道更加狭窄。随着人口的急剧增加,与经济活动的不断发展,已有的城市空间远远不能适应其都城的地位。"③于是,周世宗柴荣遂于显德二年(955)四月下诏,④在原有州城的外围另筑外城,而使汴京的城市规模较之州城扩大了四倍,奠定了北宋都城之三重城垣的基本格局。

需要说明的是:北宋之开封城,虽亦由地方一级的州城发展而来,然因地势平坦、易于扩展之故,在经历了后周时代罗城的扩建和北宋王朝一百余年的经营之后,已具备了典型的都城性格;然作为南宋王朝行在的临安,却并不具备与开封同样的地理条件。西面的西湖、东南的钱塘江,以及杭城周边所环绕的群山,都在相当程度上限制了城市空间的拓展;城内及其周边区域大量条件恶劣的沙碛地和低洼积水地,也使临安真正适宜人居的地段相当有限。

根据斯波义信的描述:"开封城陷落后,伴随着皇城的迁徙,跟随高宗向南逃难的人群中来自西北,尤其是关中、四川方面的富民、宗室、武将们及其家族和部下,一窝蜂似地争先恐后占有城内外的一等地块,原来土著居民中的贫下阶层只能移居城内的劣等地或城外的新开地。上述官厅周边的空隙地,皇城的周围,西湖的北、西、南边湖滨,就这样一举宅地化了。"⑤

---

① 宋仁宗:《赐梅挚知杭州》,载厉鹗编:《宋诗纪事》(第1册)卷一,第7页。
② 有关五代都城之变迁,可参考张其凡:《五代都城的变迁》,《暨南学报》(人文科学与社会科学版)1985年第4期,第22—25页。
③ 张晓虹:《古都与城市》,南京:江苏人民出版社,2011年,第151页。
④ 诏书原文参见王溥:《五代会要》卷二十六,上海:上海古籍出版社,1978年,第417—418页。
⑤ [日]斯波义信著,方健、何忠礼译:《宋代江南经济史研究》,第328—329页。

而在包伟民看来，"淳祐年间临安府城区内人口密度估计可达到2.1万人/平方公里，远比北宋开封为高。到咸淳年间，甚至可能达到3.5万人/平方公里"。① 这一超高的人口密度，还能得到南宋史料的佐证。据李心传所载："（绍兴十三年十一月）庚申，日南至，合祀天地于圆丘……礼官以行在御街狭，故自宫徂庙不乘辂，权以辇代之。"② 由是可知："在中国传统社会中期的两宋时期，以单层或双层木结构建筑为主的开封府与临安府地区，其人口密度已经超过以多层钢筋水泥建筑为主的现代都市市区数倍，相比现代人口尤为众多的一些都市，差距也有限。其居处街衢之湫隘拥挤，也就可以想象了。"③

既然如此，南宋王朝在上文中所述的都城宗教空间改造过程中所面临的困难和挑战，也就不言而喻了。换言之，佛、道二教在此极为有限甚至有些逼仄的都市空间中的竞合与争衡，不啻为一场颇为激烈的宗教生存空间争夺战。而在笔者看来，上述杭州都市空间的特点，也使这场争夺战的激烈程度，远胜于长安、洛阳、开封等事先已进行宗教空间布局的都市。这也是南宋临安宗教空间重构中应予以关注的一个重要特点。

首先需要讨论的一种情形，是御前宫观的兴建对杭城固有佛寺的侵占和限制。即如广化院，根据《咸淳临安志》的记载："在北山。旧在孤山，天嘉元年（560）建，名永福，大中祥符改今额。……绍兴间改建圣观，徙今处……"④ 由是而论，广化院原址即为御前宫观之一的四圣延祥观所在地，系因高宗绍兴年间修建四圣观之故，而迁徙他处，被迫放弃了先前位于孤山一带的显要位置。又如玛瑙宝胜寺，则为"开运三年（946）钱氏建，治平二年（1065）改赐今额。寺旧在孤山，绍兴二十二年（1152）以其地为延祥观，而徙寺于葛岭之东"。⑤ 据此，该寺原亦在孤山，后因兴建四圣延祥观之故，徙于葛岭之东。再如报恩院，据《咸淳临安志》所载："开宝七年（974）钱氏建，旧名报先，在孤山。治平二年改今额。……绍兴二十一年（1151）以其地为延祥观，徙于定业院侧……"⑥

由是可见，四圣延祥观的兴建，并非于"宗教真空"中"平地起高楼"，而是以上述至少三座佛寺的迁移为代价的。⑦ 既如此，图10中的孤山一带，尚需加上广化院、玛瑙宝胜寺和报恩院三座佛教寺院，方为其北宋至南宋初年的宗教空间原貌。由是，西湖西北面原本的宗教空间格局，似仍以佛寺为主，与西湖北岸之佛寺群落连成一片；四圣延祥观的兴建，则有如围棋中"打入"对方阵营之后，"吃其三子"，吞灭三座佛寺而逐渐扩展，形成此一区域道教势力的局部优势。

而在另一座御前宫观——显应观的兴建过程中，灵芝崇福寺也被迫承受了被析分其址的命运。据《梦粱录》所载：

---

① 包伟民：《宋代城市研究》，北京：中华书局，2014年，第364页。
② 李心传：《建炎以来系年要录》卷一百五十，绍兴十三年十一月庚申，第2415页。
③ 包伟民：《宋代城市研究》，第366页。
④ 潜说友：《咸淳临安志》卷七十九，第17页a—18页b。
⑤ 潜说友：《咸淳临安志》卷七十九，第14页a。
⑥ 潜说友：《咸淳临安志》卷七十九，第16页a—b。
⑦ 又依《咸淳临安志》所记，"绍兴十四年，慈宁殿斥费，即今地建观。凡古佛刹，如宝胜、报恩、智果、广化之在此山者，皆它徙"。（潜说友：《咸淳临安志》卷一十三，第11页a—b。）则此番徙建它地的寺院，尚应包括智果院。

显应观,在丰城门外,聚景园之北,处湖之东,水四面绕观,观额宣和所赐。靖康年间(1126—1127),高庙为康邸,出使至磁州,神马引而南。建炎初,秀邸妻梦神指一羊谓曰:"以此为识。"遂诞毓孝庙。由是累朝祠祀弥谨。殿中为显应之殿,其神位曰"护国显应兴圣普佑真君"。高庙为书殿扁,且揭以御名,昭其敬也。孝庙宸书"琼章宝藏"之扁,理庙书《洞古经》以赐刻石,宁庙御题观碑,其额以表功忠。观之东有崇佑馆。①

又据《咸淳临安志》的记载:"建炎初,秀王夫人梦府君拥一羊,谓曰以此为识,遂诞毓孝宗皇帝。"②由是而论,显应观及其有关的崔府君信仰,③不仅同高宗平安南渡、中兴宋朝的命运息息相关,也为南宋第二任君主孝宗的诞育赋予了神圣的色彩。此确如四库馆臣所言:"盖建炎之初,流离清散,姑为此神道设教,以耸动人心。实出权谋,初非实事。"④

然而,此番神道设教的代价,却是灵芝崇福寺的析分。根据《咸淳临安志》的记载,该寺"在涌金门外。太平兴国元年(976)建,本吴越王故苑,芝生其间,舍以为寺,遂号灵芝。大中祥符初赐今额。元符(1098—1100)初,律师元照重修。建炎初毁于兵,唯师塔存。绍兴间析其址为显应观,乾道间始次第兴创。绍熙元年(1190)四月,二年三月、五月,孝宗皇帝数临幸,御小车至斋堂饭僧,坐方丈良久。命主僧法光就寺,日施食,月给内帑钱。光遂面湖创堂,扁曰依光,中设御座,又塑千手眼观音像,作水陆大斋所于寺之西偏。绍定间,朝廷给田七百亩"。⑤

由是可知,此寺既本为吴越王故苑,规模应是相当可观的。而在建炎初年毁于兵火之后,高宗遂于绍兴间析其原址,兴建了显应观。而与前述孤山三寺有所不同的是,或许是由于此寺在吴越国时期即已蔚为大观,且其地有灵芝生,可堪福瑞之地;故而在南宋并未移居他处,于孝宗乾道间始次第兴创。颇为崇佛的孝宗皇帝还曾数次临幸,表现出对此寺极高的兴趣。也正因如此,灵芝崇福寺虽在南宋初年析址建观,却并未因此而一蹶不振,转于孝宗朝复起,仍不失为南宋时期杭城与西湖之间最为重要的佛教寺院之一。

接下来尚需提及的是位于嘉会门沿江至城东汤镇上塘一带的仙林定香院。根据潜说友的记载:该寺"旧为香积院,在西湖上,乾德四年(966)许王建,治平二年(1065)改定香。宝庆间(1225—1227)改为旌德观,别建寺于今处。绍定五年(1232)拨隶仙林寺"。⑥由是可知,旌德观虽非御前宫观,⑦然其兴建,仍是以仙林定香院的迁址为代价的。该寺从西湖之畔迁至钱塘江沿线地区的命运本身,也在很大程度上体现出宋廷"厚此薄彼"的态度——通过移地安置的方式将佛寺从较好的地段移出,而为道教宫观的兴建争取较为优越

---

① 吴自牧:《梦粱录》卷八,第67页。
② 潜说友:《咸淳临安志》卷一十三,第16页b。
③ 有关崔府君信仰方面的研究,可参考邓小南:《关于"泥马渡康王"》,《北京大学学报》(哲学社会科学版)1995年第6期,第101—108页;王颋:《宋、元代神灵"崔府君"及其演化》,《社会科学》2007年第3期,第131—139页。
④ 纪昀总纂:《四库全书总目提要》卷五十二,史部八·杂史类存目,石家庄:河北人民出版社,2000年,第1436页。
⑤ 潜说友:《咸淳临安志》卷七十九,第1页a—b。
⑥ 潜说友:《咸淳临安志》卷八十一,第10页a。
⑦ 参见潜说友:《咸淳临安志》卷七十五,第11页a—b。

的地理位置。

另一个类似的例子则是慈荫院。依据《咸淳临安志》的记载,该寺位于北关门外至临平下塘一线的(上穴下弘)头。① 然其本来的所在位置,应为城内之西北角,因绍兴年间兴建景灵宫之故,徙建于城外,被迫退出了城市腹心地带的空间场域。

综上而论,临安佛、道空间竞合过程中道教的优势地位可谓是相当明显的。上述所有之佛、道空间置换的案例,均是以新建之道观侵夺佛教寺院空间,或析分其址,或迫使其移位,尤其是移至相对较为偏远的地域为结果的。换言之,在"争衡圣域"的过程中,道教宫观,尤其是那些与南宋之政权合法性营建和政治权威有着密切联系的御前宫观,以其强大的国家强制力作为后盾,侵夺了佛寺的既有空间,从而在一定程度上推进了临安宗教空间的局部重构。唯须注意的是,这些调整虽然是以道教宫观的"胜利"而告终,却并未能够从根本上改变杭城佛道空间分布的整体格局和佛寺远多于道观的基本面貌,而是以一种"打入"和"破空"的方式,在城市空间极为有限的情况下,为临安道教,尤其是御前宫观的发展,争取了一定的生存空间。

如果说上述情形是佛、道之间的直接互动,接下来所要讨论的情形则是南宋定都临安之后官署、衙署和皇家园林等建筑对佛寺空间的侵占和析分。

根据潜说友的记载,有大中祥符寺,"在礼部贡院西。梁大同二年(536)邑人鲍侃舍宅为寺,旧名发心。唐正(贞)观中改众善,神龙元年(705)改中兴,三年(707)改龙兴。本朝大中祥符初改赐今额。旧传寺基广袤,九里有奇。南渡初,斥为军器所,留西南隅建寺,余地多为民居,东有诸天、千佛二阁,为本寺子院"。② 由是可知,大中祥符寺在建炎南渡后被拆分为军器所,仅留西南隅建寺,而将大部分的神圣空间度让出来,以供世俗官署之用。又如广严院,则为后唐清泰元年(934)钱氏所建,南宋中兴后,分寺基以为御厨营,③虽未尽失其地,亦将部分的佛教空间度让出来,以供衙署御厨之用。

另一个有趣的例子是宝积院,"天福七年(942)施光庆舍宅为寺,旧名崇福,后改今额。绍兴十五年(1145)以其地为驼坊象院,徙今处"。④ 再如普觉院,"乾德三年(965)钱氏建,旧名恩德,大中祥符中改今额。绍兴十五年(1145)被旨园林白地拨充驼坊象院"。⑤ 而据吴自牧之记载和李志勇、杨惠玲等人的研究可知,驼坊象院所承担的驯象功能在南宋的国家礼仪中扮演了重要的角色。⑥ 因是之故,在南宋政权看来,宝积院也好,普觉院也罢,虽系佛教的神圣空间,然在事关国家礼仪的"驼坊象院"面前,也不得不弃地它徙了。

---

① 参见潜说友:《咸淳临安志》卷八十一,第18页a。
② 潜说友:《咸淳临安志》卷七十六,第3页a。
③ 参见潜说友:《咸淳临安志》卷七十六,第10页b—12页a。
④ 潜说友:《咸淳临安志》卷八十一,第2页a。
⑤ 潜说友:《咸淳临安志》卷八十一,第7页a。
⑥ 根据吴自牧的记载:"明堂大祀,三年一次。……法驾欲安行,预于两月前教习车象。其车每日往来,历试于太庙前至丽正门,回车辂院一次。……后以大象二头,每一象用一人,裹交脚幞头、紫衫,跨象颈而驭,手执短柄银镬,尖其刃,象有不驯者击之。至太庙前及丽正门前,用镬使其围转,行步数遭,成列令其拜,亦令其如鸣嗟之势。御街观者如堵。市井扑卖土木粉捏妆彩小象儿,并纸画者,外郡人市去,为土宜遗送。"(吴自牧:《梦粱录》卷五,第29—30页。)又如李志勇、杨惠玲所论,驯象在宋代既可作车驾引导与皇家瑞征,又可为国礼馈赠之用,更可谓与民同乐,成为都市百姓争相目睹的对象。参见李志勇、杨惠玲:《论宋代的驯象》,《乐山师范学院学报》2015年第11期,第80—84页。

据《咸淳临安志》可知，此类以佛寺改充官署、衙署的例证还有很多，如大昭庆寺，即以其地为策选锋军教场，唯存戒坛数间而已；①又如大觉院，则以其地位秘书省；②再如惠照院，遂"旨充朝廷祭祀斋宫，别于西南隅建院"；③四如圣果寺，"中兴后以其地为殿堂司"；④诚可谓不一而足，兹不备举。

而在宋廷对于杭城的改建过程中，西湖东侧之聚景园的修建，则在很大程度上改变了此一区域的城市空间格局。根据潜说友的记载，受聚景园营建工程影响而徙于他地的寺院，有慧明院水心保宁寺、法善院等，⑤此一区域的佛教空间由此而受到了严重的削弱。

总体来看，上述官署、衙署、皇家园林对临安佛寺空间的侵占虽有十数例之多，然就其所造成的影响和结果来看，对临安佛教的总体格局仍影响有限。值得注意的是，此类政府、皇家机构侵夺城市宗教空间的行为，全部发生于佛教寺院，而无一例及于道观，则恐并非偶然。除临安道观数量相对较少等客观因素之外，最为重要的原因恐仍与宋廷对佛、道二教的整体态度相关。进而言之，南宋朝廷在建炎南渡之后，并未改变其崇道抑佛的"祖宗之法"，而是在尽可能不对临安的宗教空间作出全方位调整的前提和基础之下，通过析分、置换等办法，将若干道观、政府机构和皇家苑囿安置于原属佛教的空间场域之内。

最后需要补充说明的是：上述道观和官方衙署空间对佛寺的侵占和析分，绝非南宋一朝的新创，而是北宋时期既有的做法。宋廷政和七年（1117）的诏令中即言："流俗胜而大道熄……比以天下道宫数少，又卑隘圮坏，不足以寅奉上真，悉欲营建，深虑劳民动众，林木之费，必至科扰。故以僧寺改充，僧宇猥多，不劳而易办。……"⑥又据南宋洪迈的记载："崇宁以来，既隆道教，故京城佛寺多废毁。先以崇夏寺地为殿中省；政和中又以乾明寺为五寺三监；杨戬又议取太平兴国寺改为邸店及民舍，以收僦直。初拆正殿，瘗佛像于殿基之下，至于支体破裂。已而戬病，亦胸腹溃拆而死。时中贵复有欲毁启圣院者，坐是乃止。"⑦

由是可知，以佛寺改充道观和官方衙署的政策和行为，在北宋徽宗时期即已广泛存在于宋都开封地区，甚至于太平兴国这样的皇家寺院都受到了相当程度的破坏。而在南宋临安宗教空间重构的过程之中，宋廷对佛寺空间进行侵占和拆分，或许在规模和激烈程度上有所减弱，但却仍旧承续了北宋后期以来的基本模式，从而继续行走在徽宗崇道高峰时期相关政策的延长线上。

四、余论："如何比得爹爹富贵？"

至此，我们对临安宗教空间的梳理也就完毕了。从城内外及各属县佛寺、道观的总体

---

① 参见潜说友：《咸淳临安志》卷七十九，第8页a—9页b。
② 参见潜说友：《咸淳临安志》卷七十六，第12页b—13页a。
③ 潜说友：《咸淳临安志》卷七十八，第11页a。
④ 潜说友：《咸淳临安志》卷七十六，第9页a。
⑤ 参见潜说友：《咸淳临安志》卷七十九，第4页b—5页b。
⑥ 《宋大诏令集》卷二百二十三，第863页。
⑦ 洪迈撰，何卓点校：《夷坚支志·丁》卷一，北京：中华书局，1981年，第972页。

情形而论,南宋时期临安佛、道势力的整体对比,同前述之浙东地区,乃至宋朝全境之整体情形一致,仍是佛强道弱的。然而,宋廷南渡之后道观数量的急剧增长,尤其是景灵宫、万寿宫和所谓九大御前宫观的兴建,则在相当程度上刷新了临安的宗教空间,大大增强了道教在临安宗教空间中的份额和影响力。

需要注意的是,宋廷对临安宗教空间的改造并非平均用力,而是由内而外,逐层递减的。具体而论,其改造的重点集中于政权枢纽的皇城、京城一带,稍及于西湖周边的孤山等处;而将西湖周边的更多区域、杭城与钱塘江之间的广阔市郊,以至临安各属县置之不顾。这一内重外轻的同心圆式格局表明,在杭州自吴越国时期以降已为佛国禅林的基础之上,其并无全盘改造,实现佛、道势力之全面反转的野心,亦无全面调整,从整体上实现佛、道平分之局的壮志,而是希望能够在有限的成本和代价之下,通过局部的调整和改造,凭借"打入""置换"和限制等方式,为临安道教的发展争取更多的生存空间,从而在一定程度上打破其佛教独尊的局面。换言之,宋廷的宗旨,便是以较小的代价和较低的成本完成其对临安宗教空间的重构,营造一个佛道共享且相对均衡、各有侧重的空间格局。

然而,在经历了徽宗时期崇道高潮和旋踵而至的亡国之恨以后,宋廷对道教的态度,也不得不做出相应的调整和改变,本章开初所论高宗朝之初罢天下神霄宫的举措,便是一个颇为明显的信号。正如方诚峰所言:"'道家者流',即方士、道士在徽宗朝政治中为何兴盛——既有宫廷政治的需要,更是营造'圣君'的需要。在君主的形象、自我定位上,徽宗通过宗教手段超越了神宗、哲宗,达到了'神性君主'的全新境地。"① 又则"儒学复兴运动所追求的三代之治——理想的社会、政治秩序,最终异化为政治形象工程"。② 而依笔者之见,这种非常态的情形,即方氏所说的"异化",在建炎南渡之后,也势必随着政治形势的急转直下而作出相应的调整,走出"丰享豫大"的政治迷梦,保持一个相对理性和务实的态度。

这一理性与务实的态度,也充分体现在南宋朝廷对临安宗教空间的改造方面。概言之,在临安宗教空间的重构方面,宋廷的措置,正可反孟子之义而用之,是不能也,非不为也。其"为"的一面,我们在本节中已经进行了系统的解析;而其"不能"的缘故,则与其所处的现实政治情境、财政能力和临安已有的宗教空间格局息息相关。

时过境迁,情随势变,徽宗和他的那个时代,随着靖康二年(1127)的重大变局,已在顷刻间烟消云散;临安宗教空间的改造和重构,也必须在重申"神道设教"之政权合法性,继续尊崇道教的同时,对徽宗朝独崇道教,尤其是神霄派的激进倾向作出适度的调整。这种不能而非不为的无奈,或许正如陆游在《避暑漫钞》中所记载的一则故事中所云:

宣、政,官中用龙涎沉脑屑和蜡为烛,两行列数百枝,艳明而香溢,钧天所无也。南渡后,久绝此。惟太后回銮沙漠,复值称寿,上极天下之养,用宣、政故事,然仅列数十炬。太后阳若不闻,上奉卮问:"此烛颇惬圣意否?"后曰:"尔爹爹每夜常设数百枝,诸阁亦然。"上因后起更衣,微谓宪圣曰:"如何比得爹爹富贵?"③

---

① 方诚峰:《北宋晚期的政治体制与政治文化》,北京:北京大学出版社,2015 年,第 8 页。
② 方诚峰:《北宋晚期的政治体制与政治文化》,第 8 页。
③ (南宋)陆游:《避暑漫抄》,载朱易安等主编:《全宋笔记》第五编第 8 册,郑州:大象出版社,2012 年,第 143 页。

作者简介:谢一峰,湖南大学岳麓书院助理教授。

更正一则

本刊 20 卷王力平文《隋唐五代日常生活史研究的回顾与思考》第 233 页注解 4"章学诚"应为"章太炎",特此更正。

山岳效灵:明代齐云山与休宁地方社会关系研究

王 浩

【摘 要】 今安徽省休宁县境内的齐云山,其开发的历史可以上溯到唐宋时代,但其真正引起外界关注并取得巨大发展则是在明代。明初齐云山道士的开创之功奠定了该山日后兴盛的基础;帝王祷祀与朝廷赞助使齐云山的地位与影响力迅速提高;休宁及徽州地方社会的积极参与使齐云山的发展没有成为昙花一现。万历以后,各地高官名士以及普通百姓纷纷来此讲学论道、游览考察、祈祷还愿、朝山进香。齐云山的兴盛给地方社会带来了诸如中官骚扰、接待繁难、土豪滋事等社会问题。可以说,明代齐云山的发展之于休宁地方社会的影响是全方位的。

【关键词】 明代;齐云山;休宁;地方社会

齐云山,古称白岳,坐落于今安徽省黄山市休宁县城海阳镇以西15千米的岩前镇附近。因其"一石插天,直入云端,与碧云齐,谓之齐云"。[①] 作为中国四大道教圣地之一,齐云山不仅自然风光优美,而且拥有深厚的道教文化底蕴。[②] 齐云山的开发史可以上溯到唐宋时代,但其真正引起外界关注并取得巨大发展则是在明代。明皇室崇奉道教是齐云山发展的一大契机;为嘉靖帝祈子有应,则使齐云山声名鹊起。讲学之士、游山之客、虔信之众纷至沓来,原本僻在南国的荒山迅速成为众声喧哗之地。明代齐云山的发展,对休宁乃至徽州均产生重要影响。

目前学界对齐云山的研究,主要集中在齐云山的玄武信仰、道教文化以及旅游事业的开发等问题上,[③] 而对明代齐云山发展之于休宁地方社会的影响关注较少。本文拟立足于此,在梳理齐云山于明代兴盛的原因及过程的基础上,致力于探讨齐云山与休宁地方社会

---

* 基金项目:本文系安徽大学博士科研启动经费项目(项目号:J01003288);安徽大学中国哲学与安徽思想家研究中心2018年高校科学研究项目(项目号:SK2018A0027)成果。

① (明)鲁点:万历《齐云山志》卷二《建置》,《四库全书存目丛书》史部第231册,济南:齐鲁书社,1997年,第30页。

② 齐云山志编纂办公室编:《齐云山志·概述》,合肥:黄山书社,1990年,第1页。

③ 关于齐云山的研究,主要有鲍杰:《齐云山道教史迹小考》,《江淮论坛》1989年第6期;史向前:《齐云山道教文化的特色》,《中国道教》2005年第4期;何次贤:《安徽齐云山明代造像兴盛的缘由探析》,《艺术百家》2008年第7期;丁希勤:《齐云山道教的玄武信仰》,《安徽师范大学学报(人文社会科学版)》2010年第2期,刘康乐、李璐:《江南武当:明代齐云山的真武信仰》,李志鸿:《齐云山〈清微炼度科仪全宗〉研究》,两文收入林巧薇等编著:《齐云山道教文化特刊》,中国社科院世界宗教研究所道教研究室、安徽省齐云山风景名胜区管理委员会编印,无出版地、年月;卞利:《明世宗与齐云山道教设施建设》,《寻根》2017年第6期;孙学雁:《齐云山太素宫真武造像相关历史问题推论》,南京艺术学院硕士学位论文,2008年;袭乾坤:《安徽齐云山道教文化资源及其开发利用研究》,安徽大学硕士学位论文,2012年;汪玉玲:《明代齐云山道教研究》,华中师范大学硕士学位论文,2017年,等等。

的互动关系。

一、初兴：明代前期道士的开创之功

据史籍所载："齐云、石桥二岩皆丽白岳，僻在万山中，晋以前草昧而已，鬼神盖秘之也。"①的确，在晋代永嘉南渡以前，包括齐云山在内的广大南方地区和北方黄河流域相比，仍然处在相对落后的状态。齐云山的开发，正是伴随着唐宋时代尤其南宋以后江南地区的逐步开发而展开。南宋宝庆二年（1226），方士余道元创建佑圣真武祠于齐云山，②此事标志着道教尤其是真武信仰在齐云山的正式兴起。休宁人金大镛撰于德祐元年（1275）的《云岩开辟兴复碑记》不仅记载了余道元创建真武祠的经过，对南宋末年该祠的修缮与增建也有所记述。③ 虽然宋蒙（元）战争对齐云山的发展影响不大，但进入元代后齐云山却颇为沉寂。不过，这种沉寂恰成为其即将迎来迅速发展的前奏。

齐云山之所以在明代得到迅速发展，与明朝皇室崇奉道教颇有关联。④ 其中，明成祖朱棣对以武当山为代表的真武信仰的崇奉尤为关键。朱棣不仅在靖难起兵时凭借真武显灵以鼓舞士气，而且还在靖难战场上继续传播真武神护佑的神话。靖难成功、夺取帝位后，朱棣遂抬高真武神的地位，把它钦定为皇室的主要保护神。⑤

齐云山在明代的发展正是始自永乐年间。永乐十八年（1420），休宁人汪以先、道士邓道瞻募修石路，扩建齐云观；宣德四年（1429），汪以先建三清殿上真两庑；十年（1435），邓道瞻、方士钦募善士汪五老、方周祐新修上真殿；弘治十七年（1504）至正德九年（1514），修天门抵天梯岭石路及岩洞。⑥ 此外，嘉靖刊本《齐云山志》卷四《道侣》还提到许道水、胡守中二人参与汪以先、邓道瞻复建齐云殿宇的一系列活动，"与有力焉"；王曜生、陈文生、项志生、吴立生参与佑圣殿建设；汪高元"建碧霄峰玄帝石殿"；张庆真"建忠烈岩，又同建廖阳殿"。⑦ 在明代道士的修建活动中，汪泰元修建紫霄崖玉虚宫的工程最为浩大。

在今天齐云山紫霄崖下的玉虚宫西侧立有紫霄宫玄帝碑，该碑背面为祁门人李汛所撰《紫霄崖兴建记》，详细记载了正德初年兴建玉虚宫的始末，其中提到道士汪泰元在紫霄崖下新建了大量建筑：

> 为阙者一，为宫者二，为坊者三，则以祀真武之神；为楼者五，为庖者二，则以自居也。崖上飞泉，分注左右角为池；池上建钟鼓楼，列而为二，则以伺晨昏也。鼓楼之右，

---

① 万历《齐云山志》卷二《建置》，第30页。
② 万历《齐云山志》卷二《建置》，第31页。
③ （南宋）金大镛：《云岩开辟兴复碑记》。按：该碑原树于齐云岩太素宫三进殿前，明万历二十五年（1597）金大镛裔孙金继震重立，"文化大革命"期间宫毁碑碎。此处据齐云山志编纂办公室编：《齐云山志》第三章第二节《碑刻》，第143—144页，并据万历《齐云山志》卷三《艺文》所载碑文加以校正。
④ 相关研究参见前揭丁希勤《齐云山道教的玄武信仰》一文。
⑤ 杨洪林：《明成祖与武当山真武大帝》，《武当月刊（哲学社会科学版）》1997年第4期。
⑥ 万历《齐云山志》卷二《建置》，弟31、32页。
⑦ （明）鲁点编，汪桂平点校：《齐云山志：附二种》，北京：社会科学文献出版社，2015年，第336—337页。

作凤虎关,凿天衢二十八丈,起星台于插剑峰,则以祝圣寿也。钟楼之左,作云龙关,凿天衢八十一丈,筑雷坛于展旗峰,则以祈年丰也。关之外,又作巨门,与东石门对,以通游者,为观之左辅焉。又于华林坞骆驼峰,栽松竹,种果树数千株,凿塘垦田约千亩,为住崖香火之资。①

这些工程被李汛称为"非常之创",工程起于正德十年(1515),讫于嘉靖二年(1523),历时九载,耗费八千余两白银,足可谓工大费繁。这些建筑中,除了用于宗教事务和修道者日常生活所需的宫阙楼庖外,用于祝圣寿、祈年丰的星台、雷坛充分体现出宗教为政权服务的本质。

除汪泰元外,方琼真募建廖阳殿、椰梅庵、兴化祠及渐入仙关等八亭五坊,墁石铺路十五里,修理万人缘。朱素和筑真真石室,自山麓砌石为阶至齐云观,建步云、登高、白岳、凌风、松月、云水、望仙、步虚、更衣等九亭。杨玄相、汪丽清建净乐宫于桃花涧。需要指出的是,齐云山宫殿建筑、道教规制多仿效武当山。汪以先、徐秘元等都曾前往武当问道修行;方琼真建椰梅庵时曾亲往武当取椰梅树植之。②

毫无疑问,道士们从事这些扩建增修活动,需要大量资金。李汛在前引碑记中提到,汪泰元修建玉虚宫所费八千余两白银乃"积十年所募而克就",募捐应是道士们筹集资金的主要手段。道士们为扩大影响,往往会邀请文士为募捐事宜撰写疏文。目前笔者仅搜集到一篇为募建经楼而写的疏文,时间约在嘉靖以后:

三圣人立教垂世,不即文字,不离文字。吾家经传灿如日星,竺干贝叶遍周沙界,独老柱史一家之言,束之高阁。《道德》《南华》,不过吾辈窃之以润笔端而已。噫,老柱史,吾师之师也,忍令其教凌夷至此哉!吾郡白岳中和山为玉虚道场,我肃皇帝祈灵之地,钦建宫陛,颁降藏典,赤文绿字,鸟篆云书,匦而藏之,无有翻者,犹然束之高阁也。予四登白岳,欲一阅而不果,尝从羽客味元借经目一卷读之,见《道德经》笺之者六十余家,莫非真人仙客之言。予欲取此六十余家之言合而编之,名曰《道德全书》,至今未遑。夫以予生平好道而亦不勇如此,无怪老柱史一家之言,久束之高阁也。今味元及其徒碧霄有翻诵之志,而精庐湫隘,仅足馆客,欲鼎一楼以为翻诵地,碧霄持一簿徒步二百里,访予于天子鄣深谷中,索予具疏。夫老柱史之神通,能入流沙,化胡成佛,况中国之人乎!重以玉虚师相,吉有赏,凶有诛,四方顶礼,云蒸蚁集,称号之声,众山皆响,人之信解若是,又岂假深山道人数寸枯管为之歆动哉!虽然,阐扬道德,予之素心,愿诸长者同成善果。楼成而两羽士星冠鹤帔,铁笛云璈,步虚其上,高真上圣当拍鹤而下听之。两羽士稽首顶礼,上视圣人,百禄是总,下祝诸长者五福攸同,高真上圣首而俞之,其为福德宁有既耶?③

---

① (明)李汛:《紫霄崖兴建碑记》,程声长主编:《齐云山石刻》,杭州:西泠印社,2014年,第128页。
② 万历《齐云山志》卷一《道士》,第28页;同书卷二《建置》,第34、35页。
③ (明)余绍祉:《晚闻堂集》卷十二《白岳中和山募建经楼疏》,《四库未收书辑刊》第6辑第28册,北京:北京出版社,1997年,第516页。

此疏文作者余绍祉乃婺源人,文中所见,其对道家经藏颇有涉猎。味元、碧霄师徒修建经楼之举似未惊动官府,而纯以己力行之,与上文所论汪泰元等道士的情形相同。

明代前期,经过数代道士们的不断努力,齐云山的道教建筑数量不断增多,规模日益扩大,为即将到来的嘉靖、万历等帝王的祷祀活动创造了条件。宫观在进行宗教活动的同时,也为名山添胜色,成为人们尤其是文人雅士赏游之所,而亭、路的修建则为祷祀和赏游活动提供便利。总而言之,明前期齐云山道士的开创之功,奠定了兹山日后兴盛的基础。

二、突进:帝王祷祀与朝廷捐赠

正德十六年(1521),在位十六年的明武宗驾崩,因为没有子嗣,依照太祖朱元璋制定的"家法",藩王朱厚熜继承大统,是为世宗嘉靖帝。很快,围绕"继嗣"还是"继统"的问题,嘉靖帝和朝臣之间爆发了著名的"大礼议"之争。无疑的,由正德帝无子而终导致的纷乱局面,更强化了嘉靖帝对子嗣的渴望。不幸的是,嘉靖帝在子嗣问题上也不顺利。据《明史》所载:"世宗八子,穆宗外,哀冲、庄敬二太子及他皇子均殇。"①这更使得嘉靖帝希望早日生育皇子,避免重蹈武宗的覆辙。另一方面,世宗嗣位后,"惑内侍崔文等言,好鬼神事,日事斋醮,谏官屡以为言,不纳"。② 嘉靖帝对道教迷信日深,进而认为子嗣一事也可通过道教解决,遂开始派遣朝廷官员到各地道教名山祈子。齐云山也名列其中。

嘉靖十一年(1532),明世宗接受婺源人、时任兵部尚书汪鋐的建议,派遣妙应真人李德晟至齐云山"建金箓祈恩求嗣继绪保国大斋七昼夜",目的十分明确,即是要"求嗣继绪"。明世宗对此次祀典十分重视,在写给李德晟的敕旨中,他明确要求"尔(指李德晟)往来经过处所军卫有司驿递等衙门一体护送,廪给车船口粮,照例应付,不许欺愣留难。其本山地方有司人员合用供应等项,通行备办,如有不遵敕旨,故违误事者,尔指实奏闻,必罪不宥"。皇帝明确要求李德晟一行途经地方的官员提供各种便利;齐云山所在地方有司官员则负责备办斋醮所需各项物品。嘉靖帝本人也颁赐大量物品予齐云山,计有织金皂袍一领、织金绣幡一对、装金龙牌五座、金钟玉磬二口、真武圣像各一百五十轴、圣父母圣像三十轴、真武童真内炼圣像二十轴、齐云山图一百轴、诸品道经一百部。此外,太皇太后、嫔嫔亦有赏赐。随李德晟前往齐云山的包括道录司左演法等官37人,侍职11人,铺排4人,规模颇大。参与斋醮活动的除齐云山本山道官14员外,上至应天巡抚,下至休宁县丞、主簿等十数位官员均悉数参与。

嘉靖十二年(1533)皇长子朱载基出生,但不足两月即夭折,谥"哀冲太子"。嘉靖十五年(1536)皇次子朱载壑出生,嘉靖十七年(1538),皇三子朱载垕、皇四子朱载圳相继出生,这更加激发了世宗崇奉道教的热情。嘉靖十七年(1538),皇帝派遣正一大真人张彦頨至齐云山,"建金箓酬恩赐嗣继先承天大斋三昼夜",感谢"赐嗣"之恩。此外,又"建金箓祈恩保母安疾永寿延禧大斋七昼夜",祈祷病中的皇帝生母、章圣皇太后早日康复。与前述嘉靖十

---

① (清)张廷玉:《明史》卷一百〇四《诸王世表五》,北京:中华书局,1974年,第2984页。
② (清)张廷玉:《明史》卷三百〇七《邵元节传》,第7894页。

一年（1532）的求嗣大斋相同，参与此次斋醮活动的南直隶官员自巡抚欧阳铎以下亦有十数位之多。张彦頨是汉代天师道创始人张陵的第四十八代传人，是明代官方道教的最高首领，由此可知此次祀典规格之高。张彦頨上疏明世宗，请求齐云山可以仿照太和山（即武当山）之成例，任命道士为住持管理职员，并免征所余香钱。① 张的要求明世宗基本照办。次年（1539），明世宗颁发敕旨，"将本观原纳该府香钱特与除免，以备本山常年修理之费"，并御赐齐云观名为"玄天太素宫"，强调"凡一应官员军民诸色人等，敢有不遵敕旨，肆行欺毁搅扰、侵损作践者，必治以重罪不宥"。

上述两次祀典可以看做嘉靖帝宠灵齐云山的第一阶段。此后，随着子嗣问题的解决，齐云山的斋醮活动主要以庆贺皇帝生辰为主。如嘉靖二十五年（1546），明世宗派遣道录司左演法奚少龙、锦衣卫千户齐志到齐云山，与本山太素宫提点汪义和一起为皇帝的生辰祈祷，建"金箓生辰报恩祈福永寿斋醮"。类似的活动在嘉靖三十四年（1555）、四十年（1561）都曾举行。

除了不断在齐云山举行各种斋醮仪式，嘉靖帝宠灵齐云山还体现在重修齐云山的玄帝真武殿（即玄天太素宫）。嘉靖三十五年（1556），时任太常寺寺丞兼太素宫提点事的朱宗相上奏皇帝指出，真武殿"风雨渗漏，栋宇朽腐"，留存本山使用的香钱太少，不敷使用。鉴于太和山、龙虎山等都施建重新，因此他希望皇帝可以开恩赏赐钱粮，为真武殿新建琉璃瓦宫宇，并添设左右配殿及钟鼓楼三门。明世宗接到奏疏后，即下旨道："玄圣齐云之修，（朱）宗相有本，著令该部速行。"礼部尚书王用宾在覆奏中表示，会按照太和、龙虎等山的规格重建真武殿；南直隶监察御史莫如士向皇帝汇报，修建齐云山真武殿所需"琉璃瓦、木植、砖石、颜料及匠作、夫役、差役工食等费"，估价为白银三万三十八两四钱。皇帝亲自从内府承运库拨出白银一万两，差进士黄炜领送至齐云山，并派遣清微演教崇真卫道高士兼三宫住持陈善道、锦衣卫千户何昶与朱宗相一同督导修建活动。次年（1557），工程宣告完毕，此次修建工程的结果，使真武殿"金碧辉煌，宫阙壮丽迥过于前代，武当太和宫之匹亚也"。为了表示庆贺，明世宗派遣定国公徐延德至齐云山行安神礼，举行隆重的斋醮活动。以此为标志，齐云山在嘉靖朝乃至整个明代的地位攀上了一个高峰。

在嘉靖朝剩余的时间里，齐云山主要举行为皇帝祈求延年益寿的斋醮活动。嘉靖四十年（1561）、四十三年（1564），明世宗均曾派遣锦衣卫千户至齐云山，与当地道官一起举行祈求皇帝长寿的斋醮仪式。② 此类斋醮活动与前述为庆贺皇帝生辰而举行的斋醮目的相近。

隆庆帝继位后，采取了一系列限制道教的措施，并将一些明世宗信任与宠爱的方士逮捕，下狱论死。齐云山自此也逐渐淡出朝廷视野。隆庆帝在位时，齐云山道士金元清向皇帝献上"经疏斋意"——大概还是道教的一些文献典章，但此举不仅没有讨得皇帝欢心，反

---

① 齐云山香钱的数目不详。据史籍所载，来聘在担任徽州府知府（嘉靖二十五年至二十九年，1546—1550年）时，因不收齐云山香钱和徽州行贾引税，以致"嗜利者厌之"，事见（明）赵时春：《赵浚谷文集》卷十《中宪大夫四川按察司副使云峰来君墓志铭》，《四库全书存目丛书》集部第87册，第446页。不过从下文的论述来看，香钱仅能用于真武殿维修，其数量应不会太大。

② 上文关于齐云山在嘉靖朝受到帝王宠灵的叙述，凡未出注者均依据万历《齐云山志》卷二《祀典》《命使》《奏疏》、卷三《宸翰》，第46—51、52—54、54—57、58页。

而招致"上恶之,下巡按御史问"。① 这也是齐云山在隆庆朝唯一一次进入最高统治者视野的记载。

齐云山在万历朝又迎来了一次短暂辉煌。万历八年(1580),天师大真人张国祥钦奉皇帝圣旨,在齐云山举行"吁天请佑祈嗣□□奠安宫壶保泰邦家大斋三昼夜",此次斋醮的目的仍是祈祷皇帝早日获得子嗣。不过与前述嘉靖十一年(1532)的斋醮相比,此次皇帝颁赐的物品较少,仅有织金五彩宝幡四对、香银一百两。参与此次斋醮活动的官员亦仅有徽州府知府、同知、推官及休宁知县曾乾亨等人,南直隶巡抚等高级官员并未参与。② 毫无疑问,此时皇帝祈子斋醮的规模已经远远无法与嘉靖年间相比。

僻在南国万山之中的齐云山,由于在祈求子嗣一事上,无意中"帮"了嘉靖帝的"忙",机缘巧合之下与最高统治者建立了密切联系,使得自身获得前所未有的发展。在专制社会,最高统治者的喜恶决定着作为自然之物的齐云山的宠辱兴衰,在此表现得尤为显著。隆庆、万历以后,随着最高统治者兴趣的转移,来自朝廷的赞助日益减少。不过幸运的是,由于地方官府及休宁士绅商贾对齐云山建设的积极参与,齐云山的发展没有成为昙花一现。

三、赓续:官府与地方社会的参与

万历以后,在齐云山的修建活动中,地方官府与士绅商贾的作用日渐重要,地方社会对齐云山事务的参与,主要体现在三个方面:增修山上建筑,整修入山桥路,编纂《齐云山志》。

(一)增修山上建筑

大体包括两个方面。第一,增建新的建筑物。万历五年(1577)徽宁兵备、按察使冯叔吉建文昌阁于五老峰前,汪道昆题名曰"瑶光";万历十年(1582)汪道昆建无量寿宫;十一年(1583)刑部侍郎王宗沐建纯阳阁于紫玉屏之麓;十二年(1583)徽宁兵备、按察司副使张天德筑天池于水帘洞之源。第二,修缮太素宫及其附属建筑。玄天太素宫乃嘉靖帝钦赐其名且敕令重建,所以保持太素宫的崭新、华美就是府县官员的重要工作。较大规模的修缮活动计有:万历六年(1578)休宁知县陈正谟修太素宫;次年徽州知府徐成位重修玄君殿;八年(1580),休宁知县曾乾亨重修太素宫钟鼓楼;二十六年(1598)工科给事中邑人邵庶重葺太素宫殿门。③

从相关记载看,这些修建活动的经费来源多为休宁富民的捐助。以万历七年(1579)徽州知府徐成位重修玄君殿为例,根据休宁人、官至御史的胡宥记载,徐知府召集"闾右之才而义者"查洞、汪进、汪福贵、丁宾、苏文瑾、叶淮、程高、叶权、汪良会、查杰、邵玄彪、程问等十二人,以他们为首募捐资金。由于徐知府在任时施行德政取得了良好效果,百姓们争相

---

① (明)徐学聚:《国朝典汇》卷一百三十五《礼部三十六·道教》,北京:书目文献出版社,1996年,第1704页。
② 万历《齐云山志》卷二《祀典》,第52页。
③ 万历《齐云山志》卷二《建置》,第39页。

踊跃积极捐款，不到两月便筹得足够资金。① 此次工程名为重修，实近重建。吴子玉提到，太素宫初建时因工期紧迫，殿柱多用生木，以致"柱栌外若完好，内皆虚朽"，不堪负重；殿瓦由于烧制时间不足，很快出现漏雨的情况。故而此次重修"先期令黏土为瓦，以冬伐木而积之，于春而用之，费凡万金，皆取于休邑富人，虽名修缮，实重建鼎新"。② 休宁知县曾乾亨于万历八年（1580）重修太素宫钟鼓楼实际上是徐知府重修活动的延续，仍然依靠上述"义民"十二人。曾乾亨认为玄君殿修好后，钟鼓楼也应该加以整修，要求这十二人总理其事，计算出需用的工资、力役，并捐出自己的俸禄作为倡导。很快，工程便顺利完成，"二楼巍然并峙，皆以足（按：似为"足以"）并十二楼而辉映玄宫，与轩辕台比崇矣"。③

我们对上述十二位义民可略作讨论。查洞字汝明，号云洲，休宁北城人，壮岁游淮，以盐筴起家致富后，创构堂厦，交结士绅，济贫抚弱，解纷息讼，被称作义士乡老。④ 查杰出自县城西门查氏，他长期经商于芜湖，在获利致富后，积极投身芜湖及家乡休宁的公益事业，族谱中曾提到他"拳拳父母之国，建尊经阁，整明伦堂，竖文笔峰，三裨益于黉序，规制常平，设糜活诠，饰白岳观，创登封桥，其他乡社、塾舍、给孤之费，未易缕指"⑤。叶淮出自县城昼锦坊，号和斋，"行轨先正，志笃伦常……首邑大役，竭力劳致"，知县祝世禄曾"礼其庐，享之黉宫"。⑥ 汪福贵曾参与嘉靖年间休宁的筑城之役，⑦ 苏文瑾应来自休宁苏氏宗族，其余诸人信息，则有待考证。不过可以推测，这些义民均是家资不菲的休宁商人。

（二）整修进山桥路

伴随着齐云山声名日盛，游山之人日众，而他们入山大多会选择由休宁县城直到白岳名山的"休白古道"。古道沿着横江自县治向西，经过蓝渡、西馆、岩前等村落到达齐云山北麓，其沿线桥路的整修受到格外重视，此处即以登封桥为例展开讨论。

登封桥位于横江之上，是游人由岩前村登齐云山的必经之路。但起初并无真正意义上的桥梁，而是"伐木为杠，水溢俱駛，至则望中流若天堑，即狂夫何敢凭重以御。邮置稽程，行旅病涉，其不便何可胜数"。此处的"杠"意为木制小桥，其易为洪水所损毁自可想见，由此带来诸多不便。因此早有人"愿募数千缗甃石为梁"，可惜无有应者。时任徽州知府的古之贤知道此事后便询问耆旧，"耆旧之言曰：此中虽慕义，不以唊徇者之无厌，第上之人，声义先鸣，若伐悬鼓而群应之矣"。⑧ 由此可知，对于公益事业，地方耆旧仍然希望官方出面，倡义于先。因此，古之贤发布长篇劝输文告，号召休、歙富民轻财重义、趋事赴工：

> 为修理桥梁事。照得：齐云山脚，大河一道，路系通衢，经过使客，往来络绎，止以竹筏渡送，人马病涉。若遇洪水泛涨，更忧胥溺，深为未便。先据居民人等告准，创建

---

① 万历《齐云山志》卷二《建置》，第39页。
② （明）吴子玉：《大鄣山人集》卷十九《重修太素宫碑文》，《四库全书存目丛书》集部第141册，第475页。
③ （明）吴子玉：《大鄣山人集》卷二十《重修太素宫钟鼓楼》，《四库全书存目丛书》集部第141册，第488页。
④ （明）曹嗣轩编撰，胡中生、王夔点校：《休宁名族志》二卷，合肥：黄山书社，2004年，第304—305页。
⑤ 《休宁西门查氏祠记·查灵川公暨配汪孺人行状》，转引自张海鹏、王廷元主编：《明清徽商资料选编》，合肥：黄山书社，1985年，第92页。
⑥ （明）曹嗣轩编撰，胡中生、王夔点校：《休宁名族志》三卷，第502—503页。
⑦ （明）吴子玉：《大鄣山人集》卷四十六《处士汪长公墓志铭》，《四库全书存目丛书》集部第141册，第769页。
⑧ （明）汪道昆著，胡益民、余国庆点校：《太函集》卷七十七《登封桥记》，合肥：黄山书社，2004年，第1571、1572页。

石桥一座,永为万世之利,已经兴工筑基外,止因工费浩大,钱粮不敷而止。且上年未经官府督理,惟凭居民,任用匪人,徒滋冒破,难垂永久,以致人情不乐输助。今遇时岁丰稔,农工空隙,若不倡率完工,未免前功尽弃,反为可惜。况修理桥梁道路,本王政所先,而济人利物、好义乐施,尤人情所同。即如梵宇神宫金碧辉煌,动逾巨万,苟一夫竭忱,尤千人响应,岂细人所重在彼?抑亦官司未之劝诲也?况我休、歙之间,尤多作善之家、好义之人,岂无有轻财重义、趋事赴工、麋千金而不顾者乎?

查得前任知府高修建古城岩脚石桥,费赍巨万。然一言劝谕,即有善士黄侃挺身独认,捐赀修完,至今大功与令名俱垂不朽。今各该地方谅亦有如黄侃者,但本府到任未久,信义未孚,徒自惭恧,恐难鼓动。为此,牌仰休宁县,即便出示,号聚耆老、义民及齐云山道官,议举堪以付托者,给发印簿一扇,亲制疏文一道,开示以府县建桥便民之意,并立出纳稽工之法。如果有输财助工、欲垂声见德者,或才干优裕可充督办之役者,或行谊服人可司钱谷之柄者,俱本府心所嘉与,逐一议处妥当,听凭募化,随意资舍,勿得强所不愿,以生骚扰之患,反重本府之过也。本府先捐俸马银一百两,以为民倡。倘有司者力能措办,亦不累尔父老多费,候工成之人,给予冠带、牌匾,率众旌其门,并镌石垂名不朽,岂不为万代瞻仰第一好事也。以前旧募簿,该县仍追到官,清查有无冒破,呈究,用以惩往劝来也。毋得违错。①

登封桥之建设本已"兴工筑基",但因初时纯属民办,"未经官府督理"以致"任用匪人",弊端丛生,加之"工费浩大",遂有中辍之势。古知府一方面劝谕休、歙之人以黄侃为榜样,乐输赴义;另一方面,要求休宁知县丁应泰召集"耆老、义民及齐云山道官,议举堪以付托者",加强对工程的监督管理。汪道昆还提到工程实施过程中遇到的其他困难:

(知府古之贤)乃召黄侃以下若而人,礼之如三老。公首语侃:"若以义声振四方,往独力梁古城,则应高使君之命。今兹之役,宁讵倚办一人尔?第先雁行,诸父老翩翩旅进矣。"既又誓诸有众:"守者非作无益,厉民而渎于神。顾尊帝政以庇民,其何敢后!且也先公守一逢掖,尝倾橐梁津,人言有开必先,余小子由兹崛起。诸父老善自求福,夫非不召而自来者哉。"于时度地分工,相与戮力尨事。材必中度,工必中程,觊觎者斥之,罔或不饬。其年淫雨害麦,岁大侵,米倍价者三,境内有莩。公以岁之不易,亟寝力作以纾吾民。诸父老言:"丁夫受工犹得以糊其口,寝则夺之糒也,毋宁寓赈于工。"公第曰:"徐徐。"诸父老唯唯。暑涨一息,闰月望工更兴,迄于七月下旬,工始毕。②

施工之年遇上水灾,古知府能听取耆老的建议,寓赈于工,在新建桥梁的同时赈济部分灾民,可谓一举两得。桥梁落成之日,古之贤接到驿书,擢任广东按察司副使,故此桥被命

---

① (明)古之贤:《新安蠹状》卷下《劝建齐云山桥》,该书为孤本,现藏于安徽省博物馆。本文转引自卞利:《〈新安蠹状〉点校并序》,《明代研究》第十九期,2012年。
② (明)汪道昆著,胡益民、余国庆点校:《太函集》卷七十七《登封桥记》,第1572页。

名为"登封",以纪念此事。

登封桥于万历十六年(1588)修成后,仍不时受到洪水的威胁,"未一纪,洪水倾十之七",休宁知县鲁点遂于万历二十四年(1596)主持重修。在休宁人汪先岸为此次重修工程所作的记文中提到,鲁点"捐公帑百金为士民倡",汪先岸本人也有所捐助,一时义民应之恐后。经费问题解决后,"任道会洪凤书综理之,率诸义民勤趋厥事",历时半年而告功成。此次重修工程费金七百有余,工程质量尚可,"无何,暑雨泛滥,黟、休、歙之石梁一时并圮者有三,惟登封屹然完如故"。①

如前所论,自嘉靖以后,在齐云山的修建活动中,地方官府的作用日渐重要。与登封桥的建设过程相似,这些活动往往采取"官督民办"的方式,地方士商的财力支持不可或缺。除了太素宫、登封桥这样的大工程,一般亭台阁宇的修建也离不开地方士商的热心参与。如城南人黄旭即曾建中和亭,②张岩夫"铸银玄帝像齐云岩,以答圣恩",③蓝堨人吴珏"生平信事齐云山神及吕纯阳仙,尝立有齐云观、玄天金阙榜、万山观、吕仙亭",④等等。这些士商的捐助,既有捐助人自己崇信宗教的因素,也应有道士们募捐的影响。

(三)编纂《齐云山志》

各地名人莅临齐云山,写下许多华美篇章,齐云山的盛名得以广泛传播,但相对于那些游历广泛的人们来说,齐云山可能只是他们一次短暂的停留。就主观愿望而言,真正大力鼓吹齐云山的,还是徽州本地的文人士子。如歙县人汪道昆,除了积极参与齐云山的兴建工作,在其《太函集》中,关于齐云山的诗文占有一定比重。故而万历《齐云山志》称赞他"若记若诗,多著作为云岩增胜"。⑤ 此外,范涞、丁以舒、汪先岸等休宁当地文人对齐云山更是推崇备至。本地文人积极编修《齐云山志》是他们宣传齐云山的重要举措,而此举自始至终都得到了官方的支持。

《齐云山志》的编修并非一蹴而就。在嘉靖以前可能已有志书存在,"然咸秩靡详,正度未改,其文佛异"。嘉靖帝祷祀齐云特别是敕建玄天太素宫后,修志之议兴起,首倡其事者为监察御史莫如士,时在太素宫建成之嘉靖三十六年(1557),参与撰修者为休宁县丞方万有、诸生许国、黄云龙、吴子玉、詹景凤等人。此次完成的《齐云山志》之内容,据参与其事的吴子玉所记:"首之以敕,建上像也;次之以秩,祀圣孚也;终之以纪,昧盛藻也。诸山川、宫宇、异产、羽流,咸以类附,不失相先后之意。"吴氏认为观此书者可以"明钦昊之道,申告高之义,析真一之指,合明应之理",故而此书"岂可少哉"。⑥ 实际主持山志修纂的休宁县丞方万有,号奎山,莆田人,进士,由工科给事中谪任休宁县丞,后升本府推官。⑦ 方氏

---

① 万历《齐云山志》卷二《建置》,第43—44页。
② (明)曹嗣轩编撰,胡中生、王钘点校:《休宁名族志》一卷,第195页。
③ (明)张宪、张阳辉编修:《张氏统宗世谱》,《内纪休邑卷之四·临溪派》,王强主编:《中国珍稀家谱丛刊·明代家谱》第9册,南京:凤凰出版社,2013年,第3811页。
④ (明)金瑶:《金粟斋先生文集》卷八《蓝堨吴处士龙山公行状》,《续修四库全书》第1342册,上海:上海古籍出版社,2002年,第599页。
⑤ 万历《齐云山志》卷一《名贤》,第27页。
⑥ (明)吴子玉:《大鄣山人集》卷六《齐云山志序》,《四库全书存目丛书》集部第141册,第330页。
⑦ (清)廖腾煃修,汪晋徵等纂:康熙《休宁县志》卷四《官师·职官表》,《中国方志丛书》华中地方安徽省·第90号,台北:成文出版社,1985年,第453—454页。

主持编修的此版《齐云山志》，七卷二册，现存于宁波天一阁博物馆，南京图书馆另有收藏，但只存六卷一册。①

不过吴子玉所论颇有溢美之嫌，参与其事的许国后来就承认其时所修志书实"志之草，甫就而未及行"。② 有鉴于此，一些有识之士不断重修《齐云山志》，这许是下文所论《齐云山志》版本众多的一个原因。许国即提到"司马汪公道昆自闽归，属门士黄生天全志之，草再更而未及就，掌故者病焉"。③ 按嘉靖四十五年（1565），福州卫军殴人，时任福建巡抚的汪道昆以处理失当罢归，此或即"自闽归"的系年。在汪道昆文集中，有《送黄全之赴齐云山修志》诗一首，所指当即"属门士黄生天全志之"一事。④ 黄天全对之前的稿本进行了修改，但所成之本仍受到诟病。万历二十一年（1593），大学士许国谢政归，拜谒太素宫时，道纪程天宁、提点汪时章、金辅经向其介绍齐云山志书编修时提到，"往属滇幕君族子玑，概举而胪列之，志草略具，杀青业竟，追故实而补缺典"。⑤ 此处"滇幕君族子玑"的身份尚待考定，但可知此版方志是在道士授意下完成，此或即主持万历《齐云山志》修纂的休宁知县鲁点所说"白岳云岩旧有志，草草不足以备胜览。惟我先师许文穆公序之，藏诸祠官未付梓"⑥的版本。休宁林塘人、官至福建布政使的范涞亦认为旧志"无名公笔削，芜冗不伦"。⑦ 据此可知，此版本亦未得到广泛认可。

万历二十七年（1599），时任休宁知县的鲁点陪同友人游览齐云山时，诸人以志书相属。鲁点遂在休宁文人丁惟暄的大力相助下，费时数月修成《齐云山志》。但鲁点在序文中强调此书亦属"草创"，期待后人继续加以修改完善。⑧ 鲁点主持修纂的万历《齐云山志》共五卷，卷一为岳图、山水、宫殿、关梁、物产、田赋、名贤、道士（高僧附），卷二为建置（诗文附）、祀典、命使、奏疏、灵应，卷三为宸翰（敕命、御碑）、艺文（传、赞、碑文等），卷四、卷五均为诗歌。万历《齐云山志》编校谨严，刻工精良，堪称古代山志之精品。此书较方万有所修嘉靖本有所增减，但流传远较后者广泛，明清两代曾以该书为底本，多次增修重刊。除万历二十七年（1599）原版外，尚有明崇祯间重印增补本、清顺治间重刊本、清康熙五年（1666）增补重印本、清嘉庆十六年（1811）增补重刊本、清道光十年（1830）修补重印本。⑨

除方万有修嘉靖刊七卷本、鲁点修万历刊五卷本外，笔者在翻阅其他史籍特别是一些明清藏书目录时，发现以《齐云山志》为名的志书尚有明嘉靖刊六卷本（著者不详）、明朱宗相编明刊六卷本、明方汉修七卷本等。⑩ 此外，明人方弘静还提到，山人朱澹然搜集齐云山

---

① （明）鲁点编，汪桂平点校：《齐云山志：附二种》，《前言》，第2页。
② （明）许国：《齐云山志序》，万历《齐云山志》卷首，第3页。
③ （明）许国：《齐云山志序》，万历《齐云山志》卷首，第3页。
④ （明）汪道昆著，胡益民、余国庆点校：《太函集》卷一百十五《送黄全之赴齐云山修志》，第2558页。
⑤ （明）许国：《齐云山志序》，万历《齐云山志》卷首，第3页。
⑥ （明）鲁点：《齐云山志序》，万历《齐云山志》卷首，第1页。
⑦ （明）范涞：《齐云山志序》，万历《齐云山志》卷首，第7页。
⑧ （明）鲁点：《齐云山志序》，万历《齐云山志》卷首，第2页。
⑨ 林巧薇等编著：《齐云山道教文化特刊》，中国社科院世界宗教研究所道教研究室、安徽省齐云山风景名胜区管理委员会编印，无出版地、出版年月，第17页。
⑩ 关于明清时期《齐云山志》诸版本的详细讨论，见汪桂平：《〈齐云山志〉版本考》，《世界宗教研究》2016年第3期。

的断碑遗文,编成《齐云山史》一书。① 可以说,以"齐云山志"为名的志书在明代中期以后大量涌现,这也可视作齐云山兴盛的表现之一。主持山志编修的以官员、士绅、道士为主,毫无疑问,官绅掌握了山志编修的主导权。总体上看,帝王宠灵、名士游山、优美风光成为万历《齐云山志》突出的重点,而齐云山因之兴起的道教色彩则被淡化。

四、奔走海内如市:明代文人的游山活动

早在宋代,齐云山就成为一些文人士大夫诗歌的主题。这些诗歌,或描写齐云山的美丽风光,或描写山居生活的高雅闲适。万历《齐云山志》卷四共收录宋人关于齐云山的诗歌十七首,这些诗歌的作者除一人为任职徽州的外地人士外,其余均为休宁及徽州人士。有元一代,名士游齐云只是偶见记载。万历《齐云山志》卷四所录元人诗歌仅七首,且作者以元末时人为主。②

宋元时代涉及齐云山的诗歌,作者多为徽州人士,这种情形在明中期以前变化不大。其时游山观景、提笔作文者,依然以徽州本地士人为主。汪循、张旭、李汛等休宁及徽州士人均作有关于齐云山的诗文,散见于《齐云山志》及各自文集中。其中,程敏政曾作有《游齐云岩记》,详细记述了自己游览齐云山的经过,其中提及当时游览仍非容易之事,"石路盘回如线,不能容马。游者肩舆,缘梯而升,至以双絙曳前后,其甚处辄下行拊背,或彳亍不能成步。"程敏政的记文按照游览的顺序展开,其中提及的景点包括中和亭、石鳖坞、桃花涧、独耸岩、石门、弥陀岩、观音岩、罗汉洞、龙王岩、珍珠帘、龙池泉、黑虎岭、车輄岭等,真武观附近的石鼓峰、石钟峰、犇轳峰、香炉峰、舍身崖、五老峰等也均被提及,可以说今天齐云山的一些著名景点早在程敏政游山时已经形成。不过,在这篇记文末尾,程敏政仍感慨"兹山之胜,沦于穷乡下邑,而不当夫周原广陆之间,以名天下",对齐云山拥有如此胜景却未能名扬天下而感到惋惜。③

不过程敏政的惋惜很快就失去意义。帝王祷祀、朝廷赞助,以及地方社会的热心建设,使齐云山很快引起各色人等的关注。所谓"迨世庙时以禖祀响应,鼎新宫殿,命官掌祠,几与太和山埒。海内缙绅士来祷者无虚日,率由治以达山,轮蹄相望于道"④的说法,成为明后期齐云山游人如织的实录。下文即对这些游山者展开讨论。

(一)本地士人:读书、游观

齐云山的美丽景色,一直吸引着本地学子来此读书问道。如明初的杨琢,幼年即曾与友人朱元启读书山中,"观其幽邃,嵌岩耸拔秀特,迂回曲折,而四时朝暮之间,烟云月露,霜雪雨旸晦明之变,瞬异息殊,千状万态,足以适其趣之超然而不知身之为我也"。元启更以

---

① (明)方弘静:《素园存稿》卷十《齐云山史序》,《四库全书存目丛书》集部第121册,第177—178页。按:朱澹然即齐云山道士朱素和,字澹然,号白岳山人,见万历《齐云山志》卷一《道士》,第28页。
② 万历《齐云山志》卷四,第90—91页。
③ (明)程敏政:《篁墩文集》卷十三《游齐云岩记》,《景印文渊阁四库全书》第1252册,台北:台湾商务印书馆,1986年,第234—235页。
④ (明)程朝京:《齐云山志序》,万历《齐云山志》卷首,第8页。

"齐云散人"为号,欲"得齐云山川性情脉络之真,察天下名山大川性情脉络之真"。① 在齐云山石刻中,有不少是士子读书山中时所刻,例如:

> 万历丙午(三十四年,1606),汪世魁伯伦与弟应选仲升读书于此,夏四月十八日,友人金道焕文仲,门生金继昌文孺,金阶尔升,巴元佑承吉,侄用嘉仲会来访,相与览诸岩之胜,留数日而去。②

此外,官至大学士的歙县人许国为诸生时亦曾读书云岩。③ 一些徽州士子则选择在齐云山结社论诗,嘉靖时期王寅、潘玮等即曾组织白岳社,参与者有陈有守、汪淮、李敏、吴锦、程实、程梧、程积周等。惜乎对于白岳社史籍中仅有零星记载,难知其中详细。④

在众多的本地士人中,詹景凤、丁惟暄两人最值得一提。詹景凤(1532—1602)字东图,号白岳山人,休宁流塘人。詹景凤为官难称显赫,"仕宦逾二十年,位不过六品,远居荒鄙郡",⑤但他在诗、文、书、画等方面均有颇深的造诣,又广结天下名士,在徽州当地享有很高声誉,"里居日,邑丞方公、令潘公、祝公、鲁公、守何公、萧公、徐公、王公、高公、古公、董公、沈公,深相敬慕"。⑥ 齐云山也留下了詹氏许多足迹,天泉书院即镌有"詹东图读书台"⑦字样。在山中读书、游玩之际,詹氏也不忘刻石纪念,兹录数则如下:

> 1. 嘉靖丙辰(三十五年,1556)秋,詹景凤同友吴钦仪、吴景明,侄万里来游,题山曰文岐山。
> 2. 隆庆元年(1567)正月十一日,詹景凤东图,携子万善、侄万言、公瑾来此读书,讫于六月而还。时同方者,杨通儒幼钧、汪尚嗣思卿、子时顺,侄时中、时从。
> 3. 隆庆二年(1568)十月初七日,都御史汪道昆,知县王谣,山人陈有守,南京进士詹景凤,都御史弟文学道贯、道会,僧祖胤,并齐云而西抵岐山,登石桥,寻棋盘石,下观大龙井,与山中主人国子生朱家相、家宾文学汪尚嗣遇,遂宿于此。景凤题。⑧

事例1中詹景凤携友游山较为普通,无甚可述者。事例2中詹景凤与子侄在山中读书近半年之久,足见齐云山因景色优美而受到读书人青睐。事例3则最值得注意,此次游山的人群中,有致政家居的高官汪道昆及其两个弟弟,有时任休宁知县的王谣,有僧人祖胤,有山人陈有守,有儒士詹景凤等,几乎囊括了大部分游山者的身份类型。

丁惟暄字以舒,休宁西门人,于万历《齐云山志》的编成颇著劳绩。丁惟暄于万历二十

---

① (明)杨琏:《心远楼存稿》卷七《齐云散人卷序》,《四库未收书辑刊》第5辑第20册,第36页。
② 程声长主编:《齐云山石刻》,第103页。
③ (明)鲁点:《齐云山志序》,万历《齐云山志》卷首,第1页。
④ 转引自耿传友:《明代徽州文人结社综论》,《安徽大学学报(哲学社会科学版)》2012年第3期,第107页。
⑤ (明)李维桢:《大泌山房集》卷八十三《通判平乐府事詹公墓志铭》,《四库全书存目丛书》集部第152册,第461页。
⑥ 前引(明)李维桢《通判平乐府事詹公墓志铭》,第463页。
⑦ 程声长主编:《齐云山石刻》,第85页。
⑧ 程声长主编:《齐云山石刻》,第80、91、108页。

七年(1599)建碧霄庵于碧霄峰,此举正是因其在齐云山读书期间梦见金甲神人疗其额上之瘤,遂建祠庵以报恩。休宁知县鲁点曾作《云岩梦神记》记载其事。① 丁惟暄本人则作有《谢玄帝表》记述其事,该文辞藻华美,极言白岳玄境与玄帝疗疾之恩。②

对于读书白岳一事,丁惟暄表示自己将"屏迹来仙境,冥心远世器"③,焦竑在赠诗中也认为丁氏应当"暂寄真君山上庐,寒云乔木伴幽居"。④ 然而,当四方名士游览齐云山时,丁惟暄多会热情接待,如谢肇淛游览齐云时,"丁君以舒读书云岩,令其羽士金斗阳,携罇罍至桥下,盘桓一日"。⑤ 在万历《齐云山志》收录的大量诗歌中,均可见丁氏积极参与文人游观雅集的身影,兹录数则诗题以见一斑:

　　白岳同潘去华祝无功陈光庭詹君衡程于旦曹忠可丁以舒游……王之弼
　　天池同鲁子舆明府丁以舒潘景升二太学游……钱中选
　　石门寺同潘庚生丁以舒谢于楚吴元翰登石桥岩……谢肇淛
　　白岳同汤惟学丁以舒游……崔师训
　　天门同丁以舒张筑夫张午垣雨游……顾锡畴⑥

虽然仅据诗题尚难断言这些伴游均发生在丁惟暄读书白岳期间,但从上文谢肇淛的事例即可看出,这种可能性还是很大的。毫无疑问,以丁惟暄为代表的休宁本地士人在外地名士游齐云时很好地扮演了东道主的角色。

(二)外来士人:讲学、游览考察、还愿

明代中期以后,休宁以及徽州士人在齐云山留下足迹者尚多,但此时更值得注意的是外地士人的游山。与此前齐云山颇少外地人士问津不同,自嘉靖帝祷祀齐云以后,活跃于此的外来士人开始明显增多,且不乏在当时及后世都拥有巨大影响力的人物。此处依据他们游览齐云山的不同目的,分而论之。

1. 讲学

明代中期以后,以王守仁为代表的心学兴起,一时成为学术界的风向标。他们足迹所至,会对当地的人文产生巨大影响。故此处先将游览齐云山并在此进行讲学活动的学者列出。

万历《齐云山志》卷四录有王守仁所作《云岩》诗一首,文曰:"岩高极云表,溪还疑磬折。壁立香炉峰,正对黄金阙。钟响天门开,笛吹岩石裂。掀髯发长啸,满空飞玉屑。"⑦王阳明游览齐云山的时间在正德朝,不过史籍中对此事记载极少,关于其在齐云山是否进行讲学活动更不可知,但由于其在明代学术史上的重要地位,王氏的齐云之行一直为后世的

---

① (明)鲁点:《云岩梦神记》,万历《齐云山志》卷三《艺文》,第85页。
② (明)丁惟暄:《谢玄帝表》,(明)鲁点编,汪桂平点校:《齐云山志:附二种》卷三《艺文》,第147—148页。
③ (明)丁惟暄:《白岳读书》,万历《齐云山志》卷四,第125页。
④ (明)焦竑:《寄赠丁以舒白岳读书》,万历《齐云山志》卷五,第145页。
⑤ (明)谢肇淛:《游白岳记》,万历《齐云山志》卷三《艺文》,第80页。
⑥ 万历《齐云山志》卷四,第141、146、146、148页,(明)鲁点编,汪桂平点校:《齐云山志:附二种》第215页。
⑦ 万历《齐云山志》卷四,第91页。

休宁人士所乐道。

首开齐云讲学之举的当推湛若水。湛若水于嘉靖初年登游齐云山，讲授《孟子·尽心》章于岐山石桥岩左天泉之新泉精舍，①并撰《心性图说》刻于岩洞之壁，新安远近学子多从授业。

如果说王守仁对于齐云山只是惊鸿一瞥，徒给后学留下纪念、追慕外，那邹守益的到来则给徽州学术界带来实实在在的影响。嘉靖二十九年（1550），邹守益游齐云山，讲学于廊岩，并作《中立石铭》："廊岩前奇石突立命曰中立。予为铭，以期我同游无负兹石：维汝之直兮，可以语性；维汝之方兮，可以语行；维汝之平兮，可以行教。诚中立而不倚廊，廊定乾坤之正。"②在邹氏文集中，留下《渔亭乘籧入齐云》《休宁登玉几山诸友同酌南薰楼》等诗文以纪其行，且对徽州后学多所激励。③更为重要的是，邹守益之行开始了徽州六县士子在齐云山举行文会的传统。据婺源人潘士藻的记载，"吾邑大会肇举于嘉靖庚戌（二十九年，1550年），安成东廓邹公时亲举玉趾以临之，一时景从之士彬彬然，遂以为常"。④可以说，邹守益在徽州游历、讲学，对王阳明心学在徽州的传播影响甚大，使得南宋以来徽州地区朱学一统的局面被打破，从而形成朱学与心学并存的局面。⑤

明代游览齐云山的著名学者还有罗洪先、耿定向、徐用检等，上述诸人事迹均被万历《齐云山志》收入《名贤》条目。他们的讲学活动，也使齐云山在明代徽州学术史上，留下了浓墨重彩的一笔。

2. 游览、考察

现伫立于齐云山紫霄崖下玉虚宫西侧的紫霄宫玄帝碑，碑高7.6米，宽1.4米，整座碑以一赑屃承托，气势颇为宏伟。此碑又称唐寅碑，这是因为碑的正面所刻《紫霄宫玄帝碑铭文》乃唐寅所撰。唐寅的齐云山之行，据今人考证，当在弘治十八年（1505）九月，而非以往所说的弘治十三年（1500）。⑥《紫霄宫玄帝碑铭文》为骈体文，辞藻华丽，全文1028字，主要内容为歌颂玄天上帝及明代诸帝王。该碑为新安名家汪肇篆额，戴炼书丹，歙休名匠刻手朱云亮、汪阳熙执錾主锓，费时二年方才竣工。⑦关于唐寅撰写此文的原因，民间流传着"唐伯虎仗义撰碑铭"的传说，故事大意是玉虚宫建成后，道长汪泰元托山下贾秀才为之立碑，不料后者漫天要价，游历至此的唐寅闻知此事后，遂自告奋勇提出为玉虚宫撰写碑铭，此即《紫霄宫玄帝碑铭文》的由来。⑧民间传说之真伪自不必考，但唐寅在游览齐云山时所作《齐云岩纵目》诗，确可见其借景言志之意，诗曰：

---

① （明）湛若水：《湛甘泉先生文集》卷二十《天泉书堂讲章》，《四库全书存目丛书》集部第57册，第64—65页。
② 程声长主编：《齐云山石刻》，第57页。
③ （明）邹守益著，董平编校整理：《邹守益集》卷二十五、二十六，南京：凤凰出版社，2007年，第1185、1323页。
④ （明）潘士藻：《六邑白岳会记》，万历《齐云山志》卷三《艺文》，第83页。
⑤ 周晓光：《徽州传统学术文化地理研究》，合肥：安徽人民出版社，2006年，第103—115页。
⑥ 范莉莉：《唐寅南游史事考辨——兼论明代中期苏州落第士子的心理调适》，《历史教学》2015年第8期，第34页。
⑦ 碑文见万历《齐云山志》卷三《艺文》，第63—64页，亦收入（明）唐寅撰，周道振、张月尊辑校：《唐伯虎全集》卷六，题作《齐云岩紫霄宫元帝碑铭》，杭州：中国美术学院出版社，2002年，第246—249页。
⑧ 齐云山志编纂办公室编：《齐云山志》第八章第三节《民间传说》，第314—316页。

摇落郊园九月余,秋山今日喜登初。
霜林着色皆成画,雁字排空半草书。
曲糵才交情谊厚,孔方兄与往来疏。
塞翁得失浑无累,胸次悠然觉静虚。①

读者只有在了解唐寅一生的坎坷经历,特别是弘治己未(十二年,1499)科场案对其造成的打击后,方能明了此诗末句所表现出的作者得失无碍、胸次悠然的可贵。

相对于唐寅游山时的满腹心事,更多名士游山时完全是抱着欣赏美景的游客心态。明人何镗所辑《古今游名山记》一书卷四专收关于齐云山的游记文章,除前文所引程敏政《游齐云岩记》外,尚有李汛《齐云岳西记》、戴章甫《紫云观西路记》、郑禧《游齐云山记》、廖道南《记岩胜》、方汉《南山涧记》等文;②万历《齐云山志》卷三《艺文》另收有刘凤《齐云山赋》、凌登名《白岳行记》、谢肇淛《游白岳记》等文。不过二书所录仍只是明代文士游山记文的一部分,笔者管见所及,明人王士性、胡应麟、田艺蘅等人文集中均有齐云山游记文。③此类游记内容多与程敏政《游齐云岩记》一文近似,以描写齐云山的大好风光、抒发作者的喜悦之情为主。

至于名士游山所作诗歌,更是难计其数,万历《齐云山志》即著录百余首之多,其中就包括"公安三袁"中袁宏道所作《云岩》诗:

云岩
江滨有异石,好事持作供。珊瑚本难珠,似者亦难重。
齐云天下岩,深壁连绀洞。山山玛瑙红,高古复飞动。
幽崖鬼斧穷,云壑飞仙恸。帘雨万丝飘,云彩千年冻。④

袁宏道之弟袁中道亦作有《齐云山》长诗,中有"我来游齐云,爱玩不能舍""细评震旦山,此山实清丽"之句。⑤袁中道于万历四十四年(1616)考中进士后,任徽州府儒学教授并曾署理休宁知县。不过,早在为布衣之时,袁中道即曾有徽州之游。在为休宁商山人吴怀宝所作祭文中,袁中道提到,"万历乙未(二十三年,1595)之岁,予以社友陈志寰为新安守,

---

① (明)唐寅撰,周道振、张月尊辑校:《唐伯虎全集》卷二《齐云岩纵目》,第54页。
② 这五篇文章均见于(明)何镗辑:《古今游名山记》卷四,《四库全书存目丛书》史部第250册,第401—402、404页。又,该书卷四下另收有明人唐枢《游齐云岩录》一文,同前引书第462—463页。
③ (明)王士性:《王太初先生五岳游草》卷三《白岳游记》,《四库全书存目丛书》史部第251册,第581—582页;(明)胡应麟:《少室山房集》卷九十《白岳游记》,《景印文渊阁四库全书》第1290册,第659—660页;(明)田艺蘅:《香宇集》卷十九《游齐云山记上》《游齐云山记下》,《续修四库全书》第1354册,上海:上海古籍出版社,2002年,第209—211页。
④ 万历《齐云山志》卷四,第96页。
⑤ (明)袁中道著,钱伯城点校:《珂雪斋集》卷二《齐云山》,上海:上海古籍出版社,1989年,第67—68页。袁中道另作有《齐云》诗,赞扬白岳"兹山奇幻更谁群"的绮丽风光。同书卷八,第405页。

鲁乐同为海阳令,相约为山泽之游……"①按陈志寰即陈所学,湖广景陵人,万历二十三年(1595)始任徽州知府;②鲁乐同即前文多次提及的休宁知县鲁点。此次徽州之行袁中道即游览了齐云山。万历四十六年(1618),时为徽州府儒学教授的袁中道前往池州会见友人,路过休宁时再度登览白岳,他回忆起二十余年前的齐云之游:

> 记万历乙未予游此,太守陈公所学往秋浦,与予晤此。邑令为鲁公点,皆楚人,同饮于此。予登席即觅大觥,陈公不能饮,意不欲拂予意,强饮。别时各大醉。鲁公饶酒量,别陈公,复同予醉于天门。入暮,道人酒竭而散。鲁公几仆地。是日也,予晨饮至暮,不知凡几,竟不成醉,今屈指二十四年矣。③

初次游览齐云山的袁中道似乎对白岳的自然风光不甚留心,朋友相聚、开怀畅饮成为其多年后回忆的主题。

一些名士在游山的同时,不乏考察的意味,这自然得提到徐霞客。徐霞客游览齐云山的时间是万历四十四年(1616)正月二十六日至二月初一,共计六日。徐氏进山的路线仍是由休宁县治沿横江西行至山下,其时正逢下雪,"满山冰花玉树,迷漫一色"。徐氏冒雪行于巉石乱流间,游览了榔梅庵、太素宫、文昌阁、石桥岩等景点。④此次雪中的齐云之行给徐霞客留下了非常深刻的印象。据《徐霞客游记》所载,万历四十六年(1618)徐霞客第二次游览黄山,是年"九月初三日,出白岳榔梅庵,至桃源桥"。⑤据此,徐氏应是在重游齐云山后再游黄山。可惜的是九月三日之前的记载已缺,无法详知其第二次游览齐云山的情形。要知道徐霞客生平两次登览的名山不过黄山、天台山、雁荡山等数座而已。由此可见,对徐霞客这个大旅行家来说,齐云山肯定是有独到之处的。

在明人杨尔曾编辑的《新镌海内奇观》一书中,齐云山以"白岳"之名仅居于嵩山、泰山、华山、衡山、恒山五岳之后,尚在黄山之前。在《白岳图说》中,杨氏引用王士性的说法,将齐云山与武当、雁荡、武夷诸山进行比较,并对齐云山何以声名日盛做出解释:

> 岷山自天目以来偏江南矣,其高崖大阪、盘礴际空者,唯黟婺间为胜;环黟婺皆山矣,其坻崿嶙峋、如世所称玄都陕区者,唯白岳黄山最胜。二山并峙争雄,黄山称介丘矣,而帝畴神灵为时俗所夸诩而趋焉者,惟白岳尤胜。山高不及武当十之二,而黄冠羽士埒黄金以云集乎四方之士女者同;袤不及雁宕十之三,而奇峰怪石种种刻画肖形以甲胜于宇内者同;曲不及武夷十之五,而凭高临水舣棹看山,既兼舟舆复如传舍,如青

---

① (明)袁中道著,钱伯城点校:《珂雪斋集》卷十九《祭吴怀宝文》,第804页。此外,公安三袁的长兄袁宗道亦作有《五老峰》诗,但不知所吟咏者是否为齐云山之五老峰。诗见(明)袁宗道著,钱伯城标点:《白苏斋类集》卷六,上海:上海古籍出版社,1989年,第73页。
② 康熙《徽州府志》卷三《秩官志上·郡职官》,第571页。
③ (明)袁中道著,钱伯城点校:《珂雪斋集·游居柿录》卷十三,第1405—1406页。
④ (明)徐弘祖:《徐霞客游记》卷一上《游白岳日记·徽州府》,上海:上海古籍出版社,1980年,第10—13页。
⑤ (明)徐弘祖:《徐霞客游记》卷一上《游黄山日记·后》,第30页。

楼临广陌以邀赏于往来之游人者同。说者谓真武自择取之缘以上升,故奔走海内如市。①

可以说,齐云山正是兼具众山之长,才能吸引四方游客络绎而至;而文人墨客的诗赋文章,又使得齐云山的美景盛名远播四方,吸引更多的慕名者远道而来。名山与名士间,由此形成一种良性的互动。

3. 祈祷、还愿

鉴于嘉靖帝于齐云山祷子有验的灵异事迹,不少士大夫纷纷效尤。隆庆元年(1567),吏部右侍郎陆树声修白岳山路,根据进士王景象所作记文可知,陆氏此举是为了报答祈子有验。② 陆树声乃松江华亭(今上海市)人,可见当时赴齐云山祈子的习俗或已流行于江南一带。归安(今浙江湖州)人郑明选亦曾代一周姓人氏作齐云山祈子疏文,转引如下:

> 惟神禀虚危之星精,含玄冥之水德,上司北极,俯听中州,赫矣威灵,好是正直。伏念周某托身人道,隶籍吴兴,嗟我生之多殃,信昊天之弗帛。四月而慈父见背,四十而老毋终堂,五十而丧妻,六十而无子。何怙何恃,为独为鳏。蕞尔一身,遭兹四祸。昔孟轲称不孝莫大于无后,封人献三祝,卒归于多男,盖身者亲之枝,子者亲之后,前以承我井灶,下以拓我云仍,由此言之,良为重矣。今某犬马之齿,垂老萧萧,而禽犊之生,至今杳杳。宗祧无主,谁为祭祀之人;丘墓徒存,恐作樵苏之地。小人有罪,祖考何辜?是以日夜疚心,居常堕泪者也,伏念诗称岳降,礼祀高禖,乃知子息之生,实亦神明所宰。欲蕲贝阙,下拜瑶坛,然孤贫未免累身,故仓猝无由稽首,遥瞻金相,敬布尘词,若以德薄如云,罪深若海,天之所欲罚,神之所不容,则愿别加谴责以治前非,许令特自更张,用图新美,俯赐以侧室之子,无斩我周氏之宗,惟尔有神,尚其相我。③

据引文可知,周姓乃吴兴(今浙江湖州)人,年及花甲而无子,只得求诸神明。而嘉兴人李日华的白岳之行,除了感谢祈子有验外,亦有为父病痊愈计,原因略为复杂:

> 余昔连举子而殇,家君曰:"里中礼白岳者,生子辄育,曷以瓣香遥祝之?"果举儿亨。越四日而乡书至,则余与荐,盖今上辛卯(万历十九年,1591)秋八月也。余方治公车装,壬辰(万历二十年,1592)春竟第,留都下,家君乃代余礼白岳。自是岁一遣苍头潮奉香惟谨。今岁庚戌(万历三十八年,1610)家君忽苦脾疾,已而益剧。余方皇皇医疗祷吁间,苍头潮者夜忽惊呼,妻蹴之,则曰:"主方遣我礼岳。"迨明余请于家君曰:"白岳神最灵,儿当躬往祈安,奈汤药未可委人,其具疏疏悃,令潮先乎?"则呼命潮,潮

---

① (明)杨尔曾:《新镌海内奇观》卷一《白岳图说》,《续修四库全书》第 721 册,第 365 页。按:此段实引自前揭王士性《白岳游记》一文。
② 万历《齐云山志》卷二《建置》,第 36—37 页。
③ (明)郑明选:《郑侯升集》卷二十三《伐人寄往齐云山玄武庙请子疏》,《四库禁毁书丛刊》集部第 75 册,北京:北京出版社,1997 年,第 409 页。

因述夜梦,相与嗟异,叹余念甫萌而神已告矣。潮以五月一日行,家君疾渐愈。至九月秋爽,气体益平复,余乃以八日治行。①

李日华家乡嘉兴一带赴齐云山祈子者颇多,且较为灵验,艰于子嗣的李氏亦遥祝齐云而得子。本应即刻赴山还愿的他却因科举、任官而一直未能前往,先后由其父、其奴(苍头)代行,直至万历三十八年(1610)因其父脾疾得愈,方得亲身一行。

除了士大夫,赴齐云山祈子的普通百姓更是趋之若鹜。早在宋元时代,休宁境内的颜公山不仅是乡民祈雨之所,也是祈子之处。南宋时人罗颂曾记道:"田里之人或得子差暮,辄夫妇祷于颜公山神,往往赐之兆朕,群儿中以颜为小字者所在有之。"②不过自嘉靖祷祀齐云后,休宁及附近府县的人众均转赴齐云山祈子求嗣。此外,白岳有利得子的灵应事件不断见诸记载,如前文提及的查洞,"初艰于子,抚侄榆为嗣,因成白岳宫,至诚感格,晚举一子曰检,其功德可知矣"。③此类记载毫无疑问会增加齐云山对于艰于子嗣者的吸引力。新修《齐云山志》即描绘了旧时徽州各县为上齐云进香,由善男信女组织"百子会","打着齐云进香的旌旗凉伞,身背黄香袋,手持丝竹金革乐器,老弱妇孺随行于后,列队井然有序。行进中,逢村过庄,鼓乐齐鸣,煞是热闹"的景象。④百子会虽非专为祈子而设,但祈子自是题中应有之义。明清以来尤其是清代中期以后,徽州民间"上齐云"与"朝九华(山)"的活动日益融合,成为"华云进香"这一与徽州民众信仰密切相关的活动。⑤

除祈子外,祷病也是士人来祷齐云的原因之一。上文中李日华因父脾疾遣仆并亲赴齐云山即是一例。此外,钱塘人凌登名在其父重病时亦"具三表,使竖子乞灵于白岳"。⑥汪道昆亦曾因病祷于齐云山,"归而病愈",遂作诗以纪其事。⑦

虽然在明代一些记载中,齐云山也不过是平淡无奇之处,谢肇淛即认为,由于僻处万山之中,到齐云山进香的香客相对较少,且齐云山诸景点中也仅有天门与石桥岩略可称奇。⑧不过谢氏的观点并不能代表大多数人的意见,上文所见赴齐云山旅游、祈子在江南一带颇为风靡的事实,以及普通大众组成百子会朝山进香的盛况,无不证明齐云山在明代后期已成众声喧哗的热闹之地。

---

① (明)李日华:《礼白岳记》,《四库全书存目丛书》史部第128册,第109页。
② (南宋)罗颂:《狷庵集》,转引自(清)徐卓:《休宁碎事》卷九,嘉庆十六年(1811)徐氏海棠书巢刻本。
③ (明)曹嗣轩编撰,胡中生、王夔点校:《休宁名族志》二卷,第304—305页。
④ 齐云山志编纂办公室编:《齐云山志》第五章第三节《道场》,第187页。
⑤ 相关研究参见王振忠:《华云进香:民间信仰、朝山习俗与明清以来徽州的日常生活》,《地方文化研究》2013年第2期。
⑥ (明)凌登名:《白岳行记》,万历《齐云山志》卷三《艺文》,第76页。
⑦ (明)汪道昆著,胡益民、余国庆点校:《太函集》卷一百十五《徂秋负病祷齐云山归而病愈献岁冒雨雪至至日始晴》,第2578页。
⑧ (明)谢肇淛:《五杂俎》卷四《地部二》,上海:上海书店出版社,2009年,第67页。

五、利害相关：齐云山兴盛的负面影响及其应对策略

在各种内外因素的合力作用下，齐云山在明代出现盛极一时的境况。正如当下旅游已成经济发展的重要推动，齐云山的发展也使一些休宁百姓从中受益。

嘉靖以后，白岳香火日盛一日，休白古道的香客游人络绎不绝，古道沿线的蓝渡、西馆、岩脚等村落迅速兴起。蓝渡街店铺、民居迅速增多，并形成刘、陈两大姓共同治理的局面。当时的街道一律铺设石板，既有车马道，也有人行道。街上店铺有杂货店、油榨、糟坊、糖坊等，尤以饭店为多，其中一些饭店还兼做轿行生意，为香客游人提供便利。西馆本为程氏宗族独尊，这一局面在嘉靖以后随着青阳陈氏家族的迁入而改变。陈氏颇有经济头脑，利用休白古道与横江优越的交通条件，在西馆开设"德寿""德隆裕"杂货店、"福茂和"油榨、"德盛"糟坊，甚至将商业触角向横江上下游延伸，至蓝渡、岩脚等村落开设店铺。齐云山脚下的岩脚村之兴起则更是依靠游人香客之盛，嘉靖朝以后，除青阳陈氏外，青阳曹氏、龙源许氏等纷纷来到岩脚开店经商，至万历年间已颇具规模，并在登封桥修成后更加繁荣，一时间杂货店、饭店、客栈、理发店、缝纫铺、药材铺等鳞次栉比，十分热闹。①

不过正如俗语所谓"兴一利必生一弊"，齐云山在明代的兴盛也给休宁地方社会带来不小的负面影响。嘉靖帝祷祀齐云时多有中官同往，休宁乃至徽州首先就受到这些中官的骚扰。嘉靖《徽州府志》曾记载道：

> 王继礼，号节斋……嘉靖壬辰（十一年，1532）补徽守……上遣真人有事齐云山，中官数辈来，征亿百出，父老皆恐，走匿。继礼曰："是责在太守，非父老之恐。必□鱼肉吾民，太守以身当之。"因谢去父老，一自主办供事，中官不得逞。卒成礼以去。②

众所周知，万历时期中官们作为矿监税使给许多地方造成巨大危害，以致民变迭起；而早在嘉靖时期，中官的"征亿百出"已迫使徽州府"父老皆恐，走匿"。知府王继礼的"以身当之"，也仅仅是免除了中官们的额外苛索。假如中官可以为所欲为，真不知休宁地方会陷入怎样的混乱，而齐云山的祷祀活动还能否顺利进行，也要打上一个大大的问号。

除了需索无度，一些中官还企图干预休宁县的儒学事务，这引起士子的强烈不满。汪道昆在为休宁人程廷策（字汝扬）所作的传记中提到，对于中官在儒学里的越权行为，程廷策抗言反对：

> （程廷策）既籍诸生，相中贵人礼白岳，目诸生长揖，心嗛之。比入县，谒先师，据坐命讲。汝扬抗言："上英主，恶有掌国子鱼朝恩？且若奉命视工，非视学也。"卒避席

---

① 许定安主编：《徽州五千村·休宁县卷》，合肥：黄山书社，2004年，第153—154、157—158、167—168页。
② （明）何东序修，汪尚宁等纂：嘉靖《徽州府志》卷六《名宦》，《北京图书馆古籍珍本丛刊》第29册，北京：书目文献出版社，2000年，第135页。

罢讲,郡中以此知名。①

"掌国子鱼朝恩"所指乃唐朝肃宗、代宗时期的大宦官鱼朝恩,曾领国子监事。程廷策用此典故颇有耸人听闻之嫌,但足可反映一些士人对中官干预地方事务的不满。

除了中官的骚扰外,纷至沓来的游人士夫也给休宁官民带来了繁重的接待任务。的确,名士到访使休宁士人有一睹名士风采、聆听名士高论的机会,得以与知名人物建立交集,但更为本地士人所谈论的,则是时人游览黄山、白岳(即"黄白游")时的负面效应:

> 黄山、白岳峙余郡万山中,如静穆老人匿迹穷谷,非尘士所栖。近为四方缙绅游屐践踏殆甚,凡欲至吾郡者,多托黄山、白岳游,至则聚集有司,为贾市而已,老人亦不怒,但作谐语云:诸君果为我来乎?游者墨墨,急趋下山麓,沿豀壑去。"唐突山灵"四字,何足以尽之!②

在一些本地士人的眼中,许多俗士的"黄白游"不过是交结有司、借机图利的借口而已,这导致的直接后果便是"四方车马日至,有贪缘贵客借岳来游者,时烦应接,有司苦之"。③ 面对这种情形,明末曾担任歙县知县的傅岩不得不公然谢客:"徽有黄山、白岳之胜,向多游屐,恐浙接壤,停留指冒,遍示歙家寺观,及刊刻启言,或有过客造谒者,即令持启阻回,起行概不接见,请谒以杜。"④ 其实早在万历年间,休宁知县丁应泰即曾有"绝客"之举:

> 令故广交游,四方之士麕至,令谢曰:"令折腰五斗,上奉高堂,惟是汶阳之冰,松萝之蘗,请与客共。"客或怏怏,令为弗闻也者,闭户绝之。悬书于门:"异日者,当面数我于四海九州、三湘七泽尔。"已即诸供亿无所出,愈益坚守成言。⑤

由于引文中未曾明言这些四方来客是否也有白岳之行,故而我们不能断言丁知县的"绝客"之举是专为应对黄白游导致的接待繁难。不过休宁因黄白游所受之"苦"似不轻于歙县。隆、万年间的丝绢案震动朝野,休宁县在申文说明反对丝绢分摊的理由时,齐云山的供亿繁难曾两次被提出:

> 休宁地处冲要,赋役繁重,加以齐云山往来供亿不给,未得请乞均输,□容推洒

---

① (明)汪道昆著,胡益民、余国庆点校:《太函集》卷三十七《程辰州传》,第803页。
② (明)江天一:《江止庵遗集》卷六《黄白雠》,《四库未收书辑刊》第6辑第28册,第343页。关于"黄白游"对徽州社会的影响,更详细的讨论可参考王振忠:《黄白游》,《读书》2012年第11期。
③ 《休宁旧志》,转引自(清)徐卓:《休宁碎事》,嘉庆十六年徐氏海棠书巢刻本。
④ (明)傅岩撰,陈春秀校点:《歙纪》卷五《纪政迹·事迹》,合肥:黄山书社,2006年,第57页。傅岩所颁"启言"的具体内容,见同书卷八《纪条示·谢客》,第89页。
⑤ (明)汪道昆著,胡益民、余国庆点校:《太函集》卷九《海阳计对》,第183页。同书卷八《海阳丁令君入计序》(第164页)则明确提到"邑有帝时,四方游者车击毂于皋门,候人不给,遂下令谢客",即"绝客"的重要起因便是应对四方游客的白岳游。

正赋。

  齐云山供亿烦苦,未得均输,讵容妄肆蔓害。①

休宁县百姓认为难以接受丝绢加派的一个重要原因,就是朝廷屡屡祷祀齐云山给他们带来沉重的"供亿"负担。所谓"供亿",大体包括为朝廷派遣来齐云山的文武官员、中官、道士及其众多随从提供食宿、搬运物品、抬轿上山等劳役,以及可以预料的额外需索。吴子玉即曾提到,嘉靖二十九年(1550)时,"上遣尚书顾可学献醮齐云山,邑民重困"。② 面对在齐云山举行的规模盛大的道教仪式,普通百姓感受最深的或许仅是自身赋役负担的加重。

供亿繁难不仅使官、民深受其害,齐云山道士对此也叫苦不迭。清初的一则告示曾有如下记载:

  历朝上司府县爷台临山,俱系月夫里长应办酒筵,嗣后明朝通行一条鞭事例,派在编内应办。每逢爷台登山,蒙县主票唤本山预备,给价算还。或有给,或无给,不敢冒烦禀领。年深月久,渐次成规,无可奈何。③

引文所见,府县官员至齐云山时的接待任务,起初由"月夫里长"即里甲组织备办,一条鞭法改革后则折成银两,"派在编内应办"。但很快这项费用被转移到齐云山道士头上,成为他们除整修宫宇、举办斋醮外的又一负担。限于史料,我们对里甲组织如何负责官员接待,以及条编事例对此项费用的规定均不能做深入了解。但可以确定的是,对仅以香钱及香客们的布施作为收入来源的道士们而言,接待官员们的花费逐渐超出他们可以负担的范畴。

除了中官骚扰、接待繁难,齐云山的兴起还带来其他社会问题。在清初顺治十三年(1656)的一份告示中,提到"土豪汪礼、邓百元"等人"侵占灯田山场,霸伐林木,勒收荤物,磊剥横索,狂饮凶辱"④的种种恶行。其时距明亡未远,可以想见此类情形在明朝当已有之。此外,由于游人香客云集,一些乞丐也闻风而至,聚集天门一带,大煞风景。有鉴于此,袁中道提议新建道院一所以安置此辈:

  齐云,山也,而以岩名,志胜也。齐云之有岩,如钟鼎,如篆籀。故自天门一带,至奇古,至秀媚,而今乃为乞儿等所占,点污净地,甚为可憾。今欲尽驱逐之,而此辈又无可归,不若建一十方道院,于天门之外,移此辈住之。庶几得全其胜,而此辈亦有宁宇,韵事与悲田并垂不朽,亦大快也。予姑捐薄俸为倡,而乞同社诸公与阖邑善人继之。故疏。⑤

---

① (明)程任卿:《丝绢全书》卷一《休宁县查议申文》、卷二《休邑民人告府准词》,《北京图书馆古籍珍本丛刊》第60册,第464、485页。
② (明)吴子玉:《休宁茗洲吴氏家记》卷十《社会记》,钞本。
③ 《顺治十一年(1654)告示》,载(明)鲁点编,汪桂平点校:《齐云山志·附二种》,第20页。
④ 《遵奉院道府县老爷宪禁》,载(明)鲁点编,汪桂平点校:《齐云山志·附二种》,第23页。
⑤ (明)袁中道著,钱伯城点校:《珂雪斋集》卷二十一《书齐云十方庵册》,第911页。

乞丐们即便遭到驱逐也会散而复聚,筹建庵院以作收容之所也是无奈之举。至于庵院是否确实建立起来,以及建立后能起到多大作用,史料中均未见记载。

上述种种问题给地方社会带来严重的负面影响,对此,一些休宁士人将批评的矛头直指官方的崇道行为。康熙《休宁县志》中有如下记载:

> 夏默,号简斋……徐太守有事齐云山神,令陈以默董事,厉声曰:"治世听于人,俗多诡,奈何自上导乎?"令善其言而止。①

此段引文中的"齐云山神"当即玄天上帝,"徐太守""令陈"分指徽州知府徐成位、休宁知县陈正谟。夏默所云"治世听于人",当是衍自《左传》"国有道,听于人;国无道,听于神"的著名论断。夏默未曾说出的半句话即是"乱世听于神",虽不知此处"徐太守有事齐云山神"的"事"所指为何,但夏默对官方崇信道教神祇、热衷斋醮活动行为的不满之情已是跃然纸上。当然类似夏默这种言辞激烈的批评在史料中极为少见,因为它不仅牵涉到儒、道思想间的直接冲突,更包含对当局的严厉指责。所以也不难理解,何以此处对齐云山兴盛负面影响的讨论,在《齐云山志》等书中毫无踪影。

六、结　论

齐云山在明代的发展是多方面因素共同作用的结果。明朝皇室崇奉道教为齐云山的发展提供了契机,明初道士们的开创之功则奠定了该山日后兴盛的基础。嘉靖皇帝因为祷祀有验而对齐云山青睐有加,并给予不菲的赞助,使齐云山的地位与影响力得到极大提高。而当最高统治者注意力发生转移时,齐云山所在的休宁及徽州的地方社会积极介入进来,使其在明代的发展没有成为昙花一现。万历以后,齐云山出现五方杂处的喧闹景象:本地士人在此游观、读书,热情接待来访的外地士绅;外地的高官名士,或来此讲学论道,或来此游览考察,或来此祈祷还愿。一时间,官、绅、士、商、僧、道、农、工,各色人等聚集于此,奔走如市,齐云山的发展可谓达到了顶峰。

当然,齐云山的兴盛给地方社会带来的负面影响也不容忽视。中官骚扰、接待繁难、土豪滋事等社会问题,不仅使本地百姓怨声载道,也使一些士子发出了反道的言论。利害相关之下,可以说齐云山的兴盛之于地方社会的影响是全方位的。

作者简介: 王浩,安徽大学徽学研究中心助理研究员。

---

① （清）廖腾煃修,汪晋徵等纂:康熙《休宁县志》卷六《人物·孝友》,《中国方志丛书》华中地方安徽省·第90号,第868页。

【石刻文献与社会】

唐永淳元年关辅灾荒的社会史考察
——基于出土石刻文献的新证*

徐 畅

【摘 要】中国古代灾害史为当代自然科学服务的研究倾向,影响了唐代灾害/灾荒史的叙事路径,出现了采用统计手段解析灾害现象自然特质的模式。而保存至今的唐时灾害记录,主要是正史、会要的官方话语体系,这使得探讨国家的救灾政策成为唐代灾害/灾荒史的又一主流。实际上,救灾是一项由社会各阶层广泛参与的工程,灾害社会史需囊括农业社会中普通大众的应灾面相。本文以唐高宗永淳元年(682)发生在关辅等区域的一场灾荒为个案,将官方记载与可用的亲历灾荒的官民墓志记载相对照,分析灾难中官方、民间各自的立场、反应与表现,并试图贴近罹难者个体的体验与伤痛。以此社会全景作为透视政治过程、国家与社会关系的一种视角,推出富有新意的灾害/灾荒史研究思路。

【关键词】灾荒;应对;永淳元年;官方;民间

引言:唐代灾荒史的两种研究路径

汤因比(Arnold Joseph Toynbee)在对世界范围内的文明古国自然与生态环境进行对比时曾特别指出,"人类在这里(古代中国)所要应付的自然挑战要比两河流域和尼罗河的挑战严重得多",所谓"文明摇篮","除了有海洋、丛林和洪水的灾难之外,还有更大得多的气候上的灾难,它不断在夏季的酷热和冬季的严寒之间变换"。① 西方学者曾将中国称为饥荒的国度(Land of Famine)。② 近代科学意义上的中国灾害/灾荒史③研究肇始以来,学者在对四千年间我国自然灾害进行统计工作的基础上,亦感叹我国灾害与荒情之多,世罕其匹,"自西历纪元前十八世纪,直至纪元后二十世纪之今日,将近四千年间,几乎无年无灾,

---

* 基金项目:本文系2016年度北京师范大学青年教师基金项目(中央高校基本科研业务经费)资助项目(资助编号:310422104)研究成果。
① 汤因比:《历史研究》(上),上海:上海人民出版社,1959年,第92页。
② Walter H. Mallory, *China: Land of Famine*, American Geographical Society, New York, 1928.
③ "灾害"指自然力给人类社会造成的破坏,而"灾荒"则指自然破坏与随后的社会经济供应不足。关于"灾"与"荒"概念的辨析,详本文第二部分。

也几乎无年不荒"。①

因此,用科学方法整理史料,长时段地看待和分析中国历代的水、旱、气象、生物、地质等各项自然灾害,制作灾害年表,统计其发生频度,观察其时空分布规律,为当代自然科学研究和国家防灾减灾实践提供原始资料与指导,一直是中国灾害史研究的主导性路径。② 唐代灾害史学者做得最多的工作,亦是依据官方记载,统计介绍有唐一代自然灾害的发生情况;并尝试利用现代灾害学理论,对灾种进行分类,对灾害烈度、等级进行评估;在分类基础上,对一种类别的灾害进行专题分析。③ 总体上说,相关研究科学味道较浓,统计与计量手段运用较多,数字化、表格化表达与分门别类之研究,相对精准地解析了灾害现象之自然特质,但较难呈现灾害之人文性、社会性。

灾害作用于人群,影响自国家政治、经济、社会及于普通民众之日常。在中国传统乡村社会中,自给自足的小农家庭抵抗自然灾害的能力十分薄弱,官方是唯一有力量、能够统一组织人力和物力、采用各种行政乃至强制手段开展灾害/灾荒应对的主体。《周礼·地官》之《大司徒》提出理想化的十二种救荒策略,都是以国家政府作为救灾的主导者。④ 因此,学者对唐代灾害的研究,集中于对国家、官方赈灾行为的探讨,沿着灾害发生与应对的典型思路,考察了中央与地方政府的防灾、救灾措施,唐代皇室、官员在救灾中发挥的作用,灾害对国家政治的影响,国家灾害振恤的实效等一系列问题。⑤ 总体上说,这些研究为我们呈现出一部国家的救灾图像。但这只是灾害应对图像之主流,救灾与赈恤是一项由各阶层广泛参与的社会工程,家族、邻里、富户、宗教团体乃至市场在救灾中都扮演了各自的角色,欲谱写完整之灾害/灾荒社会史,农业社会中灾害的亲历者、见证者(witness),包括中下级官吏、

---

① 邓拓:《中国救荒史》,北京:商务印书馆,1937年,第7页。
② 参考阎守诚:《我国记录和研究自然灾害的简略回顾》,氏著《危机与应对:自然灾害与唐代社会》之绪论,北京:人民出版社,2008年,第6—9页。
③ 相关成果颇多,仅列举有代表性者,对灾害的全面研究如陈国生:《唐代自然灾害初步研究》,《湖北大学学报》1995年第1期,第64—71页;靳强:《唐代自然灾害问题述略——侧重于灾害资料的统计与分析》,《魏晋南北朝隋唐史资料》第20辑,武汉:武汉大学出版社,2003年,第97—109页;阎守诚:《危机与应对:自然灾害与唐代社会》第一章、第二章《唐代自然灾害概况》,第20—104页。分灾种的研究,如 Denis Twitchett, "Population and Pestilence in Tang China", Wolfgang Bauer ed., Studia Sino—Mongolica: Festschrift für Herbert Franke, Wiesbaden, 1979, pp.35—68. 刘俊文:《唐代水害史论》,《北京大学学报》1988年第2期,第48—54页;陈可畏:《唐代河患频发之研究》,《史念海先生八十寿辰学术文集》,西安:陕西师范大学出版社,1996年,第183—206页;张有堂、徐银梅:《唐代水旱灾害对社会经济的影响》,《宁夏大学学报》1997年第3期,第27—32页;童希圣:《唐代地震时空分布初探》,《中国历史地理论丛》2000年第4期,第55—64页;阎守诚:《唐代的蝗灾》,《首都师范大学学报》2003年第2期,第12—18页;龚胜生:《隋唐五代时期疫灾地理研究》,《暨南史学》第3辑,广州:暨南大学出版社,2004年,第32—51页。
④ "以荒政十有二聚万民:一曰散利,二曰薄征,三曰缓刑,四曰弛力,五曰舍禁,六曰去几,七曰眚礼,八曰杀哀,九曰蕃乐,十曰多昏,十有一曰索鬼神,十有二曰除盗贼。"(清)孙诒让撰,王文锦、陈玉霞点校:《周礼正义》卷一九,北京:中华书局,1987年,第741—745页。
⑤ 相关研究如王寿南:《唐代灾荒的救济政策》,《庆祝朱建民先生七十华诞论文集》,台北:中正书局,1978年,第645—684页;曾一农:《唐代之振恤政策》,黄约瑟、林天蔚主编:《唐宋史研究——中古史研讨会论文集之二》,香港:香港大学亚洲研究中心,1987年,第55—65页;张学锋:《唐代水旱赈恤、蠲免的实效与实质》,《中国农史》1993年第1期,第11—18页;潘孝伟:《唐代救荒措施总体特征》,《安庆师院学报》1993年第3期,第72—76页,又《唐代减灾行政管理体制初探》,《安庆师院学报》1996年第3期,第18—22页;李军:《灾害危机与唐代政治》,首都师范大学博士学位论文,2004年;焉振华:《唐朝的因灾蠲免程序及其实效》,《人文杂志》2005年第4期,第120—125页,又《唐代自然灾害及其社会应对》,上海:上海古籍出版社,2014年;阎守诚:《危机与应对:自然灾害与唐代社会》第五至九章,第183—369页。

乃至普通民众,皆应在场。

曹树基曾根据多年的研究经验指出,灾害史研究中,来自基层社会、小社区的信息,最让人兴奋。① 然而在唐代灾害/灾荒史领域开展个案研究的难度在于,所能见到的灾害记录大多出自官方,而社会各阶层面对灾难时的体验与实践,往往因无法诉诸文字或文字无存而无缘被历史学家感知。可喜的是,随着近年来唐代中下层官民墓志的大量发现与刊布,夹杂在志主生平长篇叙述中的一些士人罹受灾难的经历与故事,开始被学者捕捉。② 书写个体应灾史、罹灾精神与心态史的时机日趋成熟。

已刊西安出土唐人墓志中,恰巧有数方官员、处士墓志,都提及志主在唐高宗永淳元年(682)关辅等地大灾中的表现。本文将以这场灾害及后续的荒情为个案,将官方记载与可用的个体记载相对照,勾勒灾荒发生当时的场景;并以事件之灾害,作为透视政治过程与社会结构的视角,清晰地呈现官方、民间、个人在其中的角色。

一、永淳元年关辅等地灾荒的发生

(一)灾荒的前奏

永淳元年(682)是高宗李治统治下的第 34 个年头,两年前,调露二年八月(680),刚刚废皇太子贤为庶人,而改立英王哲为太子,而上年(开耀元年,681)的闰七月,适逢秋收,雍州却"大风害稼",③使关中粮食减产,"米价腾踊"。入冬,关中复霜冻,因无粮而"大饥",这在高宗统治下从永徽到弘道 35 年间发生的 37 场灾害中,④显得稀松平常,并未引起统治者多大重视。是年二月,因皇太孙重照的诞生,高宗还颇为欣喜地颁布大赦,改元(改开耀二年为永淳元年),大酺三日,对新的年景寄予了期望。但从上年秋冬开始的饥荒一直持续着,并且范围扩大至关中及山南二十六州;三月,京畿又发生了蝗灾,《旧唐书》记:"是春,关内旱,日色如赭。四月甲子朔,日有蚀之。"关辅的状况,已不再单是群体性乏食,而是旱、蝗并发,天象有异。

为解决粮食供给问题,高宗惯例性地选择至东都就食,这是他第七次巡幸,临行,皇太子哲还因其身体原因苦劝:"天皇昔常服饵,近更躬亲,睿情勤苦,天仪憔悴,若何以万乘之重,四海之尊,暴露而行,旰日而食者也?"⑥或许有一种不祥的预感,高宗让太子留守京师,

---

① 曹树基主编:《田祖有神:明清以来的自然灾害及其社会应对机制》之前言,上海:上海交通大学出版社,2007 年,第 2 页。
② 如李献奇、赵会军罗列了洛阳所出与咸通十年(869)豫西饥疫相关的墓志,见其:《有关贾谊世系及洛阳饥疫的几方墓志》,《文博》1987 年第 5 期,第 42—45 页;陈昊以这些材料为基础,细绎志文书写之曲折,剖析了灾害发生时不同群体的行为、精神体验,见所撰:《石之低语——墓志所见晚唐洛阳豫西的饥疫与伤痛叙述》,《唐研究》第 19 卷,北京:北京大学出版社,2013 年,第 331—360 页。
③ 以下叙述所据史源,除单独出注外,皆为《旧唐书》卷五《高宗纪》下,北京:中华书局,1975 年,第 105—113 页。
④ 参照阎守诚统计,《唐代自然灾害年表(618—907)》,第 410—416 页。
⑤ 《新唐书》卷三十五《五行志》二,北京:中华书局,1975 年,第 908 页。
⑥ 崔融《代皇太子请停幸东都表》,《全唐文》卷二百一十七,北京:中华书局,1983 年,第 2196 页。

极其匆忙地离开了长安,"时出仓猝,扈从之士有饿死于中道者",连资粮都"未遑周办"。①但高宗绝没有想到,这次的离京,竟是生离死别。帝王逃亡式地离京,马上引起了京畿民众的精神恐慌,随着皇帝的队伍,百官及其家口乃至士庶民众,都急欲逃离这座初遭饥荒肆虐的城市;然而他们的目的地洛阳,自去年八月大水后,虽无大灾,却也非想象中"贡赋于四方,交乎风雨",②是一个积天下粟的避难所。永淳元年(682)春天,洛阳一带民间一直流传着这样的童谣:"新禾不入箱,新麦不入场,迨及八九月,狗吠空垣墙。"③稍有见识的闾里百姓都知道,一场大的灾难行将来临。

(二)自然灾害的性质

阎守诚在研究唐代自然灾害时,依自然科学法,将灾害分为河、山、潮、涝、旱、蝗、风、雹、冻、震、疫、火、虫、鼠、崩、滑、兔灾等17类;④据文献记载来统计,永淳之灾,至少是河、涝、旱、蝗、雹、地震、疾病、兔灾这8种灾害并发,另外伴随着天象异常与灾前灾后的大饥荒,下面依类别分述各灾种的发生情况:

1. 河(暴雨河流湖泊洪灾)

> 永淳元年(682)六月十二日,连日大雨,至二十三日,洛水大涨,漂损河南立德、弘敬、洛阳景行等坊二百余家,坏天津桥及中桥,断人行累日。先是,顿降大雨,沃若悬流,至是而泛溢冲突焉。⑤
>
> 五月,丙午,东都霖雨。乙卯,洛水溢,溺民居千余家。⑥
>
> 永淳元年五月丙午,东都连日澍雨;乙卯,洛水溢,坏天津桥及中桥,漂居民千余家。⑦

暴雨导致河溢,漂没人口的灾害主要发生在洛阳城内,时间当以五月为是,以《旧唐书》所记最详。洛阳城内诸坊被洛水区隔为南北两部分,中置天津桥、利涉桥、中桥等,以通行人,每当洛水泛滥时,首当其冲就是诸桥,以及洛水沿岸立德、景行、安众诸坊。据《唐会要》记上元二年(761)司农卿韦机对洛水诸桥进行了整修,"始移中桥,自立德坊西南,置于安众坊之左,南当长夏门街。都人甚以为便,因废利涉桥,所省万计。然每年洛水泛溢,必漂损桥梁,倦于缮葺"。⑧永淳元年(682)水灾中,天津桥、中桥即被损。

2. 涝

> (元年)六月,关中初雨,麦苗涝损。⑨

---

① 《通鉴》卷二〇三《唐纪》"高宗永淳元年",北京:中华书局,1956年,第6407页。
② 高宗《建东都诏》,《全唐文》卷一十二,第147页。
③ 《新唐书》卷三十五《五行志》二,第916页。
④ 阎守诚:《危机与应对:自然灾害与唐代社会》,第104—108页。
⑤ 《旧唐书》卷三十七《五行志》,北京:中华书局,1975年,第1352页。
⑥ 《通鉴》卷二〇三《唐纪》"高宗永淳元年",北京:中华书局,1956年,第6410页。
⑦ 《新唐书》卷三十六《五行志》三,北京:中华书局,1975年,第925页。
⑧ (宋)王溥撰《唐会要》卷八十六,上海:上海古籍出版社,1991年,第1868页。
⑨ 《旧唐书》卷五《高宗纪》下,第110页。

(元年六月)西京平地水深四尺已上①

六月乙亥,京师大雨,水平地深数尺。秋,山东大雨,水,大饥。②

涝灾的发生地域除京师外,还有山东。

3. 旱

(永淳元年)是春,关内旱,日色如赭。……六月,关中初雨,麦苗涝损,后旱。③
(五月)关中先水后旱。④

关中地区涝、旱灾相属,而旱情尤其严重。阎守诚将此次旱灾级别定为特大。⑤

4. 蝗灾

(元年六月)京兆、岐、陇螟蝗食苗并尽。⑥
(元年五月)关中先水后旱、蝗。⑦
永淳元年三月,京畿蝗,无麦苗,六月,雍、岐、陇等州蝗。⑧

永淳元年(682)京畿地区似乎在三月、六月发生过两次蝗灾,而后次蝗灾覆盖范围还包括岐、陇等近辅州。⑨

5. 雨雹

永淳元年五月壬寅,定州大雨雹,害麦禾及桑。⑩
这次气象灾害不在关辅,发生于河北,阎守诚将级别定为"大"。⑪

6. 地震

(元年)十月甲子,京师震。⑫

---

① 《旧唐书》卷三十七《五行志》,第1352页。
② 《新唐书》卷三十六《五行志》三,第925页。
③ 《旧唐书》卷五《高宗纪》下,第100页。
④ 《通鉴》卷二百〇三《唐纪》"高宗永淳元年",第6410页。
⑤ 阎守诚:《危机与应对:自然灾害与唐代社会》,第416页。
⑥ 《旧唐书》卷五《高宗纪》下,第110页。
⑦ 《通鉴》卷二百〇三,第6410页。
⑧ (元)马端临撰:《文献通考》卷三百一十四《物异考》,北京:中华书局,1986年,第2464页。
⑨ 京畿、关中是地理概念,在唐代,京畿在行政上对应着雍州/京兆府辖区;而关中较京畿范围为广,泛指潼关以西,大散关以东,武关以北,萧关以南的渭河谷地平原,在行政上对应着京兆府及其他近辅州辖区,即本文所谓关辅。
⑩ 《新唐书》卷三十六《五行志》三,第941页。
⑪ 阎守诚:《危机与应对:自然灾害与唐代社会》,第416页。
⑫ 《新唐书》卷三十五《五行志》二,第907页。

《文献通考》《陕西通志》亦记此次地震,地震在诸种自然灾害中发生时间最晚,为微震。

7. 疾疫

> (六月)民多疫疠,死者枕藉于路。①
> (六月)国中大饥,蒲、同等州没徙家口并逐粮,饥馁相仍,加以疾疫,自陕至洛,死者不可胜数。②
> (五月)关中先水后旱、蝗,继以疾疫,米斗四百,两京间死者相枕于路,人相食。③
> 冬大疫,两京死者相枕于路。④

疾疫发生在四月,开始是关辅的涝、旱、蝗灾,时间上则一直延续到洛阳河溢之后的夏秋季节,然据《陕西通志》记载,一直延续到是年冬。正所谓大灾之后必有大疫,疫区范围极广,自陕至洛。龚胜生怀疑此次疫病的病种为天花。⑤

8. 兔灾

> 永淳中,岚、胜州兔害稼,千万为群,食苗尽,兔亦不复见。⑥

《山西通志》卷一六二记为永淳元年(682)。《陕西通志》《文献通考》记载与上类似,有唐一代兔灾极为罕见,据统计仅发生过两次。⑦

9. 天象异常

> 永淳元年(682)四月甲子朔,日有食之,在毕五度。⑧
> 永淳元年(682)五月丁巳,辰星犯轩辕。九月庚戌,荧惑入舆鬼,犯质星。十一月乙未,复犯舆鬼。去而复来,是谓"句巳"。⑨

据统计,唐代290年共发生自然灾害1063次,⑩但像永淳元年(682)这样多种自然灾害并发,维持时间长(半年以上),灾区范围广(从关辅到山西、山东、河南),灾害程度大(阎守诚将旱、蝗、疫的等级都评定为特大)的情况,在有唐历史上恐怕为仅见。

---

① 《旧唐书》卷五《高宗纪》下,第110页。
② 《旧唐书》卷三十七《五行志》,第1353页。
③ 《通鉴》卷二百〇三,第6410页。
④ 《陕西通志》卷四十六,文渊阁四库全书本,第553册,台北:商务印书馆,1986年,第629页。
⑤ 龚胜生:《隋唐五代时期疫灾地理研究》,第32—50页。
⑥ 《新唐书》卷三,第919页。
⑦ 阎守诚:《危机与应对:自然灾害与唐代社会》,第104页。
⑧ 《新唐书》卷三十二《天文志》二,第825页。
⑨ 《新唐书》卷三十三《天文志》三,851页。
⑩ 阎守诚:《危机与应对:自然灾害与唐代社会》,第104页。

（三）从"灾"到"荒"

自然灾害以外，永淳元年（682）还暴发了严重的饥荒。灾害学理论研究中，"灾"与"荒"是两个独立的概念，"灾"是指水、旱、虫、霜、地震等自然力给人类社会生活或生产造成的破坏，而"荒"是指土地荒芜与谷蔬瓜果缺乏所致的民不聊生、经济活动紊乱的状态。先秦时代即对诸谷不收导致的"荒"有精准的界定，墨子曰："一谷不收谓之馑，二谷不收谓之旱，三谷不收谓之凶，四谷不收谓之馈，五谷不收谓之饥。"①灾是荒的前提，但"灾"不一定导致"荒"。灾是否会导致荒，取决于社会组织的事后救援能力。高宗在永淳年间，正值暮年，体力不佳，用于救灾的心力有限，且此前咸亨、仪凤、调露、永隆中灾情频发，社会并未得到充分安抚，由此导致了永淳元年（682）"荒"的发生。前述四月水、旱、蝗等大灾接踵而至前，就已经暴发了饥荒；大灾之后，"国中大饥，蒲、同等州没徙家口并逐粮，饥馁相仍"，②统治者虽采取移民就食等措施，但由于灾区范围甚广，大批量的饥民仍无法得到安置，饥馁与疾病相伴，引发了严重的社会问题。

首先是粮食价格的飙升，史书载西京"麦一束止得一二升，米一斗二百二十文，布一端止得一百文"，③"米斗三百""米斗四百"。④ 商兆奎曾对唐代灾年粮食价格进行统计，认为米价 300 文/斗—3000 文/斗不等，而灾年粮食会涨至正常价格的数十倍，⑤以永淳元年（682）的数字与麟德二年（665）冬封泰山时的米斗五钱相比，⑥相差不啻百倍。

维克多·雨果认为使 19 世纪法国社会堕入"悲惨世界"的原因，正在于"贫穷使男子潦倒，饥饿使妇女堕落，黑暗使儿童羸弱"，⑦社会秩序与道德伦理对生活在饥贫边缘、随时面对死亡的人群已失去约束力，灾荒移民很容易向暴民转化，有学者称之为"灾荒中的暴力性取向"。暴力发展到一定程度，除了作为动物本能的食欲，人伦已近乎泯灭，甚至许多兽类都遵循的同类不相食的禁忌，也被打破了。永淳中的长安社会也是这样的一个"悲惨世界"，除民转相为盗为贼、"路多草窃"外，便是"死者相枕于路""人相食"的恐怖局面。郑麒来曾指出，自汉代以来，因自然灾害导致的求生性食人事件在中国常周期性的发生，⑧这亦是中国为饥荒之国（Land of Famine）的痛苦注脚。

二、灾荒应对中的官方与民间

欲还原永淳元年（682）关辅灾荒事件之过程，对社会各阶层在其中之表现予以立体呈现，本文首先遵从灾害社会史研究中"危机与应对"的经典叙事模式，考察救灾活动中官方

---

① 《墨子·七患第五》，（清）孙诒让：《墨子间诂》，孙启治点校，北京：中华书局，2009 年，第 210 页。
② 《旧唐书》卷三十七《五行志》，第 1353 页。
③ 《旧唐书》卷三十七《五行志》，第 1352 页。
④ （唐）杜佑：《通典》卷七《食货上》"历代盛衰户口"，北京：中华书局，1988 年点校本，第 152 页。
⑤ 商兆奎：《唐代的灾荒与人口流迁》，《北京理工大学学报》2009 年第 6 期，第 119—124 页。
⑥ 《旧唐书》卷四《高宗纪》上，第 87 页。
⑦ ［法］维克多·雨果著，郑克鲁译：《悲惨世界》之"作者序"，上海：上海译文出版社，2010 年。
⑧ 郑麒来：《中国古代的食人》，北京：中国社会科学出版社，1994 年，第 74 页。

与民间各自的立场、行为以及互动。农业社会中赈灾的主角必定是官方,而发生在京畿城乡的自然灾害,往往是最高统治者关心并参与处理的。

唐高宗在位34年,曾发各类自然灾害111次,平均每年3次左右,①在唐前期亦为多,而尤以咸亨元年(670)、永淳元年(682)情况为严重,应当说高宗对灾荒有着丰富的处理经验,他曾发布《赦妄言灾异诏》:"天降灾异,所以警悟人君,其变苟实,言之者何罪?其事必虚,闻之者足以自戒。"②请群臣对频发之灾大胆上言,不必有所忌讳;并在灾年倡导:"还淳返朴,示天下以质素。如闻游手堕业,此类极多。时稍不丰,便致饥馑。其异色绫锦,并花间裙衣等,靡费既广,俱害女工。天后,我之匹敌,常著七破间裙,岂不知更有靡丽服饰,务遵节俭也。"③咸亨中(670—674)关辅大灾,高宗率领群臣赴洛阳逐食。永淳初灾害刚发生时,他只是先采取罢朝、减膳等礼仪性措施,自责以求泯灾;四月后灾荒严重,关中人民乏食,他才再次带领长安士庶至洛阳,以缓解首都压力。

为稳定长安社会,高宗又采取了一系列举措。首先是令关内人口分批到外州就食,史载"关内诸府兵,令于邓绥等州就谷",④对于普通百姓,则任其所愿"求转徙者,任其逐粮,欲宁居者,加其廪食",⑤有大批百姓被安置于山南道商、邓等州。同时,他从外州转运粮食租税入京,并利用京师的义仓、常平仓余粮赈济灾民。高宗、武后时的义仓不许杂用,"丰则敛藏,俭则散给,历高宗之代,五六十载,人赖其资",⑥必然在赈灾中发挥关键性作用。永徽六年(655)八月,京师大雨时,就曾于东、西二市置常平仓开赈。⑦

然而高宗以徙民为主的应灾策略与京畿地方官发生了冲突。唐前期在"实关中"的理念下禁止畿内民众外徙,⑧时任雍州长史的李义琰严守户口外徙之禁,"义琰恐黎人流转,因此不还,固争之。由是忤旨,出为梁州都督",⑨高宗为疏散灾民,因时变通,果断撤换了雍州副贰,属意在荆州长史任上敢于指斥宫内采办扰民的良吏苏良嗣。⑩新长史不仅协助完成流民转移,还妥善处理了流民为盗问题,"为政严明,盗发三日内无不擒"。⑪

大灾中,高宗还致力于整顿经济。造成粮食价格踊贵的主要原因是饥荒,但也由于"乾封泉宝"铸行以来,恶钱盛行,货币贬值,时"私钱犯法日蕃,有以舟筏铸江中者",永淳元年(682),中央曾严令"私铸者抵死,邻、保、里、坊、村正皆从坐"。⑫

但永淳元年(682)关辅灾害密集发生的时段,高宗毕竟不在长安,"皇太子京师留守,

---

① 阎守诚:《危机与应对:自然灾害与唐代社会》之"唐代各朝灾害频率统计",第105页。
② 高宗《赦妄言灾异诏》,《全唐文》卷一十三,第162—163页。
③ 《旧唐书》卷五《高宗纪》下,第107页。
④ 以上高宗行为据《旧唐书》卷五《高宗纪》下,第95—96、108—110页。
⑤ 崔融《代皇太子请停幸东都表》,《全唐文》卷二百一十七,第2196页。
⑥ 此为陆贽追述,《均节赋税恤百姓六条》,《全唐文》卷四百六十五,第4758页。
⑦ 《旧唐书》卷四《高宗纪》上,第74页。
⑧ 唐政府有"乐住之制",但特别申明"畿内诸州不得乐住畿外,京兆、河南府不得住余州。其京城县不得住余县,有军府州不得住无军府州"。《唐六典》卷三《尚书户部》,第74页。
⑨ 《旧唐书》卷八十一《李义琰传》,第2757页。
⑩ 事见《通鉴》卷二〇三:"上遣宦者缘江徙竹,欲植苑中。宦者科舟载竹,所在纵暴;过荆州,荆州长史苏良嗣囚之,上疏切谏……上谓天后曰:'吾约束不严,果为良嗣所怪。'手诏慰谕良嗣,令弃竹江中。"第6411页。
⑪ 《旧唐书》卷七十五《苏良嗣传》,第2630页。
⑫ 《新唐书》卷五四《食货志》四,第1381页。

命刘仁轨、裴炎、薛元超等辅之"。① 太子在赈灾中,亦发挥了重要作用。李军在讨论唐代自然灾害与政治的关系时,注意到皇太子在弭灾中的角色,并以高宗朝太子弘为例,说明留守太子对民间灾害往往能有更真切的体会。② 李显于永隆元年(680)代兄贤为皇太子,接下来永隆二年(681)、开耀元年(681)、永淳元年(682),关中灾害连年发生;开耀元年(681)十一月,其兄庶人李贤被徙巴州,皇太子"以兄弟之情""辄遣使者",当时刚发生过霜冻,贤及从人却衣衫单薄,"有怀伤悯"之余,李显上表请给庶人衣服。③ 永淳元年(682)灾害发生时,太子对"关中属县,畿内旁州,百姓驱驰,颇多饥馁",④"咸城近县,郿市傍州,颇积风霜,或侵苗稼"⑤的情况耳闻目睹,并对乃父移民逐粮、廪给灾口的应对政策了然于胸。

高宗不听太子、群臣的劝阻,执意东巡,并在大灾中营造奉天宫,欲封中岳,遇疾而止,⑥被民间讥为"三度征兵马,傍道打腾腾",⑦并且在大灾后期,他开始趋于消极应对。太子则承担起了较为积极的形象,他不仅协助京兆府官与县官进行灾后赈恤与重建,还考虑以一己之力救助遭遇水旱的百姓,"臣家令寺有地九百余顷,特请回授关中贫下等色。虽地非安邑,宁期千户之封;而价等露台,虚费十家之产。伏乞皇恩远及,圣泽旁流,矜臣愚效,遂臣诚请",向高宗请求以家令寺地赐予受灾百姓。⑧

任何一场自然灾害的应对,都需要社会各阶层全面动员,皇家与京兆府高官之外,墓志与传记材料为我们提供了中下级官员在永淳大灾中的表现。《沧州刺史郑公墓志铭》载"永淳大饥,关辅尤甚",时郑孝本任鄠县令,"能布其德而恤灾,人不离散,下无捐瘠,乃耕乃亩,嗣岁以登"。可见县官在灾难应对中的工作要点是布德恤灾,使人不离散,保证本年度农事照例进行。郑孝本的良好表现受到了皇太子的褒奖,"时皇储监国,多公善政,竺赐考词褒异。睿文光被,列郡荣之"。⑨ 又中央及地方文官以外,卫官、武官在大灾中亦各有职差,如时任左卫长史的刘公,遵从政府之令,"命公泛舟之役,穷于恒、岱;委公开仓之利,济于幽、燕;是宁邦本,系赖家给"。⑩ 从外州搬动粮食,并以官仓赈济灾区。陪戎(校)尉孟头受命扈从高宗至洛阳就食,⑪而右金吾卫永平府左果毅教尉于遂古,则"奉敕留京,兼知禁御",⑫亲历了关辅大灾。

在中国古代社会,尤其是在武断乡曲的豪族渐消失、有地方影响力的乡绅尚未出现的中古,民间力量在抗灾救灾中发挥的作用,可以说是极其有限的。但由于灾害发生后,先需由地方政府逐级向朝廷奏报,灾情上达后,发自最高统治者的赈灾措施又需由府县乡里逐

---

① 《旧唐书》卷五《高宗纪》下,第109页。
② 阎守诚:《危机与应对:自然灾害与唐代社会》第五章《皇太子与弭灾》,李军撰,第212—220页。
③ (唐)崔融:《代皇太子请给庶人衣服表》,《全唐文》卷二百一十八,第2202页。
④ (唐)崔融:《代皇太子请停幸东都表》,《全唐文》卷二百一十七,第2196页。
⑤ (唐)崔融:《代皇太子请家令寺地给贫人表》,《全唐文》卷二百一十八,第2202页。
⑥ 《旧唐书》卷五《高宗纪》下,第111页。
⑦ (唐)张鷟:《朝野佥载》卷一,《隋唐嘉话 朝野佥载》,程毅中、赵守俨校点,北京:中华书局,1979年,第9页。
⑧ (唐)崔融:《代皇太子请家令寺地给贫人表》,《全唐文》卷二百一十八,第2202页。
⑨ (唐)孙逖:《沧州刺史郑公墓志铭》,《全唐文》卷三百一十三,第3181页。
⑩ (唐)苏颋:《司农卿刘公神道碑》,《全唐文》卷二百五十七,第2603页。
⑪ 《孟头墓志》,周绍良主编:《唐代墓志汇编》,开元311,上海:上海古籍出版社,1992年,第1371—1372页。
⑫ 《于遂古墓志》,周绍良主编:《唐代墓志汇编》,圣历019,第939页。

级贯彻,经过这一自下而上又自上而下的繁琐程序,①赈灾的时机往往被延误。大灾突然来临之际,个体或单个家庭无力面对,民间、乡里社会主要采取的自救形式,是依靠宗族(血缘关系)或乡里邻人(地缘关系)的群内互助,渡过难关,即荣新江所谓"依靠群体力量抵抗个体难以抵抗的灾难"。② 尽管学界的研究指出,隋唐时大家族不断走向分解,由夫妇两人及其未婚子女组成的核心家庭,取代了累世同居共财的家庭,成为中古家庭主要形态;③但兄弟分家后,由于父祖财产相对集中,仍倾向于宗族聚居。宗族成员之间以松散的家族群形式存在,这种亲密关系,是族内互助的基础。

墓志中对永淳大灾中个体行为的书写,都浓墨渲染其与家庭、宗族的关系。京畿处士赵惠满"少遭闵凶,七岁丧父,孤孤孩骏,兄弟五人,负担相依,枕块无力。除服未几,亲又长辞。姊妹幼种",十一岁时,逢"天灾关辅,岁号永淳",这个原本破碎的家庭沦落至"骨肉相捐,贵及于贱。死弃道路,少兼于长。纵承上代田园,曷足为其长计"的境地。少年赵惠满在家庭灾害的应对中,扮演了核心角色,"公于是饬力西土,提携东京。宣尼云:'吾少也贱,多为鄙事。'公亦为之,无所不逮",由京至洛逐粮或谋其他营生,得使"弟兄因免于委弃,姊妹赖是而从夫。光荣里间,怡悦宗族",因营生所得资财维持家务,"昆季少亡,尽是公之遣葬;曾祖累代,寔唯公之蒸尝。晦腊无亏,弦望不失"。赵氏家族正是靠着这个治生能手,团结一致,渡过了天灾。④ 而同样罹受这场灾难的京兆刘夫人,却远没有这样幸运,髫龀之龄的幼女,"堂亲于时见弃,房戚于是凋零,天伦懿属,略无存者",因为家族成员的凋零而剩致孑然孤立,寄形无地。⑤

又史传记载表明,永淳大灾中,官方曾特别表彰孝悌之行,引导鼓励民间以家庭自救的形式渡过劫难,如《旧唐书·元让传》记:"元让,雍州武功人也。……以母疾,遂不求仕,躬亲药膳,承侍致养,不出闾里者数十余年。及母终,庐于墓侧,蓬发不栉沐,菜食饮水而已。咸亨中,孝敬监国,下令表其门闾。永淳元年(682),巡察使奏让孝悌殊异,擢拜太子右内率府长史。"⑥武功县民元让因孝行得官的时机,恰在大灾之际。

官方指导民间防灾抗灾,在隋唐之际,最显著的表现便是社仓—义仓的建立。义仓建立初是民间救荒自备性质,由"百姓及军人,当社共立",自愿出粟,公共粮食由社司掌管,灾年以赈贷社人,政府不加干预;但唐代已演变为"自王公以下,爰及众庶""垦田亩纳二升",由"官为举掌""贮之州县"的官办仓廪,⑦义仓税亦成为国家正式税收。义仓虽仍主要

---

① 阎守诚研究了唐代的灾害上奏制度:在灾害发生后,里正向县政府汇报,然后由主管全县的县令定,确定受灾分数后申报本州,经本州核实,由地方长官统计灾害损失及受灾人口,由州政府申报尚书省,尚书省将灾情经由中书省奏闻皇帝,经宰相商议,确定灾害赈济措施,颁布救灾诏敕,即所谓内制。氏著《危机与应对:自然灾害与唐代社会》,第261—273页。
② 荣新江:《敦煌学十八讲》,北京:北京大学出版社,2001年,第215页。
③ 参考杨际平、郭锋、张和平:《五——十世纪敦煌的家庭与家族关系》,长沙:岳麓书社,1997年,第59—70页;张国刚:《唐代家庭与家族关系的一个考察》,张国刚主编:《中国社会历史评论》第3卷,北京:中华书局,2001年,第107—116页。
④ 《赵惠满墓志》,胡戟、荣新江主编:《大唐西市博物馆藏墓志》,三百四十三号,北京:北京大学出版社,2012年,第535页。
⑤ 《大唐故刘夫人墓志铭并序》,《唐代墓志汇编》,开元228,第1314页。
⑥ 《旧唐书》卷一百八十八《孝友传·元让》,第4923页。
⑦ 《通典》卷一十二《食货·轻重》,第289—191页。

用于荒年赈贷,但已然成为官方行为,以民间力量为主体、自我救助的初衷尽失。① 然而从吐鲁番文书中保存的一件符文中,我们却发现唐统治下的西州,在国家义仓之外,继续存在着一种官督民办、以户为单位储粮的备荒形式,卢开万称之为民间原始社仓向国家正式义仓的过渡,②李锦绣称之为家庭义仓,③见《唐永淳元年西州高昌县下太平乡符为百姓按户等贮粮事》(64TAM35:24)④:

1　高昌县
2　上上户,户别贮一十五石上中户,户别贮一十二石
3　上下户,户别贮一十石中上户,户别贮七石
4　中中户,户别贮五石中下户,户别贮四石
5　下上户,户别贮三石下中户,户别贮一石五斗
6　下下户,户别贮一石
7　太平乡主者,得里正杜定护等牒称:奉处分令百姓
8　各贮一二年粮,并令乡司检量封署,然后官府亲自检行者
9　下乡。令准数速贮封署讫上,仍遣玄政巡检者,令判准家口多
10　少各贮一年粮,仍限至六月十五日已来了。其大麦今既正是
11　收时,即宜贮纳讫速言,德印拟自巡检。今以状下乡,宜
12　准状符到奉行。
13　主簿判尉思仁佐朱贞君
14　　　　　　　　　　　史
15　　　　　永淳元年五月十九日下

　　以往论者多就西州言西州,以此次储粮系为应对西北之威胁、贮饷于民的行为,所贮为军粮。⑤ 注意到高昌县下乡之符写于永淳元年(682)五月十九日,而追想此时的长安,正是水、旱、蝗、疫等灾难交叠,饿殍遍野的情形,在这样的世情下,急令西州百姓以户等为准贮备一二年粮,⑥与其说是储备军需,莫如说是应对当年大灾并预备可能来临饥荒的临时决定。

---

① 关于隋唐时代义仓的设立、演变以及义仓税性质的讨论层出,可重点参考朱睿根:《隋唐时期的义仓及其演变》,《中国社会经济史研究》1984年第2期,第53—58页;张弓:《唐朝仓廪制度初探》,北京:中华书局,1986年,第125—135页;赵文润:《唐代义仓粟的赋税化》,《陕西师范大学学报》1987年第4期,第103—108页。
② 卢开万:《唐高宗永淳年间西州高昌县百姓按户等贮粮的实质》,唐长孺主编:《敦煌吐鲁番文书初探》,武汉:武汉大学出版社,1983年,第381—395页。
③ 李锦绣:《唐代财政史稿》上卷,北京:北京大学出版社,2001年,第525页。
④ 释文及图版见中国文物研究所、新疆维吾尔自治区博物馆、武汉大学历史编:《吐鲁番出土文书》叁,北京:文物出版社,1994年,第487页。
⑤ 观点如张弓:《唐朝仓廪制度初探》,第162—163页。
⑥ 唐高祖永徽二年新格颁定后,义仓的交纳形式已经是率户出粟,上上户五石,以下依户等递减。据《通典》卷一十二《食货·轻重》,第291页。

三、永淳之伤

(一)国家伤痛

永淳关辅大灾,不仅对京畿、洛阳等地民众的生产生活造成了严重的影响,而且直接影响到国家政治、经济、文化的各个层面。对首都乃至全国经济的影响最为直观,灾荒导致的人口伤亡、经济损失及赈恤时的国家财政支出等具体数据,限于材料无法统计,但大灾后的经济萧条,却可借史书描述来宏观感受。《新唐书·食货志》追溯各帝治下经济政策时,对高宗朝经济发展给予了较高的评价,"高宗承之,海内艾安。太尉长孙无忌等辅政,天下未见失德。数引刺史入阁,问民疾苦。即位之岁,增户十五万"。然而永淳以后却呈现出"给用益不足。加以武后之乱,纪纲大坏,民不胜其毒"①的局面。个中原因,除《新唐书》指出的高宗重用许、李,厚敛重赋于民外,最主要的原因当是这场天灾。

大灾给国家财政造成的压力,体现在供各州朝集使进京朝集所筑州邸的废弃这一具体事例中。《唐会要》卷二四载,贞观十七年(643),太宗曾效汉家故事,"令就京城内闲坊,为诸州朝集使造邸第三百余所,上亲观焉""至永淳元年(682),关中饥乏。诸州邸舍,渐渐残毁,至神龙元年(705),司农卿赵履温希权要,奏请出卖并尽"。② 贞观年间在长安城建立起来的州邸,相当于各州的驻京办事机构,规模相当宏丽,由司农寺统一管理;国家在维护这些设施的过程中,耗费相当的财力,但实际上除朝集使使用外,利用率很低。太宗与高宗朝前期,国家尚在贴钱支撑,总章元年(668),以永崇坊的万、夔等六州邸为明堂县廨,以怀贞坊的施、巫等八州邸为乾封县廨,州邸为二京县公用所侵。③ 永淳元年(682)大灾荒导致的经济萧条,使国家再无力于此项经营。

永淳之灾还导致了国家政治中心的转移,尽管高宗在位时频幸洛阳,以长安、洛阳为东西宅,但首都仍在长安,高宗在弥留之际仍乞求:"天地神祇若延吾一两月之命,得还长安,死亦无恨。"④永淳中,长安、洛阳同时受灾,但洛阳主要是洛水溢造成漂没人口以及城市设施的损坏,长安的情况则严重得多。高宗崩逝,嗣圣年间(684)中宗、文明初睿宗短暂执政,皆在洛阳,统治者与百官暂时还不愿回到那座瘟疫肆行、白骨相枕的城市。一直到文明元年(684)八月高宗灵驾返京时,睿宗李旦欲追从,李峤、张说等群臣还惴惴不安,上表阻拦"永淳已后,关辅流散,近适旋定,人犹未足,今山陵起筑,役徒总萃,弥春涉夏,为费宏多。若陛下此行,群司毕从,于人取给,臣实难之",请皇帝"俯顺群愿,留抚都人",又可以减少

---

① 《新唐书》卷五十一《食货志》一,第1344—1345页。
② 《唐会要》卷二十四《诸侯入朝》,第535—536页。
③ 雷闻比较唐朝朝集与汉上计制度异同时,论及朝集使的驻地州邸,并注意到高宗时州邸因财政压力渐致荒废,见所撰《隋唐朝集制度研究——兼论其与两汉上计之异同》,《唐研究》第七卷,北京:北京大学出版社,2001年,第289—310页。
④ 《旧唐书》卷五《高宗本纪》,第112页

京畿灾民的赋敛。① 从某种程度上说,正是永淳之灾阻挡了李唐王室的返京步伐。② 而这之后不久,武则天废子自立,改元光宅(684),改东都为神都,洛阳进入最鼎盛期,正式取代长安成为全国的政治中心。武则天执政22年,20年皆在洛阳,只在长安年间短暂返京。③

(二)个人的灾难体验

一部如本文开篇期待的完整的灾难史必然包括不同个体——遇难者的遭遇与伤痛。墓志、文集、传记为我们抛开官府应对的既定叙事模式、追寻个性化的经验与故事,提供了第一手资料,让我们得以走近永淳大灾中的个体生活片断。

绛州稷山人,"甚谨闺门礼"的孝子裴守真,以举进士六科连中的佳绩,甫被授予雍州乾封尉的美职,就遭遇了关中大饥。传记中对于他身为京县尉,代表官方赈灾的情况只字未提,却记录了他资助家庭成员渡灾的细节,"永淳初,关中旱,(裴守真)悉禀禄奉姊及诸甥",自己与妻子儿女"恶食不赡",却无倦色。④ 此后不久,守真以知礼故,转官太常博士。身历关辅灾情的他,上表向皇帝陈述当时徭役征戍繁重,土木兴作太盛,少府、司农、太仆等监役人众多,费损无限,导致"民无以堪"的真实情形,希望当此之时,朝廷致力减轻民众负担。⑤

扶风士人马某娶张氏女,夫妻情笃,马某为襄阳尉时,"家绝鲜食""州将鲁王俾盘二白鱼,时其亡也遗之,夫人以辞,君还拜受。使复,王曰:'非惟是夫,又亦贤妇。吾尝其一,得其二善焉。'"夫妇之清廉贤明,行动如一,为时人所称道。然而好景不长,永淳饥荒发生时,马某在河内温县尉任上,"广提中外,绝甘分少,约己周人",损己以广泛周济贫人,其发妻张氏却在这场灾害中溘然长逝。马某虽又聘绛郡夫人王氏,并因王氏与则天皇后的姻亲关系,在武周时官运腾达,⑥但永淳中的丧妻之痛,当深留他的记忆中。

从张说所撰《赠吏部尚书萧公神道碑》来看,开元礼学名臣萧嵩之父萧灌,亦是在永淳大灾中离世的。萧灌出身兰陵萧氏世家,年十八,即"明经高第,补代王功曹",本当有光明的仕官前景,但因其父萧钧触怒高宗,在为父丁忧结束后,他久久不能出仕;后"不得已而外除""拜国子监丞""以婚姻之故,出为甘州司马,徙集、岚二州司马,转渝州长史"(为秦州都督韦师实婿),始终沉迹下僚,抑郁不伸。"太夫人在堂,有羸老之疾,公因使入计,得扶侍还京",渝州任上,萧灌奉病弱之母返回长安,时正永淳元年(682),"下巫峡之波,上当阳之坂",由于路途艰远,又赶上疾疫流行,母于途中病逝;时年八月,悲哀过度的萧灌亦客死穰县(邓州属县),碑文记为"寓居"。我们知道,永淳大灾中,山南道的邓州,正是关辅流民就食和逃避灾疫的迁徙之所。萧灌极有可能是在返京途中听说关中发生了大灾,并被大批灾民拥堵在了穰县而无法北上,因而暂时"寓居"。萧灌之死,碑文归于丧母之痛,但也有可

---

① 李峤《百官请不从灵驾表》,《全唐文》卷二百四十五,第2482—2483页。
② 承王庆卫兄提示,永淳元年(682)最后一次就食东都时,高宗已病重,这次东巡,行事匆忙,连行道资粮都未办齐,到达数月后,高宗即殡于洛阳宫,而此后旋即上演以洛阳为中心的李唐—武周易代,这一切不排除皆出自武后的安排。
③ 《旧唐书》卷六《则天皇后纪》,第117—133页。
④ 《新唐书》卷一百二十九《裴守真传》,第4470页。
⑤ 《唐会要》卷八十三载永淳元年太常博士裴守真上表,第1815页。
⑥ 张说:《故洛阳尉赠朝散大夫马府君碑》,《全唐文》卷二百二十七,第2299—2300页。

能是感染了时疫。①

京畿地区富户商人聚集,而大灾中富商常有义举。咸亨元年(670)关中雍、同等州旱、饥发生时就有雍州人梁金柱上奏,请出钱3000贯赈济贫人,永淳大灾中也有类似的情形。京兆长安人韩思复因笃学而举秀才高第,袭祖封为长山县男,虽未授职事官,想必名动一时,永淳饥荒发生时,思复家中欠粮,并日而食,时京兆大户杜瑾②"以百绫饷思复",大加馈赠,思复清而不受,"绫完封不发"。③

上文介绍过的《刘夫人墓志铭》,为我们提供了永淳大灾中女性的遭遇实例。刘氏还是七八岁幼女的时候,不幸赶上永淳凶馑,"堂亲于时见弃,房戚于是凋零,天伦懿属,略无存者"。双亲离世,亲戚凋零的孤女灾后将何以自处?志文未明言。但从志文对其及笄之年"贞婉俱修,容德齐举,名芬闾党,誉洽州乡,韦公聘焉"④的记载看,她很有可能是依养于乡里大族韦家,并在成年后为其家聘为妻妾。这也是女性在灾难中通常采取的生存路径。

书写灾难常被视为不祥,有的志主也经历了永淳大灾,其墓志却漠而不书,可稍事推断。《李元轨墓志》记其由秘书省校书郎任后奉敕检校婺州常山县丞,在由长安赴任的路上,"涂次洛阳,遂婴疾瘵,昊天不佑,殒此良德,春秋卅五,以永淳元年(682)七月十一日卒于洛阳县之殖业里"。李元轨卒时,并非高龄,且志文明言其为婴疾而终,非正常死亡。永淳元年(682)五月洛阳水灾,而秋季疾疫流行,"自陕至洛,死者不可胜数",⑤李氏恰卒于七月。几乎可以肯定地说,奔走在赴任途中的李元轨,被永淳灾疫吞噬了生命,只得"北望乡园,与丛台而永别"。⑥

四、结　语

以往的中古灾害/灾荒史研究,主要在灾害学的研究范式下展开,关注灾害/荒的时空分布和原因、灾害思想、救灾措施等维度。近年来,夏炎先生提倡统合有限史料,运用历史学本身的分析框架对灾害史的诸面相进行重构。⑦本文在遵循灾害的历史学研究路径的同时,更愿意在描绘以国家、官方为主体的灾害应对图景之外,借助对石刻墓志等半官方、非官方文本的剖析,去拼合、复原鲜为人知的中下层官员、士庶民众在自然灾害中的行为、心态、体验,从而书写唐代灾害的社会全景。期待以此社会全景作为透视政治过程及国家与社会关系的一种视角。这虽然只是从一时(唐永淳元年)、一地(关辅)情况出发的个案研究,但是亦可为中古灾害史研究视角的拓展、社会史与灾害史的交融贡献力量。

---

① 张说:《赠吏部尚书萧公神道碑》,《全唐文》卷二百二十九,第2315页。
② 杜氏为京兆大姓。
③ 《新唐书》卷一百一十八《韩思复传》,第4268页。
④ 《大唐故刘夫人墓志铭并序》,《唐代墓志汇编》,开元228,第1314页。
⑤ 《旧唐书》卷三十七《五行志》,第1353页。
⑥ 《李元轨墓志》,《唐代墓志汇编》,永淳009,第690—691页。
⑦ 参读夏炎:《中古灾害史研究的新路径:魏晋南北朝地方官灾后救济的史实重建》,《史学月刊》2016年第10期,第16—24页。

附记:本文曾于2016年11月26日在"中古社会史研究再出发——第三届古史新锐南开论坛"上报告,蒙夏炎、王庆卫两位先生提供修改意见,谨致谢忱!

作者简介:徐畅,北京师范大学历史学院副教授。

北魏刘晦墓志考释

刘 昕

【摘 要】 刘晦墓志于 1995 年出土于河南省三门峡市。虽然刘晦其人与世系并不见于史书记载,但该墓志却记载了其家世和生平事迹。该墓志的出土不仅可补史书之阙,对研究北朝历史,特别是北魏史、刘氏家族史还具有重要的史料价值。

【关键词】 北魏;墓志;刘晦

1995 年三门峡市文物考古研究所在市区甘棠市场附近发掘了一座北朝墓葬(编号 95GM132)[1],墓葬中出土墓志涉及诸多北魏史实,对研究北魏历史具有重要意义,但迄今未引起学界注意。今不揣鄙陋,依据有关材料对该墓志内容作一考释。

一、墓志录文

墓志为正方形,青石质,右下角断裂,长 48.5 厘米,厚 8 厘米。志石正面刻有宽约 2.5 厘米的细线网格,格内镌刻志文。志文共 19 行,满行 19 字,计 357 字。志文较为详细地介绍了墓主的家世和生平事迹。谨将志文重新隶正并标点如下:

君讳晦,字元贤,弘农华阴人。汉平舒亭侯护之后,太尉宽之十二世孙。六世祖识,晋冯翊太守,因寓冯翊之高陆。高祖瑶,赵尚书郎、温令,又家於河内之温。及大魏卜食东都,仍内徙于河南洛阳。君武都太守之孙,州都君之子,盖天纵风神,生有殊量,在乎冲幼之中,固已邈然有烈节矣。夫其孝实天情,信为己任,轻财重义,好贤爱士。若其笃志坟籍,游心典谟,觉华轩如粪土,知先王之道胜。耽学味道,不以宦途经心,虽州郡辟命,公府屡徵,君盘桓利贞,莫之屑就。春秋七十一,正光四年遘疾,卒于洛阳文华里。君夫人京兆韦氏,永熙元年终于河南陆浑之频阴里。自鸾驾西巡,瀍洛遂梗,故使幽灵久客,返葬无时。君第二子安西将军、银青光禄大夫、大行台郎中、博平县开国男伟,既翼赞宰辅,典处机密,王事靡盬,不遑启居,久欲迁安旧土,空结梦而不遂。皇

---

[1] 三门峡市文物考古研究所:《河南三门峡市北朝和隋代墓葬清理简报》,《华夏考古》2009 年第 4 期,第 40—51 页。

上仁及枯骨,冢宰以孝道为先,录伟勤诚,厚相资给。以大统十七年奉迎神枢于河南。元年正月合窆于弘农城东,朝廷追褒赠君假节龙骧将军、洛州刺史,夫人华山郡君。

二、刘晦家族世系

该墓曾遭盗掘,出土时未见志盖,志文中也未提及墓主人的姓氏,仅叙述了志主的家世。

志文第一至三行称"君讳晦,字元贤,弘农华阴人。汉平舒亭侯护之后,太尉宽之十二世孙"。"太尉宽"乃东汉太尉刘宽,《后汉书》有传,据《后汉书·刘宽传》记载,刘宽字文饶,弘农华阴人,父崎,顺帝时为司徒。熹平五年(176),刘宽代许训为太尉,后以日食策免。光和二年(179),复为太尉,后因日变免。中平二年(185)卒,时年六十六。刘宽生前曾封逯乡侯,死后谥曰昭烈侯,子刘松嗣爵。

志文中提到的汉平舒亭侯刘护,《后汉书》卷八十《文苑列传》有江夏太守刘护,章帝时人,不知是否为同一人。

从志文看刘晦家族的地望为弘农华阴,《元和姓纂》卷五(以下简称《姓纂》)云弘农刘氏乃"汉高兄代王喜后。汉司徒琦始居弘农,生宽,太尉。十二代孙伟,为周刺史,聘梁使;生士龙,隋左丞。士龙生本立、元立。本立,唐主爵郎中;元立,商州刺史"。①《史记·吴王濞列传》"集解"引徐广曰:"(刘)仲名喜。"则刘喜即刘仲,吴王刘濞之父,汉初被封为代王,匈奴攻代时刘仲不能守,弃国亡归洛阳,被废为郃阳侯。

关于刘宽,除史书记载外,尚有两碑传世,一为故吏李谦所立,一为门生商苞所立。故吏李谦立《太尉刘宽碑》云:"公讳宽,字文饶,弘农华阴人也。其先囗囗,圣汉王侯,继次有国有号,列存家序。……"②碑中残缺的两字似为"刘仲"或"刘喜"。

商苞所立《刘宽碑》云:"(公讳宽,字)文饶,弘农华阴人也。厥祖出自(圣汉)囗臣,王侯相继。遭汉中微,失其爵土。世祖复阼,仍有显位,光辅王室……"③碑文中的"世祖复阼,仍有显位"似指刘护被封为平舒亭侯一事,如此则刘护非章帝时人。

《姓纂》云刘宽十二代孙名伟,为北周刺史,曾出使梁。志文末说刘晦第二子名伟,为西魏安西将军、银青光禄大夫、大行台郎中、博平县开国男。1956年黄河水库考古工作队在原陕县刘家渠附近发掘了两座隋墓,据出土墓志知两墓的墓主为刘伟、刘穆兄弟,弘农华阴人,系汉太尉刘宽的十三世孙。④ 刘晦墓志中说其为"太尉宽之十二世孙",夫妻合葬一事系其第二子伟操作。据此可知,"伟"即刘家渠墓志中的刘伟,是刘晦的第二子,如此则《姓纂》所记刘伟为刘宽第十二代孙之事有误。

---

① (唐)林宝撰,岑仲勉校记:《元和姓纂》(附四校记),北京:中华书局,1994年,第680页。
② (清)严可均辑,许振生审订:《全后汉文》(上册),北京:商务印书馆,1999年,第275页。
③ (清)严可均辑,许振生审订:《全后汉文》(上册),第777页。
④ 黄河水库考古工作队:《一九五六年河南陕县刘家渠汉唐墓葬发掘简报》,《考古通讯》1957年第4期,第9—19页。

从刘家渠发掘简报中知刘穆字景谐,卒于隋开皇四年(584),年八十一,时官绛州刺史。夫人为太原王氏,早卒,以开皇六年(586)十一月合葬于此。刘伟字睦隽,保定四年(564)卒,年七十一,时官昌州刺史。夫人为陇西李氏,开皇三年(583)卒,年六十五,以开皇四年(584)闰十二月合葬于此。从志文的生卒时间推算,刘穆应为刘伟之弟,刘晦墓志又云刘伟为其第二子,则刘穆似为其三子,长子未见记载。

《姓纂》云刘伟曾出使梁,查《梁书》记载魏使来聘共八次：

(大同三年)秋七月癸卯,魏遣使来聘。①
(大同四年)五月甲戌,魏遣使来聘。②
(大同五年)冬十一月乙亥,魏遣使来聘。③
(大同六年)秋七月丁亥,魏遣使来聘。④
(大同七年)夏四月戊申,魏遣使来聘。⑤
(大同七年十二月)魏遣使来聘。⑥
(大宝二年)二月己亥,魏遣使来聘。⑦
(大宝三年五月)魏遣使贺平侯景。⑧

其中梁武帝大同年间六次,梁元帝大宝年间两次,《梁书》中仅云"魏遣使来聘",没有关于使节的任何信息。据《魏书·孝静纪》,发生在梁武帝大同年间的聘使乃东魏所为,使者分别为李谐、卢元明、李邺⑨、郑伯猷⑩、陆操⑪等。发生在梁元帝时的两次聘使分别为大宝二年二月己亥、三年五月。大宝二年即公元551年,西魏大统十七年,北齐天宝二年,则此处的"魏"指西魏。对于这两次出使,《周书》中没有记载,故我们只能推测刘伟出使梁应在这两次之中。刘晦墓志载刘伟于大统十七年(551)迎柩于河南,西魏废帝元年(552)正月合窆其父母于弘农城东。以此推测,刘伟出使梁的时间应为大宝三年(552)。很可能刘伟在正月将其父母合葬于弘农后,于当年五月出使梁,之后官拜昌州刺史,这也是志文中没有提及刘伟官居昌州刺史的原因。

关于刘伟之子刘士龙,《隋书》卷七十四《燕荣传》载："其妻诣阙称冤,上遣考功侍郎刘士龙驰驿鞫问。奏(燕)荣虐毒非虚,又赃秽狼藉,遂徵还京师,赐死。"⑫同书卷二《高祖纪》

---

① (唐)姚思廉:《梁书》卷三《武帝纪》,北京:中华书局,1973年,第81页。
② (唐)姚思廉:《梁书》卷三《武帝纪》,第82页。
③ (唐)姚思廉:《梁书》卷三《武帝纪》,第83页。
④ (唐)姚思廉:《梁书》卷三《武帝纪》,第84页。
⑤ (唐)姚思廉:《梁书》卷三《武帝纪》,第85页。
⑥ (唐)姚思廉:《梁书》卷三《武帝纪》,第87页。
⑦ (唐)姚思廉:《梁书》卷五《武帝纪》,第116页。
⑧ (唐)姚思廉:《梁书》卷五《武帝纪》,第128页。
⑨ "(天平四年)秋七月甲辰,遣兼散骑常侍李谐、兼吏部郎中卢元明、兼通直散骑常侍李邺使于萧衍。"见(北齐)魏收:《魏书》卷十二《孝静纪》,北京:中华书局,1997年,第301页。
⑩ "(元象元年二月)丙辰,遣兼散骑常侍郑伯猷使于萧衍。"见(北齐)魏收:《魏书》卷十二《孝静纪》,第302页。
⑪ "(元象元年)十有一月庚寅,遣陆操使于萧衍。"见(北齐)魏收:《魏书》卷十二《孝静纪》,第303页。
⑫ (唐)魏征、令狐德棻:《隋书》卷七十四《燕荣传》,北京:中华书局,1973年,第1696页。

载:"(仁寿三年)八月壬申,上柱国、检校幽州总管、落丛郡公燕荣以罪伏诛。"①同书卷六十六《高构传》又载:"开皇中,昌黎豆卢寔为黄门侍郎,称为慎密。河东裴术为右丞,多所纠正。河东士燮、平原东方举、安定皇甫聿道,俱为刑部,并执法平允。弘农刘士龙、清河房山基为考功,河东裴镜民为兵部,并称明干。京兆韦焜为民曹,屡进谠言。南阳韩则为延州长史,甚有惠政。此等事行遗缺,皆有吏干,为当时所称。"②据以上记载知刘士龙在隋文帝开皇、仁寿年间官居考功侍郎,明智干练,为时人所称。

《隋书》卷四《炀帝纪》载:"(大业八年十一月)甲申……斩尚书右丞刘士龙以谢天下。"③关于刘士龙被杀的原因,据同书卷六十《于仲文传》记载是因为在征伐高句丽时刘士龙擅自释放敌将。刘士龙死于大业八年(612),至于其生年则史无考。

《姓纂》云刘士龙为隋左丞,但从《隋书》的相关记载来看,刘士龙应担任右丞而非左丞,《隋书·百官志》云:"尚书省……属官左、右丞各一人,都事八人,分司管辖。吏部尚书统吏部侍郎二人,主爵侍郎一人,司勋侍郎二人,考功侍郎一人。"④则刘士龙在隋文帝时担任的是吏部考功侍郎,至隋炀帝大业年间已升任尚书右丞。

志文中提到的六世祖刘识、高祖刘瑶,祖武都太守、父州都君等翻检史书未见记载。

刘晦虽出身官宦世家,但从志文看其"不以宦途经心,虽州郡辟命,公府屡征……莫之屑就",可能一生未曾出仕。

结合出土墓志与文献记载我们可以推知刘晦家族的世系:

刘仲(名喜)………—刘崎—刘宽………—刘识—刘瑶—?—武都太守—州都君—刘晦—┬—?
　　　　　　　　　　　　　　　　　　　　　　　　　　　　　　　　　　　　├—刘伟—刘士龙—┬—刘元立
　　　　　　　　　　　　　　　　　　　　　　　　　　　　　　　　　　　　│　　　　　　　└—刘本立
　　　　　　　　　　　　　　　　　　　　　　　　　　　　　　　　　　　　└—刘穆

三、刘晦墓志所涉及的有关历史

志文第四行称"及大魏卜食东都,仍内徙于河南洛阳",系指北魏孝文帝迁都之事。太和十八年(494),孝文帝拓跋宏借南伐名义将都城由平城迁到洛阳,太和十九年(495)"诏迁洛之民,死葬河南,不得还北。于是代人南迁者,悉为河南洛阳人"。⑤ 从刘晦墓志看当时北魏政权除强令鲜卑贵族南迁外还内徙了一些汉人,这些汉人内徙应是充实洛阳城的需要,南迁的汉人悉以洛阳为籍贯,但内徙的汉人仍保留了自己的籍贯,如墓志中称刘晦为弘农华阴人。弘农为郡,始于西汉元鼎四年(前113),华阴指县,由于政区的分合,北魏时华

---

① (唐)魏征、令狐德棻:《隋书》卷二《高祖纪》,第52页。
② (唐)魏征、令狐德棻:《隋书》卷六十六《高构传》,第1557页。
③ (唐)魏征、令狐德棻:《隋书》卷四《炀帝纪》,第83页。
④ (唐)魏征、令狐德棻:《隋书》卷二十八《百官志》,第774页。
⑤ (北齐)魏收:《魏书》卷七下《高祖纪》,第178页。

阴已不隶属于司州弘农郡,而属于华州华山郡。① 刘晦为标明自己的门第,于籍贯仍称弘农华阴,乃是因为弘农刘氏乃郡望大姓,时人钟情于门阀形成时期的州郡名,而非当时的行政区划。② 刘晦的夫人乃京兆韦氏,京兆韦氏亦是当时的望族,弘农刘氏与之联姻也是门阀婚姻的反映。关于门阀联姻,孝文帝太和十七年(493)曾下诏:"厮养之户不得与士民婚。"③ 这就使得门阀、贵勋相互联姻,高门大族联姻成为了当时的风气,如《韦彧妻柳敬怜墓志》就记载其长女适陇西辛氏,二女适清河崔氏,三女适河东柳氏,④柳氏三女所适者均为当时的名门望族。

志文称"自鸾驾西巡,瀍洛遂梗,故使幽灵久客",杨俭墓志⑤亦云"永熙三年(534),鸾驾西巡",所述乃同一事,均婉言北魏孝武帝奔关中之事。永熙三年(534),孝武帝与权臣高欢决裂,西奔关中,高欢则另立元善见为帝,迁都邺,建立东魏。不久孝武帝为宇文泰所杀,次年宇文泰拥立元宝炬为帝,以长安为都,建立西魏,北魏正式分裂为东、西魏。彼时洛阳为东魏所占,其后西魏曾短暂入洛,但终西魏一朝,洛阳仍在东魏的控制之下。

志文称"冢宰以孝道为先",冢宰指宇文泰,《周书·文帝纪》云:"(大统)十七年春三月,魏文帝崩,皇太子嗣位,太祖以冢宰总百揆。"⑥据《周书·儒林传》记载,宇文泰"雅好经术。求阙文于三古,得至理于千载,黜魏、晋之制度,复姬旦之茂典"。⑦《周书·太祖纪》也说宇文泰"崇尚儒术,明达政事,恩信被物,能驾驭英豪"。⑧ 正因如此,宇文泰才"厚相资给",支持刘伟迁葬父母。其实,不只宇文泰提倡孝道,整个北朝时期社会上就弥漫着"孝"。有学者统计收集到的671方北朝墓志中有近2/3的志文明确以"孝"字作评,⑨可见当时对孝道的重视。

志文并未提及刘伟曾担任西魏"安西将军、银青光禄大夫、大行台郎中、博平县开国男"等官职。"大行台"指宇文泰的丞相大行台,大统元年(535)授,西魏废帝二年(552)罢。

关于刘晦卒地洛阳文华里,《洛阳伽蓝记》《魏书》等均未见记载,但见于北魏普泰元年(531)的《穆绍墓志》。该墓志云穆绍薨于洛阳修政乡文华里,⑩则刘晦卒地文华里属于洛阳县修政乡,当在北魏洛阳内城或附郭地区。⑪

刘晦妻子韦氏卒于河南陆浑之频阴里,陆浑即陆浑县(即今河南嵩县),西汉始置县,属弘农郡,晋属河南郡。陆浑县在北魏时期设置,《魏书》《北史》等均无记载,以致有学者认为北魏时无陆浑县。⑫ 但从刘晦墓志看北魏时亦置陆浑县,隶属于河南郡。"陆浑县"一

---

① 太和十一年(487)以前,华阴属秦州,同年分立华山郡,华阴改隶华州。见(北齐)魏收:《魏书》卷一百〇六下《地形志》,第2625—2626页。
② 侯旭东:《北朝乡里制与村民的生活世界——以石刻为中心的考察》,《历史研究》2001年第6期,第16—29页。
③ (北齐)魏收:《魏书》卷七下《高祖纪》,第173页。
④ 罗新、叶炜:《新出魏晋南北朝墓志疏证》,北京:中华书局,2005年,第234—235页。
⑤ 吴钢主编:《全唐文补遗(千唐志斋新藏专辑)》,西安:三秦出版社,2006年,第443页。
⑥ (唐)令狐德棻:《周书》卷二《文帝纪》,北京:中华书局1971年,第33页。
⑦ (唐)令狐德棻:《周书》卷四十五《儒林传》,第806页。
⑧ (唐)令狐德棻:《周书》卷二《文帝纪》,第37页。
⑨ 赵海丽:《北朝墓志文献研究》,山东大学博士学位论文,2007年。
⑩ 赵超:《汉魏南北朝墓志汇编》,天津:天津古籍出版社,1992年,第284页。
⑪ 张金龙:《北魏洛阳里坊制度探微》,《历史研究》1999年第6期,第51—67页。
⑫ 阎文儒、常青:《龙门石窟研究》,北京:书目文献出版社,1995年,第36页。

名还见于龙门石窟古阳洞造像,题记云"陆浑县功曹魏灵藏",魏灵藏造像的时代约在北魏太和末或景明初年,[①]由此可知孝文帝迁洛时已有陆浑县。至于频阴里,其得名可能与临近黄河有关。

据志文可知,刘晦卒于正光四年(523),其夫人韦氏卒于永熙元年(532),刘伟将其神柩迁出河南的时间为大统十七年(551),西魏废帝元年(552)正月方合窆于弘农城东。刘晦墓志所记载的乃是迁葬弘农后的情况,至于刘晦夫妇在洛阳是否有葬地或暂厝某地则不得而知,墓志制作的时间当在废帝元年(552)。至于刘伟为何在将近二十年后方把父母骨骸迁葬弘农,这可能与当时战乱频仍、财力不足有关。

刘晦其人虽然不见于典籍,但墓志记录了其家世和生平事迹,涉及聘梁使、卒地等,可补文献之阙如,这对于研究北朝历史,特别是北魏史、政区地理、刘氏家族史均具有重要的史料价值。墓志刻画工整,运笔流畅,亦是一方珍贵的书法佳品。

作者简介:刘昕,南开大学历史学院博士研究生。

---

① 温玉成:《龙门古阳洞研究》,《中原文物》1985年《魏晋南北朝佛教史及佛教艺术讨论会论文选集特刊》,第114—147页。

北京明代公主墓志初步研究

周 莎

【摘 要】本文主要根据考古发掘和调查所知的北京地区明代公主墓情况材料,探究明代公主墓葬的特点与社会生活等诸多问题。首先,通过梳理各区县发现的明代公主墓葬资料,对明代公主墓葬的区域分布信息进行归纳分析;其次,根据明代公主的封号,探讨明代公主封号的由来;最后,利用明代公主墓葬出土的墓志资料,结合明代史料,对明代公主墓志志文进行研究,探讨出土文物所反映的社会信息。

【关键词】北京;明代;墓葬;明代公主墓志

随葬品反映了墓主人的地位、身份、嗜好等诸多信息。墓葬中的随葬品按不同的材质,可分为:金银器类、铜器类、铁器类、玉石类、木材类、陶瓷类。墓志就相当于逝者的"身份证",人们通过上面可以了解墓主人的基本信息。一方面,通过随葬品我们可以了解当时社会的经济发展情况、手工业发展情况以及人们的物质文化生活情况,等等;另一方面,通过随葬品我们可以进一步了解明代墓葬丧葬制度。

一、北京明代公主墓志概况

截至 2017 年年底,北京地区发现的明代公主墓葬有 16 座,其中归善公主墓仅收集到志盖,盖篆《归善公主圹志盖》,并无志文。① 现可以收集到的北京地区出土公主墓志一共有 15 方,分别是:《永安公主圹志》《庆都公主圹志》《顺德长公主圹志》《广德长公主圹志》《固安郡主圹志》②、《太康长公主圹志》《永康大长公主圹志》《德清大长公主圹志》《栖霞公主圹志》《仙居公主圹志》《静乐公主圹志》《宁安大长公主圹志》《永宁公主圹志》《皇明怀宁公主圹志》《遂平长公主圹志》。这批明代公主墓志志文不仅书写精美、装饰华丽,而且可补史料之缺,具有一定的研究价值。受现有材料及本人能力所限,笔者仅挑选目前所见志文的部分类别进行释读与研究。

---

① (明)张镕:《明世宗肃皇帝实录》卷之二百八十七,钞本,第 6669 页。
② 因其葬制仍用公主规格,故此处保留其志文。

(一) 永安公主圹志

公主讳玉英,今上皇帝仁孝皇后之长女也,生洪武十年六月十五日,天资淑慧,静一端庄,恪奉圣训,笃于孝敬。二十八年九月二十七日册为永安郡主,下嫁仪宾袁容。皇帝平定内难,既正大统,永乐元年二月十八日册为永安公主,容升驸马都尉,以功封广平侯。公主虽贵,而庄严恭顺,虽富而益惇节俭,闺门肃睦,闲暇则讲明仁孝皇后《内训》及《列女传》《女宪》等书,而躬行之,盖古之贤女无以。永乐十五年正月初九日以疾薨,是年二月二十七日,葬于北京顺天府涿州房山县永安乡佛仙山之原。子男一人,长安女三人,长宁宁适武安侯郑亨之嫡子郑能①;次尧英;次受□。仅用志诸幽堂。

《永安公主圹志》原存于房山区公主坟村,今移至房山区静安墓园内保存(图1)。《新中国出土墓志?北京》一书中,未收录其拓片。永安公主圹志文呈长方形,由墓志碑及墓志文组成。墓志碑篆:永安公主之墓。墓志文共计14行,满行25字,永乐十五年(1417)正月初九日卒,年41岁,永乐十五年(1417)二月二十七日葬。

图1 永安公主墓志

---

① 据《明史》卷一百四十六《列传第三十四》所载,推测此字为"能"。

永安公主是明代第三位皇帝——明成祖的长女。明成祖是太祖的第四子,他于建文四年(1402)七月壬午朔(七月三十日),大祀天地,正式即位称帝,废建文年号,定次年为永乐元年。他在位22年,永乐二十二年(1424)七月辛卯驾崩,谥曰"文皇帝",庙号太宗。嘉靖十七(1538)年九月,改上尊谥及庙号,庙号成祖。成祖有女5人,分别是:永安公主下嫁袁容、永平公主下嫁李让、安成公主下嫁宋琥、咸宁公主下嫁宋瑛、常宁公主下嫁沐昕。

《明实录》载:"永安公主薨,辍朝四日。"[①]关于永安公主,在《明史·公主列传第九》载:"成祖五女。……下嫁袁容,永乐元年(1403)进郡主为公主,永乐十五年(1417)薨。"[②]《国榷·元潢》载:"成祖文皇帝。永安公主驸马都尉袁容。"[③]这三部史料都没记载永安公主的名字及出生时间,而永安公主圹志则记载得更为详细,如其上载"公主讳玉英"。

(二)庆都大长公主圹志

(庆都大长公主圹志)公主讳圆通,大明仁宗昭皇帝之第二女也,母妃赵氏。公主生於永乐七年九月初一日,洪熙元年四月初七日册为庆都公主,宣德三年十一月初二日下嫁驸马都尉焦敬。今上皇帝嗣位,笃念至亲,礼待优厚。正统二年七月十五日进封为大长公主,五年五月十三日以疾薨,享年三十二岁。讣闻,上深悼惜,辍视朝一日,遣官致祭,敕有司营葬事。太皇太后、皇太后皆赐祭。中外亲王、公主悉遣官祭。以薨之年八月壬午,葬黑石山之原。葬之日,上复辍朝一日。呜呼!公主贞淑,天赋孝敬夙成,足以膺福祉,宜家而享富贵于永远也,而遽长逝,岂非命哉?[④] 述其概,纳之幽堂,用垂不朽云。

《庆都大长公主圹志》拓片在北京市文物局、北京市石景山区田义墓博物馆均有留存。圹志由志盖和志文组成。盖篆:庆都大长公主圹志。圹志志文刻于汉白玉石之上,共计18行,满行19字。庆都大长公主于正统五年(1440)五月十三日卒,年32岁,正统五年(1440)八月壬午葬。(如图2所示。)

---

① 《明实录·明英宗睿皇帝实录》卷二百一十三,第5482页。
② (清)张廷玉等:《明史·公主列传第九》卷一百二十一,北京:中华书局,2007年,第3669—3670页。
③ (明)谈迁:《国榷·卷首之一·元潢》,北京:中华书局,1958年,第11页。
④ 笔者怀疑此处缺字,缺"爱"字。

图 2 庆都大长公主圹志拓片

庆都大长公主是明代第四位皇帝明仁宗的次女,名朱圆通。明仁宗是成祖的长子,永乐二十二年(1424)八月十五日即位,改元洪熙。仁宗皇帝在位仅 10 个月便驾崩了,谥曰"昭皇帝"。仁宗皇帝有女 7 人,分别是:嘉兴公主下嫁井源;庆都公主下嫁焦敬;清河公主下嫁李铭;真定公主下嫁王谊;德安公主早薨,未嫁;延平公主和德庆公主亦未嫁而薨。《国榷》一书将清河公主和真定公主载为成祖位下,实为刊误。

(三)顺德长公主圹志

顺德长公主圹志公主,大明宣宗皇帝长女,今上皇帝之姊也,母后胡氏。公主生於永乐十八年十一月二十七日,正统二年七月十五日册封为顺德长公主,十二月二十四日下嫁驸马都尉石璟,八年正月十七日以疾薨,享年二十有四。讣闻,上深哀悼,辍视朝一日,遣官致祭,敕有司营葬。皇太后、皇后皆赐祭,中外亲王、公主悉遣官祭,以薨之年四月二十三日,葬于宛平县黑石山之原。葬之日,上复辍朝一日。呜呼!公主孝敬贞淑出於天性,宜臻高年,永建厥家,安享荣贵。而乃早逝,凯非命耶?爰述其既,纳之幽堂,用垂永久云。

《顺德长公主圹志》拓片在北京市文物局文物资料中心有留存。圹志由墓志并盖组成。盖篆:故顺德长公主圹志。志文共计 15 行,满行 20 字。顺德长公主于正统八年

（1443）正月十七日卒，年24岁，正统八年（1443）四月二十三日葬。（如图3、图4所示。）

图3 顺德长公主圹志盖拓片

图4 顺德长公主圹志文拓片

（四）广德长公主圹志

广德长公主圹志公主讳延祥，英宗睿皇帝第五女，母静庄安穆宸妃万氏。生于景泰甲戌十月初十日，成化壬辰十月二十二日册封为广德长公主，下嫁驸马都尉樊凯。甲辰八月二十一日薨，享年三十一。讣闻，上哀悼，辍视朝一日，遣官致祭，命有司营葬事。皇太后、皇后、东宫及公主以下各遣祭。葬之日，复辍视朝一日。呜呼！公主为国懿亲，荐膺恩命，勤俭孝敬之德，着闻戚畹。寿虽不遐，而休光庆泽，异于等夷，可谓生荣死哀者也。子男四，琦、瑶、琮、瑄。琦钦授锦衣卫衣中所百户。女二。是年十一月十三日，奉敕葬西山香山乡翠微山之原。爰述其既，纳诸幽圹，用垂不朽云。

《广德长公主圹志》拓片在北京市文物局文物资料中心有留存。圹志由墓志并盖组成。（如图5、图6所示）盖篆：大明广德长公主圹志。志文共计21行，满行24字。广德长公主于成化甲辰（1484）八月二十一卒，年31岁，成化二十年（1484）十一月十三葬。

 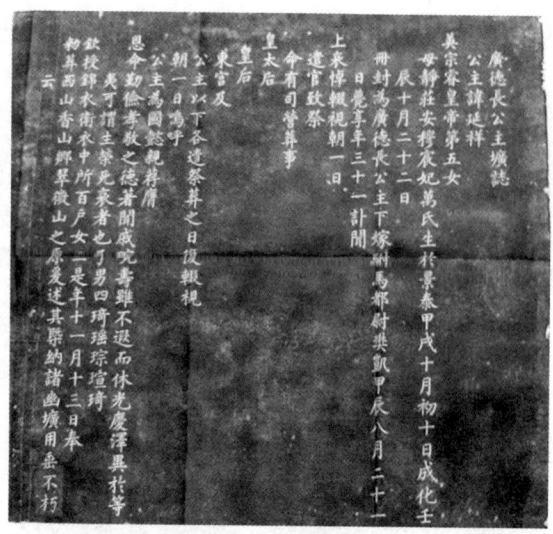

图 5　广德长公主志盖拓片　　　　图 6　广德长公主圹志文拓片

广德长公主为明代第六位皇帝明英宗第五女。明英宗是宣宗的长子,宣德十年(1435)壬午即皇帝位,改元正统。明英宗在位分两段时间,分别在位 14 年、在位 8 年,共计在位 22 年。明英宗于天顺八年(1464)正月乙卯驾崩,谥曰"睿皇帝"。英宗皇帝有女 8 人,分别是:重庆公主下嫁周景、嘉善公主下嫁王增、淳安公主下嫁蔡震、崇德公主下嫁杨伟、广德公主下嫁樊凯、宜兴公主下嫁马诚、隆庆公主下嫁游泰、嘉祥公主下嫁黄镛。《国榷》载英宗长女被封为惠庆公主,与《明史》相左,实为刊误。

（五）固安郡主圹志

固安郡主圹志郡主讳□□,恭仁康定景皇帝之女,母妃汪氏。正统十四年正月二十七日巳时生,成化六年二月初十日封为固安郡主,下嫁宗人府仪宾王宪。弘治四年二月十一日亥时薨,享年四十三岁。讣闻,上哀悼,赐棺椁齐量麻布,命司礼监左监丞王琮董丧事,遣官致祭,仍命内官监办丧仪,工部营葬域,恩典皆从厚。圣慈仁寿太皇太后、皇太后、中宫、在京亲王、公主皆遣祭焉。呜呼！郡主为国懿亲,早膺封命,勤俭孝敬之德,柔嘉淑慎之仪,著闻宫壸。寿虽不遐,而休光庆泽,异於等夷,可谓生荣死哀者也。子男王道。弘治四年五月初九日辰时,葬翠微山之原。爰述其概,纳诸幽圹,用垂不朽云。

《固安郡主圹志》拓片在中国国家图书馆、北京市文物局文物资料中心均有留存。圹志由墓盖并志文组成。盖篆:明故固安郡主圹志铭。志文共计 20 行,满行 20 字。固安郡主于弘治四年(1491)二月十一日卒,年 43 岁,弘治四年(1491)五月初九日葬。(如图 7、图 8 所示。)

图7　固安郡主圹志志盖拓片

图8　固安郡主圹志志文拓片

固安郡主是明代宗朱祁钰的长女。代宗是宣宗次子,初封郕王,正统十四年(1449)秋八月监国,九月(1449)癸未即皇帝位,在位8年。景泰八年(1457),英宗复辟,朱祁钰被废为郕王,同年癸丑薨逝,谥曰"戾",以亲王之礼葬于西山。宪宗继位后感念叔父功德,允其陵仍用皇帝之号。志文中所说"恭仁康定景皇帝"便是明代宗。

(六) 太康长公主圹志

> 太康长公主圹志公主讳秀荣,今上皇帝之女,皇后所出。以弘治七年正月十四日辰时生,弘治十一年九月十六日亥时薨。公主聪慧娟秀,为上所钟爱。薨之日,悼惜不已,乃追封为太康公主。凡诸恩典,皆从厚。以卒之年十月十一日,奉敕葬于都城西金山之原。谨志。

《太康长公主圹志》拓片在中国国家图书馆留存,并收录于《墓志集》①第138页。志文载公主于弘治十一年(1498)九月十六日卒,弘治十一年(1498)十月十一日葬。

太康长公主是明代第九位皇帝明孝宗的长女。明孝宗是宪宗第三子。成化二十三年(1487)九月壬寅即位,改元弘治。孝宗皇帝在位18年,弘治十八年(1505)五月辛卯日驾崩,谥曰"敬皇帝"。孝宗皇帝有女3人,分别是:太康公主早薨未嫁、永福公主下嫁邬景和、永淳公主下嫁谢诏。长公主名叫朱秀荣,因薨逝时年纪尚幼,故史料上没有太多记载。公主的葬礼为皇家敕葬,规制甚高。正如志文所言:"公主聪慧娟秀,为上所钟爱。"最后,皇家将葬地选在了金山。

---

① 北京石刻艺术博物馆、中国文物研究所:《新中国出土墓志·北京》(壹),北京:文物出版社,2003年,第138页。

(七)明永康大长公主圹志

　　永康大长公主圹志公主,宪宗纯皇帝第二女也,母靖顺惠妃郭氏。公主生于成化戊戌六月初十日,弘治癸丑五月十一日册封为永康长公主,下嫁驸马都尉崔元。正德丙寅进封为永康大长公主。辛巳,今上登极,岁加禄米一百石。嘉靖改元,元以迎銮恩进封京山侯,且其端雅谨饬,老成持重,深为皇上所眷注,时加召问,特隆宠遇,实有超迈乎等夷焉。丁未二月初六日,公主以疾薨,享年七十。讣闻,上悼惜,辍视朝一日,遣官致祭,命有司营葬事。中宫、皇太子、裕王、景王、德清大长公主、泾简王妃各遣祭,皇亲、公侯伯、文武官、命妇各致祭焉。以是年四月二十八日,奉敕葬于顺天府大兴县下马社榨子口之原。葬之日,上复辍视朝一日。子男二,长凤徵,早卒;次骥徵。女二长适安昌伯钱维圻,亦卒;次尚幼。呜呼!公主为国懿亲,早受荣封,安享贵富,而孝慈勤俭之德,出于天性,且执妇道无忝,册训之词有光戚里,里朝恩眷有隆无替,皇上存问锡贲,尤为笃厚,寿跻古希。薨之日,累蒙圣谕,口典有加,可谓完德而获完福,生荣死哀也矣。爰述其概,纳诸幽圹,用垂不朽云。

《明永康大长公主圹志》拓片在中国国家图书馆有留存。盖篆:明永康大长公主圹志。志文共计 26 行,满行 31 字。永康大长公主于嘉靖二十六年(1547)二月初六日卒,年 71 岁,嘉靖二十六年(1547)四月二十八日葬。

永康大长公主是明代第八位皇帝明宪宗的次女。明宪宗是英宗长子,原名朱见濬,"瓦剌事变"后被立为皇太子,始改名朱见深。景泰三年(1452),景帝将英宗所立皇太子朱见深废为沂王。天顺元年(1457),朱见深被复立为皇太子,天顺八年(1464)正月乙亥即位,改元成化。宪宗皇帝在位 23 年,成化二十三年(1487)八月己丑驾崩,谥曰"纯皇帝"。宪宗有 5 女,分别是:仁和公主下嫁齐世美;永康公主下嫁崔元;德清公主下嫁林岳;长泰公主和仙游公主早薨未嫁,为追册。

(八)德清大长公主圹志

　　(德清大长公主圹志)公主宪宗纯皇帝第三女也,母昭顺丽妃章氏。公主生于成化戊戌七月二十日,弘治丙辰十二月十三日,册封为德清长公主。下嫁驸马都尉林岳。正德改元,进封为德清大长公主。辛巳,今上登极,岁加禄米一百石。嘉靖巳酉①六月二十四日薨,享年七十有二。讣闻,上悼惜,辍视朝一日,遣官致祭,命有司营葬事。裕王、景王、公主、泾简王妃各遣祭,皇亲、公侯伯、文武官、命妇各致祭焉。以是年九月二十四日,奉敕葬顺天府大兴县魏村社十里河之原。葬之日,上复辍视朝一日。子男二:鹿,锦衣卫批挥佥事,先卒;鹰,正千户,今例授指挥同知。女二:长适镇远侯顾环,次幼卒。孙男二:体乾,鹿出,继父识体;元,鹰出,应袭舍人。孙女五。呜呼!公主为国懿亲,早授荣封,安享贵富,而□之训戒,孝敬仁慈之德,着闻戚畹,音教诸子孙,诗礼彬

---

① 墓志上刻为"巳酉",应为"己酉"之误。

彬，且承□朝恩赉，有隆无替。皇上存问锡赉，尤为笃厚，寿跻高年，懋膺完福，休光庆泽，异于等夷，可谓生荣死哀也已。爰述其概，纳诸幽圹，用垂不朽云。

《德清大长公主圹志》①为2009年新发现的明代公主墓志，中国国家图书馆尚未藏有其拓片。志文书写于汉白玉材质之上。墓志并盖长宽均90厘米，厚18厘米。盖篆：明德清大长公主墓志。② 志文共计24行，满行28字。德清大长公主于嘉靖二十八年（1549）六月二十四日卒，年72岁，嘉靖二十八年（1549）九月二十四日葬。（如图9、图10所示。）

图9　德清大长公主圹志文

图10　墓室石门

德清大长公主为明代第八位皇帝明宪宗的第三女。宪宗有女5人，前文已述，故在此不赘述。德清大长公主的姐姐是永康大长公主，二人年龄相差仅一个月。德清大长公主生于成化戊戌七月二十日，即成化十四年（1478）。根据志文所述，德清大长公主享年72岁。由此可推断，她是我们目前根据墓志所知的最长寿的公主。

（九）栖霞公主圹志

（栖霞公主圹志）公主讳尧姜，今上皇帝之第七妹，乃皇考穆宗庄皇帝淑妃秦氏出也。以隆庆五年七月初二日生，隆庆六年九月二十八日薨。薨之日，皇情悼惜，特追封为栖霞公主。以本年十二月初九日，奉敕葬于都城西金山之原。谨志。

---

① 北京市文物研究所郭京宁先生提供墓志照片，谨致谢忱。
② 见北京文博网站：《朝阳区十八里店乡明代公主、驸马合葬墓的考古发掘工作》，网页地址：http://www.bjww.gov.cn/2009/2—10/1234233818203.html。

《栖霞公主圹志》拓片在中国国家图书馆、北京市文物局文物资料中心均有留存。盖篆：明故固安郡主圹志铭。志文共计 10 行，满行 13 字。栖霞公主于隆庆六年（1572）九月二十八日卒，年仅 1 岁，隆庆六年（1572）十二月初九日葬。

栖霞公主是明代第十二位皇帝明穆宗的第七女。明穆宗是世宗的第三子，嘉靖四十五年（1566）十二月壬子即位，改元隆庆。他在位 6 年，隆庆六年（1572）五月庚戌崩于乾清宫，上谥曰"庄皇帝"。穆宗皇帝有女 7 人，分别是：长女蓬莱公主、次女太和公主均早薨，未下嫁；三女寿阳公主下嫁侯拱辰；四女永宁公主下嫁梁邦瑞；五女瑞安公主下嫁万炜；六女延庆公主下嫁王昺；七女栖霞公主亦早薨未下嫁。《明史》①载穆宗皇帝有六女，不包括栖霞公主。《国榷》②中载明穆宗第七女为栖霞公主，其名尧媭。据《栖霞公主圹志文》可知，栖霞公主名叫朱尧姜，为"今上皇帝之第七妹"。上皇帝是指明神宗。因此可知，明穆宗有女 7 人，而非 6 人；公主名讳亦非尧媭，而为尧姜。

明制，皇帝之姐妹应该封为长公主。为何栖霞公主与皇帝同辈，未封"长公主"？栖霞公主卒于隆庆六年（1572）九月二十八日，其父穆宗皇帝先于她 4 个月崩逝，其兄明神宗朱翊钧当时年仅 10 岁。先皇驾崩幼皇刚刚即位，栖霞公主亦于此时薨逝，于明廷纷乱之间，未及进封，只是按皇家的礼仪安葬在了金山。

（十）仙居公主圹志

（皇第五女仙居公主圹志）公主讳轩姞，皇上第五女，德嫔李氏出也，以万历甲申七月二十日生，是年十二月三十日薨逝。皇情惋惜，於是追封为仙居公主。丧用成人之礼，以寓哀也。卜用明年乙酉五月初三日，葬于都城西金山之原。於戏！公主生未踰年，而特膺宠渥。封有号，葬有仪，即降世弗延，而芳魂亦有慰矣，爰志于石，闭厥幽宫云。

《仙居公主圹志》拓片在中国国家图书馆有留存。笔者 2007 年考察之时，在位于北京市海淀区植物园内曹雪芹纪念馆见到原志文（如图 11 所示）。墓志盖已佚，现仅存墓志志文一块。志文共计 12 行，满行 15 字。仙居公主于万历十二年（1584）十二月三十日卒，仅活了 5 个月，万历十三年（1585）乙酉五月初三日葬。

---

① （清）张廷玉等：《明史·公主列传第九》卷二百二十一，第 3675—3676 页。
② （明）谈迁：《国榷》卷首之一《元潢》，第 17 页。

图11 仙居公主圹志

仙居公主是明代第十三位皇帝明神宗的第五女。明神宗是穆宗的第三子,隆庆六年(1572)五月甲子即位,改元万历。神宗皇帝于万历四十八年(1620)七月丙申驾崩,上谥曰"显皇帝",他在位48年,是明代在位最久的皇帝。神宗皇帝有女10人,分别是:长女荣昌公主下嫁杨春元;七女寿宁公主下嫁冉兴让;其余8位公主,即静乐公主、云和公主、云梦公主、灵丘公主、仙居公主、泰顺公主、香山公主、天台公主均早薨,追册。

按志文所言:"仙居公主讳轩姞,是皇上的第五女。"万历甲申是指万历十二年(1584),"是年",即指当年,公主一生下来就夭折了。明神宗对这位皇女礼遇有加,志文曰:"封有号,葬有仪。"最后志文对公主早薨表示了惋惜。

（十一）明静乐公主圹志

> （明静乐公主圹志）公主讳轩妠,皇帝第三女,荣妃王氏出也。以万历甲申六月初一生,乙酉闰九月二十一日薨逝。皇情惋惜,於是追封为静乐公主,丧用成人之礼,以寓哀也。卜用本年十二月初四日,葬于都城西金山之原。於戏！公主生踰朞年,而特膺宠渥。封有号,葬有仪。即降世弗延,而芳魂亦用慰矣。爰志于石,閟厥幽宫云。

《静乐公主圹志》[①]盖篆:明静乐公主圹志。志文共计13行,满行15字。明静乐公主于万历乙酉闰九月二十一日卒,仅活了三个多月,万历乙酉(1585)十二月初四日葬。

静乐公主是明代第十三位皇帝明神宗的第三女,是仙居公主的姐姐。神宗皇帝有女10人,前文已述,此处不赘述。静乐公主生于万历十二年(1584)六月初一日,万历十二年(1585)闰九月二十一日薨逝。志文上曰:"卜用。"看来公主的葬地应是选的上佳吉壤,葬地和她的妹妹仙居公主一样,都葬在金山之原。

---

① 北京石刻艺术博物馆、中国文物研究所:《新中国出土墓志·北京》(壹)。

(十二)宁安大长公主圹志

　　(宁安大长公主圹志)公主讳禄媜,世宗肃皇帝第三女也,母母端妃曹氏。生于嘉靖己亥五月十三日,逮乙卯二月封宁安公主,以驸马都尉李和尚之。隆庆改元,进封长公主。今上登大宝,进封大长公主。主性端重,不妄謦笑,虽托体宫闱,而执心逊顺,肃雍静穆,象之人,咸宜之。自厘降以逮今终如一日。先是,都尉卒,上官其子总帅,恩礼有加。至万历丁未闰六月十二日薨逝,年六十九矣。上闻哀悼,辍朝一日。慈圣皇太后以下皆致祭,以万历戊申三月初十日,奉敕合葬于翠微山之原,□朝一日。生男一,承恩锦衣卫都尉指挥使。女孙一,尚幼。呜呼!主,禀灵宸极,毓秀紫微。披□□其徽音,庶族钦其淑德,妇顺母仪,(焉备矣。潘岳祈云:"国之仁妇,家之慈母。"非耶?故事国,有大事,有司治辨,儒臣载笔,以识岁月礼也。于是上命经理其兆域,而属臣为之志。

　　《宁安大长公主圹志》拓片在石景山田义墓管理处有留存。盖篆:宁安大长公主圹志。宁安大长公主于万历三十五年(1607)闰六月十二日卒,年70岁,万历三十六(1608)三月初十日葬。

　　宁安大长公主是明代第十一位皇帝明世宗的第三女。明世宗是宪宗之孙,其父是兴献王朱祐杬。正德十六年(1521)三月丙寅,武宗皇帝朱厚照驾崩,并未留有皇子。于是,慈寿皇太后与大学士杨廷和等人定策,迎兴献王朱厚熜继承大统。正德十六年夏四月癸未,朱厚熜正式即皇帝位,改元嘉靖。世宗皇帝在位45年,于嘉靖四十五年(1566)十二月庚子驾崩,上谥曰"肃皇帝"。世宗皇帝有女5人,分别是:常安公主早薨未嫁;思柔公主早薨未嫁;宁安公主下嫁李和;归善公主薨,追册;嘉善公主下嫁许从诚。

　　明制,皇上的姑姑称为大长公主。宁安大长公主是万历皇帝的姑姑,名叫朱禄媜。嘉靖己亥为嘉靖十八年(1539),万历丁未为万历三十五年(1607),万历戊申为万历三十六年(1608),故而知公主历嘉靖、隆庆、万历三朝。

(十三)永宁公主圹志

　　(永宁公主圹志)公主讳淑娥,皇帝第一女,皇贵妃范氏出也。以天启二年十月十六日丑时生,三年七月初二日卯时薨逝。皇情惋惜,於是追封为永宁公主,祭享秩数,用成人之礼焉。仍命所司,卜得吉兆,以天启三年十二月十五日,葬于金山之原。呜呼!公主生甫踰年,特膺宠渥,封有号,葬有仪,即降年弗永,而芳魂亦可无憾矣。儒臣奉诏,爰志幽宫,用垂不朽云。

　　《永宁公主圹志》拓片在中国国家图书馆有留存。盖篆:永宁公主圹志。志文共计11行,满行18字。永宁公主于天启二年(1622)七月初二日卒,年仅1岁,天启三年(1623)十二月十五日葬。

　　永宁公主是明代第十四位皇帝明熹宗的长女。明熹宗是光宗的长子,万历四十八年(1620)九月庚辰即位,改元天启,在位7年,天启七年(1627)秋八月乙卯驾崩,上谥曰"悊皇帝"。熹宗有女2人,《明史》载:"熹宗二女,皆早逝。"①《国榷》则载:"□□公主,淑娥。"②根据志文所载,可知永宁公主名叫朱淑娥,补以上二史之缺。

志文曰:"用成人之礼",可见熹宗皇帝对永宁公主的钟爱。最终公主归葬金山。明朝还有一位公主被封为永宁公主,那位永宁公主是明穆宗的第四女,下嫁梁邦瑞。公主的封号一般是据古地名而封,因本文稍后要做讨论,故于此不赘述。

(十四)皇明怀宁公主圹志

(皇明怀宁公主圹志)公主讳淑媖,皇帝第二女,成妃李氏出也。以天启四年二月三十日卯时生,本年六月十九日午时薨逝。皇情悼惜,于是追封为怀宁公主,享祀秩数用成礼焉。仍命所司卜得吉兆,以本年十二月二十日葬于金山之原。于戏! 公主生不逾年,特膺隆渥,封有号,葬有仪,虽享年未永,而芳灵亦可无憾矣。儒臣奉诏,爰志幽宫,用垂不朽云。

《明怀宁公主圹志》拓片在中国国家图书馆、北京市文物局文物资料中心均有留存。志文载公主于天启四年(1624)六月十九日卒,未及1岁,只活了半年余,天启四年(1624)十二月二十日葬。

怀宁公主是明代第十四位皇帝明熹宗的次女,永宁公主的妹妹。怀宁公主名叫朱淑媖,如上所述,《明史》《国榷》对这两位公主封号及名讳记载都所缺憾。由出土永宁、怀宁二公主志文可知:明熹宗二女分别为长女永宁公主、次女怀宁公主,二女皆早薨,葬地都是金山。

(十五)明遂平长公主圹志

(明遂平长公主圹志)公主讳徽婧,光宗贞皇帝第七女也。为懿妃傅氏所生。生於万历辛亥年九月十六日。迨天启六年七月有初六日,册封□元七年,恭遇今上登大宝,岁加禄米百石,以□朝见,仰体皇考仁爱之意,每加锡赉殊渥。崇祯五年冬,忽膺疾,上念之甚,赐乐饵调治。越六年正月初一日薨逝。年仅二十有三。讣闻,上哀悼,辍视朝一日,遣官致祭,命有司营葬事,致祭如礼。以崇祯八年三月初十日,葬於普安山之阳。葬之日,复辍视朝一日。遗女四,俱幼未字。呜呼③公主,毓秀璇闱。连树紫极,克承姆训。端范宜家,戚里方钦。贤风享年,云胡不永。然彤管垂芳,鸾仪如在,千秋固未艾也。日月有时,将葬矣,奉命志圹,敬掇懿媺,而勒之阳隧之石。

《遂平长公主圹志》由墓志并盖组成,长宽均68厘米。盖篆:明遂平长公主圹志。志文共计20行,满行22字。遂平长公主于崇祯六年(1633)正月初一日卒,年23岁,崇祯八年(1635)三月初十日葬。

---

① (清)张廷玉等:《明史》卷一百二十一,《列传第九·公主》,第3677页。
② (明)谈迁:《国榷》卷首之一《元潢·公主》,第19页。
③ 此处断句欠妥,笔者认为应该改为:"呜呼! 公主毓秀璇闱。"

遂平长公主是明光宗的长女。明光宗是神宗的长子,于万历四十八年(1620)八月丙午即位,改元泰昌,在位仅一个月,上谥曰"贞皇帝"。光宗有女9人,分别是:长女怀淑公主7岁而薨,二女、三女、四女、五女、六女皆早薨,七女宁德公主下嫁刘有福,遂平公主下嫁齐赞元,乐安公主下嫁巩永固。

遂平公主和崇祯皇帝是兄妹关系,故被封为"长公主"。志文上的"越六年"是指崇祯六年(1633)正月初一日,公主下葬是在崇祯八年(1635)三月初十日,即两年以后。

二、公主墓志文所见的历史

(一)志石的文献资料

1. 永安公主

永安公主的志文上载:"公主讳玉英,上皇帝、仁孝皇后之长女。"可知,公主是明成祖的嫡长女,母亲是徐皇后。徐皇后是开国功臣中山王徐达之女,其人贞静且好读书,明太祖的皇后马氏十分喜欢她。徐氏初封为燕王妃,燕王朱棣即位后被册封为皇后。徐皇后十分贤惠,史载,她采纳《女宪》《女诫》作为内训,还依据古人嘉言善行编撰了《劝善书》,颁行天下。看来,永安公主知书达理、孝行节俭的风范,是受到其母的教育及影响。

关于永安公主的葬礼仪式,据《明史》载:"永乐十五年(1417)正月,永安公主薨。辍朝四日,赐祭,命有司治丧葬。……定制,凡公主丧闻,辍朝一日。自初丧至大祥,御祭凡十二坛。下葬,辍朝一日。仪视诸王稍杀,丧制同,惟各官不成服。其未下嫁葬西山者,岁时遣内官行礼。"①由此可见,史料所载公主薨逝时间与志文相一致。

关于永安公主的葬地,史料上无一提及。《明史》仅载:"永乐十五年(1417),主薨。"由志文"永乐十五年正月初九日……以疾薨,是年二月二十七日葬北京顺天府涿州房山县永安乡(今房山区永安乡公主坟村)佛仙山。"志文亦载:"永乐十五年正月初九日以疾薨。"由此可知志文与史料记载相符,还可从志文上知晓,公主的葬地位于京南的房山县。②

2. 庆都大长公主

明制:皇姑称大长公主,因此,庆都大长公主是皇帝的姑姑。志文所载"今上皇帝",指的是仁宗的孙子朱祁镇。墓志曰:"太皇太后、皇太后、皆赐祭,中外亲王公主悉遣官祭。"按照明制规定:"丧闻,上辍朝一日。御祭一坛。皇太后、中宫、东宫、各祭一坛。各公主共祭一坛。翰林院撰文、圹志文。"③志中所说的"太皇太后"是皇帝的祖母,即仁宗的皇后张氏,"皇太后"是孙氏。志文未载中宫遣祭,何故?中宫为皇后,此时皇后的位置,宫中虚位以待。④ 这些史实,与《明史》所载相符。

---

① (清)张廷玉等:《明史·志第三》卷五十九,第1469页。
② 此地被称为公主坟村,便是由永安公主墓而得名。
③ (明)申时行:《明会典》卷九十八,《丧礼三·公主》,第551页。
④ 英宗朱祁镇于正统七年(1442)始册立钱氏为皇后,正统五年(1440)五月十三日,钱氏还未被立为皇后。所以在庆都大长公主的丧仪之时,并没有皇后。

庆都大长公主薨逝之后,葬在了位于京西的黑石山。志文上曰:"葬之日,上复辍朝一日。"明制,《明会典》载:"下葬辍朝一日。"①与史料记载是相一致的。

在《庆都大长公主》的墓志文中,我们知道在正统年间,有两位太皇太后健在,她们都曾遣官致祭庆都大长公主的丧仪。而在比庆都长公主晚两年有余薨逝的顺德长公主的志文中,我们可以发现,在致祭丧仪上少了一位太皇太后的出现。这是因为在明英宗册立皇后的当年,这位张太后便薨逝了。《明史》载张太后于"正统七年(1442)十月崩"。②

3. 顺德长公主

顺德长公主是明代第五位皇帝明宣宗的长女。明制:皇帝的姐姐称为长公主。"今上皇帝",是指明英宗。也就是说,顺德长公主是朱祁镇的姐姐。

明宣宗是仁宗的长子,永乐九年(1425)十一月被立为皇太孙,仁宗即位后被立为皇太子。仁宗皇帝于洪熙元年(1425)六月庚戌即皇帝位,改元宣德。他在位10年,宣德十年(1435)乙亥驾崩于乾清宫,谥曰"章皇帝"。宣宗有女2人,分别是:顺德公主下嫁石璟,常德公主下嫁薛桓。公主的母后是胡氏,但胡皇后并不是英宗的生母。③

《明史》载:"正统二年(1437)下嫁石璟。"与志文:"正统二年(1437)十二月二十四日下嫁驸马都尉石璟。"两者的记载是一致的,只是墓志志文更详细一些。

关于驸马石璟,史载:"天顺五年,曹钦反,璟率众杀贼,擒其党脱脱。诏奖劳。成化十四年(1478)卒。"④可见,石驸马还是很有才华的,是一员武将。

明制:"丧闻,上辍朝一日。御祭一坛。皇太后、中宫、东宫、各祭一坛。各公主共祭一坛。翰林院撰文、圹志文。"⑤顺德长公主薨逝后,皇家按制进行安葬。其中,皇太后、皇后、中外亲王、公主等都派遣官员来祭奠。

4. 广德长公主

关于广德公主,《明史》寥寥数字:"广德公主,母万宸妃。成化八年(1472)下嫁樊凯。二十年八月薨。"广德长公主,名朱延祥,母亲静庄安穆宸妃万氏,生于景泰甲戌十月初十日。即公主生于景泰五年(1454),成化甲辰即成化二十年(1484)八月二十一日薨。可见,志文比《明史》略为详尽一些。

广德公主刚刚满十岁的时候,其父英宗皇帝便驾崩了。其兄皇太子朱见深继承大统,是为宪宗。按制公主应进封"长公主"。故在成化三年(1452)十月二十二日,广德公主被册封为广德长公主。

祭葬之时,宫中的皇太后、皇后、东宫及公主以下各遣祭。致祭人员与明制丧仪制度相一致,可以想象当时隆重的场面。皇太后是宪宗的生母周太后,皇太子是朱祐樘。宪宗立有两位皇后,一为吴皇后,一为王皇后。这里所说的皇后是哪位呢?查阅史料,不难发现,这里的皇后是指王皇后。

---

① (明)申时行:《明会典》卷九十八,《丧礼三·公主》,第551页。
② (清)张廷玉等:《明史·后妃列传第一》卷一百一十三,《后妃一》,第3513页。
③ 古代礼制,母有嫡母、生母、庶母、养母等之分。例如:马皇后为太祖之正宫,即宝庆公主嫡母。生母张氏,不见于史籍。
④ (清)张廷玉等:《明史·公主列传第九》卷一百二十一,第3671页。
⑤ (明)申时行:《明会典》卷九十八,《丧礼三·公主》,第551页。

广德长公主也是位孝顺勤俭的公主,故其下葬之时,志曰:敕葬,可见其礼遇之高。广德长公主的葬地也是在明代皇家余脉的京西,背倚翠微山。志文所载要比正史详细,可为正史之补充。

5. 永康大长公主

永康大长公主生于成化戊戌六月初十日即成化十四年(1478),卒于嘉靖丁未年为嘉靖二十六年(1547)。永康大长公主历经4朝,即:宪宗朝、孝宗朝、武宗朝、世宗朝,终年七十岁,是北京地区明代公主中较长寿的一位。志文曰:"寿跻古希薨之",与生卒时间是一致的。

志文载:"中宫、皇太子、裕王、景王、德清大长公主、泾简王妃各遣祭皇亲公侯伯文武官命妇各致祭马""奉敕"。中宫是指明世宗的皇后。世宗皇帝曾立了三位皇后,除去张废后,还有两位,一是孝洁陈皇后,一是孝烈方皇后。孝洁陈皇后崩于嘉靖七年(1528),故志文所载乃为方皇后。

前文所见几方志文,上面均书"亲王公主各遣祭葬",而永康大长公主志文明确说明了是哪几位亲王、公主及王妃。巧的是世宗朝的皇太子也册立过两位,一位是哀冲太子朱载基,另一位是庄敬太子朱载壑。两位皇太子《明史》①均有传,哀冲太子活了仅两个月便早殇,庄敬太子虽然也因薨逝而未能继承大统,但永康大长公主薨逝时,皇太子还健在。翻开世宗一朝的史册,可知裕王就是朱载垕。景王是裕王的弟弟,名朱载圳。据史载:"嘉靖十八年(1539),封穆宗裕王、载圳景王。"②

永康大长公主的品德也十分令人称赞,公主孝慈勤俭、安守妇道,志文赞扬永康大长公主曰:"可谓完德而获完福。"

关于公主的葬地,史书上并无确切记载。依据志文,可知永康大长公主"葬于顺天府大兴县下马社榨子口"。公主葬地位于京南大兴县,榨子口现已不可考,还等日后资料丰富后再破解。

6. 德清大长公主

德清大长公主志文载:"子男二、女二、孙男二、孙女五。"可知德清大长公主儿女双全,儿孙满堂。志文上曰:"教诸子孙,诗礼彬彬。"可知德清大长公主教育子孙有方,以身为范,为后世诸子孙树立了榜样。

驸马林岳也和公主一样,为人温和,不以官自居欺人。《明史》载:"林岳少习举子业,奉母孝,抚弟峦极友爱。"③出土的"明故驸马都尉柏冈林公"志文上载:"为人温雅,不欲以富贵骄人。"由此可见,德清大长公主的家风敦厚。只可惜林驸马盛年早薨,先卒于正德十三年(1518)。林驸马的志文曰:"上震悼辍视朝一日。……命有司治葬城东水碓村祖茔之次,遣官谕祭者十有三。"文中所指"上震悼"为明武宗。德清大长公主墓发现于朝阳区十八里店乡。这与公主墓志上所说"敕葬顺天府大兴县魏村社十里河之原"相一致。由此志文可见,林驸马先薨之时并不是葬于城南,而是葬于城东。然而,林岳墓志却是在城南的十

---

① (清)张廷玉等:《明史》卷一百二十,《列传第八·诸王五》,第3646—3647页。
② (清)张廷玉等:《明史》卷一百二十,《列传第八·诸王五》,第3647页。
③ (清)张廷玉等:《明史》卷一百二十一,《公主列传第九》,第3673页。

八里店乡发现的,因此,虽然在史料及德清大长公主墓志中未载林驸马迁葬之事,但可以肯定来说,驸马林岳墓进行过迁葬。

7. 宁安大长公主

宁安大长公主志文曰"奉敕合葬",表明了驸马李和先于公主而逝。志文又说"皇太后以下皆致祭"。皇太后是万历皇帝的母亲,即慈圣皇太后李氏,皇太后以下都有哪些人？公主卒于万历三十六(1608)三月初十日,这时后宫中孝端皇后王氏、孝靖王太后、郑贵妃都健在;皇太子生于万历十四年(1586),是年也已23岁了;嘉善公主也健在。因此,如上诸后妃、东宫以及公主都参加致祭了宁安大长公主的葬礼。

(二)皇女名字与封号

从前文列举的15方墓志来看,在明代,公主是有名字的。这在《明史》上自成祖位下便有记载,从《庆都大长公主》墓志来看,在明初,公主虽也有请名,但在《明实录》上却鲜有记载公主请名后是何名。

关于皇女的命名,明人沈德符在《万历野获编》中说:"皇女以弥月命名。先诞者愆期。至继有所出。始补行。"①弥月的意思就是指小孩满月。在史料上看,《国榷》最早记载皇女姓名始自明穆宗位下,史载:"寿阳长公主名尧娥、永宁长公主名尧媖、瑞安长公主名尧媛、延庆长公主名尧姬。"②

目前尚可统计的公主有名者为35人,如下表所示(表1):

表1 明代公主名讳表

序号	封号	父亲	母亲	终年(岁)	名讳	材料来源
1	永安公主	明成祖的第一女	仁孝皇后	41	玉英	出土墓志
2	庆都大长公主	仁宗昭皇帝次女	母妃赵氏	32	圆通	出土墓志
3	顺德长公主	宣宗皇帝长女	母后胡氏	24	不祥	出土墓志
4	广德长公主	英宗睿皇帝第五女	静庄安穆宸妃万氏	31	延祥	出土墓志
5	固安郡主	恭仁康定景皇帝	母妃汪氏	43	□□	出土墓志
6	太康长公主	明孝宗长女	皇后	1个月	秀荣	出土墓志
7	永康大长公主	宪宗纯皇帝第二女	靖顺惠妃郭氏	71	不祥	出土墓志
8	德清大长公主	宪纯皇帝第三女	昭顺丽妃章氏	72	不祥	出土墓志
9	寿阳长公主	穆宗第三女			尧娥	《国榷》
10	永宁长公主	穆宗第四女			尧媖	《国榷》
11	瑞安长公主	穆宗第五女			尧媛	《国榷》
12	延庆长公主	穆宗第六女			尧姬	《国榷》
13	栖霞公主	穆宗第七女	淑妃秦氏	1	尧姜	出土墓志
14	荣昌公主	明神宗长女			轩媖	《国榷》
15	云和公主	明神宗次女			轩姝	《国榷》

---

① (明)沈德符:《万历野获编》卷五,《公主下殇特恩》。
② (明)谈迁:《国榷》卷首之一《元潢》,第16页。

续表

序号	封号	父亲	母亲	终年(岁)	名讳	材料来源
16	云梦公主	神宗第四女			轩嫄	《国榷》
17	仙居公主	神宗第五女	德嫔李氏	5个月	轩姞	出土墓志
18	静乐公主	神宗第六女	荣妃王氏	3个月	轩妫	《国榷》
19	灵丘公主			早夭	轩姚	《国榷》
20	寿宁公主			早夭	轩媋	《国榷》
21	泰顺公主			早夭	轩□	《国榷》
22	香山公主			早夭	轩嬁	《国榷》
23	天台公主			早夭	轩爕	《国榷》
24	宁安大长公主	世宗第三女	母端妃曹氏	70	禄媜	出土墓志
25	永宁公主圹志	熹宗长女	皇贵妃范氏	1	淑娥	出土墓志
26	皇明怀宁公主	熹宗次女	成妃李氏	1	淑媖	出土墓志
27	□□公主			早夭	徽娟	《国榷》
28	□□公主			早夭	徽姮	《国榷》
29	□□公主			早夭	徽嫄	《国榷》
30	□□公主			早夭	徽(女嬴)	《国榷》
31	□□公主			早夭	徽婉	《国榷》
32	宁德长公主			早夭	徽妍	《国榷》
33	遂平长公主	光宗第七女	懿妃傅氏	23	徽婧	出土墓志
34	乐安长公主			早夭	徽媞	《国榷》
35	悼温公主			早夭	徽□	《国榷》

据《明会典》记载,皇女的定名制度始于嘉靖十五年(1536)。已知北京地区最早的公主名讳墓志为明初的《永安公主墓志》和《庆都大长公主墓志》,这两方墓志上都记有公主名讳。由此表明,公主命名在明代创国之始就有,成年的公主都应该有名。其中太康长公主由于是皇后所生,虽然早夭,但亦有名。明代中后期,公主命名之仪越加规范了。

据上表可以得知,在明穆宗以后,皇女名字中第二个字是有规律的,也就是说皇女还未出生,其姓名的前两个字就已经确定好了。例如,《国榷》明确记载了穆宗的第3女、第4女、第5女、第6女、第7女的名字,第二字均为"尧"。又根据《永宁长公主圹志》所载与史无误推断,穆宗的第1女和第2女姓名中第二字亦为"尧"。只是因为长女蓬莱公主与次女太和公主均早夭,还未来得及起名之故。

顺德长公主作为明宣宗的长女,志文上却未载其名。笔者推测或许与其生母的地位有关。顺德长公主的母亲胡氏在永乐十五年(1417)时被封为皇太孙妃,《明史》载:"三年春,帝令后上表辞位。"① 公主出生之年与胡氏辞去后位同年,据《顺德长公主》志文载:"生於永乐十八年(1420)十一月二十七日。"看来,胡氏并不受宠,这一点应该与她生了皇长女有

---

① (清)张廷玉等:《明史》列传第一,《后妃一》,第3513页。

关。以此，虽然顺德长公主已成年，却仍按齿序之称，未见志载其名。这一方面说明了明初制度尚有待完善，另一方面也说明了明代皇家存在重男轻女观念。

总体来看，表1中的公主命名略显归整。即中间有"字辈字"。若如此，或许可以推测仁宗皇帝的皇女一系或许都为"圆"字辈。因此，公主墓志是补证史料的有力证据。关于公主的封号，皆来自于古代的地名。表1中的公主封号来源如下：

永安公主的封号"永安"意为永远安定，永远安宁。取自王延寿《鲁灵光殿赋》："然其规矩制度，上应星宿，亦所以永安也。"永安地处今山西霍县，隋代改今名。

庆都大长公主的封号"庆都"来源于上古传说中的人名。即帝尧之母名庆都。史载：古成阳尧陵南有庆都陵。庆都地处今河南省范县。

顺德长公主的封号"顺德"意为顺从道德，取自《易·升》："象曰：地中生木，升。君子以顺德，积小以高大。"顺德在秦代以前属百越之地，五代南汉时隶属南海市分出的咸宁县，宋初重新并入南海市，元代至明初沿宋制。

广德长公主的封号"广德"来源于古地名，地处今安徽省东南部。

固安郡主的封号"固安"来源于古地名，地处今河北易县东南。隋代置，元代中统年间升为州，明代洪武年间降为县。

太康长公主的封号"太康"意为社会太平安宁，取自《野田黄雀行》逸句："四夷重译贡，百姓讴吟咏太康。"

永康大长公主的封号"永康"意为永久平安，取自《书·周官》："永康兆民，万邦惟无斁。"

德清大长公主，德清的地名在今山东，仍有，为德清市。

寿阳长公主，春秋时期，有地名寿阳县，在属山西祁氏封地的东境。

永宁长公主的封号意为永久安宁，取自《逸周书·五权解》："呜呼，敬之哉！汝慎和称，五权维中，是以以长小子于位，实维永宁。"

瑞安长公主，瑞安自三国时期开始建县，位于今浙江省的东南部。

延庆长公主的封号"延庆"意为延续福祚，取自《后汉书·朱景王杜等传论》："若夫数公者，则与参国议，分均休咎，其余并优以宽科，完其封禄，莫不终以功名，延庆于后。"

栖霞公主的封号"栖霞"为古代禅院名。古代有寺庙名为"栖霞"。清代邵长蘅的《青门剩稿》有载。明代屠隆《彩毫记·团圆受诏》载："闻命沾恩，亟去依光明；传真授诀，终当栖志烟霞。"《六子诗·康修撰海》中也有"群游慕豪放，栖志固有期。赤骥鸣烟霄，不受黄金羁"的章句。

荣昌公主的封号"荣昌"意为繁荣昌盛，取自《襄阳会》第二折："今有刘玄德因襄阳会遭厄，跳檀溪，失路迷途，悮入鹿门山中。贫道今晚指引玄德荣昌之地。"

云和公主的封号"云和"来源于山名，郑玄注："云和、空桑、龙门，皆山名。"取自《周礼·春官·大司乐》："孤竹之管，云和之琴瑟。"南朝宋鲍照的《拜侍郎上疏》亦曰："不悟干罗广收，圆明兼览，雕瓠饰笙，备云和之品。"

云梦公主的封号"云梦"来源于古代的薮泽名，取自《周礼·夏官·职方氏》："正南曰荆州，其山镇曰衡山，其泽薮曰云瞢。"据载，汉魏之前所指云梦范围并不很大，晋代以后的范围越来越广，把洞庭湖都包括在内。借指古代楚地。

仙居公主的封号"仙居"来源于古县名,该县地处今浙江省。杭州灵隐山的别名亦名"仙居"。

静乐公主的封号"静乐"意为宁静和乐,取自《管子·势》:"其所处者,柔安静乐,行德而不争。"

灵丘公主的封号意为神仙所居之山。《楚辞·王褒〈九怀·蓄英〉》:"玄鸟兮辞归,飞翔兮灵丘。"王逸注:"悲鸣神山,奋羽翼也。"地名。汉代置县。属代郡,即今山西省灵丘县。

寿宁公主的"寿宁"二字来源于古地名,据《今县释名》载,明景泰六年(1455)初置县,历属建宁府、福宁府、闽海道。"寿宁"意为安宁之义。

泰顺公主的封号"泰顺"意为国泰民安,人心归顺。明景泰三年(1452)置县,位于今浙江省温州市。

香山公主的封号"香山"来源于山名。有两处:第一处在今河南省洛阳市龙门山之东;第二处在江苏省吴县的西南,相传为吴王种香处。

天台公主的封号"天台"谓尚书台、省。《三国志·魏志·夏侯玄传》:"天台县远,众所绝意。"《北齐书·文宣帝纪》:"仍摄天台,总参戎律。"

宁安大长公主的封号"宁安"意为安定、安宁。《后汉书·和帝纪》:"先帝即位,务休力役,然犹深思远虑,安不忘危。探观旧典,复收盐铁,欲以防备不虞,宁安边境。"《后汉书·鲁恭传》:"定律著令,冀承天心,顺物性命,以致时雍。然从变改以来,年岁不熟,谷价常贵,人不宁安。"

永宁公主的封号"永宁"为古地名,意为永久安宁。《难蜀父老》:"乃堙洪塞源,决江疏河,洒沉澹灾,东归之于海,而天下永宁。"

怀宁公主的封号"怀宁"为古地名,宋宁宗庆元元年(1195)升舒州为安庆府,治怀宁。

宁德长公主的封号"宁德"为古地名,该地位于今福建省。

遂平长公主的封号"遂平"为古地名,该地位于今河南省驻马店。

乐安长公主的封号"乐安"犹言安乐,取自汉代焦赣的《易林·乾之大有》:"上帝之生,福祐日成,修德行惠,乐安且宁。"

悼温公主的封号,悼,为悲伤、哀念之意;温,性情柔和、温文尔雅之意。由于悼温公主薨逝早,所以此封号有惋惜之意。

(三)公主墓志的"程式化"

关于公主墓志的志文,如前文所述,公主乃是皇帝至亲,史料记载却如此吝啬笔墨,可见其他不同等级官员们的女眷信息也不会太多。这是中国古代社会"男尊女卑"思想的体现,即女子一般不会受到太多的重视。

从公主墓志志文的篇幅来看,成年的公主志文往往多于早夭的,早夭志文一般表达的是皇帝对皇女早逝的哀思。诸如"公主生踰朞年,而特膺宠渥"之词,笔者认为此为官方溢美之词或称为"官话"。

仙居公主和静乐公主的墓志文极为相似。据《明会典》卷九一《公主丧礼》记载:"(公主)丧闻,上辍朝一日,御祭一坛,皇太后、中宫、东宫各祭一坛,各公主共祭一坛。翰林院撰祭文、圹志文,户部给斋粮一百石,工部造铭旌、神主、魂帛、棺椁、坟、圹志文、冥器、仪仗……钦天监差官选地、择日。"①由此可知,为公主撰文者应为翰林院官员,两位公主薨逝时间均在万历朝,仅相差一年。又见于两位公主志文均有"公主生未踰年,而特膺宠渥。封有号,葬有仪,即降世弗延,而芳魂亦有慰矣,爰志于石,閟厥幽宫云",或许可以推测两位公主的墓志文出自同一官员之手。

三、小 结

综上所述,明代公主大多有其名。公主的封号多取自古语或古代典籍、山名等,以吉祥寓意的名称居多。封号来源在明代典籍中并无相关规定,由诸上释意,可见是反映出了明代皇帝祈求国祚绵长、长治久安、民生安乐等思想。从目前所见北京地区明代墓志来看,墓志一般为正方形,材质有汉白玉质、青石质两种。汉白玉质多用于皇族墓葬的圹志,故公主墓志的材质也多为此材质制成。而且,后期的明代公主志文多趋于"程式化"。

作者简介:周莎,故宫博物院馆员。

---

① (明)申时行:《明会典》卷九十一《公主丧礼》。

【宗族与社会】

明初"江西填湖广"移民现象的历史解读

——以湘中地区为中心的分析

李 扬

【摘 要】"江西填湖广"是中国移民史上的重要问题之一。由于官方史籍的记载不多,因此本文将立足于湘中地区,主要以族谱、民间传说故事等民间文献对此现象加以历史解读,从区域社会史的视角出发对其加以分析,力图对这一移民现象所反映的"大历史"予以合理的解释。

【关键词】"江西填湖广";明初移民;湘中

作为中国移民史上重要的移民现象,"湖广填四川"已得到了众多学者的关注。① 而关于"江西填湖广",则相对论述较少。其实,从民间谱牒以及传说故事等材料来看,明初所谓的"江西填湖广"现象也大量普遍存在,值得进一步深入探讨。本文将立足于湖南湘中一带的相关文献,对此加以重新解读。②

湖南是明清以来重要的移民输入地。曹树基曾以醴陵、湘阴、益阳等方志的氏族志为例,分析指出湘中地区的移民为"人口重建"式。③ 可见其移民规模之大。而谭其骧、张国雄等对湖南移民的研究则证实江西移民占据着当地移民的最大比例,谭其骧先生的结论更明确提出:第一,湖南人来自天下,江、浙、皖、闽、赣东方之人居其什九,江西一省又居东方之什九;第二,湖南人来自历古,五代至明居其什九,而元末明初六七十年间,又居元明之

---

① 早在民国时期即有学者发表关于四川移民史的相关论著,参见顾颉刚、黎光明:《明末清初之四川》,《东方杂志》第31卷第1号,1934年;罗尔纲:《太平天国革命前的人口压迫问题》,《中国社会经济史研究集刊》第8卷第1期,1949年1月。此后,中外学者又发表了大量论著,参见王纲:《"湖广填四川"问题探讨》,《社会科学研究》1979年第3期;李中清:《1250—1850年西南移民史》,《社会科学战线》1983年第1期;胡昭曦:《张献忠屠蜀考辨——兼析"湖广填四川"》,成都:四川人民出版社,1980年;曹树基:《中国移民史》第六卷,福州:福建人民出版社,1997年,第68—118页;何炳棣:《明初以降人口及其相关问题(1368—1953)》,北京:三联书店,2000年,第163—168页;陈世松:《大迁徙:湖广填四川历史解读》,成都:四川人民出版社,2005年。

② 官方文献对明初湖南的移民现象记述较为简略,如明中叶的著名学者邱浚在《江右民迁荆湖议》中指出:"以今日言之,荆湖之地,田多而人少;江右之地,田少而人多。江右之人,大半侨寓于荆湖"。邱浚建议政府"蕃民生,宽力役",客观上也反映了明代江西人迁徙湖南的历史事实。参见《明经世文编》卷七十二《丘文庄公集二》,北京:中华书局,1962年,第608—609页。

③ 曹树基:《中国移民史》第五卷,第99—110页。

什九。①

那么,如何从区域社会史视野下地方历史脉络出发看待这一移民史上的重要现象呢?笔者将通过谱牒与民间传说等文献对此加以解读。

一、湖南谱牒所见之明初移民

从笔者查阅的地方志以及众多族谱材料来看,明初江西移民占绝大比例,湘中一带的家族多数宣称自己是明初移民的后裔。以湘中地区的湘潭为例,从笔者查阅的国家图书馆古籍部所藏湘潭族谱来看,绝大多数均是洪武永乐年间迁自江西。而据上海图书馆馆藏家谱提要的介绍,365部湘潭族谱中,绝大多数也均自认是元末明初自江西移民到湘潭。②

我们先来看族谱的记述。湘潭颜氏,"吾族应才祖于洪武六年(1373)由江右来楚,落籍潭邑之黄泥铺,卜宅兴隆井之南家焉"。③古塘谢氏,"吾德芳祖,字汎腾,本吴西安福人,前明洪武时避兵南游,托迹潭邑之洞塘,既而迁居古塘,始占籍潭邑,为古塘谢氏之祖"。④湘潭陈氏,"始迁祖谦,元至正二十五年(1365)由江西丰城县迁湖南茶陵,明洪武二年(1369)迁居湘潭五都湘河口"。⑤湘潭八字塘刘氏,"万八公于明洪武初由江右瑞州府新昌县天宝刘族分支卜居潭邑五都田畔,田畔支是为八公子孙"。⑥留田王氏,"吾邑为各省通衢,他省之客于潭者每寄籍于此,故有一姓为多至数十族者。王氏之为族尤多,惟留田为最盛。先人子名公于元末由江右来潭,历二十一世即以迁潭之祖为鼻祖,无附会,无攀援"。⑦

从谱牒的记述来看,元末明初这一历史性时刻在多数家族的历史记忆中都是重要的时间节点,很多族谱甚至可以明确指出具体的迁徙年份。而且,很多家族在迁往湖南后又再次迁徙,尤其随着家族的扩张,各个分支的再次迁移就更加常见。八字塘刘氏就宣称是江西瑞州府的刘氏分支,说明他们对江西始祖仍有着较为清晰的家族记忆。迁徙地本身的地理位置与社会环境对移民也有着很大的影响,与江西邻近的茶陵、醴陵等地往往是江西移民在湖南进一步迁徙的中转站,八字塘刘氏就属此类。湘潭自元明到清前期五口通商之前一直是长沙府的经济中心,紧靠湘江,水陆交通发达,故而吸引了大量江西移民。留田王氏所描述的应当是入清以后的情况,但湘潭优越的环境吸引大量移民应当是事实。

为何元末明初会产生如此多的移民?族谱的记载使得我们重新思考这一历史现象产生的原因。

首先我们看到的是战乱的影响。元末明初的长期战乱使得地方社会土著不存,地旷人

---

① 谭其骧:《湖南人由来考》,《方志月刊》第6卷第9期,1933年9月。收入氏著《长水粹编》,石家庄:河北教育出版社,2000年,第163—233页;张国雄:《明清时期的两湖移民》,西安:陕西人民教育出版社,1995年。
② 王鹤鸣等主编:《上海图书馆藏家谱提要》,上海:上海古籍出版社,2000年。
③ 湘潭《颜氏族谱》序,乾隆六十年(1795)修,国家图书馆古籍部藏。
④ 湘潭《谢氏族谱》序二,道光十六年(1836)修,国家图书馆古籍部藏。
⑤ 湘潭《陈氏四修族谱》序,光绪二十七年(1901)修,上海图书馆藏。
⑥ 《湘潭八子塘刘氏三修族谱》初修序,同治八年(1869)修,国家图书馆古籍部藏。
⑦ 《中湘留田王氏五修族谱》,光绪六年(1880)修,社科院历史研究所藏。

稀,吸引了大批移民。从历史过程来看,元末明初在湘潭地域社会脉络中的确是重要的"地方性时刻"。湘中一带在当时正是朱元璋与陈友谅争夺的战场,地方各种势力互相混战,战乱频仍。反观湘潭,亦不例外。自元末起,当地即长期陷入动乱。据地方志记载:"(元至正)十一年湘潭兵乱;十二年,乡人推李洙为长,率村民八百家以兵自捍。洙稍与为要约,筑栅坚守以俟靖乱者。寻被衡山、茶陵等寇夹击,被执,死之。王汝砺、赵康亦结乡兵自卫。"① 土寇的进攻遭到地方绅士的抵御,乡民被有效组织起来。到明初,湘潭终被纳入明帝国版图:"明太祖洪武元年(1368),指挥同知蔡迁从常遇春追饶鼎臣下湘潭,杀汉主所置参政易华于乌石峰下。"此处的汉主即陈友谅,可见当地有相当一部分地方势力是支持陈友谅的。随后,"(洪武)二年(1369),湘潭刘玉湘歆附于潭州指挥严广,时陈友谅故将饶鼎臣以茶陵叛,广讨平之。遂屠湘潭,招四方之民以实县"。② 从这一条材料我们可以看出,以刘玉湘为首的地方势力在明初投靠了朱元璋部将严广,而此前湘潭当有很多支持陈友谅的势力,这也正是严广"遂屠湘潭"的原因。正是由于严广的屠戮,使得湘潭一时土著无存。正如明末清初的徽商汪煇所说,"湘潭乃五方杂处之所,闻历朝鼎革以来,荼毒生灵,惟元明之际为惨。土著之民仅存数户而已。后之人多自豫章来者"。③ 在这种形势下,地方官自然要招抚移民。据载,(知县)"莫玉,洪武二年(1369)任。国初来知湘潭县事,洪武二年改州为县,遂知县事。招抚流亡,户口日增"。④ 与湘潭毗邻的醴陵县亦是如此。经元末明初的战乱之后,"故老相传土著仅存十八户,余皆无复存在,洪武初招集流亡,皆来自他省,而豫章尤多"。⑤ 由此可见,地方战乱与官府的举措使得大量外来移民进入本地,改变了当地"土旷人稀"的景象。

其次则是卫所制度的原因。明代的卫所制度使得大量官兵迁往湖南,尤其是对军户的各种收集政策如垛集、抽籍等规模甚大,因此形成了大规模的军事移民。对此,族谱中有大量相关记述。如湘潭白汆刘氏,"我始祖钟秀,讳天荣,江西泰和县人也。前明正统间始从钦差大臣、总督军务王骥征麓川蛮有功,奉旨实授茶陵卫右千户所,世袭百户职事。继拨调长沙卫,终迁湘潭老八十四都白汆柘陂家焉"。⑥ 其谱序中还提到,自长沙卫迁往湘潭的是其孙海安、峻安、傅安等,"下屯潭邑老八十四都柘陂两岸,置屯田数百亩"。⑦ 白汆刘氏的说法比较可信,因其与官方记载颇为吻合。笔者曾查阅明代《武职选簿》,湖南卫所很多下层武官都是征云南麓川而获得升迁,试举一例。如湖广清浪卫试百户张权,"内黄查有张权,户名张达,麻城县人。有祖父张达洪武二十二年充总甲,二十三年并充总旗。故,将父张琳补充总甲。疾,权替充总甲。正统六年征麓川,杀败夷寇,闰十一月克破贼首思仁发巢穴,当先杀败贼众,七年升试百户"。⑧ 因征战有功而受职,进而屯田落籍,这应当是当地军

---

① 光绪《湘潭县志》卷三《事纪》。
② 光绪《湘潭县志》卷三《事纪》。
③ 汪煇:《湘上痴托难实录》,载嘉庆《湘潭县志》卷三十二《艺文》。
④ 嘉靖《湘潭县志》卷上《宦绩》。
⑤ 同治《醴陵县志》卷六《武备·兵事》。
⑥ 湘潭《白汆刘氏三修族谱》卷一《源流考》,光绪三十二年(1902)刊本,国家图书馆古籍部藏。
⑦ 湘潭《白汆刘氏三修族谱》卷一《峻支初修谱序》,光绪三十二年(1902)刊本,国家图书馆古籍部藏。
⑧ 参见《武职选簿》,《中国明朝档案总汇》第63册,桂林:广西师范大学出版社,2001年,第426页。

户移民众多的原因。我们发现,湘潭的族谱中号称军户者众多,这些家族的入籍故事亦多与屯田有关。

湘潭杨梓塘张氏,"始祖福公,系出清河,派衍潜江,从明太祖建立武功,充总旗。二派祖聚公佐明成祖定鼎幽燕,永乐二年(1404)敕封茶陵卫世袭实授百户……明时福公派下七派宝公奉纶音垦种湘潭八十四都,卜居杨梓塘"。①

云湖倪氏,"先世系江南凤阳定远人也。因洪武年间,初祖俊有得军情王册,被调镇守楚南荆襄都督。永乐二年(1404),奉旨屯田,给有合券,编入湖广长沙茶陵卫右所三百户下。永乐二年徙居中湘(即湘潭)八十四都"。②

中湘方氏,"(始迁)秩祖于洪武间袭蔚州卫,授百户职,卜屯兹土。地以人传,遂称为侯伯乡。今建宗祠其地也"。③

石塘山袁氏,"吾族自南京寿州蒙城县袁家村,洪武骠骑四将军晋大司马封万户,讳洪祖起家。再传长讳宇,官后军都督。次讳容,封广平侯。世袭子孙讳聚祖,调茶陵卫指挥佥事。延及扶桑祖以明经膺岁荐,移屯于湘潭十三都,地名石塘山,是为湘潭之始祖"。④

湘潭铜陂张氏,其族谱直接名为"铜陂军籍张氏"。其齿录记载始迁祖的履历称,"友法公,原籍茶陵州西乡沟上,仕大明太祖高皇帝,官承信校尉。公随驾剿寇,累次建功,进云骑尉,洪武四年(1371)赠有敕命。永乐二年(1404),天下大定,公奉荣恩下屯于中湘十都之铜陂,家焉。劳有土田薄厥输纳报及后裔,此我族之所自来也。生末失记,葬本屯杨公塘盘坨形辛山乙向,子七"。⑤乾隆十一年(1746)任湘潭知县的苏畅华其序言中提到,"其先世名友法公者于明太祖时官校尉,永乐中家于潭之是里。楚南军籍率多由此。谱中尊为初祖,不忘所自,盖纪籍也"。⑥查乾隆《湘潭县志》卷十五《官师志》:"苏畅华,云南石屏人,拔贡,乾隆十一年任。"从"楚南军籍率多由此"可以看出,当地家族中的军户当不在少数。族谱记载的始迁祖友法公其实也是因永乐二年(1404)屯田而进入当地的。

这里值得注意的一个重要现象是多数军户家族均称是永乐二年(1404)徙居湘潭,而这正是明代大规模屯田之时。据王毓铨先生的研究,洪武年间屯田已大规模展开,但未指定明确的原则,永乐二年(1404)则更定了天下卫所屯田法。⑦于志嘉研究江西卫所屯田时亦指出,明代江西军屯肇始于洪武,至永乐而大备,这其中永乐二年(1404)是重要的关键点。⑧永乐二年(1404),明政府颁布了屯田法令:"(永乐二年四月)更定天下卫所屯田。守城军士视其地之夷险要僻,以量人之屯守为多寡。临边而险要者则守多于屯,在内而夷僻者则屯多于守。地虽险要而运输难至者,屯亦多于守。"⑨虽然未明确具体屯守比例,但从族谱中的记录来看,这一政策得到了较好的推行。很多军户家族也正是此时迁往湘潭开

---

① 湘潭《杨梓塘张氏四修族谱》卷首《原修自序》(康熙元年,1642),咸丰九年(1859)修,上海图书馆藏。
② 《中湘云湖倪氏族谱》,卷一《旧序》,1928年修,转引自张国雄《明清时期的两湖移民》,第100页。
③ 《中湘方氏四修族谱》,卷一《原序》(康熙四十四年,1705),光绪甲午年(1894)修,上海图书馆藏。
④ 《石塘山袁氏六修族谱》卷首《初修引》,上海图书馆藏。
⑤ 《中湘十都铜陂军籍张氏四修族谱》卷五《齿录》,1922年修,上海图书馆藏。
⑥ 《中湘十都铜陂军籍张氏四修族谱》卷一《初修序》。
⑦ 参见王毓铨:《明代的军屯》,载《王毓铨史论集》,北京:中华书局,2005年,第933—946、952页。
⑧ 于志嘉:《明代江西卫所的屯田》,《"中研院"史语所集刊》第67本第3分,1996年,第657页。
⑨ 《明太宗实录》卷三十,永乐二年(1404)四月甲午条。

屯田的。而这批迁徙的军户绝大多数又宣称是来自茶陵卫。据《上海图书馆馆藏家谱提要》①对湘潭族谱的记述,360余部湘潭族谱中约有1/3称其家族由茶陵迁往湘潭,茶陵在明初"江西填湖广"的移民浪潮中成为了重要的中转站。如何解释这一现象?

首先,宣称是茶陵卫军户的家族可以理解,卫所屯田使得他们不得不前往湘潭。茶陵卫的屯田以湘潭为最多。据载,"茶陵卫屯田:原额一千四十顷六十五亩,子粒一万二千四百九十二石三斗。弘治七年(1494)奉陈言弭灾事例,增田一百一十顷,子粒二千一百石有零。嘉靖四年(1525)指挥王表奉清理屯田事例,增出田八顷二十六亩六分六厘七毫,子粒九十九石一斗八升。屯田坐落本州一百一十顷七十三亩一分五厘,攸县八十七顷七亩四分二厘,醴陵县五十亩。湘潭县七百六十二顷六十七亩六厘,安仁县二百四顷七十七亩五厘,衡山县三十四顷二十亩六分"。②

湘潭屯田占茶陵卫屯田总数的2/3以上,这就不难理解很多军户家族的迁徙了。但此时我们再审视各姓族谱中提到其先祖的"武官"背景,便会发生怀疑,这批人很有可能就是卫所的兵丁,因屯田而迁往附近州县。由于明代武职选簿中没有长沙卫与茶陵卫的武官记录,我们可以从地方志中进一步求证。我们发现卫所的军户来源可以在一定程度上解释这一问题。

茶陵卫的军户来源,除了一般的归附军之外,嘉靖《茶陵州志》提到茶陵卫很重要的一种形式即是垛籍:"垛军,自洪武二十二年(1389)始。法以三户为一军,州共得军两千八百,以二千附茶陵卫,置前后所,余以拔贵州清平卫守御。"③茶陵卫的军户中有两千户是垛籍军户,可见比例是很大的。以此对照那些族谱谱序中"永乐二年由茶陵迁往湘潭"的说法,我们可以进一步推论:湘潭众多族谱中宣称来自茶陵卫的军户家族很有可能即是当地的垛籍军户。屯田落籍之后,很多家族置办产业,在科举方面获得了成功,于是逐步发展成为当地的望族。但在清代编修族谱时这一垛籍军户的身份被隐去,取而代之的是对其先祖显赫地位的附会。试想卫所的世袭武官毕竟有限,众多族谱均称是武官之后,自然不太可能。除此之外,很大一批类似垛籍军户的家族后代在编修族谱时则隐瞒了其军户的身份,这也就部分解释了为何众多家族均是自茶陵迁往湘潭。

由此,我们也可以对"江西填湖广"这一说法重新加以审视。很多家族也许并非来自江西,只是因为他们很多被充为军户,所以在湖南内部实现了迁移或者直接由本地土著签发为军。这些卫所军户宣称其始迁祖来自江西以及强调其在明初的战功只是为他们在本地获得合法身份提供依据。

最后,我们还可以从国家对基层民户管理体制的角度来思考这一问题。明初,政府制定了一整套画地为牢的里甲制度,其中户籍制度在控制编户齐民的过程中发挥了重要作用。我们发现众多族谱对元末明初如此深刻的"历史记忆"背后,其实很多是由于官方制度设计的结果,尤其与明初的户籍登记政策直接相关。我们发现很多族谱强调元末明初的迁徙历史,其实是为了强调他们有官方颁发的凭证或响应官府号召。如湘潭罗氏即称:"原

---

① 王鹤鸣等主编:《上海图书馆馆藏家谱提要》。
② 嘉靖《茶陵州志》卷下《武备志二》。
③ 嘉靖《茶陵州志》卷下《食货第七》。

籍江西吉水旗下。明洪武七年(1374)偕长、次二男领南京凭来潭,卜居梅林巷。"①韶山毛氏族谱亦宣称:"洪武十三年(1380)庚申奉朝廷招募之令,公偕蔡及子清一、清四来湘乡北门绯子桥。"②此处所谓的"领南京凭来潭"或"奉朝廷招募之令",其实是为了证明他们的合法身份,也是为了与王朝正统拉上关系。我们发现,这种现象也可能说明地方家族能追溯的最早的家族记录就是明初的户籍登记,明末曾担任礼部尚书的湘潭人李腾芳家族所修《高塘李氏七修族谱》就全文收录了洪武户帖:

> 洪武堪合户帖
> 　　户部洪武三年十一月二十六日钦奉圣旨,说与户部知道,于今天下太平了也,止是户口不明白哩。教中书省置下天下户口的堪合文簿户帖,你每户部家出榜去,教那有司官将他所管的应有百姓都教入官,附名字,写着他家人口多少,写得真着,与那百姓一个户帖上用半印堪合,都取堪来了。我这大军如今不出征了,都教他去各州县里下着浇地里去点户口堪合,比着的便是好百姓,比不着的便拿来做军。比到其间,有司官吏隐瞒了的,将有司官吏处斩。百姓每自躲避了的,依律要了罪过拿来做军。
> 　　故此,除钦遵外,今给半印堪合户帖付本户手执者:
> 　　一户李祥,系潭州府湘潭县上光泽乡民户,计家六口。
> 　　男子三口,成丁一口,本身年五十岁。不成丁二口,生男甘保年一十一岁,郎公保年八岁。
> 　　妇女三口,大一口,妻阿萧年四十四岁。小二口,女秀婢年一十四岁,辰婢年一岁。
> 　　事产 瓦屋三间,田三十亩一分五厘九毫二丝九忽
> 　　正米三硕七斗,其田坐落土名大湾塘下东塘南山西路北自己屋
> 　　右户帖附李祥手执。
> 　　准此,洪武五年　　月　　日③

在一篇追溯家族源流的考证性文字中,作者开篇即说:"世系要在征实,高塘老谱断自明初迁潭之祖讳祥公始,从洪武户帖也。"④可见,户帖正是族谱编修的重要依据及其后世对家族历史记忆的来源。而其谱序则称:"吾家肇迹陇西,发源洪都,胜国之初奉户帖来潭者,实始湖茫祥公。卜屯初岁,非有井墓之基,口不盈八,以农事开家,历五派始三析其居。一居留田,一居张塘,而居高塘者则吾祖。又数传至十派而宗伯挺生(即李腾芳)家声丕振。当是时官任太史,职在秩宗,身任国事,未获家居。丁太夫人艰始有"世系便览"之作。"⑤

---

① 湘潭《龙泉罗氏族谱》卷四《一派齿录》,1922年修,转引自张国雄:《明清时期的两湖移民》,第105页。
② 乾隆《毛氏族谱》卷三,《会宗说》。
③ 湘潭《高塘李氏七修族谱》,同治四年(1865)修,国家图书馆古籍部藏。上海图书馆亦藏有其八修与九修族谱,湘潭县档案馆藏九修,但属残本。
④ 湘潭《高塘李氏七修族谱》,卷首《族系考》。
⑤ 湘潭《高塘李氏七修族谱》,卷首《原修自序》。

李腾芳乃明末礼部尚书,《明史》有传。① 但高塘李氏直到李腾芳万历末年居官丁忧期间才编纂了"世系便览",即类似于族谱的手稿本。族谱中收录了李腾芳对此所作的交代:

> 本族自始祖讳祥,传流分派三支,一支在地名高塘,一支在地名张家塘,一支在地名刘家田。因无族谱,宗派混淆,莫可稽考。今查本房分关而高塘一支昭穆始有序列,暂列宗图便览,俟后建立祠堂,另修族谱。腾芳识。②

文中提到的"分关"即分家文书,作于嘉靖十九年(1540),族谱中也有收录。③ 可见族谱的历史依据除户帖外还有明代的分家文书。以李腾芳的身份而言,他编修族谱自然会比较谨慎,故而其说法也较为可信。从他的话可以看出,建祠堂与修族谱等宗族建设在明末的湖南应当并未大规模出现,但这种宗族的观念他们并不陌生。以此观之,湘中宗族的组织化建设在明代仍然较为少见。这与华南学者提出的嘉靖"大礼仪"事件之后华南宗族的迅速发展并不相符。再反观谱序,作者称其始迁祖"奉户帖来潭",也是强调其身份的合法性。从谱序及相关材料推断,高塘李氏也属于明初的江西移民,即"发源洪都",他们来到湘潭后被编入当地户籍。这是当时较为常见的一种情形。因此定居下来的家族后代追溯家族历史,能够找到最早的家族凭证就是洪武户帖,故而编修族谱时即宣称其家族是"奉户帖来潭"。

因此,元末明初的移民有一定的历史依据,但因为定居下来的家族成员的"历史记忆"以及明初的制度因素使得这一现象被放大,故而我们看到的很多族谱均沿用了这一说法。

二、民间传说诸文本

湖南民间故事与传说中也有很多关于明初移民的故事,我们发现这些故事多数都与朱元璋有关。明初的史事与人物在士绅阶层的描述与渲染下,逐步进入到下层民众的历史记忆之中。

在涉及明初湖南移民缘起的故事中,有所谓"扯江西填湖南"的说法。这一故事流传在湖南常宁一带,该故事提到,明初金陵有条"湖南街",住户大部分是湖南迁来的商人与退役谋职的湖南籍士兵。朱元璋做了皇帝之后,害怕百姓造反,于是横加镇压,湖南深受其害。有一年,"湖南街"正月十五演戏,因为老生、老旦扮相极丑,老生满脸麻子,老旦的一双大脚足有二尺来长。朱元璋经奸臣挑拨以为是讽喻自己与马皇后,叫嚣把"湖南街杀尽"。而传旨又被误听为"皆杀尽",街与皆一字之差,使湖南百姓遭受了血光之灾。等朱元璋消气之后向徐达问起此事,才发现铸成大错,斩了奸臣并火速追回派去征剿湖南的军队。但由于杀人过多,地方元气大伤,无人种田纳粮。于是朱元璋下令"扯江西填湖南"。

---

① 张廷玉等修:《明史》卷三百五十八,《列传二百九》,北京:中华书局,1974年,第2125页。
② 湘潭《高塘李氏七修族谱》,卷首《宗图便览弁言》。
③ 湘潭《高塘李氏七修族谱》,卷末《九房分关》。

而当时江西人都不愿离开故土,于是管事的差官想了个计策,命令"不愿到湖南的都站到峨眉大丘这田里来"。这丘田面积几十亩,被挤得满满的。于是差官命士兵将其全部押走,用船运往湖南。船到一地,随便各人上岸占田,插标为记。于是很多以姓氏命名的地名(如丁家湾等)渐次形成,地方习俗也与此有关。① 这一故事涉及移民起源,以及移民过程等问题,而这种故事的母题在其他移民故事中也可以见到。赵世瑜教授研究的"洪洞大槐树"移民传说中提到的"胡大海复仇""三洗怀庆府"等故事即与这里的"血洗湖南街"主题相似,而河南安阳的迁移官命不愿迁徙的民户站到"大槐树"下等候而全部被迁走的说法又与此处的"峨眉大丘田"有异曲同工之妙。② 而且,这种血洗的说法,在地方士人当中也曾流传,新修《常宁县志》记载:"明初,县内人口大减。据旧志载,洪武三年(1370),湖南大遭屠戮,……传为血洗。"③明清地方志的编者多是地方士人,说明这一说法已流传甚广,从而逐渐成为地方民众共同的历史记忆。

湖南石门的传说讲述的是朱元璋与"烧茶老婆婆"的故事。故事首先提到移民迁徙地——江西"大栗树"。"大栗树"只是鄱阳湖旁边一个小村子,村口长着一蔸大栗树,只有几户茅屋人家。元末群雄并起,吴王朱元璋占据着鄱阳湖以东地区,汉王陈友谅占据着鄱阳湖以西地区,而湖广则是陈友谅的地盘。两军互相厮杀,互不相让,一时间民不堪命。一次朱元璋巡视占据的地盘,看到血流成河,而紧靠湖边一蔸大栗树下的茅棚有人正在烧水,于是对其加以盘问。烧水的是位老婆婆,朱元璋问她此处原为汉王占有,现在归吴王,烧茶是为谁。老婆婆责怪朱元璋问得古怪,说不管是谁的兵都是父母生养的,只希望他们喝热水不生病,不管他是谁的兵。朱元璋深感老妇深明大义,亮明身份,问她有何要求,为其做主。老婆婆提出,若要得民心,大兵到处,切不可烧杀掳掠。于是,朱元璋嘱咐军师刘伯温:"传我号令,大兵所至,插上洪武安民旗,严禁烧杀掳掠。"又命侍卫:"将第一面洪武旗插在大栗树下,众百姓在此安居乐业,众兵丁不得骚扰。如有违犯,定斩不饶。"于是,大栗树的安民旗吸引了来自各地的民众。朱元璋战胜陈友谅后,再访大栗树,料想此地百姓必定安居乐业。不过看到的是人烟稠密,而人民生活并不富裕。朱元璋再次拜访老婆婆,问明情况。老婆婆指出大栗树不过这么小的地方,安能生养如此众多的百姓。于是朱元璋恍然大悟,传令"湖广已定,该处地广人稀,可让江西大栗树一带众百姓迁居湖广。走到哪里,吃到哪里。插草为标,斩草为记,谁开垦就是谁的土地"。这样一来,很多江西百姓均从大栗树迁往湖广,这也就是湖南民众多为"江西祖"的缘由。④ 这个故事讲述的其实是迁徙地的传说,解释的是为何这批人宣称自身来自江西"大栗树"。借助于老婆婆这位虚拟人物而创造出关于迁徙来源的依据。这与鄂东等地流传的"江西瓦屑坝"说法有所不同。徐斌研究指出瓦屑坝是"江西填湖广"的一个地方版本,与宗族起源的历史有关。尤其对移民传说诸如"江西瓦屑坝"等更是涉及元末明初地方势力归附朱元璋的史实。投靠朱元璋的这批

---

① 参见《中国民间故事集成》(湖南卷),中国 ISBN 中心,2002 年,第 267—268 页。
② 参见赵世瑜:《祖先记忆、家园象征与族群历史——山西洪洞大槐树传说解析》,载氏著《小历史与大历史:区域社会史的理念、方法与实践》,北京:三联书店,2006 年,第 98—103 页。
③ 常宁县志编纂委员会:《常宁县志》,北京:社会科学文献出版社,1993 年,第 2 页。
④ 《朱元璋与烧茶老婆婆》,载湖南省文学艺术界联合会编:《湖南民间故事集成》,长沙:湖南文艺出版社,2009 年,第 118—120 页。

人返回鄂东等地，后来其他宗族为改变身份对胜利者加以攀附，于是形成了这一传说。① 在湖南族谱中我们似乎并未看到这种关于迁徙地来源的传说，大量族谱几乎都能清晰记载其迁徙地，多数为江西某县某都之类的介绍，尤以江西吉水、泰和等地为多。这种说法也很有可能是附会，强调自己乃当地土著。

此外，在两湖地区流传更广的则是所谓"江西老表"的说法，湖南东安县的传说更加具体指明江西人是湖南人的先祖。这一故事从陈友谅与朱元璋的鄱阳湖之战说起。据称陈友谅在鄱阳湖被朱元璋包围，阵前，朱元璋质问陈友谅："你为何反对我做皇帝？"陈友谅是湖北人，他家乡人拥护他而不拥护朱元璋，他本想回答"湖北人要我反对朱元璋当皇帝"，刚说了个"湖"字，怕朱元璋小气量报复他的家乡人，便改口说："湖南人要我反对你当皇帝！"朱元璋听了之后大怒，更加恨湖南人了，借故大杀湖南人。湖南人口锐减，田园荒芜，官府税收交不上来，纷纷向皇帝诉苦。于是朱元璋又把江西人驱赶到湖南，故有"江西填湖南"的说法。自此，湖南人的老祖宗多数是江西人，于是后来的湖南人见了江西人就称其为"老表"。② 这一故事在描述明初的血洗湖南之外，一定程度上凸显了湖南与湖北之间的紧张关系，明显是站在湖南人立场上的表述。但这一习惯性称呼确实反映了江西人移民湖南的普遍性，这一现象已经为地方民众所公认。

我们还可以提到两湖移民传说中对"解手"的诠释。据张国雄先生的调查，湖北人把上厕所称为"解手"，是因为其祖先是被捆绑着用船从江西运来的，途中想大小便时要呼喊押送官兵松绑，故"解手"成为上厕所的代名词。而且，为了证明自己是江西人的后裔，当地人还常常脱去鞋子，指着小脚趾说自己指甲多一块，这就是"江西种"的生理特征。③

传说在一定程度上反映了民众的历史记忆，这些传说多数都以明初以及朱元璋为背景，凸显出元末明初这一"历史性时刻"对于地方社会的重要意义。虽然这些文本很多都有讲述者叠加的历史，而且体现了地域之间的紧张关系，但这种建构也反映了他们的心态与集体记忆。这种"洪武血洗"的故事，也出现在一些家族的族谱中，成为其家族的历史记忆。如常宁《厚雅田王氏谱》记："湖以南，丁洪武杀运，扫境空虚矣！我肇祖随蚁赴之众，数标杆为记。划一亩之丘，挫棘楚，芟蒿蓼，襄除厉魔，挺貔豹，奠定其家室，以繁育其子孙。"又说："时湖南丁大乱之后，人烟稀少，朝廷调江西户口于衡，至者，各插标以记，谓之'安插户'……时安插户，屯户，军民阡陌，杂错不睦。"常宁《吕氏宗谱》记："洪武血洗，惠公由安仁奉调镇常。"④ 可见，家族记忆与民间口传故事之间有一定的联系，可能有一个互相影响的过程。

三、"江西填湖广"的历史解读

关于湖南在元明之际出现众多江西移民的现象，一篇作于康熙年间的族谱谱序中有所

---

① 徐斌：《明清鄂东宗族与地方社会》，武汉：武汉大学出版社，2010年，第17—26、276—280页。
② 《"江西老表"的来历》，湖南省文学艺术界联合会编：《湖南民间故事集成》，第232—233页。
③ 张国雄《明清时期的两湖移民》，第1—2页。
④ 参见常宁县政协文史委员会编：《常宁文史资料》第五辑，1992年，第36—37页。

反映。该文称,"湖湘以南,当元明鼎革之际,兵燹之余,列为编氓之家者半出豫章"。① 可见在清初,这一现象即成为地方士人的共识。而除上文解释的原因之外,我们还发现赋役问题也是导致移民的重要因素。而且这是一个持续不断的过程,并不限于明初。我们来看湘潭太阳泉陈氏的故事。其族谱中保存有明天启七年(1627)的谱序,文称:

  陈氏鼻祖晓苍公讳晚,江西吉安府永新人。以世乱于洪武十六年(1383)癸亥移籍湖广宝庆府邵阳县杨柳冲西萼塘,管置水田三百六十亩,得业承差,遂为邵人。生子数人,昂公其长君也。昂公胸怀浩然,超然尘表,时靖难兵起,邵差繁重,迨洪宣太平而乐安、土木之兵相继不绝。公不堪其苦,遂以家产付兄弟。于景泰二年(1451)徙潭之九十二都地名草叶桥,桥去草衣子修道处不远,公曰,可以托足矣。有诗云:猛虎征求释,飞鸿指爪留,言来徙之故也。公之寓草叶桥也,虑邵役追及,尝改姓萧氏,然其家道日昌,……三世祖连山公又迁歇马,连山公子凡七人,而长君前芬则迁居砂子塘,次君后芬遂游庠为诸生,家门始大。然生齿众则基业日广,如还溪、如溪兄弟且置田于吾乡,复姓陈。然自麓川倭寇诸乱作,一家之中疲于奔命者不少。且居潭者为萧氏,居湘乡者为复陈氏,一宗两姓,复值衰晚,日月流迁,其能保无世叙之紊耶? 故今万字辈商修家乘,其意良厚。夫陈氏始以避乱迁邵,复避乱来潭,今又际多事,世故之靡常即一姓而可慨也。②

陈氏始迁祖自洪武十六年(1383)徙居邵阳,置办田产,纳粮当差。其子则因赋役繁重,"不堪其苦",于景泰初年迁往湘潭,并改姓萧氏。后来家族日益兴旺,其族中后嗣又有复姓陈氏者,这样便出现了"一宗两姓"的现象,为溯本清源,撰修谱牒以明其家族来历,以昭后世。而且,如陈氏记述所展示的,很多移民家族在湖南入籍之后有多次迁徙,这种现象在族谱材料中甚为常见。一个家族的历史往往即是一部移民史。我们相信太阳泉陈氏并非特例,在明代因赋役问题而逃亡迁徙的肯定不在少数。另外一支陈氏,则是因军役而出现了家族的流散。族谱称其家先世为江西庐陵,到始迁祖才迁往湘潭,

  明永乐间,裴公自江右贸易于湖广所属之湘潭县,因睹斯邑人心浑厚,风俗朴醇,遂寄籍于潭之瀼湖七都地名白茅塘。子公朝生盛祖、盛哲,盛祖无传,哲育四子,长宝锭、次金锭、三安宗、四定国。宝、金二公娶室无嗣,安公子太春、太任因军差临县,均避居新化黄油山。定公育太山、太初、太贵、太宜四公而贵、初、宜三公又徙居四川重庆府,惟我祖太山公固守旧土以承先泽。③

从族谱世系描述来看,自始迁祖到太春、太任已是第五代,大约过了一百二十余年,已是嘉靖年间了。说明此时当地有过征召民户为军的现象,很可能属于垛集或抽籍。军役负

---

① 湘潭《铜陂军籍张氏四修族谱》卷首《初修序》。
② 湘潭《太阳泉陈氏五修族谱》卷首《一修族谱序》。
③ 湘潭《陈氏族谱》卷首《源流序》,1893年刊本,国家图书馆古籍部藏。

担对很多民户来说太过繁重,避之唯恐不及,文中提到的"太任"即是逃脱军役的例证。而且移民的迁徙往往是个持续的过程,很多地点对移民家族来说都是"驿站",获取更多的资源与更大的生存空间是他们的长远目标。在湖南,从明代中后期一直到明末我们仍然看到大量移民的记载,上文提到的丘浚在《江右民迁荆湖议》中的提议,建议迁徙江西人往湖广开垦土地,说明当时湖广确实吸引了大量江西移民。

由明入清,鼎革之际的长期战乱之后自然又有一个恢复重建的过程,外来移民在此过程中即扮演了重要角色。我们较为熟知的关于"江西填湖广"的说法是魏源在《湖广水利论》中的一段论述:"当明之季世,张贼屠蜀民殆尽,楚次之,而江西少受其害。事定之后,江西人入楚,楚人入蜀。故当时有'江西填湖广,湖广填四川'之谣。"①魏源所述乃清代前期的史事,可见清中期仍有大量江西移民进入湖广。清初移民在谱牒中一般记述较少,但也并非无迹可寻。如湘潭纯塘刘氏,"始迁祖城,明季由江西永丰县紫溪圳上先迁茶陵,寻与子必富再徙湘潭锦石市,定居于市西南之纯塘"。②中湘刘氏,"始迁祖诚祖,明清之际避兵乱由吉安太和县迁来湘潭三都九甲"。③还有家族是湖南省内部的迁徙,如湘潭傅氏,"始迁祖傅乾一,清顺治十八年(1661)避乱由湘阴十一都龙王山迁居湘潭二都八甲塔岭"。④由此可见,躲避战乱成为他们迁徙的主要原因。

"江西填湖广"这一说法因魏源的议论而广为人知。但魏源这一论述所指称的对象乃是清初移民。从族谱材料来看,清初移民数量似乎远低于元末明初,为何多数族谱都宣称是明初而非清初移民?张国雄先从两个方面对此加以解释。他认为造成这种现象原因之一是明清之际两湖地区很多民众结寨自保,清代定鼎之后这批土著陆续回到了故土。虽然自宋代以来这种现象即已出现,但明末的寨堡修筑数量最多,故而受到保护而存活下来的民众也就最多。因此,清初招民垦荒,本地民众成为主要对象。其次,这一现象也与地方开发程度有关。明初地方开发程度远远落后于清初,当时确实需要移民垦荒。而经过明后期的开发,两湖人口有了较快增长,因此清初对移民的需求不及明初。⑤

但在笔者看来,这两个因素都不能完全解释这一现象。首先,我们在族谱中也可以看到明初的土著回归现象。如湘潭黎氏族谱称,"明洪武初兵戈四起,湖湘千里无烟,其人殆尽。我族惟公(笃生)潜避大岭洞中数日,食黄土、饮清泉。既免于难,自改名曰笃生,称其岭为蓬莱,称其洞为毓仙。迁居潭邑之北,立草为标,得生一子"。⑥我们有理由认为黎氏乃当地土著,在山洞中躲避战乱后返回当地。大乱之后,其先祖"立草为标"占据了属于自家的产业。我们也相信这绝不是个案,明初地方官员确曾有招抚土著回归的政策。如地方志对明初官员的记载:"端复初,溧水人。洪武五年(1372)为湖广参政,令民来归者,免其赋一年,流亡毕集,以治辨闻。"⑦可见在移民传说背后仍然有大量的土著存在。元末明初

---

① 魏源:《湖广水利论》,载《魏源集》上册,北京:中华书局,1976年,第388页。
② 湘潭《纯塘刘氏五修族谱》卷首《谱序》,1942年刊本,上海图书馆藏。
③ 湘潭《中湘刘氏三修族谱》卷首《谱序》,1898年刊本,上海图书馆藏。
④ 湘潭《傅氏二修族谱》卷首《旧序》,1914年刊本,上海图书馆藏。
⑤ 参见张国雄:《明清时期的两湖移民》,第87—92页。
⑥ 湘潭《黎氏续四修族谱》卷二《齿录》,国家图书馆文献缩微复制中心,2002年。
⑦ 光绪《湖南通志》卷九十七《名宦六》。

两湖地区结寨自保的势力也并不少见,上引《湘潭县志》提到的"乡兵自卫"与"筑栅坚守"即是明显的例证。

其次,虽然明代两湖有了初步开发,但我们并不能过高估计其开发程度,明代方志中仍有大量关于客民在本地耕种开垦的记录。① 而且,明末清初的战乱相较于元末明初只能是有过之而无不及,对湖南来讲尤其如此。自明末张献忠进入湖南一直到三藩之乱,明廷、清军与农民起义武装、地方势力此消彼长,湖南饱受战乱的洗礼。这种冲击对地方社会的破坏程度应该是很大的,故而对移民仍然有着很大的需求。上引几部自称明末清初移民的族谱都宣称是避乱而迁徙,也是事实的反映。徐斌在其著作中对此提出质疑,他以鄂东地区的宗族建构为例,认为元末明初的移民规模被夸大了。② 但他并未正面解释为何族谱多宣称是明初移民而非清初移民。

我们可以看看湘潭族谱对这一问题的解释。韶山毛氏族谱一篇乾隆初年的谱序或许可以让我们了解当地家族的发展历程。其文称:

> 吾乡在元末时际兵燹尤甚于明末,故邑中族姓,溯其先世,多自他省来迁。其始皆以耕著籍,若今楚人之徙蜀者。数传至明之中叶,乃有发祥而为士族者,于士族中又有盛者焉。则科第蝉联,仕宦赫弈,其家始大矣。③

这段话传递出几个重要信息。首先,作者认为当地元末明初的战乱远甚于明末清初,因此当地多数移民均是明初的移民。这一定程度回答了为何多数移民宣称自身是明初移民而非清初移民,当然这需要进一步论证。而这批人均是"以耕著籍",正是当地收编民籍的体现。其次,这篇谱序作于乾隆二年(1737),文中提到"若今楚人之徙蜀者",说明当时还有大量"湖广填四川"的现象,说明"湖广填四川"并不限于清初,直到乾隆年间仍在持续进行。其三,这批融入当地社会的移民经过几代人的努力,直到明代中叶才出现以科举改变家族地位的现象,其中以科举成为官宦之家的才发展成为当地的大家族。这基本反映了湘中宗族的一种发展类型,当然不能排除地方上以商业或他种途径得以发展壮大的家族。如果这种现象属实,至少可以说明当地很多家族在明清两代之间保持了延续性。这些家族在明代中后期才开始壮大,基本上到清代才开始进行宗族组织化建设,那么我们可以认为当地很多宗族是明代当地的土著。

这可以算是地方士人的一种解释,也与上文我们对户籍制度的分析相吻合。一方面这些宗族因户籍制度而被纳入王朝体系,因此对明初的历史记忆体现了官方制度的影响以及对基层社会的控制。另一方面他们逐步遵从一套士大夫的文化与礼仪规范,按照士大夫的标准进行"文化创造",④ 上文谱序中对"士族"的强调正含此意。地方宗族借助这些制度与

---

① 参见万历《湖广总志》卷五《方舆志四》。
② 徐斌:《明清鄂东宗族与地方社会》,第17—26、276—280页。
③ (清)毛际膚、毛祖文主修:《韶山毛氏鉴公房谱》卷首《旧序》,同治七年(1868)修,国家图书馆古籍部藏。
④ 参见刘志伟:《在国家与社会之间——明清广东里甲赋役制度研究》,广州:中山大学出版社,1997年,第27—32页。

文化的依据,给自己的宗族组织化建设提供了强大的社会背景,从而使得他们获得地方社会的控制权。

当然,我们对湖南历史上移民的进程还需要更进一步考察,不同时期的移民在地方社会往往呈现出复杂与多样的面貌。我们发现即使是明初移民,也并非多来自江西,并非都是"以耕著籍",一部民国湖南县志如此描述当地的移民来源:

> 邑中老籍有开封者,有江南者,尤以江西为最多。其来自开封者盖宋时之游宦,其来自江南者盖明初之屯卫,其来自江西者则明时宦于屯卫,……流转迁移于此者也。父老相传,有"江西填湖广,湖广填四川"之说。今所指土著,十之九皆江西人,可见其说之非据也。①

这种说法值得玩味。除江西人之外,此处所谓的"老籍"包括"宋时游宦"与明初来自江南的卫所屯军。康熙年间的县志则指出有老籍乃秦人之后:"沅邑皆江右来者。北河栗姓一户独系老籍,今其家猎犹从秦时令,族丁甚蕃,多工匠艺,岂真秦人之后欤?"②方志编者也表示疑惑,说明地方土著存在的可能性。从卫所军户移民的角度观察,作者指出来自江南的乃是"屯卫",很可能即是经归附与垛集而来的卫所兵丁,或是因卫所屯田而进入当地。而明初来自江西的这批人则是卫所武官,成为较有实力的地方权势。由此可知当地移民来源成分较为复杂,卫所移民的构成也趋于多元。但世易时移,到清代以至于民国,所存土著仍多为江西人。这里明确指出了明代卫所制度对明初以及此后移民社会权势变动的影响与意义,值得继续探讨。

作者简介:李扬,北京联合大学历史文博系讲师。

---

① 民国《沅陵县志》卷六《赋役》。
② 康熙《沅陵县志》卷末《杂记志》。

清至民国河南西平的宗族建设
——以西平县权寨镇陈氏为中心

朱绍祖

【摘 要】 清中叶到民国,是河南西平宗族的重要发展阶段,直到晚清民国,受近代社会变迁的影响,宗族活动依然兴盛。河南西平宗族通过参与地方志的纂修,对宗族的历史予以建构,具有四个特征:一是王朝易代之际迁移,尤其是以明初洪武移民为多;二是迁自山西洪洞县;三是不少宗族出自历史名人后裔;四是始迁祖信息日渐完备。除了建构宗族历史以外,西平宗族的建设活动也相当频繁。尤其是权寨镇陈氏不仅数次修缮祖祠、纂修族谱、建立祭田,而且制定有族规性质的"家乘赘言",虽然约束力相对松散,但是表明宗族的制度化加强。西平宗族通过对祖先迁自明初的塑造,自觉地将自己纳入官方移民的历史记忆,并逐渐与洪洞移民传说建立联系,权寨陈氏更以此为基础,追溯至汉太邱陈寔后裔,构建祖上五代时"避徙山右",明初"迁归故土"的谱系,与其说这是建立宗族的合法性和地方性权威的需要,毋宁说正是他们的强烈地域认同和适应近代民族国家观念的深刻体现。

【关键词】 西平;氏族志;宗族;权寨镇

一、引 言

在目前的宗族史研究中,就资料利用而言,族谱是最为核心的内容,契约文书、碑刻、方志等资料也逐渐引起学者们的重视。明清方志的纂修多引用族谱作为资料,清代著名学者章学诚提出"夫家有谱,州县有志,国有史,其义一也。然家谱有征,则县志取焉。县志有征,则国史取焉"。① 可见家谱与县志的紧密联系。受此影响,部分方志的纂修呈现出"族谱化"②的取向。方志《氏族志》的出现,毋宁说正是这种趋势下的产物。常建华教授指出除了族谱、契约文书、碑刻等资料之外,地方志也是重要的基本文献。方志在说明宗族的发展过程与地理分布方面,非常有效。他曾利用民国《重修莒志·民社志·氏族》,对山东莒

---

① 章学诚著,叶瑛校注:《文史通义校注》卷七外篇二《为张吉甫司马撰大名县志序》,北京:中华书局,2004年,第882页。
② 李晓方:《地方县志的族谱化:以明清瑞金县志为考察中心》,《史林》2013年第5期,第78—88页。

地的宗族进行了有益探索，为利用"氏族志"开展宗族的个案研究提供了良好范式。①

明清两代是宗族建设与族谱编修的成熟时期，不过既有研究成果大多集中于宗族观念较为强烈的南方，而对同期北方的河南宗族关注较少。②清代是河南宗族建设的繁荣期，不少地方志都对本地的宗族状况有所介绍。据笔者统计，现存河南方志中，载有"氏族志"的方志有：清《淅川直隶厅乡土志》"氏族录"（清钞本），光绪《洧川县乡土志》"氏族类"（清光绪二十六年石印本），民国《封丘县志》"氏族志""氏族别录"（1937年铅印本），民国《重修襄城县志》"氏族"（1936年稿本），民国《获嘉县志》"氏族"（1935年铅印本），民国《陕县志》"氏族"（1936年铅印本），民国《修武县志》"氏族表"（1931年铅印本），民国《西平县志》"氏族志""氏族篇"（1934年刊本）。这些有关宗族记载的方志，基本以晚清民国为主。从"氏族志"记载的内容来看，清至民国河南的宗族活动明显增强。由于中国各地区存在巨大差异，宗族的发展情况并非完全一致，利用"氏族志"资料，采取地域史的研究视角不失为有效的门径。本文拟以河南西平县做具体的个案分析。

西平县的宗族资料相对丰富。陈铭鉴在《西平县志·氏族志》中谈到"氏族一项实占邑乘中重要之部分，旧志略而不载，殊嫌疏漏。近人余绍宋氏著《龙游县志》，特辟氏族一门，颇堪取则，兹篇略仿其意，谨就调查所得者，序次如左"。③余绍宋编修的民国《龙游县志》体例新颖，资料翔实，结构严谨，梁启超专门为《龙游县志》作序，自1925年刊行后，引起学界的关注。梁启超评价说："氏族考根据私谱，熟察其移徙变迁消长之迹，……其义例为千古创体，前无所承。"④民国《西平县志》受此影响，于县志内专列"氏族志"，凡列四十余氏族，对每一氏族的世系、故居、迁徙、特出人士、族谱以及当前分布情况，作了详细介绍，这在河南编修的诸多方志中是不多见的。且《西平县志》自康熙志后二百余年间未曾有续修，唯至民国，由陈铭鉴等重新纂修，此方志中的宗族信息相当程度上是地方大族士人建构出来的结果。

此外，陈铭鉴是西平权寨镇陈氏宗族的重要人物，纂修县志以前也曾对自己的宗族谱系予以建构，他还创修了河南为数不多的乡镇志——《西平县权寨镇风土志》。通过对民国《西平县志·氏族志》的宏观透视，以及对陈铭鉴《西平县权寨镇陈氏家乘》具体的个案考察，本文希望对清代至民国河南的宗族建设有更加深刻的认识，并进而展现在近代民族国家观念的影响下，河南宗族的地方性特征。

---

① 常建华：《近世山东莒地宗族探略——以民国〈重修莒志·民社志·氏族〉为中心》，《安徽史学》2014年第1期，第75页。

② 目前的主要研究成果有：李留文：《宗族大众化与洪洞移民的传说——以怀庆府为中心》，《北方论丛》2005年第6期，第90—96页；吴逸飞：《明清时期家族兴衰与地方社会的整合——以寨卜昌村王氏家族为典型个案》，《中国文化研究》2008年第4期，第105—106页；申红星：《明清时期的北方宗族与地方社会——以河南新乡张氏宗族为中心》，《中国社会历史评论》2008年第九卷，第140—152页；申红星：《明清时期豫北地区移民问题探析——以山西洪洞大槐树移民传说为中心》，《求是学刊》2010年第2期，第132—137页。对河南世家大族的研究主要有：李永菊：《明代河南的军事权贵与士绅阶层——归德府世家大族研究》，厦门大学博士学位论文，2008年；王永宽：《明末至清代新安吕氏家族世系与支派考略》，《中州学刊》2012年第1期，第145—150页。

③ 陈铭鉴纂，李毓藻修：民国《西平县志》卷八《氏族志·氏族篇上》，1934年刊本，台北：成文出版社有限公司，1976年，第293页。

④ 余绍宋纂修：民国《龙游县志》梁启超序，1925年铅印本，台北：成文出版社有限公司，1970年，第2页。

二、西平县宗族的分布状况和基本特征

宋代程朱确立祠堂之制,"自时厥后,士大夫家往往仿其制而行之者,率闽、浙、江、广之人,所谓中州人士盖鲜也"。① 与南方地区相比,河南的宗族建设相对较晚。明万历时,王士性(1547—1598)游经河南,曾对境内的宗祠建设活动有所记述:"郡邑无二百年耆旧之家,除缙绅巨室外,民间俱不立祠堂,不置宗谱,争嗣续者,止以殓葬时,作佛超度,所烧瘗纸姓名为质。"② 可见,直到晚明河南的宗族建设依然相对较少,除了官宦大户以外,普通百姓设立祠堂和编修族谱的意识淡薄。

进入清代以后,河南宗族建设日益兴盛。就西平县而言,境内共计 44 支宗族,不少宗族都曾进行过祠堂、族谱、族田等的建设活动。等到纂修民国《西平县志》时,主要参与者均为本地名门望族。如总纂陈铭鉴出自权寨镇陈氏;分纂陈庭兰出自大庙陈庄陈氏,栗廉芳出自栗楼村栗氏,赵麟绂出自赵老庄赵氏,栗雁名出自栗楼村栗氏,陈既明出自安保黄庄陈氏;局长陈庭兰出自大庙陈庄陈氏;副局长焦明扬出自义冈焦氏,李鸿勋出自金梁桥李氏;顾问陈增锐出自权寨镇陈氏,栗瑞昌出自栗楼村栗氏,赵国楹出自赵老庄赵氏,陈少卿出自合水镇陈氏,焦文炤出自义冈焦氏,杨茂松出自大杨村杨氏;采访员、覆查员、补查员为各坊保主要世家大族代表人。其中唯有局长李毓藻,顾问刘照离和朱振玉没有说明出自哪支宗族。由此可见,西平县存在着一支庞大的宗族网络,几乎所有的地方大族都参与到了修志活动。

据民国《西平县志》"氏族志"记载的各姓宗族统计,全县共有 44 支宗族,姓氏和分支情况如下:丁、牛、王(2)、李(2)、宋、吴、邵、杜、胡、范、苗、耿、栗、袁、高、陈(7)、张(4)、郭、冯、焦、温、葛、杨(2)、赵、刘(3)、巩、郑、韩、谭、关。其中陈姓、张姓和刘姓分支最多,陈姓尤为西平县最大之宗族。这七支陈姓氏族里,权寨镇陈氏、陈坡寨陈氏、大庙陈庄陈氏和范坡陈氏通过联宗有着共同的祖先。

值得注意的是,虽然"氏族志"中关于始迁祖、迁移时间和迁出地等的记载被收入县志,但是由于这些资料多数来自于各个宗族成员的口述和族谱记载,其中不乏建构的成分。地方大族通过参与地方志的纂修,将没有确证的,或者是建构的本族历史载入官修的地方史志,为宗族成员立传,将"私记"转化为"信史",应该引起重视。据统计,西平宗族在叙述其祖先的历史时,具有明显的相似性。笔者根据民国《西平县志·氏族志》,制成西平县宗族资料一览表(见附录)。资料显示,西平县宗族的始迁时间、始迁出地、先祖或始迁祖信息具有如下四个特点:

其一,王朝易代时迁移。

据"氏族志"所载 44 个氏族中,迁自元末的有 5 支,迁自洪武时的有 15 支,迁自永乐时

---

① (明)丘濬:《琼台诗文会稿》卷十七《南海亭冈黄氏祠堂记》,选自《丘濬集》第 9 册,海口:海南出版社,2006 年,第 4296 页。
② (明)王士性:《广志绎》卷三《江北四省》,北京:中华书局,1981 年,第 43 页。

的有3支,泛言明初的有5支,所有加起来共计有28支。几乎有一半的西平宗族迁自元明易代之际,尤其以洪武迁移说最为兴盛。

实际上,据相关记载,有些宗族的说法不无自相抵牾之处。例如,耿墩村耿氏。据民国《西平县志》记载:(耿氏)明初由山西洪洞迁信阳,时有耿厥、耿琳兄弟二人,未几耿琳复由信阳迁居西平县城南五里耿墩村。然据康熙《西平县志》载:耿琳为天顺四年(1460)岁贡生,官崇府典宝。①

除了迁自元明之际外,明清之际尚有3支姓氏迁入西平,分别为明末刘庄刘氏、巩庄巩氏,清初范庄铺范氏。直到清前中期依然有迁入者,如康熙时郑楼村郑氏,雍正时合水镇陈氏,此后基本上未见有宗族迁入。

虽说朝代交替或者社会动乱,确实会导致大规模的人口迁移,但是由于时移世易,在没有文字资料记载的情况下,经过数世以后,子孙后代将难以记清早期始祖的姓名和迁移时间,多数不过是后人的历史记忆。康雍以后极少有新的宗族迁入,正说明这一时期是西平县宗族建设以及构建祖先迁移时间的关键时期。

当然,也有宗族未必有意附会这样的说法。如关庄关氏和义冈焦氏迁自明正统时期,连胡村胡氏迁自明中叶,油房张村张氏迁自明万历时期。不可否认的是,"王朝易代移民"说在西平县占据主导地位,其中以明初洪武移民说的影响最为深刻。

其二,迁自山西洪洞县。

多数西平宗族都将祖先的迁出地定为山西,具体到来自洪洞县移民的后裔。据统计显示:元明之际迁自洪洞县的有莲花池村丁氏、牛寨牛氏、西宋庄宋氏、耿墩村耿氏、袁坡村袁氏、权寨镇陈氏、陈坡寨陈氏、大庙陈庄陈氏、范坡陈氏、陈老庄陈氏、张湾村张氏、葛庄葛氏、嘴刘村刘氏等13支;泛言明代迁自洪洞的有杨寨村李氏、栗楼村栗氏2支,明万历时迁自洪洞的有油房张村张氏1支,明末迁自洪洞的有刘庄刘氏、巩庄巩氏2支;清初迁自洪洞县的有杨柳堂村王氏1支;迁自洪洞,但迁移时间不详的有花园吴村吴氏、苗堂村苗氏2支;未言明迁自洪洞,只言迁自山西的有明中叶的连胡村胡氏、明初的安保黄庄陈氏、明初合水镇张氏3支。由此看来,在44支氏族里,明确说明迁自洪洞县的姓氏共计21支,几乎占据一半的比例。可见,"洪洞移民"说在西平颇具影响力。

其三,不少宗族出自历史名人后裔。

除了上述两种移民时间和迁出地的说法外,声称是宋明以前名人后裔在西平也相当普遍。有的甚至追溯至上古传说时代,从而标榜本族名门望族的血统。据统计,西平县宗族出自历史名人后裔的共计10支。如西宋庄宋氏出自唐玄宗时名相宋璟之后,蓝衣赵村邵氏出自北宋理学家邵雍之后,范庄铺范氏出自北宋名士范仲淹之后,栗楼村栗氏出自古栗陆氏之后,权寨镇陈氏出自汉太邱长陈寔之后,城北街郭氏出自唐代汾阳王郭子仪之后,冯老庄冯氏出自明初郢国公冯国用之后,李庄杨村杨氏出自东汉名臣杨震之后,大杨村杨氏出自春秋战国晋叔向之后,出山寨韩氏出自唐代文学家韩愈之后。这里面既有大文豪、理学家,又有颇具将相之才的能臣。固然有些宗族可能确实出自名门之后,但是也有一些宗

---

① (清)沈渶纂修,李植续修:康熙《西平县志》卷六《选举》,康熙三十一年(1692)续刻本,国家图书馆数字方志,第10页。

族出于虚荣心或者提高本族地位的目的而妄攀附会。

其四,始迁祖信息日渐完备。

西平县各支宗族虽迁移时间不一,但大体都保留有完整的始迁祖信息。有34支宗族知道本族始迁祖名讳。始迁祖名讳不详的,要么是家谱被焚毁或遗失,要么是没有家谱和祖祠。

有些所谓家谱被焚毁或遗失的信息未必可信。如连胡村胡氏,民国《西平县志》"氏族志"言:康熙间创修族谱,其后族中有名景午者与信阳人胡秉性(官监察御史)谋联宗,以族谱付秉性持去竟遗失焉。据乾隆《信阳州志》载:胡秉性,嘉靖辛酉(1561)科举人,曾任崇阳知县,后召入南京御史,兼摄七道,言事忤权贵,迁夔州知府,以疾乞归。① 可见胡氏确曾官至监察御史,但其具体的生活年代当在明代嘉、隆、万之时,家谱遗失说显然有误。

另外,西平县诸多宗族的先人称呼,具有鲜明的儒家文化色彩。如焦冈焦氏,明正统七年(1442)由山东避地西平,始迁祖分别为焦山、焦明、焦水、焦秀。后来焦水一支迁泌阳,焦秀一支迁温县,焦山和焦明居于西平。权寨镇陈氏出自陈雷之后,陈坡寨陈氏出自陈桂之后,大庙陈庄陈氏以陈云为祖,范坡陈氏祖祠内奉陈雄为始祖。陈氏宗族成员相信明初始迁祖为陈桂,陈桂生子四,曰:风、云、雷、雨;又有另外一种说法是八子,分别为风、云、雷、雨、方、圆、拱、第。可见陈氏宗族成员对先祖的信息不甚明了,虽然无法确定哪种说法更为接近历史真实,但是他们通过塑造共同的祖先世系,将彼此之间紧密地联系在一起。

实际上,这些宗族的先人并非出身士人阶层,多为不起眼的社会底层平民,没有太高的文化素养。后人赋予先人如此典雅的名字,应该是一种追随时尚或者是刻意显示自身家族文化气息的行为。

无论是编修族谱,还是建立祖祠,祖先的名讳、迁移时间和迁出地都是宗族建设过程中无法回避的问题。如果这些信息模糊不清,本支宗族在当地的合法性,甚至是权威就无从谈起。因此,构建祖先姓名,对于祖祠祭祀和纂修家谱是必不可少的。我们发现在西平县的宗族里,往往只知道始迁祖姓名,而对于始迁祖之下的几代世系则语焉不详。如陈老庄陈氏,自明初始迁祖陈凤后,五世名字均失传,直到六世祖陈慧始显著,陈慧因此而被尊为一世祖。油房张村张氏,家庙木主于崇祯时被毁,自始祖至六世祖名均失考。权寨镇陈氏从始祖到六世名讳最初皆已失传,经过道光、同治、民国三次修谱,祖先世系反而一步步的趋于完备,最终具有完整的谱系。

通过上述的量化分析,可以获悉,西平众多的宗族在记述自身起源和宗族信息时具备四个特点:其一,王朝易代之际迁移,尤其是以明初洪武移民为多;其二,迁自山西洪洞县;其三,不少宗族出自历史名人后裔;其四,始迁祖信息日渐完备。西平陈氏拥有着全县最大的宗族分支,权寨镇陈氏宗族完全具备了这四个特点,接下来笔者将对其进行具体的个案分析。

---

① 张钺修,万候纂:乾隆《信阳州志》卷七《选举志》,乾隆十四年(1749)刻本,国家图书馆数字方志,第44—45页。

三、西平县权寨镇陈氏的宗族建设

明清鼎革之际,许多地方宗族的族谱、祖祠等遭到破坏,始迁祖信息和先代世系失传。为了确立宗族的合法性和权威性,后世族人以编修族谱、建构祖先记忆、建立祖祠和祭田、制定家训家规等形式,将宗族重新收拢起来,使得宗族组织得以建设和发展。清代中期以后,权寨陈氏的宗族建设相当频繁,他们以上述形式扩大宗族在地方社会的影响力,以适应晚清民国社会的巨大变化和潮流。

(一)谱牒纂修

西平各支宗族,无不重视谱牒的纂修活动。具有编修族谱记录的宗族共有17支,最早的当属耿墩村耿氏家谱。耿氏在明正德时修有族谱,可惜毁于兵燹。此外,城北街郭氏、李庄杨村杨氏、县城西街刘氏、嘴刘村刘氏等宗族的族谱大部分毁于明末战争。实际上,西平多数族谱的真正创修或续修始于康雍乾时期。城北街郭氏族谱,由郭玉声于康熙二十六年(1688)续订。杨柳堂村王氏家谱为八世王集勋创作。合水镇张氏族谱,由雍正癸卯科拔贡十世张芳珍创修,1918年十五世张万勋续修。耿墩村耿氏,于清乾隆五十七年(1792),由十二世耿尊贤续修。杜湾村杜氏族谱由乾隆间岁贡生杜坦创立,光绪二年(1876)诸生杜克任续修。合水镇陈氏家谱由同治间廪贡生陈鼎创修,1923年陈振环续修。关庄关氏家谱,光绪间由儒童关国安所撰。

权寨陈氏族谱的纂修在清中期。顺治初年,陈氏十世祖尧典之子陈王廷和胞弟陈瞬典始由西平李庄杜村迁居权寨镇,成为权寨陈氏的始迁祖,然权寨陈氏历经五世未创立族谱。直到乾隆时,权寨陈氏宗族建设兴起,首先是建立该镇陈氏祖祠,确立以十世祖陈尧典为权寨镇一世祖。族谱的纂修要稍晚一些,道光十三年(1833),监生出身的六世祖陈世基创修权寨陈氏族谱,其言:

> 吾陈姓自明初始祖由山西迁移河南,至今十七八世,三四百年矣。占籍郾西二邑,子生孙,孙生子,户口日增,兄寄此,弟寄彼,居处渐移,户口增则代之远近,宜分居处,移则情之往来多疏,倘不叙谱以联之,将绳绳蛰蛰,世远年湮,必至近宗视为远宗,本支误为旁支,甚至有叔侄兄弟不相辨,祖祖孙孙,不能识者,良可慨矣。①

序言表明陈氏先人自明初迁居河南后,主要分布在郾城和西平两县。随着人口日渐增多,迁徙更加频繁,家族宗支情谊,日趋疏远,急需创立谱系进行维护。这便是初次编修家谱的缘由。

约36年后,至同治八年(1869),在九世祖族长陈沐的筹措下,族人陈锡山、陈既成等积极襄助,陈氏家谱得到续修。第二次修谱已经具备明确的主持者和参与者。族长主持修

---

① 《西平县权寨镇陈氏家乘》卷五《文辞类》,据清道光十三年(1833)陈世基《创修权寨陈氏族谱原序》,第13页。

谱,宗族成员积极参与,此时陈氏的宗族组织有所强化。其实此次修谱具有特定的历史背景,同治年间,捻军活动频繁,社会秩序失控,兵荒世乱,人口四处流散,权寨镇数次遭到捻军和其他武装的袭扰,再次纂修族谱可有效地增强成员凝聚力。

晚清民国时期,为权寨陈氏第三次修谱。陈氏家谱的最终完成与陈朗山、陈铭鉴等人有密切关系。

陈朗山(1863—1917),字玉峰,号静斋,光绪己丑(1889)科举人,父亲陈颜德官至光禄寺署正。陈朗山曾担任京师会典绘图处誊录官,充罗定州团练局会办,署理广东和平县知县,后以官场积习日坏,不复入仕。返回故乡,致力于地方自治。

早在陈铭鉴有意修谱以前,族人陈朗山就曾表达修谱意向,乃祖在其年轻时就寄予修谱厚望,"朗山胜衣就傅,即闻吾师族兄其文先生与先大夫谈及家谱。先生曰:兹事重且繁,非旦夕间所能脱稿。吾族自洪洞迁西以来,四建茔始至于权寨,由权寨而他徙者又不下十余村。今欲修谱,断自权寨始,亦非经年累月不为功,嘻吾老矣,恐不克厥志。顾朗山曰:汝志之"。① 陈朗山早年因常年在外做官,一直未能达成先辈意愿。

权寨陈氏家谱的完成,最终由陈铭鉴主持。陈铭鉴(1877—1945),字子衡,号莲友,别号啸月山人。祖父陈炳,清优廪生,父陈增锐,清岁贡生。7岁入私塾读书,18岁入县学,光绪二十九年(1903)中癸卯科举人,"归里后循俗拜客,凡属亲族俱应过从,一遇同宗辄询谱牒,此修乘之念所由起也"。② 次年,陈铭鉴无意间寻得旧日族谱一册,翻阅后发现其世系分明,但是体裁过于简略,于是产生修谱念头。此乃修谱之酝酿时期。

光绪三十一年(1905),距同治时修谱已36年,陈铭鉴领受父命,担起修谱重任,族祖陈朗山积极响应,由同族各家分任调查。随后陈铭鉴赴北京游学,所有调查信息稿件均由其父邮寄到京,以保持信息沟通。陈铭鉴在北京农部拜会陈金台,期间看到大陈村(属郾城)陈金台编修的风宪里族谱,③试图仿照其体例,编修权寨陈氏族谱。光绪三十二年(1906)和三十三年(1907),联同陈朗山丈量家族墓地,记载各墓位置、范围、方向。其后三年陈铭鉴因致力于教育事业,无暇顾及家谱编修,分别担任汲县官立高等小学校长、汝宁府官立中学监督等职务。宣统三年(1911),陈铭鉴等完成家谱中的十二表、杂志类、文辞类、公产类、坟墓类以及权寨镇风土志。到1912年,书稿基本完成。陈铭鉴纂修的家谱调查始于清光绪三十一年(1905)二月,终于1912年10月,前后历时七年多时间,1915年印行。

权寨陈氏自宗族家庙建立以来,家谱共纂修三次:其一,清道光十三年(1833),由陈世基纂修《权寨镇陈氏族谱》,为最早之家谱,系钞本;其二,清同治八年(1869),陈沐续修的《权寨镇陈氏族谱续编》,亦系钞本;其三,光绪三十一年(1905),陈铭鉴在二谱基础上再次重新纂修,最终完成《西平县权寨镇陈氏家乘》,于1915年刊刻印行。冯尔康先生曾指出,修谱规定的期限多在三世以内,古人以三十年为一世,三世将及百年,那是行将落入不孝境

---

① 《西平县权寨镇陈氏家乘》卷一《序》,1915年岁次乙卯,陈朗山拜序,第3—4页。
② 《西平县权寨镇陈氏家乘》卷六《家乘纪事本末》,第1页。
③ 注:风宪里位于郾城,陈玘,字天仪,明嘉靖时人,曾任汉中知府,湖广按察司副使,属风宪官,其所居住的地方后遂以风宪里命名,与权寨陈氏系同出于雷祖之后。

地的危险界限，故而修谱所定期限多在三十至六十年间。① 从三次修谱的间隔来看，陈氏族人形成了36年重修一次家谱的习惯。前两次家谱仅为钞本，未曾刊行，到第三次修谱时谱书的编写原则和方法逐步完备。

（二）祖先记忆

清朝建立后，实行新的户籍政策："凡民之著籍，其别有四，曰民籍，曰军籍，亦称卫籍，曰商籍，曰灶籍。其经理之也，必察其祖籍。如人户于寄居之地，置有坟庐，逾二十年者，准入籍出仕，令声明祖籍回避。"②由此看来，清代入籍相对自由，但是需要置有坟庐，且达二十年以上，方可入籍，后世子孙入仕做官，应当言明祖籍，予以回避。因此，如果想要获得入籍和参加科考的合法性，祖先墓地和祖籍信息都是宗族需要解决的问题。

编修族谱是宗族建设中的重要一环，族谱的续修和重修都会成为重构宗族祖先历史的工具。晚清民国编修的方志"氏族志"对始迁祖的记述，往往乐于声言起于明初。据民国《西平县志》"氏族志"统计，境内宗族44支，直接声称迁自明初的宗族有23支，迁自洪武朝的多达15支。事实上，这与清代以来明初移民传说的建构有紧密关系。

元明易代之际，中原饱经丧乱，人口损失惨重。洪武二十一年（1388），朱元璋诏令"迁山西泽、潞二州民之无田者，往彰德、真定、临清、归德、太康诸处闲旷之地，令自便置屯耕种，免其赋役三年"。③《明太宗实录》卷十八"永乐元年乙未"条载："河南裕州言，本州地广民稀，山西泽、潞等州县地狭民稠，乞于彼无田之家，分丁来耕，上命户部如所言行之。"④根据正史记载，明初确实曾组织山西泽州、潞安等地的百姓迁移河南，官方移民逐渐成为后世的集体记忆。

官方移民的历史记忆在家谱中也有深刻显现。就权寨陈氏而言，祖先迁移的具体时间，在后世的谱牒里不断完备。道光时创修家谱的陈世基在《权寨陈氏族谱》序言中说："吾陈姓自明初始祖由山西迁移河南，至今十七八世，三四百年矣，占籍郾西二邑。"⑤同治时，陈沐《权寨陈氏族谱续编》序载："吾族自明初迁居于此，垂五百年。子子孙孙虽未簪缨垂绶，而耕读传家至今不改，亦世所罕有者矣。"⑥由此看来，前两次修家谱，陈氏都只称自明初迁居河南，尚未有具体迁移年份和迁出地，更没有明代以前的先祖信息。到晚清民国第三次修谱时，权寨陈氏说"吾陈氏自前明洪武二十一年（1388）由洪洞县迁居陈坡寨"。⑦对于这一说法的依据，撰写者陈铭鉴以《明史》所载"洪武二十一年（1388）徙山西泽潞民于大河南北"为据。此外，葛庄葛氏也明确说明洪武二十一年（1388）迁自山西洪洞。虽然这些迁移时间信息未必可靠，却在一定层面上反映了地方宗族与国家的互动关系，宗族自觉地将自身融入到国家移民的历史记忆里。

---

① 冯尔康：《宗族不断编修族谱的特点及原因——以清朝人修谱为例》，《淮阴师范学院学报》2009年第5期，第644页。
② 赵尔巽：《清史稿》卷一百二十《食货一》，北京：中华书局，1977年，第3480页。
③ 《明太祖实录》卷一百九十三"洪武二十一年八月癸丑"条，第2895页。
④ 《明太宗实录》卷十八"永乐元年三月乙未"条，第329页。
⑤ 《西平县权寨镇陈氏家乘》卷五《文辞类》，第13页。
⑥ 《西平县权寨镇陈氏家乘》卷五《文辞类》，第15页。
⑦ 《西平县权寨镇陈氏家乘》卷五《文辞类》，第15—16页。

除了官方移民记忆以外，西平县广泛流传着洪洞大槐树移民传说的集体记忆。陈铭鉴对洪洞移民传说做了考察："今豫省居民凡系旧由山西迁来者大半，皆只知有洪洞而不知有泽潞，未识何故。或当日移民时洪洞人占最多数，亦未可知。惟今之洪洞县属平阳府，并非泽州、潞安两郡辖地，不过泽潞接壤而已。"①由此可见，洪洞在建置上与官方移民记忆里的泽州、潞安并没有隶属关系，不过民众依然将其作为一个家园符号的象征。陈铭鉴修谱时，依据官方正史和族人传闻，也将祖先迁移的历史与洪洞联系起来。

其实陈氏自洪洞迁居西平的传说，自清道光以后才被逐渐建构。权寨陈氏的远支，郾城风宪里陈自明于道光三十年（1850）续修族谱时，其谱内序文已经说陈氏自洪洞始迁西平县之坡寨村。权寨陈氏向来认为本支与郾城风宪里陈氏同出陈雷之后，既然郾城风宪里声称始迁于洪洞，作为同根相连的"兄弟"，权寨镇陈氏也不例外。

不仅如此，权寨陈氏自身家族内部也流传着相似的历史记忆。陈朗山在家乘序言中曾说："朗山胜衣就傅，即闻吾师族兄其文先生与先大夫谈及家谱。先生曰：兹事重且繁，非旦夕间所能脱稿。吾族自洪洞迁西以来，四建茔，始至于权寨。"②他所提到的族兄其文先生乃指陈炳，陈炳自光绪元年（1875）应乡试再次不中后，游历山西洪洞县和乡宁县，充任幕僚六载。其子陈增锐也曾步行千里，前往洪洞县看望父亲。概因这样的巧妙经历，陈氏与洪洞有不解之缘，加之郾城风宪里的说法，迁自洪洞的传言在权寨陈氏逐渐流传。

关于洪洞移民传说，陈铭鉴在调查采访过程中得到两种不同的说法："或曰：明洪武间由晋迁豫各族（陈姓亦在内）均系洪洞县大槐树下住户。或又曰：当初因洪洞籍民大半多安土重迁，不愿外徙，官吏恐强迫激变，乃思一分别表决之法，宣示于众，曰凡愿徙居中州者立于大槐树下，于是愿者咸趋之。大槐树下之名，因此亦传，并非均聚祖于斯也。"③这与惯常流传的官府以奸诈手段诱骗百姓聚于大槐树下，然后强迫迁徙的说法不同。④ 可见，大槐树移民传说在不同地域社会，流传着不同的版本，而这是在建构祖先记忆的基础上产生的。

除了洪洞移民传说以外，权寨陈氏努力向上追溯历史名人，积极塑造"迁归故土"的宗族形象。到第三次编修族谱时，据1912年郾城风宪里陈金台为权寨陈氏家乘所撰序言记载："我族自明太祖混一中原之后，由山右迁归故土，瓜蔓萼辉，分隶汝颍盖五百余年于兹矣。以宗卷之失考，道路修阻，不相闻问者居多，独权寨与吾大陈村一脉相传，自他有耀。"⑤在起初的家谱书写中，陈氏族人基本强调先世自明初由山西迁居河南，没有更详细的信息。然而根据陈铭鉴所修1934年《西平县志》，信息逐渐完备：

> 权寨镇陈氏，原系汉太邱陈寔后裔，五季时以中原扰攘，避徙山右。明洪武中叶有陈桂者（权寨镇陈氏祖祠奉陈雄为始祖，桂为二世祖，然雄墓殊无可考，或曰雄为桂父，桂始迁西平而雄则仍留洪洞也。后人立庙奉雄为始祖者，未可知是否，存参）复由山右

---

① 《西平县权寨镇陈氏家乘》卷五《杂志类》，第4页。
② 《西平县权寨镇陈氏家乘》卷一《序》，1915年岁次乙卯，陈朗山拜序，第3—4页。
③ 《西平县权寨镇陈氏家乘》卷五《杂志类》，第11页。
④ 相关事例见赵世瑜：《祖先记忆、家园象征与族群历史——山西洪洞大槐树传说解析》，《历史研究》2006年第1期，第49—64页。
⑤ 《西平县权寨镇陈氏家乘》卷一《序》，陈金台1912年10月序，第1—2页。

洪洞县迁居西平留册保陈坡寨。桂生雷（桂雷之墓均在郾城县境五沟营龙泉寺西南隅，距陈坡寨不远）雷后三世俱失传，而其墓则在永丰保小陈庄，其南曰小塔坟，北曰青杨树坟（二坟距陈坡寨亦不远），六世祖代朝于嘉靖间由陈坡寨迁县北乐业保李庄杜村（代朝墓在李庄杜村西北里许，七世祖邦良"诸生"、邦彦，八世论"诸生"、语，九世祖尧典□墓均在此），九世瞬典（诸生），及其侄王廷、王前（均尧典之子），十清顺治间由李庄杜村迁居县西北常济保权寨镇。①

县志记载中说权寨陈氏乃汉代太邱陈寔后裔。陈寔，字仲弓，东汉颍川许人，颍川陈氏以汉末名士起家，名重魏晋，以颍川作为郡望。权寨陈氏原本认为本族同大多数的宗族一样迁自山西洪洞，鉴于颍川陈氏在豫中地区的深刻影响力，于是进而提出家族祖先因五代丧乱，避居山西，明初复迁居河南，从而将自身塑造为"迁归故土"的形象。陈铭鉴作为县志的纂修者，利用自身掌握的书写权力建构祖先记忆，以此在相当程度上赢得地方社会的尊重，为宗族的合法性和权威性提供有力支撑。此外，陈金台在其所撰《郾城县记》中亦言："郾城、临颍、西平、舞阳陈氏，咸祖汉太邱长寔，以中郎之碑有曰留葬所卒，而郾城有太邱墓焉。然大陈村陈氏实于明初自山西洪洞迁居。"②陈铭鉴和陈金台分别主持各自县志的纂修，在建构共同的祖先层面上达成一致。

诚如陈铭鉴在家谱序言中所说："且编中杂志一类，征引广博，稍可关联，悉予载录，尚何有畛域于其间乎？若充类言之，不惟系出颍川来自洪洞者均可联为同宗，即今全国四百兆同胞之说，余固绝对承认者也。"③显然，他并不避讳任何与陈氏宗族相关的人或事，无论是出自颍川的陈氏还是洪洞的陈氏。

赵世瑜先生曾指出，洪洞大槐树移民传说是清末民初地方知识精英利用自己手中的文化权力对传统资源的改造，希望把大槐树从一个老家的或中原汉族的象征，改造成为一个国族的象征。④在清末民族主义意识高涨的影响下，陈氏祖先来源逐渐在建构过程中形成。通过纂修家谱，不仅可以团结国族，而且更能够强化地域认同观念。

随着这种建构意识的增强，权寨陈氏祖先世系由失考逐渐走向完备。陈氏迁居权寨已久，祖祠系由陈重光于乾隆年间创建，祠内木主始祖讳雄，二世至六世均失考，亦无木主。自七世祖代朝以下昭穆次序始分明。⑤然道光十三年（1833），陈世基创建族谱，载明二世祖名桂，系廪生，三世祖名雷，四世祖到六世祖名讳皆失考。可见，二世和三世的信息渐趋完备。权寨陈氏祖祠尊陈雄为始祖，陈桂为二世，但对于始迁祖，陈氏族人依然存有疑虑。据陈铭鉴调查："或曰自洪洞迁豫时陈氏系兄弟两人，其兄讳英，其弟即我之始祖讳雄也。但此说近于荒渺无稽，未可深信。或又曰始自晋迁豫者桂祖也。雄为桂之父，桂来豫

---

① 民国《西平县志》卷九《氏族下》，第311—312页。
② 陈金台纂辑：民国《郾城县记》，1934年刊本，台北：成文出版社有限公司，1976年，第965页。
③ 《西平县权寨镇陈氏家乘》卷一《序》，陈铭鉴1912年4月4日自序，第5—6页。注：所谓大陈村与风宪里系同一地方，风宪里因大陈村陈玑于明嘉靖时官至湖广按察司副使而得名。
④ 赵世瑜：《传说·历史·历史记忆——从20世纪的新史学到后现代史学》，《中国社会科学》2003年第2期，第175—188页。
⑤ 《西平县权寨镇陈氏家乘》卷五《杂志类》，第1页。

后曾设主而祭之,子孙因以为始祖,未知然否。"① 为解决祖先世系不明的问题,陈铭鉴对始迁祖到三世祖的谱系进行详细考证。北方社会向来重视墓祭,国家规定置有坟墓满二十年方可入籍,墓地遗留的信息可为先祖谱系提供佐证。陈铭鉴对始迁祖的墓地进行实地考察发现:

>郾城五沟营迤西龙泉寺(寺邻康庄)为吾陈氏始祖坟墓所在,人所共知,甲辰五月余亲履此地摹抄坟中断碑,中间隆而起者,确系桂祖之墓,是桂祖必为自洪洞迁居陈坡寨之始祖无疑。而权寨祖祠则以雄为始祖,未知何据。或雄祖之墓亦在此寺左,近因无墓碣可考,不识所在欤。②
>
>龙泉寺侧桂祖墓前断碑字迹本甚模糊,甲辰夏余过墓下时将碑字力加拂拭,除中行陈公讳桂四字确可辨识外,其碑之左偏另行尚有一雷字可辨,意者雷系桂祖之子,故附名于下,然相传桂祖生有八子,即世所称风云雷雨方圆拱第是也。但风云雨方圆拱第七字实无可识辨。③

光绪三十年(1904),陈铭鉴经过陈坡寨,听闻族叔陈金镜说桂祖第三子名雷,字震甲,系太学生,并持其所藏钞本家谱相示。结合对墓地的考察,陈铭鉴肯定,陈世基修谱时所载二世祖讳桂,三世祖讳雷,当必有所见。④ 经过四处走访调查,陈铭鉴肯定了道光时家谱关于二世祖和三世祖信息的说法。

面对四、五、六世祖名讳不详问题,陈铭鉴常常深以为憾。光绪三十二年(1906)偶检祖遗书簏内有明代张如芝进士为西平廪生陈鉴(字景张)所作墓志铭一篇,篇内叙述陈鉴前代世系甚详,云:"洪武初,始祖讳桂,居文城(案今之西平即文城故地),后遂以柏亭世其家,延及高祖,太学生,讳雷,生绪,绪生嘉禾,皆世习儒业。遂生诗,号观吾,廪生,先生父也。据此则雷祖之子若孙若曾孙皆班班可考,而四世、五世、六世亦皆不为失传矣。但未知雷祖共有几子几孙,而如绪、如嘉禾、如诗者,又未知果系吾权寨一支之嫡派否耶?"由于年湮世远,祖先谱系不清,陈氏族人颇以为憾,其族人认为"不妨于雄祖之下增设四世祖绪、五世祖嘉禾、六世祖诗各神主,以期昭穆分明,世次完备,虽绪与嘉禾与诗不必定系本支正宗,必定相差不远"。陈铭鉴觉得此言近理,欣然接受建议,但是因无法确定墓志铭中提到的四、五、六世祖是否与权寨陈氏出于一支,故又特意说明"以疑传疑"。⑤ 经过这样的处理,权寨陈氏的祖先世系逐渐完备,后世宗族成员大多信以为真。

(三)祖祠与祭田建设

西平县但凡有实力的宗族都很重视祖祠建设:有些宗族在明代时就设有祖祠,义冈焦氏明万历五年(1577)由焦庄创立始祖祠;有些则在易代之际被焚,如油房张村张氏家庙。

---

① 《西平县权寨镇陈氏家乘》卷五《杂志类》,第2页。
② 《西平县权寨镇陈氏家乘》卷五《杂志类》,第1页。
③ 《西平县权寨镇陈氏家乘》卷五《杂志类》,第2页。
④ 《西平县权寨镇陈氏家乘》卷五《杂志类》,第1页。
⑤ 《西平县权寨镇陈氏家乘》卷五《杂志类》,第6页。

清代后,祖祠家庙建设进一步发展。乾隆时,权寨陈氏祖祠创立,杜湾村杜氏宗祠建自道光年间。祖祠的建立是宗族整合起来的重要途径。自创立祖祠家庙以后,陈氏的组织化明显加强。

陈氏祖祠建立后,曾有两次大规模的重修活动。光绪十三年(1887),陈氏族人倡集捐款七百余缗,续修祖祠,并于祠前拓建大厦三楹,陪房两楹,颇为壮观。① 此次为陈重光创修祖祠以来,最大规模的重修工程。宣统三年(1911),权寨陈氏祖祠再次得到修缮,规模已无法与前次相比。每年的元旦和冬至日,陈氏族人都会在祖祠举行祭祀活动。到元旦日,阖族齐集祠内,举行公祭,行一跪三叩首礼,祭祀完毕后,公推族中年老长者立于祠前阶上接受贺礼,身份低微和年幼的族人一致向其行拜跪礼,称为"拜年"。元旦过后,镇民互相帖请饮酒,名曰"吃春酒",往往历十数日。至冬至节日,取万物始生之意,举行大祭,陈氏同族,无论正支旁支,均齐集行礼,即使是居住在外乡的陈氏族人也多参与祭拜,酒肴笙簧,俱与祭者,均行三献礼,礼成后共同享用神余祭品。②

为了保障宗族活动的正常开展,陈氏宗族为祖祠、祖墓专门建立祭田。道光时,陈世基初次创修家谱后不久,陈氏族人就筹措祭田建设,由族众捐集公款二百余缗,购当地田亩作为基本金,每年以息金所入充作冬至日摆祭之用。③ 七世祖陈东海,曾候选直隶州知州,善治生产,拥有田产三千余亩。道光间阖族输款,为本寨祖祠置祭田,陈东海捐钱最多。④ 可见,陈氏族人捐献的祭田大体仅供维持宗祠祭祀开支,其所发挥的功用相对有限,并非如南方宗族祭田救济贫困族人。

随着宗族公共财产的建立,各种不稳定的社会因素也对陈氏宗族造成冲击,用于祖祠和墓地祭祀的祭田流失严重。自同治年间修谱时,族长和宗族成员意识到宗族公产保护问题。同治八年(1869),陈沐续修家谱,将坟墓位置和祭田多少都记入家谱。其言:"与夫坟墓之所在,祭田之多寡,并为著名于卷尾。使后世一目了然,不至有恍惚错乱之弊。"⑤ 如此可为化解各种纠纷提供可靠依据。

陈氏施建的祭田,由同姓族人或者是同镇人承佃,世代耕种,定期交纳租税。光绪初年,西平发生饥荒,承租祭田的宗人大多难以糊口自给,无力缴纳租税,宗族祭祀几近荒废。光绪五年(1879),陈氏族众咸以为忧,于是共同商议,规定:"凡所欠租均抵复地价,不可谓不厚也。至租种祭田者,无论内姓外姓,均于重六日交春租,重九日交秋租,不许分文拖欠,公派八人,轮流董事,以专责成。"⑥陈氏族人也积极鼓励族中富裕者捐赠祭田,如光绪十九年(1893),陈子建出田二十五亩,为镇内东门里陈氏祖茔祭田作春秋之祭。

自咸同以来,捻军数次扰境,陈氏对权寨镇以外的祖产控制力减弱。清初陈氏始祖由李庄杜村迁居权寨后,该村遗有墓地三十五亩九分有余,交村民陈旺、陈舜韶、陈苟留等承佃,每岁清明冬十月朔两节出租摆祭,历二百余年未尝易姓。光绪二十六年(1900),陈氏族

---

① 《西平县权寨镇陈氏家乘》卷二《正支甲部》(璠系),第2页。
② 民国《西平县志》卷三十六《风俗篇》,第1050页;《西平县权寨镇风土志》,第11页。
③ 《西平县权寨镇陈氏家乘》卷五《公产类》,第28页。
④ 《西平县权寨镇陈氏家乘》卷三《正支乙部》(璐系),第29页。
⑤ 《西平县权寨镇陈氏家乘》卷五《文辞类》,清同治八年(1869),陈沐《续修权寨陈氏族谱原序》,第15页。
⑥ 《西平县权寨镇陈氏家乘》卷五《文辞类》,陈炳:《先王父其文公家庙祭田序》,第16—17页。

人核查李庄杜村祖茔祭田,发现佃户陈苟留私自外当,于是责令其从速备价赎回,以期完复。

除了祭田收租出现问题以外,陈氏祖坟的树木也曾被私自盗伐。光绪四年(1878),爆发大饥荒,木料价格疯涨,有射利之人勾结陈氏族人图谋窃伐祖坟树木,三十余株被砍去大半,事情被发觉后,十世祖陈天佑与族中父老商议去故植新,将剩下的树木全部出售,并利用窃贼赃款重新购置三百株柏树苗。经此事后,陈氏保护公产的意识增强。光绪八年(1882),陈炳为祖茔树碑,"茔中有祀田数亩,年久坐落弓尺无考。复丈量校正明白,勒诸贞珉俾后世子孙一目了然。庶祀田无虑侵没,祀事不致废弛,未必非我祖在天之灵,有以佑而启之也"。① 碑刻详细记录新植柏树经过及祀田亩数,用以保护宗族公共财产。自光绪三十一年(1905)陈铭鉴再次编修家谱时,将祖祠基址、墓地、祭田及先人建筑施舍物均编入公产类,以避免祖产的遗失。

(四)家规家训

清末民初,近代国家形成过程中,孙中山积极倡导"博爱"思想,宣扬民族主义,试图唤起国人的国族认知。他提出:"合各宗族之力来成一国族,以抵抗外国。""用宗族的小基础,来做扩充国族的功夫。""便可以成一个极大中华民国的国族团体。"② 在新的历史时期,家谱纂修深受社会变革的影响,纂修者的观念已经有了新的变化。

陈铭鉴曾于1905年春赴北京游学,研读梁启超《饮冰室文集》及《立宪与革命之激战》等书,在京师私立文明学校读日文半年,并与陈宝琛、章太炎、梁启超、林纾等多有往来。权寨陈氏家谱的主持者陈铭鉴即持开放态度,积极倡导男女平等的观念,批评旧说、推广科学思想,制定训言、劝进族人。尤其是陈铭鉴的"家乘赘言",不仅具有家规家训的性质,而且突显新的时代特征。现抄录如下:

一、我国家既合汉满蒙回藏五族组织而成,同属国民,理应博爱,然必先能睦祖而后由近及远方,有轨辄可循。语云于所厚者薄无所不薄也,斯言可昧。

二、家庭革命,本自虞舜始,然欧洲之不讲孝道,殊不足为训,但为父兄者,务当引其子弟向上,不可横用抑,阻其进步。

三、今日五洲大通,非闭关时代可比,凡为学者,务须放开眼光,求智识于世界,能萃古今中外诸说,冶为一炉,当自可得其精髓,蔚为通儒即等而下之,为父兄者,亦必须令子弟入学校,从良师(若迂陋塾师则断不可从),受教育数年,使略知世界大势,具有关报章作书信,及自营生活之能力,而后可此则无论何人(包括男女而言),皆宜注意及之也。盖人而不学,懵懵无知。虽生息人间,与禽兽之相去亦仅耳,可不戒哉。

四、西平距颍川(许昌)甚近,相传吾族为汉太邱长陈实之后,此说自属可信,但人贵自立,豪杰之士,无文犹兴,不可徒崇拜古人。

五、耕读自是传家要义,惟近世交通事业渐臻完备,经济学亦日益昌明。识时之士,咸致力于工商业,求洩尾闾于国外欧美各洲暨南洋群岛,皆有闽粤人之足迹焉。愿

---

① 民国《西平县志附编》卷四《文征》,陈炳《权寨镇陈氏老坟窪祖茔碑记》,第1337—1338页。
② 孙中山:《孙中山选集》,北京:人民出版社,1981年,第676—677页。

吾族人奋其远志,勿自甘株守。

六、孔子阐明儒教,张骞开通西域,帖木儿混一欧亚,哥伦布发现美洲,瓦特研精汽机,全球之交通丕变,卢梭倡导民约,各国之政体革新,伟人事业震烁古今,值此国交竞争,人群进化时代,果其志奋青云,未始弗可建树不朽之伟业,圣贤可为,兴亡有责,是在人之自恃焉耳。

七、积人而成家,积家而成国,国之不存,家于何有。愿吾族人鉴于波兰、印度、安南、朝鲜各国灭亡后之惨祸,皆时时以爱国为念。

八、重道德、守法律,为共和立宪国民必要之条件,切宜牢记。

九、孟子曰:敬人者,恒敬之。爱人者,人恒爱之。社会上一切交际,俱宜知此,况为同里同族之人乎？甚望阖族伯叔兄弟后嗣子孙,深昧亚圣之言,彼此相敬相爱,永无嫌隙。

十、权寨地虽褊小,吾族既世居于此,自不可不郑重视之,昆仑为重山之祖,星宿实大河之源,权寨不当作如是观耶？①

家训在家族教育中扮演着重要角色。它不仅向子孙传递经验教训、灌输精神主张,而且具有凝聚人心、强化宗族共同体意识的作用。陈氏家乘中记录的"家乘赘言",具有家训的性质,但是与传统时期强调约束性明显不同,更多的具有劝谕或告诫的性质。

以上十条"赘言",从内容上来看,既有旧时代的印记,也有新时代的特征。中国传统社会以孔孟之道为伦理规范,强调孝悌,同宗同族成员之间和睦相处,互敬互爱。而近代以来的"家庭革命",又使宗族传统的控制力减弱,国人国家意识的增强在家乘中有深刻体现,宗族与国家的联系更加紧密,由个人、家族而及国家社会,尤其强调家国天下的责任感。而且,近代变革引起了人们传统观念的变化,农本商末的认识受到猛烈冲击。宗族的家族规训受到经济发展和社会变化的影响,作出了谋生方式上的调整,不再强调"耕读传家"的传统理念,而是强调顺应时代的发展潮流,可见近代社会变革对中原腹地宗族文化产生的深刻影响。

四、结　语

总之,清中叶到民国,是河南西平宗族的重要发展阶段,西平的宗族建设是特定历史时代转变的结果。西平宗族在叙述其祖先的历史时,具有明显的相似性,分别为:其一,王朝易代之际迁移,尤其是以明初移民为多;其二,自言迁自山西洪洞县;其三,不少宗族出自历史名人的后裔;其四,始迁祖信息日渐完备。这些共同特点是在清末民族主义意识高涨和近代民族国家思潮的影响下,地方大族在参与地方志的纂修时逐渐建构其宗族祖先历史的过程中形成的。

---

① 《西平县权寨镇陈氏家乘》卷六《家乘赘言》,第1—2页。

宗族的制度化建设有助于保护宗族财产,提高族人的凝聚力。西平权寨镇陈氏自乾隆时逐渐崛起,进行系列的宗族建设,乾隆时创修宗祠家庙,道光时建立祭田,创修《权寨镇陈氏族谱》。咸丰同治以后社会秩序失控,权寨陈氏在各种因素的冲击下,宗族的组织化程度有所提高,并通过再次修谱,强化宗族凝聚力,保护公产的意识增强,并确立了其在地方社会的宗族权威。

近代以来,权寨陈氏在精英士人的组织下,通过编修族谱、建构祖先谱系和传说、建立祖祠和祭田、制定家训家规等形式,将宗族重新收拢起来,使得宗族组织得以建设和发展,以适应社会变迁的需要。西平县境内各支宗族,又通过声称始迁祖源于元末明初,与洪洞移民传说相附和,而权寨镇陈氏宗族也不例外。权寨陈氏宗族,通过对祖先迁自明初的塑造,逐渐与洪洞移民传说建立联系,在此基础上以地域联宗为媒介,甚至追溯至汉太邱陈寔后裔,构建祖上五代时"避徙山右",明初"迁归故土"的谱系,建立完整的祖先迁移路线和世系,与其说是建立陈氏宗族的合法性和地方性权威,毋宁说这正是他们的强烈地域认同和适应近代民族国家观念的深刻体现。

附表 西平县宗族资料一览表

序号	氏族名称	迁移时间	始迁祖	迁出地	谱牒状况	祠堂状况	备注
1	莲花池村丁氏	明洪武三年(1370)	于得瑞	山西洪洞			
2	牛寨牛氏	元末	牛楷	山西洪洞			
3	老王庄王氏	明洪武间	王安	直隶赵州临城县双井乡	十二世牛正忠创修族谱		
4	杨柳堂村王氏	明洪武间;清顺治间	王世英;王天祥	山西洪洞;西平抚治保三王村	八世王集勋创作		八世以清代为始
5	金梁桥李氏	元末	李桂	江西南昌县紫旗李村			
6	杨寨村李氏	明代	李振乾	山西洪洞			
7	西宋庄宋氏	明洪武初	宋自贵、宋自勉	山西洪洞			唐宋璟后裔
8	花园吴村吴氏	年代失考	吴悦	山西洪洞			
9	蓝衣赵村邵氏	明初	邵可进	洛阳			宋儒邵雍后裔
10	杜湾村杜氏	宋元之际	杜思明	山东兖州泗水县瓦子街	清乾隆间杜坦创立族谱,光绪二年(1876)杜克任续修	杜氏宗祠建自道光年间	
11	连胡村胡氏	明中叶	胡昭基	山西	康熙间创修族谱,后遗失		
12	范庄铺范氏	清初	不详	河南府			范仲淹之后

续表

序号	氏族名称	迁移时间	始迁祖	迁出地	谱牒状况	祠堂状况	备注
13	苗堂村苗氏	失考	失考	洪洞			
14	耿墩村耿氏	明初	耿琳，耿厥	初由山西洪洞迁信阳，耿琳复由信阳迁居西平耿墩村	耿氏旧谱明正德十二年（1517）毁于兵燹，清乾隆五十七年（1799）耿琳十二代孙尊贤续修，系钞本		
15	栗楼村栗氏	明代	不详	山西洪洞			古栗陆氏之后
16	袁颇村袁氏	明洪武间	袁文清	山西洪洞		袁氏家庙	
17	高庄高氏	不详	不详	遂平县高集镇	高桐冈自江汉大学毕业后颇有志于创修高氏族谱		
18	权寨镇陈氏	明洪武中叶；嘉靖间；顺治间	始迁祖陈桂；六世祖陈代朝；九世祖陈瞬典	洪洞县迁居西平陈坡寨；由陈坡寨迁李庄杜村；李庄杜村迁权寨镇	道光十三年（1837）陈世基创修；同治八年（1869）陈沐；1916年陈铭鉴	乾隆时建立陈氏祖祠	汉太邱长陈寔后裔
19	陈坡寨陈氏	明初	陈桂	山西洪洞	陈坡寨陈氏家谱系钞本		
20	大庙陈庄陈氏	明初	陈云	山西洪洞			
21	范坡陈氏	明初；清初	不详	山西洪洞；郾城五沟营龙泉寺		其祖祠内奉陈雄为始祖	
22	安保黄庄陈氏	明初	不详	山西			
23	陈老庄陈氏	明洪武二年（1369）	陈龙、陈凤、陈强	山西洪洞县大杨树村老呱窝			
24	合水镇陈氏	清雍正间	陈廷祯	山西长治县安仁里化家村	同治间陈鼎创修家谱，1923年陈振环续修。	民国时修建祖祠	
25	合水镇张氏	明洪武四年（1371）	张文兴、张文征	先由山西迁上蔡，后迁西平云保半集楼，再迁合水镇	张芳珍雍正时创立张氏族谱，张万勋1918年刊印张氏族谱四册，1930年又续印张氏支谱六册		
26	张湾村张氏	明洪武时	不详	山西洪洞			
27	油房张村张氏	明万历间	不详	山西洪洞	张赓云撰张氏家谱，1922年刊行	明末家庙木主被焚	

续表

序号	氏族名称	迁移时间	始迁祖	迁出地	谱牒状况	祠堂状况	备注
28	花马刘村张氏	元末	不详	由孟县迁西平东坊廓保方桥村代庄,再迁而至县西抚治保花马刘村			
29	城北街郭氏	明成祖靖难后	郭子中	山西交城	明末旧谱被焚,郭玉声于康熙二十六年(1687)续订族谱		唐汾阳王后裔
30	冯老庄冯氏	明成祖靖难时	冯诚				郧国公冯国用后裔
31	义冈焦氏	明正统七年(1442)	焦山偕其弟焦明、焦水、焦秀	山东历城县丰乐集		明万历五年(1577)焦庄创立始祖祠,康熙二十七年(1688)焦店寨、咸丰十一年(1861)焦之纲庄均设立支祠	
32	老温庄温氏	明洪武初叶	温希珏	山东莱州府昌邑县固乡村			
33	葛庄葛氏	明洪武二十一年(1388)	葛桂	山西洪洞			
34	李庄杨村杨氏	明初	杨大业	弘农	明崇祯时杨师创修族谱,后杨振先、杨灌、杨兆麟、杨永亮续修,族谱自道光四年(1824)三月始刊行		关西杨震之后
35	大杨村杨氏	宋元间;明洪武初	杨得林	自弘农迁居河南息县;由息县迁西平城东永丰保大杨村			晋叔向
36	赵老庄赵氏	宋庆历间;元末至正间	赵懿甫;赵希贤;赵伊	汝南城东五里屯;由汝南迁上蔡;由蔡迁居西平崇教保上里赵老庄	存赵氏家谱		
37	县城西街刘氏	元末	刘聚	由山东迁居颍,由颍复迁西平	明末清初刘幅创立族谱		
38	刘庄刘氏	明季	刘寅	山西洪洞			
39	嘴刘村刘氏	明永乐间	不详	山西洪洞	崇祯时家谱丢失		

续表

序号	氏族名称	迁移时间	始迁祖	迁出地	谱牒状况	祠堂状况	备注
40	巩庄巩氏	明末	巩永龙,巩永固	山西洪洞			
41	郑楼村郑氏	康熙初	郑起芳	罗山县后印子村			
42	出山寨韩氏		韩嘉翠	由河阳三迁而至西平			韩愈后裔
43	谭店谭氏	明洪武元年(1368)	谭延禧	陕西弘农县			
44	关庄关氏	明正统间	关允	洛阳	关氏家谱为清光绪间关国安所撰,系钞本极简略		

作者简介:朱绍祖,南开大学历史学院博士研究生。

试述北方宗族祠堂的演变与发展

——以豫北地区为中心*

申红星

【摘　要】 明朝中后期以来，随着士绅群体的崛起和宗族意识的萌兴，豫北地区逐渐出现了由名人专祠向宗族祠堂转变的趋势。在豫北地区有较大影响的历朝大儒邵雍、姚枢、孙奇逢等名人专祠均经历了这一转变过程。这一演变趋势反映了豫北当地文人士大夫致力于构建本族宗族的用心与努力。当地宗族组织化建设进一步得以加强。至民国时期，当地祠堂庶民化趋势加强，出现了修建祠堂的高潮，同时又出现了由宗族祠堂改建为新式学校的新转变。

【关键词】 明清；豫北地区；北方宗族；宗族祠堂

在中国古代社会宗族的组织化建设中，祠堂的设立无疑是最具视觉冲击的宗族外在物化标志，对宗族的整合影响最大。目前学术界对于宗族祠堂的研究正逐步转向深化，但就笔者所知，现今的研究仍然较多集中在对中国南方地区祠堂的探讨，而对北方地区宗族祠堂的关注度则相对欠缺。笔者不揣浅陋，拟以豫北地区地方文献为中心，对明清以来豫北宗族祠堂的演变与发展状况展开较为细致深入的研究，以期将对北方祠堂的研究引向深入。

一

豫北地区是指河南省内黄河以北的地区，包括安阳、新乡、焦作、濮阳、鹤壁、济源六市。该地区在清代由隶属于豫北道的彰德府、卫辉府、怀庆府组成，1914 年豫北道改称河北道，1927 年，实行省县两级制，实行省县两级制，所辖 24 县直属河南省。可以说，豫北地区在自然条件、社会经济技术条件上具有一定的共同性，人们的生活习俗、建筑风格、方言以及文化等方面也有很大的相似性，是一个较为完整的区域单元。因此，本文选择将豫北地区作为一个区域研究的对象，对本区域的祠堂演变与发展情况进行具体的探讨。

---

* 基金项目：本文系教育部人文社会科学研究青年基金项目"明清以来的北方宗族与地方社会——以豫北地区为中心"（项目号：14YJC770027）；河南省软科学研究项目"河南省文化产业发展方式转变与创新研究"（项目号：182400410610）研究成果。

祠堂的设立受前代家庙制度的影响最深。在条件允许的情况下，许多民间的祠堂，就是模仿家庙而建的。但民间实际的祭祖形式却多种多样、丰富多彩。郑振满基于对福建地区宗族的研究认为，福建历史上的家族祠堂，最初大多是先人故居，后来经由改建，演变为祭祖的"专祠"。① 徽州地区祭祖形式更为多样，因此也吸引到许多学者的注意。常建华对徽州祭祖的研究认为，徽州宋元时期祭祖形式的特点表现在四个方面：一是祭祖依附或与社祭结合，二是祭祖依附或与寺观结合，三是祭祖依附或与名人祠庙结合，四是墓祠祭祖是祠祭的主要形式。就祭祖总体特征的变化趋势而言，是祭祖从依附或与地缘性社祭、宗教性寺观、纪念性名人祠庙结合而逐渐分离以及独立性祠堂祭祖的渐兴。② 韩国学者朴元熇对徽州方氏的个案研究认为，徽州方氏在祭祖形式上，经历了由真应庙祭祀向宗祠继而向同宗祠祭祀的转变过程。③ 林济也从祭祖文化的角度，对明中期前后徽州专祠向宗祠的转变展开详细讨论，并指出徽州宗族精英在徽州祠堂大规模兴起过程中发挥了重要作用。④

豫北地区存在着大量的名人专祠，自明朝中后期以来，伴随着当地宗族观念的日渐强盛，其中有些名人专祠有逐渐向宗族祠堂转变的趋势。

明后期以前，豫北地区基本未见建有祠堂。但由于豫北地处中原腹地，有一些孔子门徒后裔在此居住，并且有儒学大儒在此讲学并定居，另外还有许多有功于当地的地方官宦于此定居，因此，当地建有许多纪念性质的名人专祠。名人专祠与地方神祇崇拜有着渊源关系，乃是地方名贤、官宦功德神祇崇拜祭祀场所，一般由当地政府出资修建并负责其祭祀活动。由此看来，名人专祠乃是一种"公祠"，为地域社会所共有。但如果此类名人专祠所祭祀的名贤在当地有后裔居住，那么对于被纪念者的宗族而言，则专祠又形成了对先祖的祭祀，而且随着宗族观念在当地的日渐兴盛，这些专祠的宗族化倾向也会日趋明显。事实上，这些被纪念名贤的后裔，也会将其名贤祖先的巨大威望作为资源来加以利用，以更为有效地进行本宗族整合，并且提高本族在当地的声望和地位。

在豫北地区的辉县百泉，因为自宋代以来有众多的理学大师曾在此讲学，故当地建有的名贤祠堂也最多。宋代理学大儒邵雍是其中较早在辉县讲学的一位。邵雍晚年移居洛阳，去世后葬于嵩县。故此，在三地皆有邵氏后裔，三地也皆有纪念邵雍的祠堂。南宋咸淳元年（1265），诏邵雍从祀孔子庙。明成化年间，卫辉府通判于準创建邵夫子祠，并为之作《新建康节安乐窝碑记》以记其事：

> 召公封于燕，之有邵旧矣。康节先生幼自燕从父徙居卫之共城，读书于百源之上，志坚思苦，夏不扇，冬不炉，夜不就席，如此者数年。厥后再迁于洛，以洛邑居天下之中，司马温公、富韩公、吕公著、二程、张横渠众贤之所会集，又可以观四方之士，遂定居

---

① 参见郑振满：《明清福建家族组织与社会变迁》，北京：中国人民大学出版社，2009年，第174—175页。
② 参见常建华：《明代宗族组织化研究》，北京：故宫出版社，2012年，第72—125页。
③ 参见朴元熇《明清时代徽州真应庙之统宗祠转化与宗族组织》，《中国史研究》1998年第3期；《方仙翁庙考——以淳安县方储庙的宗祠转化为中心》，见郑振满、陈春声主编：《民间信仰与社会空间》，福州：福建人民出版社，2003年，第181—301页。
④ 参见林济：《"专祠"与宗祠——明中期前后徽州宗祠的发展》，《中国社会历史评论》第10卷，2009年；《明代徽州宗族精英与祠堂制度的形成》，《安徽史学》2012年第6期。

焉。是则共城者,先生曩者读书之所,窝名安乐,故址尚存也,历世久远,祠宇未修。準来佐郡,谋欲兴创。然坐谋所适谍之,虽审事竟未成。后得太阳邢候表为守,朝城张锦为宰。暇日以创祠之谋,咨之首可公议。是时同知张谦、推官吴礼、县丞孙广、主簿王荣、典史刘通、教谕赵智、训导金鱼褚孟亦闻而是之。乃命工庀材,是断是度,是寻是尺,创祠三间于卫源神祠之右,号为安乐窝。又肖先生之像于中,号为安乐先生,循故事也。成化六年(1470)九月经始,明年九月告成。轮奂有光,观者企仰,佥谓是窝旧无碑列,惧事久而湮没,欲备始终,传永远,而属记于準。余窃惟安乐窝,说者以为,先生至洛,好事者别作屋如先所居之窝,以候其至。故诗有"行窝十二家"之句,则是窝疑在于洛也。是不然。考之先生重九日再到共城百源故居,有"故国逢佳节,登临但可悲"之诗。又谓:"予家有园数十亩,皆桃李梨杏之类,在卫之西郊,自始营十余载矣。"以是质之,则知共城为先生之故居,而洛邑之行窝,乃其晚年所居无疑矣。先生于书无所不读,治易书、春秋之学穷҇究,言象数之蕴,明皇帝王伯之道,观天地之消长,推日月之盈缩,考阴阳之变化,察刚柔之形体,血食于天下庙学,故毋庸于立窝矣。然準之意,拳拳,欲立窝设像于共城者,特以志先生始学至于大贤,盖不忘其所有,自亦记所谓不忘其本之意,又以表一时有官君子,崇祀典之善政也。準不能文,姑记兴造岁月于石,以传方来。

成化元年(1465)岁在辛卯秋九月吉旦立石
河南卫辉府通判安仁于準撰文
四川道监察御史汲郡马震篆额
淇县儒学训导渭南方义书丹①

于準在碑记中,首先讲述了邵雍在辉讲学时期刻苦钻研易学和儒学的事迹。因为邵雍取得了巨大的学术成就,所以邵夫子祠(即安乐窝)经过卫辉府地方官员的共同谋议而兴建。其次,于準还专门考证了安乐窝在辉县的历史事实。成化六年(1470),辉邑知县张锦还另建皇极阁五间,作为邵夫子祠的配套建筑。清朝顺治十六年(1659),邵夫子祠得以重修,河南巡抚贾汉复匾曰"学彻先天",巡按李粹然匾曰"易学渊源",进一步扩大了邵夫子祠在当地的影响。其后,在清康熙、乾隆年间,邵夫子祠多次得到有司修缮。道光八年(1828),知县周际华改建击壤亭为三楹,移祀桃竹园内,春秋中丁,有司致祭。② 击壤亭、桃竹园皆为纪念邵雍的名贤祠堂。

邵夫子祠等纪念邵雍的名贤祠堂,虽然皆由官府出资兴建,且名义上也是由官府出面祭祀的,但在实际奉祀以及祭祀当中,却主要是由邵氏后裔承担的。当地方志记载:"崇祯间,设奉祀,生员典其祀,世世相继,设有祭田,子孙世守焉。"③而且据邵氏宗派记载,此规定在清代中期有短暂中止,但基本并未改变,仍由邵氏子孙负责奉祀。道光七年(1827),时

---

① 辉县《古共邵氏宗谱》卷五《碑文》,1924年重修本。该记文另可见德昌修,徐朗斋纂:《卫辉府志》卷四十六《艺文·记二》,乾隆五十三年(1788)刻本,内容稍有差异。
② 辉县《古共邵氏宗谱》卷五《碑文》,1924年重修本。
③ 德昌修,徐朗斋纂:《卫辉府志》卷四十六《艺文·记二》,乾隆五十三年(1788)刻本。

任河南按察使的完颜麟庆在辉邑知县周际华兴修邵夫子祠之际,撰写《邵夫子祠碑记》一文。文中曾专门记载:"山(苏门山,笔者注)旧有邵子安乐窝,后移泉(百泉,笔者注)上,其西南有桃竹园,园有击壤亭,亭有邵子像,其后裔祠奉焉。"①文中明确指出,邵夫子祠是由其后裔负责祭祀管理的。

至民国时期,河南教育厅下令,邵氏宗族奉祀生恩恤为奉祀官,仍负责奉祀邵夫子祠。②邵氏宗谱的编撰者将明朝以来官府历次修建邵夫子专祠的传记皆收入宗谱之中,从中可以看出,邵氏后世子孙已经将邵夫子祠看作本宗族之祠堂,此点当无疑问。尤其是在宗谱卷五《祠宇记》中,编撰者更是明确了此观点,其文曰:

> 古人修其宗庙完固,而精洁之碑,千百年在天之灵,随后人诚敬之心而来,格来享也。夫墓藏形,庙栖神,神虽无所不之,然必于其居处游息之地而立祠焉。洛为康节先生优游之地,辉为康节先生藏修之地,嵩为康节先生藏形之地,故洛有奉祀,辉有奉祀,嵩有奉祀。于彼乎,于此乎?而求之知先生坚苦刻励之精神,必有充塞于鸢鱼跃之天者。顾自宋迄元明,安乐窝居守无人,致启贤祠废为张公祠,邵述祖有奉文檄讨之事。
>
> 国朝以桃竹园中始,常有奉祀之人焉。故考其始末,绘其堂构,详其基址,汇为一卷。俾后之人岁时修治,不炉不扇之精神,时于泉声山色间,如或见之。

从这篇大概撰于清中后期的《祠宇记》中可以看出,邵氏肯定了位于洛阳、辉县、嵩县的邵康节专祠皆可视同于邵氏祠堂。还有一点值得注意的是,在其所作记中,作者还提到了辉县纪念邵康节的启贤祠因一度无人奉祀,遂为张公祠所替代,邵氏后裔邵述祖还为此专门在官府支持下,进行追讨。最后,该记作者还提出了邵夫子祠应由邵氏子孙负责修缮。这都告诉我们,这些纪念邵雍的专祠在实际上已经是邵氏宗族的祠堂了。

辉县另一大儒姚枢,曾于元初在辉县苏门讲学,对当地儒学的兴盛与传播做出了巨大贡献。明正德、嘉靖之际,鉴于姚枢对当地文教的贡献,时任河南参议的浙江开化人徐文溥,在巡河北之时,创建了姚公祠堂,并专门为祠堂撰写了《姚公枢祠堂记》,其在记中详细讲述了姚公祠堂的修建缘由与过程,全文如下:

> 公祠,辉旧矣,而苏门今始也。嘉靖改元之春,余与宪使张君天性巡河北,登百泉,谒公于附享之庙而去。越六月再至,公有孙曰"泰",持家集谒余,愿新公祠,且曰:"县西府馆,实故雪斋二石兽者故物也。今大中丞刘公令兹土为葺,我先人祠宇是谋会迁去未果,题碑阴,大意谓'植民生,倡斯道,为公之大者云'。"余于是谋诸张曰:"先尝用言者,祠公兹乃弗祀,非旷礼乎,虽附飨十贤,而未有专祠,岂所以示崇奉表励之意邪?夫祠既属公,弗可夺也。而岁侵民俭,弗可举也,如何?"张曰:"盖以里中淫祠之不在祀典者改为。"余曰:"善。"乃命县丞詹烨稽之,得俗名三官庙者,于苏门公故里也。庙不知创建之始,屋三楹,门一楹,缭以土垣,介在路隅。丞曰:"时惟淫祠祀典弗载,淫祀

---

① 张海:《苏门通览》,郑州:中州古籍出版社,2012年,第478页。
② 辉县《古共邵氏宗谱》卷五《碑文》,1924年重修本。

无福,先王所禁,改而新之,公私无费,不亦可乎?且值于兹,岂神有以相之乎?"于是余乃易以今扁,示专祀也。檄于太守翟君鹏督县举,事厥成也。量费以像,公卜日,以奠位致虔也。牒于姚氏子孙,世守奉祀,谋其永也。祠成,太守曰:"兹举也,其有合于礼乎。请勒诸石,志始也。"

壬午秋九月十有一日 三衢徐文溥记①

从上文中我们可以得出三方面的讯息。其一,姚公祠堂的修建,除却由于姚公本身的巨大声誉和对当地的贡献外,还有一个很重要的原因,就是姚氏后裔向政府官员积极的谋求争取。而姚氏后裔谋求建立姚公祠堂,不仅会扩大姚氏在当地的声誉与地位,而且会有利于姚氏宗族的长远发展。其二,在借助官府力量修成姚公祠堂后,姚氏子孙又获得了祭祀姚氏祖先姚枢的权力,这就使得原本公共祭祀的场所与宗族祭祖的场所合而为一。因为资料的匮乏,对于姚氏公祠堂之后的演变以及具体的祭祀礼仪,本文不得而知。但本文以为,随着时间的推移以及宗族观念在当地的日趋发展,姚公祠堂应当会日趋演变为姚氏宗族祠堂,成为姚氏祭祀祖先的场所。另外,我们还可以从上文得到的一点讯息,就是徐文溥在这篇记文中提到,姚公祠堂乃是由当地淫祠三官庙改建的,由此可知,明代政府所采取的打击淫祀的措施,促进了儒学正统化,有利于宗族的构建。

与邵雍、姚枢祠堂兴建的情况大致相同,明末清初在辉县讲学的大儒孙奇逢去世后,也经公议由当地官府出面兴建了孙征君公祠。据《辉县志》记载,该祠创于康熙四十四年(1705),由巡抚许公潮檄知县尹烈创建。祠堂位于百泉西涯,大门一间,享堂三间,正殿三间,寝堂三间,春秋中丁,有司致祭。祠成之后,许公潮还专门撰写《孙征君祠堂记》,在谈及建祠经过时说:"……余抚豫之明年,卫绅士以周、程、邵、姚既附祭百泉书院,仍有专祠,载县志祀典。征君先生于河洛之学,集其大成,请专祠如周、程诸贤故事。既依绅士之请。祠成而推余为之记。"②

除百泉孙征君公祠外,奇逢门人汤斌等还另建祠于辉县奇逢故居夏峰村。百泉与夏峰公祠俱非孙氏子孙所建,但为公祠所备祭田却由孙氏子孙负责祭祀、维持祠堂日常开销以及修建等事务。在《孙氏族谱》之《附凡例》中就明确记载:"容城、百泉、夏峰俱有征君公专祠。虽系公建,非一家所得私,然蒸尝世守,子孙之责。"③百泉、夏峰的两座征君公祠,在孙氏子孙看来,无异于本族的宗族祠堂。事实上,这些专祠也确实能够起到对后世子孙进行教化以及整合松散宗族的目的。

---

① 文兆奭修,杨喜荣、王楷纂:《辉县志》卷七《祠祀志》,乾隆二十二年(1757)刻本,另可见《卫辉府志》卷四十六《艺文·记二》,乾隆五十三年(1788)刻本。
② 《辉县志》卷七《祠祀志》,乾隆二十二年(1757)刻本。该祠堂记还可见于《卫辉府志》卷四十八《艺文·记四》,乾隆五十三年(1788)刻本。
③ 辉县《孙氏族谱》,1944年刊本。

二

在豫北地区,诸如以上所谈及的名人祠堂还有许多,它们大都由官府或他人兴建,但却由该名贤的后裔负责奉祀,有些祠堂还由其子孙负责祠堂的后续修缮工作。例如《重修滑县志》记载:"宋公祠,祀明国子监祭酒宋讷并入乡贤祠,裔孙清庠生宋温奉祀。1915年,宗后裔陆军中将宋明善重修。"①获嘉县建有子贡祠。由于子贡后裔在此居住,遂将子贡祠看做本族祠堂。在获嘉《卜氏族谱》卷一《先贤卜子祠纪略》中,专门谈及了子贡祠的建置:"祠内正殿三楹,殿中龛内有卜子像及木牌位,题曰'先贤卜子神位',大门一间,竖额文曰'先贤卜子祠'。原墙颓残,屋顶破陋,卜氏久拟修理而未遑也。"浚县有子贡祠,据清康熙年间名臣李光地所撰《新置宜沟子贡祠祭田记》记载:"黎阳即今大名府浚县也。县之山曰大伾,其阳有公冢存,而浚之立祠则自宋之都水使者孟昌龄始,子孙世奉其祀。嘉靖中,复立别祠于城北之宜沟,表曰先贤子贡故里。乙酉二月,买田百亩,用银若干,归契贤裔掌厥收入。其在端木之子孙及浚之人士勉之。"②由以上例子我们可以较为明显地看出,这些名人专祠虽是由官府兴建,并且祭田等也由官府或其他名人出于向贤之心捐助配给,但在该名贤的后裔看来,这些专祠对于本族而言,有着与外人不同的深远而特殊的意义。

在豫北辉县还有一座名贤祠堂,乃是由此名贤本族子孙兴建的,专祠建成之后,获得了官府的批准与支持。乾隆《辉县志》记载:"王家珍,字秀玉,保定容城人。以选贡任山西朔州知府,遇姜瓖之变,不屈,死。顺治十一年(1654),赠朝议大夫、山西布政司参议,荫子入监读书。时其子福吉尚幼,从伯父家琛寓辉。其侄邑庠生德馨建祠于辉。蒙学宪刘批准德馨子世位,为奉祀生。"③文中为纪念王家珍而由其侄德馨修建的专祠,凭借王氏子孙的努力争取,获得了同官府主持修建的专祠同样规格的待遇,使得王氏后裔成为了这座专祠的奉祀生。从中我们可以看出,这座专祠具有一般性质的名贤专祠与王氏支祠两重性质。王家珍专祠,不仅是纪念王家珍忠君爱国精神的场所,而且也有利于教育当地乡人以及本族子弟,对提高扩大本族在当地的地位与影响也起到了积极的作用。

除以上所讲到的豫北名贤专祠之外,在豫北获嘉县还有一座较为特殊的名贤专祠。此专祠乃是获嘉贺氏为纪念在明朝中期曾经有惠于贺氏祖先的获嘉县令张一心而兴建的。张一心,乃明隆庆时人,"由进士任邑令,尤注意学校,立会,课诸生,程其艺而差等之",④为获嘉的文教事业贡献良多。据县志记载,明万历间,邑人贺盛瑞建张公祠,祀邑令张公一心。明末贺氏后裔振能在《重修梓潼帝君祠记》中,详细记载了贺氏兴建张公祠的缘由以及后来张公祠改名的原因等,其记曰:

---

① 马子宽修,王蒲团纂:《续修滑县志》卷七《民政第四·祠祀》,1930年刊本。
② 《卫辉府志》卷四十八《艺文·记四》,乾隆五十三(1788)年刻本。
③ 《辉县志》卷十二《拾遗·轶事》,乾隆二十二年(1757)刻本。
④ 邹古愚修,邹鹄纂:《获嘉县志》卷十二《循吏》,1935年铅印本。

先鲁土父参贤风山公之少也贫甚,几不能卒业。时万历五年(1577),获鹿张公以进士南来宰获。季试得公文,奇之,为具资供给,奖翼之良至用,得肆力于文,以成功名。而贺氏稍稍称温族,世其业文,贞公而下,时有显者,皆公力也。公以异政擢去,而贺氏立祠祀公,到今六十年矣。前岁天子诏毁淫祠,奉命雷行,除祀典明神外,一切祠宇,无是非,夷之殆尽。叔大人谋,所以存公祠,不得而易其额曰"梓潼帝君之祠",乃不毁。夫帝君世所传司命文章,而为文人士阴相者也。又三数年,而霪潦祠祀亦尽。今年叔大人方北上,命小子鸠工复之,工竣而梓潼之号乃不可改。吾于是有感矣。公治获仁明之业,屈指不尽。独是拔滞搜寒,扶植士气,尤啧啧人口。盖君子为国育才,臭味所存,精神意气,关向自别,诚不啻厚私焉。而沐其德者,亦不能不生成感之。此祠之历今而存也。意! 公非贺氏之人,私贺氏之文,不私其人而私其文,是即梓潼之意也。得其意,即用其号,何惑焉! 吾知述其故,以见公之德,是以司命文章。而今即以此祀之,将由是以为邑文人士阴相不衰也。后之观者,其尚存劝也。公讳一心,字道宗。①

在振能的祠记中,我们仍可看到明后期当地政府所采取的打击淫祀运动的影响。从张公祠为留存下来而不得不改名这件事中,可见当时豫北地区所进行的打击淫祀运动的剧烈程度及给当地带来的深远影响。据民国《获嘉县续志》记载,张公祠改名梓潼帝君祠后,在当地又称"棠阁""红庙",为贺氏一姓经理。由此笔者以为,贺氏兴建并煞费苦心保存的梓潼帝君祠虽然是为祭祀张公一心的场所,但是其目的却不仅是为了纪念张公对本族兴盛所作的贡献,更多的是为了感召和教育贺氏后世子孙以司命文章为己任,继而光宗耀祖。因此,此专祠可以称得上是一座变相的贺氏祠堂。而且随着时间的推移,张公祠在贺氏刻意的淡化下逐渐被称作"棠阁"或"红庙",也说明了贺氏后裔将其转化为贺氏本族祠堂的意图与努力。

三

豫北地区的宗族祠堂,随着豫北宗族的发展而不断发展着。在进入清末民初时期,虽然豫北宗族建设达到了其发展的高潮时期,②但是由于这一时期中国在政治经济和思想文化等方面都受到了前所未有的巨大冲击,因此,豫北祠堂的发展也走向了守旧与图新两条截然不同的道路。一方面,在一些地区的一些宗族当中,仍然积极地进行宗族组织化建设,谋求兴建宗族祠堂,甚至是宗族支祠;另一方面,当地有些宗族与祠堂受到了国家政权扩张的影响,尤其是一些地方政权在出于维新与变革的目的,对宗族祠堂进行控制、破坏与改造,这促进了豫北宗族祠堂的进一步演变与发展。

---

① 贺振能:《窥园稿》,道光壬午重刻本;另可见吴乔龄修,李栋纂:《获嘉县志》卷四《祠祀》,乾隆二十一年(1756)刊本。
② 参见申红星:《明清以来北方宗族发展的历程——以豫北地区为中心》,《新乡学院学报》2009年第4期。

如前文所述,在明朝中后期,豫北地区的祠堂由名人专祠向宗族祠堂的演变,还只是当地文人士大夫的有意为之。到了晚清至民国时期,豫北的普通民众随着自身经济实力的增强,开始竞相仿效士大夫宗族,也逐渐展开了修建本族祠堂等宗族行为。因此,这个时期,豫北宗族祠堂的修建日益普遍,逐渐发展到了其顶峰。在晚清以来的豫北地方社会,已经出现了"无论士庶,皆立祠堂"的局面。本文将以民国时期修撰《获嘉县志》卷四《建置·宗祠》中所记载的祠堂情况,①辅以笔者田野中所收集的获嘉族谱资料为例,对新时期获嘉宗族祠堂的发展情况,进行进一步阐述。

民国《获嘉县志》卷四《建置·宗祠》中,记载豫北获嘉县宗族祠堂共计123座,基本上反映了民国时期获嘉县各地宗族祠堂发展的大致情况。县志撰者对于获嘉宗祠进行较为详细的统计本身,有力地说明了其对于获嘉宗族活动的重视,宗祠已经成为了获嘉民间活动中,尤其是宗族活动中不可或缺的一个重要组成部分。因县志中所列祠堂较多,限于篇幅,笔者仅选择其中信息较完善、较有特色的祠堂兴建情况,统计列表如下(表1):

表1 民国《获嘉县志》所载宗祠表

序号	名称	数量	位置	修建时间	其他说明
1	郭氏宗祠	2	一旧在县治前,现移大西关;一在郭堤北门内		
2	岳氏宗祠	2	一在新建仓,一在岳寨东南隅		以北宋岳飞为始祖
3	冯氏宗祠	2	旧在南阳屯北,今在冯位庄		冯位庄之冯系由南阳屯迁来
4	郭氏宗祠	2	一在小洛纡营;一在西仓营	洛纡营宗祠,系雍正十年(1732)建,乾隆四十五年(1780)、同治九年(1870)重修。	西仓营系由小洛纡营迁来。始祖郭讨,为明朝军官。
5	贺氏宗祠	1	城内书锦街		
6	张氏宗祠	1	城内书锦街路南		
7	王氏宗祠	1	城内吴兴街路东		
8	刘氏宗祠	1	城东门内路北		
9	冯氏宗祠	1	县东巨柏村	同治五年(1866)始建,至光绪十二年(1886)建成。	由冯氏问智、腾甲、孟详修建
10	桑氏宗祠	1	县西南羊二庄	嘉庆二年(1797)	
11	曹氏宗祠	1	县南南务村大街路南	光绪十年(1884)	
12	陈氏宗祠	1	南务村路东	光绪十年(1884)	
13	陈氏宗祠	1	南务村路南	1932年	
14	李氏宗祠	1	南务村路北	1917年	
15	程氏宗祠	1	南务村路北	光绪十二年(1886)	
16	王氏宗祠	3	一在县南刘固堤南门;一在十里铺;一在南务村	十里铺宗祠系嘉庆二十一年(1816)建	王氏系获嘉老户,刘固堤乃是其故居。

① 《获嘉县志》卷四《建置·宗祠》,1935年铅印本。

续表

序号	名称	数量	位置	修建时间	其他说明
17	任氏宗祠	1	丁村		
18	赵氏宗祠	1	丁村北首		
19	邓氏宗祠	1	丁村西首		
20	秦氏宗祠	1	刘固堤		
21	刘氏宗祠	1	刘固堤		为晋刘伶子孙
22	聂氏宗祠	1	南王官营西北隅		为军户宗族
23	赵氏宗祠	1	县南亢村东南隅	1937年	
24	李氏宗祠	1	亢村东门内路北		
25	张氏宗祠	1	亢村西门内路北		
26	王氏宗祠	1	亢村西门大街路北	道光十二年(1832)	由族长尚鏻、尚荣率族中兴建。
27	赵氏宗祠	2	一在县西南永兴屯,一在县南王井村		原居永兴屯,后有迁王井村
28	孟氏宗祠	1	前五福		
29	贺氏宗祠	1	前五福		
30	贾氏宗祠	2	一在前五福东首,一在西首		
31	崔氏宗祠	1	县西南望高楼		
32	李氏宗祠	1	望高楼		
33	赵氏宗祠	1	望高楼		
34	侯氏宗祠	1	望高楼		
35	徐氏宗祠	1	县西南徐营镇		取胞侄徐姓嗣严姓,故徐氏、严氏同宗祠。
36	严氏宗祠				
37	浮氏宗祠	1	徐营镇	同治十年(1871)	夏氏女适浮氏,夏氏无子,以浮甥嗣夏舅,故浮氏、夏氏同宗祠。
38	夏氏宗祠				
39	张氏宗祠	1	县西张洼	1926年	
40	刘氏宗祠	1	县西大清营	1928年	
41	李氏宗祠	2	二祠皆位于县西史庄	乾隆二十三年(1758)	
42	贾氏宗祠	1	县西南羊二庄	嘉庆二十一年(1816)	
43	刘氏宗祠	1	县西吴庄	同治二年(1863)	
44	陈氏宗祠	1	县西南西张巨	明万历年间	
45	陈氏宗祠	1	县北三位营街中路		由山东汶上迁
46	陈氏宗祠	1	三位营西首		由湖广枣阳迁
47	张氏宗祠	1	县东北楼村	1937年	宗祠三间,门楼一间。由张氏志礼,志财等建。
48	卜氏宗祠	1	城内		以卜子夏为始祖

上表为民国《获嘉县志》中部分宗祠的统计结果,通过对《获嘉县志》中关于获嘉祠堂记载的分析,我们可以总结出这个时期获嘉祠堂发展的几个较为明显的特点:

第一,从时间上来看,获嘉祠堂的修建大多是在晚清与民国时期,这也基本证明了的豫北宗族的发展在清末民初时期达到了高潮阶段。

第二,从分布上来看,获嘉祠堂分布于获嘉全县各处。获嘉宗族在祠堂的选址上,不仅有传统意义上的乡村建祠,而且随着经济的发展,也逐渐将祠堂地点选择在县城内部,如获嘉郭氏宗族、贺氏宗族、卜氏宗族等。

第三,由于获嘉一些乡村是以不同姓氏杂居为主,因此在同一村庄会建有不同姓氏的宗祠。例如,上表中序号分别为17、18、19的任氏、赵氏、邓氏均将宗祠建在了获嘉县丁村,序号分别为31、32、33、34的崔氏、李氏、赵氏、侯氏则将宗祠建在了望高楼。同时,这种现象也在一定程度上说明了获嘉县祠堂庶民化的趋势进一步得到了加强。

第四,晚清民国以来,随着经济实力的增强、宗族活动在民间的日益普及以及宗族人口的日益繁衍、迁徙,同一宗族已经不满足于只建一座祠堂。有许多宗族开始在不同地点再建支祠、分祠等宗祠配套建筑,例如获嘉郭氏宗族、岳氏宗族、王氏宗族等。

第五,从上表序号为35、36的徐氏宗祠与严氏宗祠合一,以及序号为37、38的浮氏宗祠与夏氏宗祠合一的现象看,当时获嘉县已经出现了宗族之间的合宗、联合现象。徐氏、严氏以及浮氏、夏氏虽然姓氏不同,但都因为其宗族史上的某种特殊原因而有了相同的源流,这成为了其共建并且共享同一宗祠的缘由所在,也直接促使了两姓的联合。两姓在共同的祖先荫庇下,进行收族、睦族,完成了整合了两族族人的任务,同时,也间接增强了两族在地方上的实力,重构了地方社会秩序。

然而,豫北祠堂的发展与演变,也出现了与兴建祠堂截然相反的状况。民国时期,受到维新与变革等新精神的影响,豫北一些地区的宗族祠堂遭到了不同程度的毁弃。此外,还有一些祠堂被当时地方上的维新人士改建成地方新式学校。在民国版《封丘县续志》①中,就记载封丘当地有不少小学校是由宗族内的开明人士依祠堂改建而成的。兹将宗族祠堂改建为学校的详细情况绘制如下表(表2):

表2 封丘县宗族祠堂改建小学校一览表

序号	祠堂名称	改建学校名称	改建时间	改建人
1	朱氏宗祠	三李庄初级小学校	1917年	朱凤刚
2	张氏家庙	陡门集初级小学校	1928年	张锦川
3	柴氏家庙	短堤初级小学校	1929年	柴进财
4	范氏祠堂	东林初级小学校	1929年	范鸣岐、范兴财
5	齐氏祠堂	齐寨女子小学校	1934年	齐广彩、齐广瑞等

从上表可以看出,从1917年开始,封丘县一些地区,就相继出现了由宗族祠堂改建学校的情况,甚至出现了封丘齐氏宗族族人将宗族祠堂改建为女子学校的情况。

---

① 姚家望修,黄荫楠纂:《封丘县续志》卷七《教育志·学校》,1937年铅印本。

除上表所列出宗族祠堂改建成小学校的情形时有发生外,民国时期,封丘县还存在大量的以村庄庙宇改建成学校的现象。而与此同时,正如上文所言,豫北地区一些热衷于宗族建设的人士正在谋求建立本族的祠堂,从而使得豫北地区祠堂建设至此达到高潮阶段。这些不同却并存的社会现象,在民国时期豫北地区方志以及族谱的记载当中可谓屡见不鲜。这都说明了在民国时期,豫北民众正面临着新与旧两种不同思想观念的冲击与洗礼,当地正在经历一场前所未有的变革。

四

综而言之,本文较为详细地阐述了明朝中后期以来,豫北大儒邵雍、姚枢、孙奇逢等名人专祠转变为宗族祠堂的过程。我们可以看到,豫北宗祠经历了一个由名贤专祠变为宗族祠堂的过程。与此同时,豫北当地也有将宗族祠堂转变为地方学校的情况。这一过程与豫北地区宗族自明朝中后期开始萌芽,至清末民初达到高潮,至民国后期逐渐分化的过程基本一致。

豫北地区存在着大量的名人专祠,随着当地宗族意识的觉醒,它们逐渐与名贤的后裔与宗族联系在一起,并逐渐地演变为宗族祠堂。豫北宗祠的演变过程,对民间普通祠堂的兴建起着极大的示范作用。民间祠堂在明后期之后也开始兴建并且逐渐走向高潮,除因为当地经济以及宗族观念日渐发展外,很大程度上是受到豫北名人专祠的启发。

豫北祠堂的演变过程,称得上是北方祠堂演变的一个缩影。北方真正意义上的宗族祠堂出现较晚,并且官府在祠堂的兴建过程中起到了很大的作用。这一点从早期豫北名人祠堂多为官府倡导出资修建便可见一斑。

作者简介:申红星,新乡学院历史与社会发展学院副教授。

【古史新论】

先秦忌日礼俗考述

邓国军

【摘　要】 春秋战国时期,随着传统庙祭制度的松弛,贵族祭祖时间和地点均呈现出了多元化的特征。忌日祭祖礼俗正是在这种背景下逐渐兴盛起来的。忌日礼俗是一种基于血缘亲情关系基础上的家族共同记忆,主要流行于贵族家族范围内,其核心功能是服务于贵族阶层追忆祖先、表达孝道的情感诉求。其中,忌日禁忌是忌日礼俗得以保持和传播的重要形式。嗣后,忌日礼俗因其在孝道传承中的独特作用,受到了汉唐统治者的重视,并在唐代固定成为了国家的一项重要制度。对忌日礼俗的追本溯源,有助于我们从更深层次上了解忌日礼俗的生成机制与社会功能。

【关键词】 忌日;死日;子卯不乐;禁忌

忌日礼俗,是古人社会生活习俗中的一项重要内容,它兴起于先秦时期,后经两汉、魏晋南北朝的发展,至隋唐时期完善成为一项制度。其中"忌日"一词在先秦时期并不特指亲属的死日,而是泛指一切时日禁忌。据其具体指向不同,可细分为以下三层含义:一是指父母或祖先的卒日,又叫"忌辰",笔者称之为"私忌日";二是桀、纣的死日,即甲子、乙卯日,笔者称之为"公忌日";三是日忌,也就是"日禁",即以天干和地支相配纪日,然后根据每日的干支、岁名与太岁、岁星所处的辰位、方位和日所行黄道、月相、五行、四时等因素相配以占测吉凶,规定相应的日禁,如简帛中所见禾忌日、行忌日、晦日、朔日禁忌等。

近年来,随着出土简帛材料的日益丰富,尤其是楚、秦《日书》的发现,时日禁忌引起了学者们的广泛关注,目前学界有关"忌日"的研究主要集中在"日忌"方面。[①] 至于"公忌日",现代学者鲜有涉足,因为古人在很早以前对其就有过翔实的论证。而与先秦贵族生活关系最为密切的"私忌日",学者们给予的关注更显不足。事实上,有关私忌日的史料散见于先秦典籍当中,遗憾的是鲜有学者对其做过系统的梳理。先秦时期人们是如何确定祖先忌日的?先秦忌日礼俗的生成机制及其功能又如何?以上诸问题的解决,不仅有助于准确把握忌日礼俗的源流,还可以成为了解先秦贵族文化制度的一个切入口。

---

* 基金项目:本文系"中央高校基本科研业务费"资助项目;教育部重点高校社会科学研究基地中国社会史研究中心重大项目"先秦日常生活史研究"(项目编号:2011JJD770028)的阶段性成果。

① 李学勤:《睡虎地秦简日书与楚、秦社会》,《江汉考古》1985 年第 5 期;吴小强:《日书与秦社会风俗》,《文博》1990 年第 2 期;王桂钧:《日书所见早期秦俗发微——信仰、习尚、婚俗及贞节观》,《文博》1988 年第 4 期;王光华:《简帛禁忌研究》,四川大学博士论文,2007 年 4 月。

一、先秦忌日礼俗的生成时限判断

忌日礼俗和其他民俗一样,其形成一般有源可考。先秦时期的人们在探索自身本源的过程中,逐渐认识到了自身与祖先在血缘关系上的紧密联系。山顶洞人在埋葬死者时,有在遗体周围撒红色粉末的习俗,学界一般认为,这是证明灵魂观念存在的证据。史前人们相信人死之后,肉体虽然消失,但是灵魂依然存在。灵魂因其飘忽不定的"不确定性"而被赋予具有祸福阳间世界的超能力,因此当时人们认为只有定期祭祀,才能让祖先的灵魂保佑自己平安无事,于是就产生了原始的祖先崇拜。原始人类奉着"事死如事生"的态度,对死去的祖先,给予种种照料,尽力满足其在"阴间"的物质生活需要。嗣后,祭祀祖先也成了先秦贵族政治生活中一项非常重要的活动,祭祀的时间和地点均有严格的规范。

从甲骨材料来看,殷人从武丁到帝乙、帝辛时期普遍施行周祭制度,即用彡(肜)、羽(翌)、祭、壹、劦(协)五种祀典,对先王、先妣轮番地、周而复始地进行祭祀的制度。陈梦家先生指出:"殷代施行一套有系统的'周祭',当帝乙、帝辛之世约需要36—37旬乃可完全遍祀先王先妣。"①西周早期周人祭祖仪式从形式上吸收并继承了许多殷人文化的东西,但仍保持自身的文化特色而不断发展,至西周中期以后,逐步建立了周人祭祖礼的体系。陈梦家先生指出"周金文中之祭名,十九因于商"。② 刘雨先生更是考证指出了十七种殷周同名的祭祖礼。③ 周人祭祖礼可以分为常祀和临时祭祀两种。所谓的常祀一般定期举行,主要是指禴祭、烝祭、尝祭、登祭、禘祭等,也有彝器之祭,即金文中常见的"某为某祖先作祭器"。④ 所谓的临时之祭时间不固定,因事而祭,主要是在"重要的政治、军事或社会活动前后,或遇到灾害一类事情之后"⑤举行的祭祖礼仪。

商周时期,供奉祖先神主的地方为宗庙,因此贵族们祭祖一般选择在宗庙举行。李伯谦先生指出:"商代甲骨文、商周青铜器铭文的祭礼,无论何种性质、何种等级和什么节令,一般都是在宗庙中进行。"⑥西周时期,周人的宗庙祭祖礼仪与宗法制度密切结合,形成了严格的庙祭制度。周人实行严格的宗庙制度,即对不同等级身份的贵族,祭祖的地点和权力都有明确的规定,如"凡诸侯之丧,异姓临于外,同姓临于宗庙,同宗于祖庙,同族与祢庙"(《左传·昭公襄公十一年》);对庙祭的时间也有明确规定,如《礼记·王制》所云:"天子、诸侯宗庙之祭,春曰礿,夏曰禘,秋曰尝,冬曰烝。"

时至春秋晚期,随着诸侯势力迅速膨胀,维护周天子统治秩序的宗法制度和礼乐制度遭到了破坏,等级制度受到冲击,社会关系重新组合,庙祭制度也开始松弛。随着庙祭制度的松弛,不仅祭祖地点出现了多元化,即"一些贵族不到宗法控制的宗庙中去祭祀,而是到

---

① 陈梦家:《殷墟卜辞综述》,北京:科学出版社,1956年,第395页。
② 陈梦家:《古文字中之商周祭祀》,《燕京学报》1936年第19期。
③ 刘雨:《西周金文中的祭祖礼》,《考古学报》1989年第4期。
④ 刘源:《商周祭祖礼研究》,北京:商务印书馆,2004年,第48页。
⑤ 刘源:《商周祭祖礼研究》,第76页。
⑥ 李伯谦:《文明探源于三点考古论集》,北京:文物出版社,2011年,第297页。

自己的祖坟上祭祖";①祭祖时间也出现了多样化,贵族们除了沿袭西周以来定期举行的禘祭、烝祭、尝祭、登祭等常规祭祖之礼外,忌日祭祖也逐渐兴盛了起来。当时各诸侯国普遍流行"既葬除服"的短丧制,也有部分地区遵守"三年之丧"的丧服制。② 所谓"三年之丧"的丧服制,即自死者初终之后,从卒哭到三年除丧,中间还要经过小祥、大祥、禫等几个重要仪节,禫祭结束以后,丧服即除,恢复正常的生活。无论是"既葬除服",还是"三年之丧",在丧服结束之后,生者出于对已故亲人思念、尊敬的情感诉求,每年会在死者忌日当天遵守一系列的特殊禁忌礼仪来祭祀亡人。这些忌日禁忌礼仪,同时也是一种传播和保持忌日礼俗的重要形式,使忌日礼俗代代相传,日趋丰富。

忌日礼俗产生于春秋战国时期,这种说法虽然具备了理论依据,然则从学理上讲,还需要有明确的文献依据。目前可考的有关先秦忌日礼俗的资料,主要散存于《左传》《礼记》等传世文献中。"忌日"一词,最早出现在《礼记·祭义》中,其文云:"君子有终身之丧,忌日之谓也。忌日不用,非不祥也,言夫日志有所至,不敢尽其私也。"郑玄注曰:"忌日,亲亡之日。"《礼记·祭义》又云:"文王之祭也,事死者如事生,思死者如不欲生。忌日必哀,称讳如见亲。祀之忠也,如见亲之所爱。"除《祭义》篇之外,《礼记》其他篇中也有"忌日"的相关记载,如"朔月、忌日,则归哭于宗室"(《礼记·丧服大记》),"忌日不乐"(《礼记·檀弓上》)等。诚然,《礼记》所载部分"忌日"内容,会追溯到西周时期,但是这些记载是否真的反映西周时期的实际情况,而不仅仅是《礼记》作者所处时代的习俗,这就牵涉到忌日礼俗起源与《礼记》诸篇成书时间二者之间的关系问题了。王锷先生曾指出:《丧服大记》《祭义》二篇皆成书于战国中期,而《檀弓》篇稍晚,成书于战国晚期。③ 如果王锷先生所言不谬,那么笔者可以作如下推论:"忌日"既然出现于《丧服大记》《祭义》诸篇中,那么"忌日"习俗的产生应该不会晚于《祭义》《丧服大记》成书的时间,即最晚在战国中期,忌日礼俗就已经产生了。再者《左传》中虽然没有出现"忌日"一词,但有"懿伯之忌"的记载,杨伯峻先生将此"忌"解释为"懿伯的忌日"。据此,先秦忌日礼俗产生的时间,又可以提到春秋时期了。鉴于《礼记》的性质及其成书的时间较晚,外加缺乏其他史料佐证,笔者还不能确定《礼记·祭义》所述内容是否与西周史实相符,但可以肯定的是忌日礼俗至少在春秋时期已经产生了。

二、先秦忌日礼俗禁忌稽考

先秦忌日礼俗的主要内容,尚可以从礼书中稽考出来,但多于史无征,掺杂有战国秦汉

---

① 高崇文:《论先秦两汉丧葬礼俗的演变》,《考古学报》2006年第4期。
② 笔者认为:"三年之丧",虽然没有像孔子所言"天下之达丧也"(《礼记·三年问》),为全天下的人都严格遵行过。但不可否认在春秋战国时期,至少在一部分人中间实行过。《左传》昭公十一年、十五年均有记载叔向议论三年之丧的事情。作为贤者的叔向,所论理应有事实依据。又《左传》襄公十七年晏婴为其父晏桓子服丧之流程,与三年之丧的规定相同。再者《史记·孔子世家》记载:孔子葬后,皆服丧三年。这些史实均表明,"三年之丧"在先秦时期没有实行过的观点是站不住脚的。
③ 王锷:《〈礼记〉成书考》,北京:中华书局,2007年,第141、167页。

人构拟的成分。虽然如此,它对于我们了解先秦贵族忌日礼俗,乃至先秦文化制度都极具参考价值。遍检先秦史料,除了礼书之外,《左传》《孔丛子》①等部分篇章也有忌日礼俗的相关记载,这些记载主要涉及忌日当天贵族在饮食、服饰、居住方面的诸多禁忌,而这些禁忌正是忌日习俗的外化。先秦贵族在忌日当天遵循着这些特殊的禁忌,一方面可以烘托思念、祭祀亡人时悲伤、肃穆的气氛;另一方面也可以强化其家族成员之间的共识性,产生彼此的身份认同,增强家族的内聚性,起到亲族联络、血缘凝聚与家族伦理教化的作用。

(一) 忌日礼俗中的饮食禁忌

饮食不仅关系到人的长相、秉性、吉凶、祸福、生死等,甚至还可以关系到周围环境的变化,影响到他人的利害。② 因此,先秦贵族阶层在饮食方面有诸多讲究,除了相关的饮食礼仪之外,还有特殊的饮食禁忌,忌日礼俗中的饮食禁忌便是其中一项重要内容。

《礼记·玉藻》云:"子卯,稷食,菜羹,夫人与君同庖。"孔颖达疏曰:"稷食者,食饭也。以稷谷为饭,以菜为羹而食之。"孙希旦云:"子卯忌日贬损,所以致戒惧之意,稷食则无黍,菜羹则不杀也。"即逢子、卯国君忌日,天子、诸侯要降低伙食标准,只食粗茶淡饭,禁止杀生。"公忌"日尚且如此,"私忌"日大抵与之类似。再者逢"忌日",饮酒行为也是被禁止的。如《孔丛子·执节》有文云:"季节见于子顺,子顺赐之酒。辞,问其故。对曰:'今日家之忌日也,故不敢饮。'子顺曰:'饮也。《礼》忌日不乐而已,未有无饮者。《礼》虽服衰麻见于君及先生,与之粱肉无辞。所以敬尊长而不敢遂其私也。忌日方于有服则轻矣。'"由季节拒绝饮酒的理由,可知在季节所生活的时代确有忌日不饮酒这一礼俗。由子顺的言辞又可知,当时虽有忌日不饮酒的这一礼俗,但是在尊老敬长的礼制面前,即使逢忌日,也是可以饮酒的。这表明当礼制与忌日礼俗发生冲突时,人们会选择在忌日礼俗方面做出让步,以迁就于礼制。

(二) 忌日礼俗中的社交禁忌

春秋时期,一国诸侯卒,他国诸侯应派遣使者吊丧、送葬。出于礼节,有丧之国也会派遣使者在两国交界处迎接他国来送葬者。如果在前往吊丧、送葬途中,恰逢迎接自己的使者家中的忌日,前往吊丧、送葬的使者的正常行程也会受到一定的影响。《左传·昭公三年》曾记载:"五月,叔弓如滕,葬滕成公,子叔为椒为介。及郊,遇懿伯之忌,敬子不入。惠伯曰:'公事有公利,无私忌。'椒请先入。'乃先受馆,敬子从之。"《礼记·檀弓下》同样记载了此事:"滕成公之丧。使子叔敬叔吊。进书,子服惠伯为介,及效。为懿伯之忌不入。惠伯曰:'政也,不可以叔父之私,不将公事,遂入。'"

杨伯峻先生云:"《礼》谓吊丧,《传》谓送葬,略异。又据《氏族谱》,蔑生庄子速及懿伯叔仲,懿伯叔仲生惠伯椒。据此懿伯乃子服椒(惠伯椒)之父。忌,逝世之日,亦曰忌日。……此时两人已至滕、鲁两国相接之郊,又逢副使(介)父亲之忌,正使(敬子,即叔弓)因之

---

① 《孔丛子·执节》一书,清人疑其为伪书,但是根据近年来出土的简帛,清人的怀疑并不成立。李零先生认为《孔丛子》并非伪书,持同样观点的还有李学勤先生、李存山先生等人。《孔丛子·执节》篇成书虽然较晚,但其主要记载的是战国时人孔谦的言行,将其作为研究先秦忌日礼俗的辅助材料,从时间上来讲,应该是没有问题的。

② 任骋:《中国民间禁忌》,北京:作家出版社,1990年,第246页。

不入滕境,入滕境,则子服椒必受滕之郊劳、授馆等礼仪,故为之稽缓一日。"① 杨伯峻先生所言"稽缓一日"不知从何而来,如果主使敬子遵循忌日制度,逢副使惠伯椒父亲之忌日,那么便需延缓一日进入滕国。但是惠伯以礼晓之说公事有公利,无私忌,乃先入,叔弓亦遂入,"遂入"一词表明,敬叔听从了惠伯的建议,跟随惠伯进入了滕国。由此可知,春秋时期人们虽然对忌日礼俗十分重视,但是私忌往往还是让步于公事的。

(三)忌日礼俗中的歌乐禁忌

"乐者,音之所由生也,其本在人心之感于物也"(《礼记·乐记》),歌乐不仅是先秦贵族阶层情感表达的一种重要形式,同时也是先王教化民众的一种重要手段。先秦贵族出于礼制以及情感表达的需要,往往在歌乐的种类、形式以及演奏时间等方面有严格的规则与禁忌,其中"忌日不乐"便是歌乐禁忌的一项重要内容。

《左传·昭公九年》云:"辰在子卯,谓之疾日。君撤宴乐,学人舍业,为疾故也。"《礼记·檀弓》曰:"子卯不乐。知悼子在堂,斯其为子卯也,大矣。"上揭《左传》引文不仅指出"辰在子卯,谓之疾日",还说明了"子卯不乐"的内容,即"君撤宴乐,学人舍业"等内容,同时也说明了"君撤宴乐,学人舍业"是因为"疾"的缘故。《檀弓》引文所载内容与《左传》引文相似度极高,直言"子卯不乐"。贾逵、孔颖达诸儒在给《左传》《礼记》作注疏时,一致认为甲子、乙卯日分别是商纣、夏桀的忌日,国君以此为戒,逢甲子、乙卯日,禁止歌乐。不仅公忌日禁止歌乐,私忌日也如此。《礼记·檀弓下》载:"丧三年,以为极亡,则弗之忘矣。故忌日不乐。"引文明言私忌日禁止歌乐。由此看来,"忌日不乐"应是先秦贵族阶层普遍遵循的一项礼俗。

此外,逢父母忌日,贵族们祭祀亡故亲人的地方也是有讲究的,"大夫、士,父母之丧,既练而归。朔月忌日,则归哭于宗室,诸父母兄弟之丧,既卒哭而归"(《礼记·丧服大记》)。郑玄注曰:"宗室,宗子之家,谓殡宫也。礼,命士以上,父子异宫。"在传统的宗法社会中,宗子掌握着整个家族的祭祖权利,家族的祖庙就设在宗子之家。逢父母私忌日时,宗子带领族人(包括嫡子)在祖庙里追思、祭祀已故亲人。由此可见,忌日礼俗的存在,客观上有利于强化宗子的权力,维系家族内部和谐。

总之,先秦忌日礼俗的记载多吉光片羽,且呈现出碎片化的特征,以至于我们无法从整体上还原先秦贵族阶层在忌日活动中的诸多礼仪细节。不过依据这些碎片化的记载,我们还是能够捕捉到忌日礼俗的大致梗概。忌日礼仪一般在祖庙举行,在忌日当天,禁止饮酒、吃荤、歌乐等活动,甚至一些社交活动也要停止。先秦贵族通过遵守这些禁忌习俗,"寄托其对于同出之祖的缅怀以及对祖考的敬仰,更重要的是以此来教化子孙、强化家族内部的宗法关系,也借此婉转地表达出他们对于血缘的崇拜以及对血缘传递的由衷关怀"。② 从某种程度上可以说,先秦忌日礼俗是先秦丧葬礼俗和祭祀礼俗的延伸和补充。

---

① 杨伯峻:《春秋左传注》,北京:中华书局,2009 年,第 1240 页。
② 金尚理:《礼宜乐和的文化理想》,成都:巴蜀书社,2002 年,第 163 页。

三、先秦忌日算法蠡测

先秦忌日的计算方法，关乎忌日举行的具体日程安排，对尊礼敬祖情结浓厚的贵族们而言，先秦忌日的算法应该是妇孺皆知的常识。然而时至今日，对于大多数学者而言，这却是一个实实在在的难题。造成这一难题很重要的一个原因，就是纪日方式发生了变迁。先秦时期人们采用的主要是干支纪日，其基本要素包括年、月、日，如《左传·昭公十五年》记载："六月乙丑（六月九日），王太子寿卒。秋八月戊寅，王穆后崩。"基于后世序数纪日的经验，我们一般会认为：昭公十五年之后每年的六月乙丑日就是王太子寿的忌日，八月戊寅日就是王穆后的忌日。问题在于昭公十六年六月没有乙丑日，乙丑日出现在昭公十六年五月和七月。① 那么昭公十六年，王太子寿的忌日该定在哪一日呢？是五月乙丑日，还是六月己丑日（六月九日），抑或是七月乙丑日呢？这就涉及了先秦"忌日"的计算方法问题。

遗憾的是，由于先秦文献中所载忌日信息多吉光片羽，又缺失具体年代日期，致使我们无法从现存文献中详知先秦时期贵族是如何确定已逝祖先的忌日的。不过两汉碑刻所载忌日信息及清儒对这些碑刻的研究成果，为我们了解先秦忌日制度提供了线索。咸丰二年（1852），余姚客星山出土一汉碑，碑文首有"三老"二字，遂名之曰"三老碑"，此碑记录了一位名通的汉代地方官"三老"祖孙三代的名字（讳字）和祖、父辈逝世的日子（忌日）。全碑通计二百十七字，是东汉建武年间的《汉三老讳字忌日碑》。其部分碑文云：

> 三老讳通，字小父，庚午忌日，祖母失讳，字宗君，癸未忌日。□掾讳忽，字子仪，建武十七年，岁在辛丑，四月五日辛卯忌日，母讳捐，字谒君，建武廿八年，岁在壬子，五月十日甲戌忌日……②

该碑文的一个重要价值就在于它为后人了解汉代忌日制度提供了直接的史料。清人俞樾对此碑有过研究，现将其观点摘录如下：

> 窃疑古人以干支纪日，不以初一、初二纪日，其家相传三老于庚午日死，祖母于癸未日死，相传既久，忘其年月，民间不知历术，安能推知其为某年某月某日乎？于是子孙遇庚午、癸未日，则以为忌日。盖古人忌日之制，本是如此。试以子卯日证之……如纣以甲子亡，以三统术推之，为武王十一年二月五日，至次年二月五日，乃上年纣王之日，在今人必以此为疾日矣。古人不然，二月五日不值甲子，即非疾日，而凡遇甲子即是疾日，一年有六甲子，是有六疾日也。③

---

① 查阅饶尚宽先生主编的《春秋战国秦汉朔闰表》可知，昭公十六年六月九日为己丑日，乙丑日出现在七月，详见《春秋战国秦汉朔闰表》，北京：商务印书馆，2006年，第51页。
② 刘正成主编：《中国书法全集》卷七、八，北京：荣宝斋，1993年，第467页。
③ 俞樾著，徐明、文青校点：《春在堂随笔》卷七，沈阳：辽宁教育出版社，2001年，第101页。

从现有纪日史料来看，俞樾指出"古人以干支纪日，不以初一、初二纪日"的观点与先秦及秦代的纪日情形大致是相合的，但与两汉及其以后的纪日情形就不太相符了。因为"最早的数序纪日法资料见于1972年于山东临沂出土的建元七年（公元前134年）历谱竹简。这份历谱在三十根竹简顶上标了从一到三十的数字，这是每月内各个日子的序数。每根简下面写着各个月内各日的数序数字。从那以后，凡出土的汉武帝以来的历谱都记有月内各日的序次数字"。① 现存传世文献中亦有序数纪日的方式，如《史记》中就载有齐国公子孟尝君田文生于五月五日，②这恐怕是传世文献中使用数序纪日法最早的记载。

时至东汉，干支和序数这两种纪日方式混合使用的情况已经普遍存在了，这从近年来出土的东汉碑刻所载日期可窥见一斑。除了上揭东汉三老碑之外，东汉熹平四年（175），孙仲隐墓志文曰："青州从事，北海高密孙仲隐，故主簿、督邮、五官掾、功曹、守长。年卅，以熹平三年（174）七月十二日被病卒，其四年二月廿一日戊午，葬于此。"③碑文明言孙仲隐的死日是熹平三年七月十二日，并没有用甲子方式类纪日，而其葬日改用甲子纪日。东汉永建三年（128）王孝渊碑，有文曰："永初二年（421）七月四日丁巳，故县功曹郡掾□□孝渊卒。"④以上所举两例墓主的卒、葬日，均存在序数纪日和甲子纪日混合使用的情形。东汉时期也有只用"几月几日"纪日方式来记载卒日的，如东汉何旱碑志，其文云："延平元年（106）五月二十七日卒，葬年不详。"⑤东汉陈高碑志，其文曰："卒年不详，永初二年（108）九月□日葬。"⑥

当序数纪日方式产生以后，已逝祖先的忌日，就很好确定了。以何旱为例，他于延平元年（106）五月二十七日卒，那么以后每年五月二十七日都是其忌日。但是在序数纪日方式没有产生的先秦时期，人们是如何来确定父母或祖先的忌日呢？是否真如俞樾所说，古人只记亲人卒日干支日而不论年月，即商纣以甲子日死，一年里每逢甲子日便是商纣的忌日？答案是否定的。

序数纪日方式产生以前，先秦时期人们使用的主要纪日方式为干支纪日。需要说明的是，尽管晋国民间还流行独立的干支纪日系统，如《左传·鲁襄公三十年》曾记载绛县老人所说"臣，小也，不知纪年。臣生之岁，正月甲子朔，四百有四十五甲子矣。其季于今三之一也"的事例，但是各诸侯国贵族阶层普遍实行阴阳合历，即太阴月配以干支日，其基本纪日方式为"年＋月＋干支日"。以先秦社日日期选择为例，先秦社日一般在二月的甲日举行，《礼记·月令》有文云："仲春月……择元日，命民社。"《礼记·郊特牲》又云："祀社，日用甲，用日之始也。"与传统节日日期选择类似，诸侯贵族在确定祖先忌日时理应有月份、季节限制，不能完全抛开年月，只论干支。以孔子忌日为例，《春秋·哀公十六年》云："夏四月己丑，孔丘卒。"后人在考订孔子忌日时，显然没有只论孔子卒日己丑，而忽视其卒时月份四

---

① 张闻玉：《古代天文历法讲座》，桂林：广西师范大学出版社，2008年，第55页。
② 司马迁：《史记》卷七十五，北京：中华书局，1959年，第2352页。
③ 刘正成主编：《中国书法全集》卷七、八，第505页。
④ 刘正成主编：《中国书法全集》卷七、八，第479页。
⑤ 赵文成、赵君平：《秦晋豫新出墓志蒐佚续编》第1册，北京：国家图书馆出版社，2015年，第1页。
⑥ 赵文成、赵君平：《秦晋豫新出墓志蒐佚续编》第1册，第3页。

月者。古人亦曾有言云:"所谓忌日者,死者之日月耳。"①再者俞樾所引证据——夏桀亡于乙卯日的说法,于史无证,也未必是当时历史之实录。以上史实表明,俞樾所说的古人忌日之制与先秦时期普遍实行阴阳合历的实际情况并不相符,不过很有可能与晋国民间曾流行的,如绛县老人所言的独立干支纪日情形是相符的。

先秦时期人们到底是如何确定祖先忌日的呢?现有资料还不能够为该问题提供直接、明朗的答案,不过它们却可以为该问题的解决提供间接的线索。众所周知,中国古代的一些传统节日,诸如社日、伏日、郊祀日、上巳节、端午节等的源头往往可以追溯到先秦时期。以社日为例,社日是中国古代祭祀社神的节日,《礼记·月令》云:"仲春月……择元日,命民社。"郑玄注曰:"社,后土也。使民祀焉,神其农业也。祀社用甲。"孔颖达疏曰:"《郊特牲》云:'祀社,日用甲,用日之始也。'《洛诰》:'戊午,乃社于新邑。用戊,周公告营洛阳始成,非常祭也。'"据礼书及郑玄、孔颖达的注疏可知,周代祭祀社神一般在周历二月中的甲日举行,这也就是最初的社日。很显然,礼书中所载的只是春社而已,并未涉及秋社。

鉴于先秦时期人们所使用的纪日方式主要为干支纪日,祖先忌日的纪日方式理应与当时社日相若,也是采用干支纪日的方式来确定的。因此,古代社日的传统算法对于我们弄清楚先秦忌日的计算方法是颇有参考价值的。先秦人们计算忌日的方式很可能与社日的计算方式相类似,即以死者卒月和卒日天干来计算。②现以王太子寿为例,王子寿于六月乙丑日卒,理论上其亲人会在每年六月中的乙日来祭祀他。但是六月中至少有两个乙日,哪个乙日会是他的忌日呢?王太子寿的亲人恐怕是以六月上旬的乙日作为他的忌日。关于这一点,诸多史料均可以作为旁证。春秋时期,周、鲁两国每年正月里都会举行郊祭,郊祭的日子往往会选择上辛日,如"郊之用辛也,周之始郊,日以至"(《礼记·郊特牲》)。孙希旦曰:"郊之用辛,谓周人正月上辛祈谷之祭也。"又《礼记·月令》记载:"上丁,命乐正习舞,释菜。"天子于每年仲春之月,上丁之日,率三公、诸侯、大夫亲往观其学舞之成果。又如上文提到的社日,汉代及其以后改为二、八月的上戊日举行。

总之,先秦时期祖先忌日与同时期的传统节日之间存有诸多相同之处,二者不仅纪日方式相同,周期也相同,均为一年。以死者卒月和卒日的天干来确定死者忌日的方法,既有殷商周祭制度中以日干作为祖先祭日的传统为依据,又有同时期的传统节日算法为其辅证。从现有史料来看,笔者认为以死者卒月和卒日的天干来确定死者忌日的做法,更接近先秦史实。

四、先秦忌日礼俗的特点及其影响

先秦忌日礼俗继承了古老的祖先崇拜的遗俗,并增添了宗法等级制度以及君主自戒等

---

① 杜佑:《通典》卷一百《凶礼》二十二《丧遇闰月议》,北京:中华书局,1988年,第2655页。
② 笔者之所以认为先秦时期人们选择以卒日天干而不是以卒日地支来确定死者忌日,是基于以下两方面考虑的:一是从殷商周祭制度来看,商人往往以日干作为祖先的祭日;二是古代帝王祭孔时,祭孔日期选择也是以天干来确定的,一般为二月、八月的第一个丁日。需要说明的是,帝王祭孔的日期虽然与孔子的生日、卒日都没有关系,不过帝王祭孔日期选择的思路对先秦忌日的算法颇有参考价值。

因素，本质上是贵族阶层对血缘基础上的人伦关系的关注和认可，其主要流行于贵族家庭或家族范围内。它有如下特点：一是血缘性。先秦时期忌日礼俗是当时人们祖先崇拜观念下分化演变产物，它存在的基础是人们对自身与祖先之间血缘亲情关系的认可和尊敬。二是妥协性。先秦忌日礼俗对贵族阶层的影响力，往往是通过人们内心自觉的遵守来实现的，它并不具有像礼制、礼仪那样的强制力，因此当私忌与公事，私忌与礼制发生冲突时，做出妥协和屈服的往往是忌日礼俗。三是单向性。先秦忌日礼俗往往规定了人们不能做什么，而对于人们违反这些规定而应得到何种惩罚，它并没有明确的说明。以上三个特点正好说明了忌日礼俗在先秦时期还处于起始阶段，其相关内容还不太完善。尽管如此，先秦忌日礼俗对汉唐忌日制度还是产生了深远的影响。

忌日礼俗经由先秦时期的生成与传播，在汉唐时期逐渐走向了成熟。就以忌日礼俗中的饮食禁忌来说，汉唐时期的人们较先秦贵族更为虔诚。如《后汉书·申屠蟠龙传》载："蟠龙九岁丧父，哀毁过礼……每忌日，辄三日不食。"先秦贵族逢父母、先祖忌日时，只是不能饮酒、吃肉、举乐，粗茶淡饭是可以吃的。可是到了东汉时期，蟠龙逢父亲忌日时，三日不吃不喝，更别说吃肉喝酒了。到了唐代，更是出现了国忌日（即皇族成员的卒日）。唐代法律明确禁止忌日饮酒、举乐，对违反忌日制度的行为，有严厉的惩罚条令。《唐律疏议》有文曰："国忌，谓在令废务日。若辄有作乐者，杖一百。私家忌日作乐者，减二等，合杖八十。"①唐代法律对于那些违犯国忌的惩罚力度要大于违犯私忌日。再者，唐代官方明确规定，官员每逢私忌日，给其放假并准许其回家祭祀自己的祖先。《续资治通鉴长编》有文云："开宝中，文武官郎中、刺史、将军以上，私忌日给假，……始诏群臣自今私忌日并给假一日，忌前之夕，听还私第。"②以上史实表明，忌日礼俗在汉唐时期，受到了统治者的重视，逐渐固定成为了官方的一项重要的制度。

总之，春秋战国时期，随着传统庙祭制度的松弛，贵族祭祖形式有了新的变化，祭祖时间和地点均呈现出了多元化的特征。正是在这种背景下，忌日祭祖礼俗才逐渐兴盛了起来。后经儒家的推崇与传承，最终固定成为了贵族阶层普遍遵守的一种礼俗。先秦忌日礼俗的主要内容是追忆和祭祀亡故先人，它是一种基于血缘亲情关系基础上的家庭或家族记忆，主要流行于贵族家庭、家族范围内，其核心功能是服务于贵族追忆祖先、表达孝道的情感诉求。事实上，它不仅仅寄托着贵族们对祖先的孝敬和思念之情，还包含着他们对祖先、生命、生死的基本看法。贵族们通过虔诚地遵循着代代相传的庄重的忌日礼仪，表达着他们对生死的好奇、对祖先的敬畏以及对家族命运的思考，从而使孝道观念内化为家庭或家族成员为人处世的行为准则。嗣后，忌日礼俗因其在孝道传承中的独特作用，暗合于汉唐王朝孝治理念，受到了汉唐统治者的重视，在唐代摇身一变而成为了国家的一项重要制度。

作者简介：邓国军，湖南大学岳麓书院助理教授。

---

① 长孙无忌撰，岳纯之点校：《唐律疏议》卷二十六，上海：上海古籍出版社，2013 年，第 410 页。
② 李焘撰：《续资治通鉴长编》，北京：中华书局，1979 年，第 781 页。

"孔子衣镜"不能作为刘贺的翻案依据

——基于汉代"孔子画像"的考察*

何 丹

【摘 要】 基于目前借助海昏侯墓出土文物而普遍存在的翻案之风,本文选取了被引以为最有力的证据——"孔子衣镜"入手,围绕绘于其上的"孔子画像",重新审视了刘贺的真实形象和衣镜的可靠价值。通过分析孔子画像与汉代教育、山东文化的关系,加之观察刘贺生前死后的种种迹象,笔者认为衣镜不足以证明刘贺就是一副儒者的形象。衣镜对于刘贺而言,主要是一种掩人耳目的工具。衣镜所折射出的尊孔崇儒思想,只能代表受官方儒学教育影响下的整个社会风气,而非刘贺的个人喜好。

【关键词】 刘贺;孔子衣镜;孔子画像;汉武帝

南昌海昏侯刘贺墓的发现,无疑是考古界近年来最为轰动的历史性事件之一。其轰动的外在表现为众多媒体的广泛聚焦、广大群众的热情关注、考古成果展的成功举办、年度考古新发现的殊荣囊括等,而内在动因却源于该墓创造的诸多历史记录所彰显出的突出学术价值,因而不少研究者在积极探索这一斐名海内外的墓葬。如何深层次挖掘该墓所内含的历史信息?学者们在依据刘贺玉印最终确定墓主身份之后,转为关注刘贺的传奇经历,也就是借助墓葬呈现出的具体面目来认识刘贺的本来形象,并以此判定史书对刘贺帝位被废一事记载的真实性。对于刘贺被废的原因及我们该如何去评价他这个问题,因为事关西汉中期政治的真相与刘贺身后的声名,所以虽然目前已有不少相关解读,但是这一课题仍然有继续研究的必要。本文在总结既有成果得失的基础上,更为注重文物与文献的有机结合,力求对这位备受争议、身份复杂的历史人物做出科学的评价。下文便从他人对刘贺的认知入手,借助对汉代"孔子画像"①的分析,来认识"孔子衣镜"在评价刘贺形象上所具有的可靠价值。

---

* 基金项目:本文系国家社科基金项目"儒典《缁衣》古本及其相关先秦儒家文献研究(13BZW091)"的阶段性成果。

① 绘画和雕塑是"孔子画像"的两大宗,翦伯赞先生早就指出过:"除了古人的遗物以外,再没有一种史料比绘画雕塑更能反映出历史上的社会之具体的形象。同时,在中国历史上,也再没有一个时代比汉代更好在石板上刻出当时现实生活的形式和流行的故事来。"所以,基于汉代"孔子画像"对刘贺真实形象的考察,以及对"孔子衣镜"文化内涵的认识,也就应当具有一定的科学性。见于翦伯赞:《秦汉史·序》,北京:北京大学出版社,1999年,第5页。

一、关于海昏侯的已有认知倾向——刘贺无辜,历史冤案

要清楚认识刘贺本人,不是一件容易的事情,其原因便是当时文献对于刘贺的记载本就不多,流传到两千余年之后的今天也就只可能是越发的少。但是刘贺作为西汉历史上的第九位皇帝,仅仅27天便被废黜了,这一空前绝后的事件又吸引着古往今来的人们不断关注的目光,人们关注着刘贺的特殊身份和废立的真相,关注着史书记载的可靠性。从整体情况来看,在海昏侯墓被发掘之前,大多数研究者都是认同文献记载的,也就是相信《汉书》的《霍光传》《武五子传》中的集中记述,以及散见在本纪、列传、外戚传、《天文志》和《五行志》中的一些只言片语,即"淫乱失道"是刘贺被废的根本缘由。但是,自海昏侯墓发掘之后,反对的声音变得愈来愈多,为刘贺翻案似乎已经成为了一种主流趋势,这不仅包括众多媒体的报道和文人勾勒的观点,也包括许多研究性学者所阐述的观点在内。①

总结2015、2016两年对刘贺讨论最为集中的这些阶段性成果,可以将人们为刘贺翻案的理由,大致归纳为:(1)依据刘贺曾在山东"孔孟之乡"做过昌邑王,认为刘贺从小就接受过儒学的熏陶和教育;(2)依据墓中出土的"孔子衣镜"、儒家简牍,认为刘贺是一位尊崇圣贤、爱好读书、深受儒家思想影响的人物;(3)依据墓中出土的整套乐器、乐车、棋盘、砚台、博山炉等文房雅玩,以及大量酒器、玉器和周代青铜器等,认为刘贺是一位讲究礼乐、热爱文学艺术、兴趣广泛的君子,是一位郁郁不得志的悲剧人物。也就是说,现今社会上大部分人群都相信:刘贺是冤屈的,文献对刘贺"荒淫无道"的记载是失实的,刘贺被废乃是霍光一手操控的,其历史性冤案也是拜"成王败寇"所赐,海昏侯墓出土的与儒家文化相关的文物便是为刘贺洗刷冤屈的凭证。

不过在此情形之下,还有一少部分人保持着谨慎的态度,认为即便霍光在刘贺被废的过程中扮演了重要角色,刘贺本人也应当承担一部分责任。如黄今言教授在总结刘贺帝位被废的原因时,便认为帝位的丧失是"刘贺不修身奉法""霍光掌控朝权"和"朝野存在暗中

---

① 媒体、文人的观点如:卢扬、陈丽君:《海昏侯墓珍贵文物亮相首博引发观展潮 带你还原"汉废帝"刘贺的多面人生》,《北京商报》2016年3月4日,第A01版;寇勇、游雪晴:《海昏侯墓主是汉武帝之孙刘贺——南昌西汉海昏侯墓考古发掘及展示侧记》,《科技日报》2016年3月3日,第001版;马南迪:《汉代侯国聚落遗址再现 海昏侯墓主之谜》,《世界博览》2016年22期,第39、40页;熊朝铜:《五色炫曜盛世重光——南昌汉代海昏侯国考古成果展先睹记》,《武汉文博》2016年02期,第51页;张力文、徐蕾:《海昏侯墓再次出现"孔子屏风"》,《南昌日报》2015年12月01日,第2版;郭晶:《传奇发现南昌西汉海昏侯墓》,《江西画报》2016年02期,第12页;周梦:《海昏侯墓创考古之最》,《世界知识画报(艺术视界)》2016年04期,第6页;彭金鸿:《海昏侯墓大起底》,《老友》2016年04期,第8页;罗婷:《海昏侯墓主刘贺》,《农民文摘》2016年04期,第57页;罗婷:《埋在海昏侯墓里的汉废帝刘贺秘史》,《百姓生活》2016年05期,第54页;《海昏侯的宝藏》,《小学科学》2016年06期,第32页。研究性学者的观点如:吴军行、唐震刚:《海昏侯刘贺与音乐》,《星海音乐学院学报》2016年03期,第62—67页;陈明:《从海昏侯墓孔子画像看汉代墓室绘画》,《中国美术》2016年04期,第53页;李鹏为、安瑞军:《昌邑王登基前的一次天象》,《文史知识》2016年11期,第64页;王刚:《海昏侯墓"大刘记印"研究二题》,《江西师范大学学报(哲学社会科学版)》2016年02期,第23页;王意乐、徐长青、杨军、管理:《海昏侯刘贺墓出土孔子衣镜》,《南方文物》2016年03期,第70页;信立祥:《西汉废帝、海昏侯刘贺墓考古发掘的价值及意义略论》,《南方文物》2016年03期,第37页;孙家洲:《海昏侯刘贺"过山车式"政治生涯,透露出啥》,《人民论坛》2016.04上。

支持宣帝继位的政治势力"二方面的共同结果;①又如徐卫民教授在评价刘贺时说:"既不能完全否定正史中的文献记载,也不能全面为刘贺翻案。"②另外,也有个别学者旗帜鲜明地否定翻案的可能性,如孙筱研究员说:"给刘贺翻案皆无本可据。纵使海昏侯墓金玉满堂,也只能作为其翻案的反证。"③又如臧知非教授说:"仅凭出土儒家典籍,还不能说刘贺是儒家信徒,更不等于刘贺为昌邑王时就是儒家学说的践行者,还不足以、起码不足以全部否定文献所载刘贺种种'昏乱'的真实性。"④再如朱绍侯教授说:"刘贺被废,是咎由自取,霍光废刘贺是忠于汉室,是为汉帝国的长治久安着想。"⑤

"为刘贺翻案"为何短短时间成为目前影响力最大的主张？无外乎出于两种心理:一者人性本能对弱者的同情,刘贺的政治失败和英年早逝,让人不免有所惋惜,并进而好奇是否隐藏着某种冤情;二者学界对创新的刻意追求,自实证主义、疑古思潮影响中国学术界以来,学者内心暗含着利用新材料发现旧史料中新真相的激情,这导致特意标新立异者不在少数,似乎结论不新,就不足以说明学者研究成果的学术价值。在这样的学术大氛围下,学者们往往会抱着"除旧立新"的主导思想以迎合此种评判标准,去重新审视并质疑文献记载的可信度。

但是,还历史以本来面目,靠的不是一厢情愿,也不是肆意推测。若欲得出较为科学客观的结论,还须使出土文物与传世文献得到更为有机的结合,既要符合历史发展的逻辑性,又要符合当时的社会背景,这样才能考察出最有可能性的历史真相。本文拟从众多随葬器物中选取被认为是最有力的翻案证据——"孔子衣镜"⑥——入手,再来审视墓主刘贺,看看衣镜是否足以证明刘贺是一副儒者形象。如此,也就解决了刘贺的悲剧到底是谁导演的,霍光到底是权臣还是忠臣,史书记载到底可不可靠等许多连带问题,从而揭开刘贺废立事件的真相。

二、孔子衣镜对西汉社会的反映——尊孔崇儒,民众共识

鄙者已另外撰文,从"孔子衣镜"自身的构图和布局,说明了衣镜的核心形象便是孔子及其弟子,展示的主要思想便是儒家学说,体现的是武、昭、宣之世"尊孔崇儒"的社会思潮,同时也显现了一种"儒主道辅"的思想格局,是西汉中期社会整体面貌的一个缩影。⑦此处,我们还可以透过衣镜最为核心的"孔子画像"本身再来清晰地感受它存在的缘由。

---

① 黄今言、温乐平:《刘贺废贬的历史考察》,《江西师范大学学报(哲学社会科学版)》2016年02期,第10页。
② 徐卫民:《汉废帝刘贺新论》,《史学月刊》2016年09期,第8页。
③ 孙筱:《从"为人后者为之子"谈汉废帝刘贺的立与废》,《史学月刊》2016年09期,第13页。
④ 臧知非:《刘贺立、废的历史分析》,《史学月刊》2016年09期,第17页。
⑤ 朱绍侯:《昌邑王废帝海昏侯刘贺经历考辨》,《南都学坛(人文社会科学学报)》2016年04期,第1页。
⑥ 有关"孔子衣镜"的器物基本信息、文字内容释读等,主要依江西省文物考古研究所的王意乐、徐长青、杨军、管理四位学者所刊之文:《海昏侯刘贺墓出土孔子衣镜》,《南方文物》2016年03期,第61—70页。其上的文字部分,由于破损造成缺文或漫漶不清无法辨识的文字用□代替,残损文字用……表示,( )内的字为根据上下文和现存文献所推测的。为行文方便,以下不再一一注释。
⑦ 何丹:《从海昏侯墓出土"孔子衣镜"看汉代儒家思想与信仰》,《文化遗产》2017年04期。

(一)"学者宗之,可谓至圣"

1. 从衣镜的"孔子与弟子画像"直观时人眼中"善教"的孔子

通过对复原的衣镜进行观察,可以发现位于衣镜最重要位置的"孔子画像",不仅进行过精心的彩绘装饰,还墨书有榜题和生平传记予以文字说明。深入认识这一外在的孔子形象,自然可以回答墓主人刘贺所生活的西汉中期社会对于孔子外形的认知和内涵的评价等问题。

孔子在西汉时人眼中到底是什么样的形象呢?衣镜绘画告诉我们的答案是:头戴小冠,面部有长须,穿深衣长袍,腰部有束带,脚上穿翘头履,身长而瘦,拱手而立,背微前倾。至于如何评价孔子,用衣镜传文之言,"一言以蔽之",即:"天下君王至于贤人众矣,当时则荣,殁则已焉。孔子布衣,传十余世,至今不绝,学者宗之。自王侯,中国言六艺者折中于夫子,可谓至圣矣!"①所以,衣镜上孔子画像的存在,表明时人对于孔子的评价之高,和对他所提倡儒家学说的推崇。

将衣镜上"孔子画像"及"孔子传文"所反映出的孔子信息,与其时所流传的《史记》进行对比,可以发现二者基本吻合。以孔子的身高为例,《孔子世家》与孔子传文皆有言曰:"孔子长九尺有六寸,人皆谓之'长人'而异之。"②可见孔子身高异于常人,而衣镜绘画对这一外形特征也有刻意表现,即其中的孔子像高约 28.8 厘米,比之颜回像高约 27 厘米、子赣像高约 26.5 厘米、子路像高约 26.2 厘米、子夏像高约 26.3 厘米等都明显高出,因而"孔子画像"正可与这些文字记载相互参照。此外,有关孔子生平情况的介绍,"传文"与《世家》也是基本保持一致。总之,孔子以一副布衣形象示人,儒雅、内敛而谦恭,以至于"传文"和《世家》都表述为:"孔子布衣,传十余世,学者宗之。""可谓至圣矣!"③依据这种吻合的情况,或可推论衣镜上"孔子画像"的制作便是基于《史记》的记述。

这种推测从《史记》之前的典籍上有关孔子的记载中也可得到求证。如《荀子·非相》曰:"仲尼之状,面如蒙倛。"④《论语》记载孔子在世时,被誉为"天之木铎""天纵之圣"。⑤但这些描述并未在"孔子衣镜"上得以体现。相反,《史记》将先秦时人对孔子"圣人"的评价,一跃而升为"至圣",与衣镜上有关孔子弟子的画像和传文的情况,基本保持一致。以子路为例,依据衣镜可视图像来看,子路两臂外张、两小腿外露、两脚跨立,整个人显得雄武有力,衣镜传文的描述正与《仲尼弟子列传》所说的:"子路性鄙,好勇力,志伉直,冠雄鸡,

---

① 王意乐等:《海昏侯刘贺墓出土孔子衣镜》,《南方文物》2016 年 03 期,第 65 页。
② 司马迁:《史记》(六),北京:中华书局,1982 年,第 1909 页。
③ 对此的评价,《史记·孔子世家》原文为:"天下君王至于贤人众矣,当时则荣,殁则已焉。孔子布衣,传十余世,学者宗之。自天子王侯,中国言六艺者折中于夫子,可谓至圣矣!"可见与"传文"表述基本一致。见于司马迁:《史记》(六),第 1947 页。
④ 王先谦:《荀子集解》,《诸子集成(二)》,北京:中华书局,2006 年,第 47 页。
⑤ 《八佾》载仪封人说:"天下之无道也久矣,天将以夫子为木铎。"《子罕》载:"太宰问于子贡曰:'夫子圣者与?何其多能也?'子贡曰:'固天纵之将圣,又多能也。'"分别见于杨伯峻:《论语译注》,北京:中华书局,1980 年,第 32—33、88 页。

佩豭豚"①的形象吻合，他"儒服委质"之前的这种形象，正突出了汉人对他勇敢品质的认可。② 又由于《史记》成书于汉武帝时期，"孔子衣镜"随葬于宣帝年间，因此，或可进一步推论出《史记》正是整个西汉中期"孔子与弟子画像"的创作依据。

在西汉中期被推崇为"至圣"的孔子，体貌上多被人描述为有异象。如《孔子世家》除记载他的身高异于常人外，还记录了郑人说他："其颡似尧，其项类皋陶，其肩类子产，然自要以下不及禹三寸，累累若丧家之狗。"③将他与古代圣贤相类，说明相信他有圣人之貌，而"累累若丧家之狗"又是对他在当世未能施展政治抱负的形象表达。由"丧家之狗"到"学者之宗"，这种地位的变化则得益于他一生所从事的教育事业。孔子及其弟子共现于"孔子衣镜"，不仅直观地展示了他们的师徒关系，更是表现了孔子最大的贡献在于其教育的思想。故而《史记》有言："孔子以诗书礼乐教，弟子盖三千焉，身通六艺者七十有二人。"④"自孔子卒后，七十子之徒散游诸侯，大者为师傅卿相，小者友教士大夫。"⑤可见正是通过"善教"，孔子才将自己的思想传于弟子，并最终被后世儒者发扬光大，成为"学者宗之"的"至圣"。所以，"孔子衣镜"的存在与西汉中期士人肯定孔子在教育学上的贡献和影响有关，他有教无类、诲人不倦的教育精神，和因材施教、循循善诱等的教学方法更是影响至今。

2. 从其他的"孔子见老子画像"直观汉人心中"好学"的孔子

"存形莫善于画"，借助衣镜上的"孔子画像"，可以直观简捷地知道汉人眼中孔子的样貌，然孔子自己也说过"形状，末也"，⑥因而衣镜上"孔子与弟子画像"所突出的孔子与教育的关联才是观画的重点。对于这种关联性，我们还可以从"孔子见老子画像"中得到求证。此类题材是已经发现的孔子画像中的最大宗，对于探究"孔子衣镜"的存在根源有着不可或缺的参考价值。孔子流传后世的故事繁多，为何汉人会热衷于表现孔老相见之事呢？回归这则典故本身，就能理解这类"孔子画像"广布的缘由。

依据《史记》的记载，"孔子见老子"的典故⑦彰显的就是孔子"谦逊好学"的品质，这从孔子适周问礼的初衷即可看出。孔子为何会去见老子？《孔子世家》曰："（孔子）适周问礼，盖见老子云。"⑧《老子韩非列传》曰："孔子适周，将问礼于老子。"⑨可见孔老相见的结

---

① 司马迁：《史记》（七），第 2191 页。衣镜传文的原文为："子路性鄙，好勇力，伉直，冠雄鸡，配佩豭豚。"见王意乐等：《海昏侯刘贺墓出土孔子衣镜》，《南方文物》2016 年 03 期，第 66 页。

② 作为"至圣"的弟子也得到了时人的追捧，"孔子衣镜"中颜回、子赣、子路、子羽、子夏等孔门弟子随同出现便是其证，并被统称为"圣人之徒"。这些高贤各有卓越德才显明于世，子路之勇正是其中之一，因而汉代文献对此多有记述。如《淮南子·人间训》载："人或问孔子曰……'子路何如人也？'曰：'勇人也，丘弗如也。'"见于高诱注：《淮南子》，《诸子集成（七）》，北京：中华书局，2006 年，第 321 页。

③ 司马迁：《史记》（六），第 1921 页。

④ 《史记·孔子世家》，司马迁：《史记》（六），第 1938 页。

⑤ 《史记·儒林列传》，司马迁：《史记》（十），第 3116 页。

⑥ 《史记·孔子世家》，司马迁：《史记》（六），第 1922 页。

⑦ 关于孔子师于老子的典故，在先秦秦汉的典籍中多有记载，除《史记》的《老子韩非列传》《孔子世家》《仲尼弟子列传》有记载外，还见于《庄子》的《天地》《天道》《天运》《田子方》，以及《吕氏春秋·当染》《礼记·曾子问》《孔子家语·观周》《新序·杂事》《韩诗外传》《白虎通义·辟雍》《潜夫论·赞学》等。详细内容请参考史培争：《汉画像与历史故事研究——以〈孔子问学〉〈荆轲刺秦王〉为中心》，东北师范大学博士学位论文，2015 年，第 41—44 页。

⑧ 司马迁：《史记》（六），第 1909 页。

⑨ 司马迁：《史记》（七），第 2140 页。

果就是源于孔子去东周学习周礼的初衷。至于孔子问礼的对象为何选定老子？是因为老子乃"周守藏室之史也",①自然方便博览群书,成就渊博学识,而作为东周最有学问之人对于周礼也当是十分熟稔的,孔子因此才会心生向往前往求教之。所以,《孔子家语·观周》载有:"孔子谓南宫敬叔曰:'吾闻老聃博古知今,通礼乐之原,明道德之归,即吾师也,今将往矣'"。②而此时的孔子已经学有所成、名声在外,并且开堂讲学、传授弟子以"六艺",可见其自身对周礼已经有着深入的了解和体悟,在此情形之下,孔子尚能不辞辛劳、远赴东周求学,其谦逊好学的品质自是众目昭彰。

对于"问礼"相见的主旨,在这类孔子画像的构图细节上多有体现。如在随同拜谒老子的孔子弟子手中,抑或老子侍从手中,都常见持有竹简者,③这些竹简应当就是得自老子所掌管的"守藏室",也就是孔子所问周礼的实物表现,所以太史公也说孔子曾"西观周室、论史记旧闻"。④又如有表现"孔子车"的意象,⑤与《孔子世家》所言"鲁南宫敬叔言鲁君曰:'请与孔子适周。'鲁君与之一乘车,两马,一竖子俱,适周问礼"⑥的记载符合。再如还出现有"龙"纹这种罕见图案,⑦这又正与《老子韩非列传》关于孔子说"吾今日见老子,其犹龙邪"⑧的感慨相印证。因此,这类画像雕刻的依据当同样来源于《史记》的记载。对此的推论放在孔子弟子的形象上观之同样适用。以子路来看,在嘉祥县齐山村⑨、嘉祥县矿山村⑩和武氏祠前石室第二石、左石室第六石⑪上的孔老相见画像石中,子路正是《仲尼弟子列传》所言的"冠雄鸡,佩猳豚"的形象。

"孔子见老子画像"从西汉中期到东汉晚期的长期广泛存在,说明孔子问礼老子一事一直为汉人所津津乐道,他们宣扬的自然就是这一题材所显露出的孔子"好学"的品质。对其所具备的这种品质,孔子自己也十分认可,曾曰:"十室之邑,必有忠信如丘者焉,不如

---

① 《史记·老子韩非列传》,司马迁:《史记》(七),第 2139 页。
② 王国轩、王秀梅译注:《孔子家语》,北京:中华书局,2009 年,第 87 页。
③ 例1:山东嘉祥武宅山村画像中,孔子身后有其弟子4人捧简恭立,见于中国画像石全集编辑委员会:《中国画像石全集·第1卷·山东汉画像石》,济南:山东美术出版社;郑州:河南美术出版社,2000 年,第 9 页。例2:山东嘉祥五老洼画像中,孔子身后弟子2人,皆手捧简牍侍立,见于朱锡禄:《嘉祥五老洼发现一批汉画像石》,《文物》1982 年 05 期。例3:山东嘉祥蔡氏园画像中,孔子身后有弟子3人,皆手捧简牍站立,见于朱锡禄:《嘉祥汉画像石》,济南:山东美术出版社,1992 年,图 11。例4:山东长清孝堂山画像中,孔子身后站立30人,老子身后站立14人,皆捧简册,见于南阳汉代画像石学术讨论会办公室编:《汉代画像石研究》,北京:文物出版社,1987 年,第 217 页。例5:山东滕州古庙村画像中,孔子身后有弟子4人,其中3人手捧竹简站立,见于孙桂俭编著:《汉画石语》,北京:文物出版社,2007 年,图 51。
④ 《史记·十二诸侯年表》,司马迁:《史记》(二),第 509 页。
⑤ 如乾隆时期济宁运河同知黄易发现的嘉祥武氏祠画像石中,从榜题来看,有"孔子也""老子也""孔子车""孔子车"正为一辆由两匹马拉的四维轩车。见于朱锡禄:《武氏祠汉画像石》,济南:山东美术出版社,1986 年,图 69。
⑥ 司马迁:《史记》(六),第 1909 页。
⑦ 如在山东微山县微山岛沟南村和嘉祥县宋山出土的"孔子见老子画像"中都有龙纹出现。见于王思礼、赖非、丁冲、万良:《山东微山县汉代画像石调查报告》,《考古》1989 年第 8 期;中国画像石全集编辑委员会:《中国画像石全集·第2卷·山东汉画像石》,第 47、90 页。
⑧ 司马迁:《史记》(七),第 2140 页。
⑨ 朱锡禄编著:《嘉祥汉画像石》,第 65 页。
⑩ 解华英、傅吉峰:《浅谈嘉祥县出土孔子、老子、晏子同在的汉画像石》,中国汉画学会第十一届年会《中国汉画学会会议论文集》,第 57 页。
⑪ 朱锡禄:《武氏祠汉画像石》,第 19、56 页。

丘之好学也。"①孔子引以为豪的这种"好学"品质,因其"学而不厌"的精神而得以美名流传。孔子认为"朝闻道,夕可死矣",②且从其"十有五而志于学"③到退而修书,可见他终其一生不曾一日忘记学习,正所谓"其为人也,发愤忘食,乐以忘忧,不知老之将至云尔"。④细化来看,孔子"好学"的突出特点在于"学无常师"。⑤ 他不仅"入太庙,每事问",⑥还曾"学于老聃、孟苏、夔靖叔"⑦、"学鼓琴于师襄子"⑧、"访乐于苌弘"⑨等,是此《仲尼弟子列传》总结说:"孔子之所严事:于周则老子;于卫,蘧伯玉;于齐,晏平仲;于楚,老莱子;于郑,子产;于鲁,孟公绰。数称臧文仲、柳下惠、铜鞮伯华、介山子然,孔子皆后之,不并世。"⑩他还认为"知之为知之,不知为不知,是知也",⑪所以还留下了"三人行,必有我师焉,择其善者而从之,其不善者而改之"⑫的求知态度。也正因为如此,孔子对"一箪食,一瓢饮,在陋巷"⑬尚且能致力于学习的颜回甚是喜爱;对"昼寝"的宰予,则骂道:"朽木不可雕也,粪土之墙不可杇也。"⑭

此外,孔子甚至还具备"不耻下问"的为学精神,突出例证便是"项橐七岁而为孔子师"的故事。⑮ 因而为突出孔子好学这一主旨,在许多"孔子见老子"的汉画像中,除了将孔子塑造成躬身谦逊、手执挚礼⑯的形象外,还特意在孔老之间塑造有项橐的形象。在已见最早的属于西汉宣元时期的山东微山沟南村画像中,孔老之间便有一面朝孔子的小童。⑰ 其后的诸多画像也是如此构图,如在陕西绥德刘家沟、山东长清孝堂山、山东嘉祥吕村、嘉祥蔡氏园、嘉祥宋山第5石、嘉祥齐山、嘉祥纸坊镇敬老院的第1石和第4石等处出土的画像中,⑱孔老之间皆有这样一位童子的存在,而且常常是手推独轮或两轮玩具车出现,以显示

---

① 《论语·公冶长》,杨伯峻:《论语译注》,北京:中华书局,1980年,第53页。
② 《论语·里仁》,杨伯峻:《论语译注》,第37页。
③ 《论语·为政》,杨伯峻:《论语译注》,第12页。
④ 《论语·述而》,杨伯峻:《论语译注》,第71页。
⑤ 《论语·子张》记载子贡说:"夫子焉不学,而亦何常师之有!"见于杨伯峻:《论语译注》,第204页。
⑥ 《论语·八佾》,杨伯峻:《论语译注》,第28页。
⑦ 《吕氏春秋·当染》,高诱注:《吕氏春秋》,《诸子集成》(六),北京:中华书局,2006年,第20页。
⑧ 《韩诗外传·卷五》,韩婴撰,许维遹校释:《韩诗外传集释》,北京:中华书局,1980年,第175页。
⑨ 《孔子家语·观周》,王国轩、王秀梅译注:《孔子家语》,第87页。
⑩ 司马迁:《史记》(七),第2186页。
⑪ 《论语·为政》,杨伯峻:《论语译注》,第19页。
⑫ 《论语·述而》,杨伯峻:《论语译注》,第72页。
⑬ 《论语·雍也》,杨伯峻:《论语译注》,第59页。
⑭ 《论语·公冶长》,杨伯峻:《论语译注》,第45页。
⑮ 关于"孔子师项橐"的事迹,最早见于《战国策·秦策五》,此外汉代典籍《史记·樗里子甘茂列传》《新序·杂事》《淮南子·说林训》《淮南子·修务训》《论衡·实知篇》中也均有记载。详细内容可参看史培争:《汉画像与历史故事研究——以〈孔子问学〉〈荆轲刺秦王〉为中心》,第44页。
⑯ 这类画像中的孔子,常常袖中露出一只禽头,就是挚礼的表现。如山东嘉祥宋山的2幅图、嘉祥纸坊镇敬老院的1幅等,皆是如此。见于朱锡禄编著:《嘉祥汉画像石》,图47、49、126。这种细节表现甚多,其后提到的陕西绥德刘家沟、山东长清孝堂山画像中的孔子也是手执挚礼的形象,此处不再一一列举。
⑰ 王思礼、赖非、丁冲、万良:《山东微山县汉代画像石调查报告》,《考古》1989年08期;中国画像石全集编辑委员会:《中国画像石全集》(第2卷),第47页;马汉国主编:《微山县汉画像石精选》,郑州:中原出版社,1994年,图73。
⑱ 分别见于中国画像石全集编辑委员会:《中国画像石全集·第5卷·陕西、山西汉画像石》,第139页;南阳汉代画像石学术讨论会办公室编:《汉代画像石研究》,第217页;朱锡禄:《嘉祥汉画像石》,图32、11、47、83、126、129。

年龄的幼小。对于这位小童的身份,曾经多有异议,但随着两幅带有榜题的画像问世,他的身份也就确定了。一者是山东平阴实验中学出土的7号画像石上,榜题有"太□诧"三字;一者是山东嘉祥矿山村的石墓画像中,榜题有"大巷當"三字。对此已有学者判定,二者皆是指《汉书》记载的"达巷党人",因为"'诧'即'讬',与'橐'同音而借用";"大"即"达","當"即"党","形音相近而互通"。① 而孟康在注《汉书·董仲舒传》关于"达巷党人不学而自知也"的时候,就明确说明是人即"项橐也"②。此外,皇甫谧③、梁玉绳④等学者也都持此观点,没有疑义。⑤

在尊老敬师的时代氛围下,孔子为尊且博学,年幼的项橐为卑,孔子不介怀自己的身份和已经取得的名誉,能够屈尊向七岁小儿学习,这种强烈的对比和鲜明的反差足见孔子之好学非常人能比。正是因为"好学"这一共同精神,"孔子问礼老子"和"孔子师项橐"两则典故才被汉人结合起来,但主角都是孔子无疑,此处还可借助榜题提示重点的用法予以判断。如在山东嘉祥齐山的画像中,孔子身后有20人,老子身后有7人,但有榜题者只有4人,曰:"孔子也""老子也""颜回""子路";⑥又如山东长清孝堂山的画像中,不仅有孔子、老子、项橐,孔子身后还有30人,老子身后还有14人,但却只榜题有"孔子"。⑦ 观察这两幅画像的榜题,明显可见"孔子"才是画像的核心人物,孔子所代表的儒者才是着重体现的人群,所以只有孔子弟子才见有榜题,而且弟子人数也明显多于跟随老子的人。因此,不管是否有弟子跟随,或跟随弟子的数量多少,只要是"孔子、老子"二人,或"孔子、老子、项橐"三人作为重要人物一同出现的汉画像,其主旨都是在于突出孔子"好学"的品质。⑧

而"好学"正是学子在接受教育过程中所最需要具备的品质,是故两类汉代"孔子画像"⑨的主观愿望相类似,都是在于凸显孔子与教育的关联,只是"孔子见老子画像"展示的是孔子主动接受教育而成为"圣人"的历程;"孔子与弟子画像"表现的则是孔子主动教育

---

① 平阴县博物馆:《山东平阴县实验中学出土汉画像石》,《华夏考古》2008年03期;解华英、傅吉峰:《浅谈嘉祥县出土孔子、老子、晏子同在的汉画像石》,中国汉画学会第十一届年会《中国汉画学会会议论文集》,第56—57页。
② 班固:《汉书》(八),北京:中华书局,1962年,第2510页。
③ 《论语正义·子罕》引皇甫谧《高士传》佚文,曰:"达巷党人,姓项,名橐。"见于刘宝楠:《论语正义》,北京:中华书局,1990年,第321页。
④ 梁玉绳《汉书人表考》卷三载:"达巷党人……即项橐也。又作项讬。亦曰后橐。亦曰太项。亦曰童子。"见于中华书局1985年,第140页。
⑤ 小童绝大多数都面向孔子,与老子同列一旁就是表明他们共同的"孔子师"的身份,嘉祥矿山村画像中带有榜题的小儿明确指向孔子,或可推论只要是面朝孔子者,都可视为"项橐"。但同时还应注意到,也有个别画像中的童子是面朝老子的,如江苏铜山白集的画像中,孔、老之间手推独轮的小儿,就面向老子;又如山东济宁喻屯的画像中,孔老之间有一小孩,面向老子,拱手站立。分别见于徐州市博物馆选编:《徐州汉画像石》,南京:江苏美术出版社,1985年,图102;夏忠润:《山东济宁县发现一组汉画像石》,《文物》1983年05期。这种例外的出现,不能排除是工匠的个人失误所致,因为从图画构成和出土地点来看,都应是面朝孔子更为合理。况且"孔子衣镜"中的文字失误,就旁证了这种可能性的存在。若本非失误,才应与工匠的个人创意联系起来,而创作的依据就是《孔子世家》所载鲁君所赠的"竖子"。
⑥ 朱锡禄:《嘉祥汉画像石》,图83。
⑦ 南阳汉代画像石学术讨论会办公室编:《汉代画像石研究》,第217页。
⑧ 所以,此类"孔老相见"题材的画像,若从描述的事件本身来看,可称为"孔子见老子图";若从描述对象的地位来看,可称为"双圣图";若从描绘的主旨来看,则只能称为"孔子问礼老子图",强调的是孔子好学而问礼、谦逊而从师的历史事实。
⑨ "孔子与弟子""孔子见老子"两类"孔子画像"的真实存在,也说明了孔子创办私学和问礼老子两事得到了汉代社会的广泛认同,是影响中国文化史上的两次重大事件。

弟子而成为"至圣"的史实。这也正是孔子为教育的两大主体(学生和老师)所树立的"学而不厌,诲人不倦"①的两大中心精神。总之,通过对师徒关系的描绘,说明了"孔子画像"的存在与汉代教育密切相关的情况,传达的就是"尊师重教"的理念,这从师徒的位置排列、神情举止等方面皆可看出。

(二)"皇者用之,以行教化"

1. 两类"孔子画像"所揭露的"劝学、遵礼"主旨

画像中栩栩如生的孔子,是如何与汉代教育联系起来的呢？分析已经发现的两大类"孔子画像",可知二者的连接点便是"儒学"。在西汉中期,孔子所创立的儒学仍有很大的民间影响力,既是如此,统治者就不能视而不见,更何况儒家所倡导的伦理道德,尤其是"君君、臣臣、父父、子子"②的名分观念,符合最高统治者维持大一统局面的利益,所以经董仲舒上言、汉武帝采纳,儒学由民间走上政治舞台,儒家经典也成为官方教育的核心内容。汉武帝建元五年(前136),"置五经博士",③规定皇位继承人也要师从名儒学习儒学。在此形势下,"孔子画像"所传达的"尊师重教"的儒学主张,自然也就成为汉代皇帝所宣扬的理念,因而汉皇所下诏书中经常提到"国之将兴,尊师而重傅"一语,④"孔子画像"也由此被广泛的描绘和塑造,从而成为经典之外辅助教化、维护统治的重要手段。

"孔圣人"与"圣人之师""圣人之徒"之间的师徒关系,使学子们懂得只有"好学尊师"才能成就德行与伟业,因为即便孔子也是因为好学才最终受益的。如《孔子世家》就记载:"孔子自周反于鲁,弟子稍益进焉。"⑤孔子终因无时不学、无处不学,才名满天下、德及后世,才获得世人"圣人"的评价。而对此看法,除了前面提到的公西华和子贡有之,子夏亦有之,其云:"(圣人)仲尼学乎老聃。""未遭此师,则功业不能著乎天下,名号不能传乎后世者也。"⑥所以,孔子作为"好学尊师"的成功案例,他的画像自武帝起就蕴含了统治者"劝学"的初衷。

孔子能够身体力行的学习周礼。比如,他对"八佾舞于庭"的僭越行为表达了"是可忍也,孰不可忍也"的愤慨;对"三家者以雍彻"的行为表达了"'相维辟公,天子穆穆',奚取于

---

① 《论语·述而》载:"子曰:'若圣与仁,则吾岂敢？抑为之不厌,诲人不倦,则可谓云尔已矣。'公西华曰:'正唯弟子不能学也。'"另有《孟子·公孙丑上》载:"昔者子贡问于孔子曰:'夫子圣矣乎？'孔子曰:'圣则吾不能,我学不厌而教不倦也。'子贡曰:'学不厌,智也;教不倦,仁也。仁且智,夫子既圣矣。'"可见孔子正是以"学而不厌,诲人不倦"为自己最重要的品性,孔子弟子也正是因此而将其视为"圣人"。分别见于杨伯峻:《论语译注》,第76页;杨伯峻:《孟子译注》,北京:中华书局,2010年,第57页。

② 为齐景公问政于孔子的答语,载于《论语·颜渊》《史记·孔子世家》。分别见于杨伯峻:《论语译注》,第128页;司马迁:《史记》(六),第1911页。

③ 《汉书·武帝纪》,班固:《汉书》(一),第159页。

④ 见于《汉书·元帝纪》《汉书·萧望之传》等。将尊师重教与国家兴衰联系起来的观点,荀子早已明确提出。如《荀子·大略》有言:"国将兴,必贵师而重傅。贵师而重傅,则法度存。国将衰,必贱师而轻傅。贱师而轻傅,则人有快,人有快则法度坏。"参看王先谦:《荀子集解》,《诸子集成》(二),第336页。

⑤ 司马迁:《史记》(六),第1909页。《孔子家语·观周》中也有类似的表述,说孔子"自周反鲁,道弥尊矣。远方弟子之进,盖三千焉"。见于王国轩、王秀梅译注:《孔子家语》,第87—88页。以孔子问礼老子之事的记载相似来看,《史记》与《孔子家语》有文献学上的对比研究价值。

⑥ 《韩诗外传·卷五》,韩婴撰,许维遹校释:《韩诗外传集释》,第196页。

三家之堂"①的抗议。即便自己的儿子孔鲤和最喜爱的学生颜回过世,他也恪守礼制,没有过礼而厚葬。在教育弟子的"文、行、忠、信""四教"②中,相比知识性教育,他也是更为重视品德修养,是言:"弟子,入则孝,出则弟,谨而信,泛爱众而亲仁。行有余力,则以学文。"③他认为礼制是个人安身立命之本,是曰:"不学礼,无以立。"④"君子博学于文,约之以礼,亦可以弗畔矣夫!"⑤所以,孔子删订"六经"之道同归于"礼",也就是讲究"贵贱有等,长少有差,贫富轻重皆有称也"。⑥

这种个体对礼制的自觉遵守与维护,是维系家庭、安定国家、发展社会的基石,最为统治者所看重,因为只有被统治者各安其位,统治者所建构的等级秩序才能得以维系,天下才能得以大治。因此,关于孔子如何去见的老子,《孔子世家》记载为:"鲁君与之一乘车,两马,一竖子俱,适周问礼。"⑦孔子问礼老子得到鲁国国君的认可和资助,已经说明了礼制的运用是符合最高统治者需要的。是此,为维护大一统的局面,汉代皇帝自然也要提倡孔学儒术,也就是"以礼治国"的主张。董仲舒说:"圣王已没,而子孙长久安宁数百岁,此皆礼乐教化之功也。"⑧在他的新儒学理论中,便有君臣、父子、夫妇的"三纲"原则,认为它们符合"阳尊阴卑"的宇宙规律,并主张以此学说来教化民众。所以,董仲舒建议汉武帝"诸不在六艺之科孔子之术者,皆绝其道,勿使并进。邪辟之说灭息,然后统纪可一而法度可明,民知所从矣"。⑨可见汉代统治者通过孔子画像"劝学"的目的,在于让被统治者通过"学礼",做到如孔子一般"遵礼",孔子就是树立起的"学礼""遵礼"楷模。总之,"孔子画像"的存在源于统治者"儒道设教"的统治策略,而正是由于官方对于礼制的这种高度重视,"孔子衣镜"中便形象地展现了儒家关于方位、色彩、性别等诸多方面的礼制内容。⑩

2. 前后"孔子画像"所体现的"范式、格局"全貌

(1)图化天下,武帝奠基;孔子画像,范式已成

既知两类"孔子画像"都是汉皇儒道设教的工具,而考古已知的"孔子与弟子画像"和"孔子见老子画像",若按墓主下葬年代而论,最早都只能追溯到宣帝年间。至于两汉文献记载的明确时间,则见于《后汉书·蔡邕传》之载:"光和元年(178),遂置鸿都门学,画孔子及七十二弟子像。"⑪"鸿都门学"的"孔子与弟子画像",证实了我们前面关于"孔子画像"与"汉代教育"直接关联的推定。《汉书·艺文志》有"孔子徒人图法二卷",⑫将"孔子与弟子画像"出现的时间提早至了西汉时期,而且明示这类孔子画像已经形成范式,只是具体阶

---

① 《论语·八佾》,杨伯峻:《论语译注》,第23页。
② 《论语·述而》,杨伯峻:《论语译注》,第73页。
③ 《论语·学而》,杨伯峻:《论语译注》,第4—5页。
④ 《论语·季氏》,杨伯峻:《论语译注》,第178页。
⑤ 《论语·雍也》,杨伯峻:《论语译注》,第63—64页。
⑥ 《史记·礼书》,司马迁:《史记》(四),第1161页。
⑦ 司马迁:《史记》(六),第1909页。
⑧ 《汉书·董仲舒传》,班固:《汉书》(八),第2499页。
⑨ 《汉书·董仲舒传》,班固:《汉书》(八),第2523页。
⑩ 何丹:《从海昏侯墓出土"孔子衣镜"看汉代儒家思想与信仰》,《文化遗产》2017年04期。
⑪ 范晔:《后汉书》(七),北京:中华书局,1965年,第1998页。
⑫ 班固:《汉书》(六),第1717页。

段并不明确。结合"孔子衣镜"已出的事实,需要回答的就是:刘贺下葬的宣帝年间,能否等同于墓内实物所反映文化的确定时间?随葬的西周提梁卣和战国青铜缶的存在,已经明确说明墓葬时间与随葬器物的文化时代不能等同。

"孔子画像"与汉代官学教育最早连接于何时?唐代学者司马贞为我们提供了另外一种答案,他曾说:"文翁孔庙图作七十二人",① 也就是认为"孔子与弟子画像"始于文翁创办的地方郡学。文翁生活于景、武之际,曾担任蜀郡太守一职,《汉书·循吏传》记载他曾"修起学官于成都市中,招下县子弟以为学官弟子",由于教化蜀地的办学效果显著,使"蜀地学于京师者比齐鲁焉。至武帝时,乃令天下郡国皆立学校官",后"文翁终于蜀,吏民为立祠堂,岁时祭祀不绝。至今巴蜀好文雅,文翁之化也"。② 由此则地方官学设立孔庙,且于庙堂图画孔子与其弟子画像的做法,就是武帝以来教育机构的一贯传统。所以,司马贞之说能否成立,成为问题的关键,而这在史书中是有信息可以自证的。

据《汉书》记载,用图画以教化天下的方式,武帝曾多次运用。例如,为了表彰金日磾的母亲教子有方,他"诏图画于甘泉宫,署曰'休屠王阏氏'";③ 又如,为了立少子托孤,他"乃使黄门画者画周公负成王朝诸侯以赐(霍)光"④ 等。所以,武帝应当就是汉代图化天下、兴善诫恶的奠基人。只有武帝"罢黜百家,独尊儒术"的政策实行之后,"孔子画像"才能得以立足官方学堂;只有武帝推广文翁办学经验之后,孔子画像才能在多地方、大范围内得以流行。对孔子"圣人"的赞誉,武帝时期才开始集中出现于官员口中。如除了司马迁称其为"至圣"外,还有董仲舒称其为"素王",⑤ 韩婴认同他为能够与黄帝、颛顼、帝喾、尧舜禹汤、文武周公相提并论的"圣人"⑥ 等,这代表了这一时期官方对于孔子地位的认可。

利用画像"成教化,助人伦"⑦的这种统治策略,早在两周教育中就被广泛运用了。如《淮南子·主术训》记载:"文王周公,观得失,偏览是非,尧舜所以昌,桀纣所以亡者,皆著于明堂。"⑧ 又如《孔子家语·观周》记载:"孔子观乎明堂,睹四门墉,有尧舜之容,桀纣之象,而各有善恶之状,兴废之诫焉。又有周公相成王,抱之负斧扆南面以朝诸侯之图焉。"⑨ "明堂"正是周代的教育场所,可见两周之官学也图画有历史人物,通过展现这些人物的善恶兴废,以告诫学子兴善诫恶的为人之道。孔子只是作为武帝欲兴儒学的创始人,成为了汉代官学的标配。是此,从武帝开始的西汉中后期到东汉的官府学堂里,就应当始终存在着"孔子画像"。汉武帝的后人对这种画像统治策略也是着力加以运用。如为了表彰辅佐汉室中兴的有功之臣,汉宣帝于甘露三年(前51),"思股肱之美,乃图画其人于麒麟阁,法

---

① 司马贞:《史记索引·仲尼弟子列传》,见司马迁:《史记》(七),第2185页。
② 班固:《汉书》(一一),第3626—3627页。
③ 《汉书·金日磾传》,班固:《汉书》(九),第2960页。
④ 《汉书·霍光传》,班固:《汉书》(九),第2932页。
⑤ 董仲舒在《天人三策》中明确的尊孔子为"素王",其曰:"孔子作《春秋》,先正王而系万事,见素王之文焉。"见《汉书·董仲舒传》,班固:《汉书》(八),第2509页。
⑥ 韩婴撰,许维遹校释:《韩诗外传集释》,第195—196页。
⑦ 张彦远:《历代名画记》,北京:人民美术出版社,1963年,第1页。
⑧ "著,犹图也。"见高诱注:《淮南子》,《诸子集成》(七),第149页。
⑨ 王国轩、王秀梅译注:《孔子家语》,第90页。

其形貌,署其官爵姓名……皆有功德,知名当世,是以表而扬之"。① 当世名臣尚且能图画于皇宫之内,作为皇帝所提倡的儒学创始人被立于官学,也就并非什么稀奇之事了。将这些信息综合看待,西汉《孔子徒人图法》的存在可以确定在武帝时期。所以,虽然"孔子衣镜"随葬于宣帝年间,与其时曾经召开"石渠阁会议"、增置博士弟子员等情况吻合,但宣帝时图画古今名人的做法,以及推崇儒学的文教政策,却都是直接继承武帝而来,因而"孔子衣镜"所反映的文化现象,也应直接归属于刘贺所生活过的武、昭、宣三世。衣镜对于孔子"可胃至圣矣"的评价,以及关于孔子及其弟子的人物绘画和生平介绍与《史记》的一致现象,正说明了汉代"图化天下"的统治策略,乃是奠基于武帝时期。

值得注意的是,前面虽然已经说过"孔子画像"的范式应当形成于汉武帝时期,但文献所言立于官方学堂的皆是"孔子与弟子画像",并未涉及"孔子见老子画像",而已经发现的后者实物又都见于丧葬礼仪建筑的壁画、画像石(砖)等载体上,这又引发了两个相继的问题。一是"孔子见老子画像"是否也被立于官方学堂?依据《白虎通·辟雍》中专门提到"孔子师老聃"②之说,我们推测此画像应当也是存在于官方学堂的。因为"辟雍"正是天子"行礼乐、宣德化"的教育机构,而且"教"与"学"是教育的两个维度,重视教育就不应当只有突出孔子之教的"孔子与弟子图",还应当有突出孔子之学的"孔子见老子图"。这就与已发现的"孔子与弟子画像"不见于学堂,而出土于墓中,画像石中也并非全是"孔子见老子画像",也偶尔发现有"孔子与弟子画像"的情况类似。③ 这也说明了考古成果只是保存下来的少数发现,它不能作为依据来论断全局性的问题。

二是"孔子见老子画像"是否也已形成范式?由于没有文献记载可参照,对此我们就只能依据考古情况来推论。从发掘到的实物来看,"孔子见老子画像"出现于宣元时期,渐趋增多于西汉后期,东汉数量最多,尤其是东汉中晚期。但在两百多年的时段内,不管是何种表现形式,这些画像却是大同小异、主旨相同,这不得不让人想到这类画像对于孔子的描绘或许也早已形成范式。是此,我们今日尚能较为轻松地判断出画面中的重要人物,如身长执挚的孔子、扶杖的老子、年幼的项橐、勇猛的子路等典型形象。而且人物的组合方式也非常稳定,要么孔子、老子二人并现;要么孔子、老子、项橐三人并现,再有数量不等的弟子跟随。这些具有稳定性的图像符号一经形成,便由画师、工匠之手得以反复描绘和塑造,成为一种公认的范式,在相同的文化背景下不断传承,而一些细节的不同则可能是民间艺人根据载体的具体情况作出的灵活取舍。因此,"孔子见老子画像"应当同样在武帝年间已经形成范式,和"孔子与弟子画像"共同构成汉代官学教育的两方面:一方面是提醒教师要学习孔子的"善教",才能桃李满天下;一方面是劝诫学生要学习孔子的"好学",才能成就德行。

也由于这两类"孔子画像"最初都是服务于官学教育的,所以这种范式的形成也就应

---

① 《汉书·苏武传》,班固:《汉书》(八),第 2468—2469 页。
② 陈立:《白虎通疏证》,北京:中华书局,1994 年,第 255 页。
③ 如东晋戴延之《西征记》一书中最早记录有孔子画像实物的发现,是言金乡山有汉司隶校尉鲁恭墓,"冢前有石祠石庙,四壁皆青石隐起。自书契以来,忠臣、孝子、贞妇、孔子及弟子七十二人形象。像边皆刻石记之,文字分明"。见于王国维:《水经注校·济水》,上海:上海人民出版社,1984 年,第 291 页。此处与孔子画像一同出现的,还有"忠臣、孝子、贞妇",这些符合儒家伦理道德的历史题材的并出,也证实了我们所说的汉代存在"儒道设教"的情况。

当受自皇帝之意,出于宫廷画师之手。而武帝因独尊儒术,确有专门招纳画师设立"黄门署"以备诏作画之举,《汉书·霍光传》中记载的武帝"乃使黄门画者画周公负成王朝诸侯以赐(霍)光"①一事,就证实了宫廷画师曾秉承上意绘制过"周公辅成王图",而这正是已发现汉画像中仅次于"孔子见老子图"的第二大类历史题材。这些宫廷画师之作因直接反映国家意识形态,又具有高超的艺术水准,自然就会成为民间争相模仿的对象。所以,"孔子与弟子图""孔子见老子图""周公辅成王图"的范式,应当都是形成于汉武帝时期。② 正因为汉武帝对于中国文化有如此重大之贡献,才引得班固赞曰:

> 孝武初立,卓然罢黜百家,表章六经。遂畴咨海内,举其俊茂,与之立功。兴太学,修郊祀,改正朔,定历数,协音律,作诗乐,建封禅,礼百神,绍周后,号令文章,焕焉可述。后嗣得遵洪业,而有三代之风。③

"孔子衣镜"上的孔子画像虽然被誉为迄今发现最早的孔子画像,但或许还会有其他更早的"孔子画像"出土。图画孔子这种源于教育机构的风气,引领了当时整个时代的艺术创作潮流,"孔子画像"以不同的题材见于各类物质载体上,从而出现于学堂以外的宫殿、宗庙、祠堂、墓葬等场所。只是许多用以宣教的孔子画像随着历史的变迁而逐渐湮灭,仅留得容易保存的部分为今人所见。

(2)儒道并存,儒主道辅;思想格局,影响千年

两类题材的"孔子画像",在突出孔子及其弟子的同时,却总是有道家代表人物作为陪衬随同出现,"孔子衣镜"中的西王母、东王公是如此,其他画像中的老子也是如此。这种图像的并现,反映了汉代社会儒道思想的并存、儒主道辅的格局。这种"非儒即道"的思想格局,与东周的"非儒即墨"④、秦代的"以法治国"、汉初的"黄老无为",均大为不同,而开创这一文化局面的仍是雄韬伟略的汉武大帝。

汉武帝为何能够开创这种文化格局?一方面,在于其时的儒学不仅具有很大的民间影响力,还依据新的时代需要对自身进行了改造。杂糅其他学说后的儒学宣扬君权神授、天下一统,变得更加有利于中央的集权统治,加之武帝时民富国强,统治者为维持和巩固中央集权,将儒学升格为政治统治的主导思想,以实现对民众的思想控制。另一方面,汉武帝以帝王之身在向全社会推广儒术的同时,自己还迷恋道家仙术,多次派人寻找不老仙药。与此同时,官员与民众也普遍追求长寿永生。这样,老子就成为了他们羡慕的对象。因为时

---

① 《汉书·霍光传》,班固:《汉书》(九),第2932页。
② 此处言三者范式形成于汉武帝时期,并非否定它们之前存在的可能性。如前面引用的《孔子家语·观周》一文中,已经提到过:"孔子观乎明堂,……有周公相成王,抱之负斧扆南面以朝诸侯之图焉。"只是经历过周秦、秦汉之际的纷飞战火,它们的保存情况堪忧,更何况秦朝实行的是"以法治国,以吏为师"的文教政策,还曾"焚书坑儒";汉初又以黄老治国,儒学也未能大兴。至武帝时,不仅时代已久远,还缺乏保存下来的社会氛围,古老的孔子画像或周公画像存在的可能性就微乎其微。更何况,武帝时儒学被立为官学的起点,无论是否有古画可为参照,既有新的画作出现,也自当以此作为当世画像范式的起源。
③ 《汉书·武帝纪》,班固:《汉书》(一),第212页。
④ 《韩非子·显学》云:"世之显学,儒墨也。儒之所至,孔丘也;墨之所至,墨翟也。"见王先慎:《韩非子集解》,《诸子集成(五)》,北京:中华书局,2006年,第351页。

人普遍相信老子有着异于常人的高寿,如《老子韩非列传》就说:"盖老子百有六十余岁,或言二百余岁,以其修道而养寿也。"①既然"修道"能够"养寿",崇奉道家思想者也就大有人在。儒学作为官方思想、道学作为个人追求,从武帝朝开始作为社会文化的两大主干开始并存发展,影响中国历史进程两千年之久,乃至而今,儒道都是左右人们思维方式、行事风格的主要学派。

之所以未能被对方所取代,是因为二者存在一种互补的关系。儒学代表着个体对实现社会价值的需求,道学则代表着个体对于己身享乐的关注,由于这两方面对人们而言不可或缺,儒道也就得以长期共存。而两家思想在互补的同时,还存在对立的一面。西汉由前期的黄老治国到中期的独尊儒术,不仅反映出不同的时代发展情况,更反映了对于统治权利的争夺,而这种争夺关乎生计和前途,是以太史公曰:"世之学老子者则黜儒学,儒学亦黜老子。'道不同不相为谋',岂谓是邪?"②

春秋战国百家争鸣,为何又唯独这两家思想能够影响如此深远?儒家思想为何又能一直占据上风,保持千百年而不改变?这与两家思想境界的差别直接相关。在孔老相见一事上,由孔、老二人的临别之言可清晰地感受到这种差别。据《老子韩非列传》的记载,老子认为孔子"所言者,其人与骨皆已朽矣,独其言在耳",是以奉劝孔子"去子之骄气与多欲,态色与淫志,是皆无益于子之身";孔子评价老子则是"犹龙邪",而自己虽知飞鸟、游鱼、走兽之能,然"至于龙吾不能知,其乘风云而上天"。③ 此处由老子对孔子的奉劝、孔子对老子的不知,可明显看到孔、老二人追求的不同。老子奉劝孔子改变志向的理由是"无益于子之身",代表了道者对于是否有益于己身的取舍标准。老子在《道德经》一书中,围绕"道"提出了"道法自然""无为而治"的主张,在他构建的"小国寡民"的理想社会中,人们怡情于朴素平等的血缘亲情和团结和睦的邻里关系中,表达的正是其尽享人生乐趣的旨意。孔子对于飞鸟、游鱼、走兽的所知,则代表了儒者对现实社会的关注。因而在《论语》一书中,孔子"学而不厌、诲人不倦"的形象深入人心,他拒绝避世隐逸,终其一生为复兴周礼而奔波,虽数度受挫却仍饱含激情,追求理想、至死不渝,可见孔子具有"知其不可为而为之"的精神。相比之下,老子则是怀有"知其不可为而隐之"的心态。

孔子的高尚情操和老子的处世哲学,也分别影响了他们的后学,故而孔子所开创的儒学由强调个人修养,而关注现实世界,讲究修身、齐家、治国、平天下的人生理想;道家则关注个人的心灵解脱和灵魂永生。对比全局关注和自身修炼的境界大小,便可知儒学担负的是天下,道学影响的是自身;儒者是以天下为己任,道者是以自身为思量。而最高统治者在拥有至高无上权利的同时,担负的也正是国家安危和天下苍生,是以即便汉武帝自己也求仙问道,但他向社会推广的却是儒学。因为儒学推崇礼制,就是维护统治者既定的等级秩序,最符合汉皇安定天下的需要,所以自武昭宣始儒学大昌,儒者由此获得了实现他们"学而优则仕"④的政治抱负的渠道。而儒者的相继入仕,又反过来促进了儒家思想向各方面

---

① 司马迁:《史记》(七),第2142页。
② 《史记·老子韩非列传》,司马迁:《史记》(七),第2143页。
③ 司马迁:《史记》(七),第2140页。
④ 《论语·子张》载子夏曰:"仕而优则学,学而优则仕。"见杨伯峻:《论语译注》,第202页。

渗透,社会上的尊孔崇儒风气最终形成。在西汉中期这股尊孔崇儒之风的吹拂下,其后的整个汉代社会都受到这种思想的影响,所以孔子画像的实物也呈现出递增的情况。① 哪怕是在苦县赖乡的老子庙中,东汉桓帝也要绘制上孔子画像,②足见儒学在汉代国家层面之地位。

三、孔子衣镜与刘贺个人的关系——因缘故里,玩世不恭

根据之前的分析,我们已知衣镜上孔子画像的存在,隐含了统治者以儒道设教的意图。孔子也说过,圣贤可使人"见贤思齐焉,见不贤而内自省也";③且"夫明镜所以察形,往古者所以知今"。④ 是此"见贤思齐""图史自镜"本就是一种"自省"的传统方式,并影响深远,以至于唐太宗还留有"以铜为镜,可以正衣冠;以古为镜,可以知兴替;以人为镜,可以明得失"⑤的名言。由此或可猜测,"孔子衣镜"的作用不仅仅是"正衣冠"的客观效用,还传达了"正己身"的主观用意,所以"衣镜赋"开头两句所说的"新就衣镜兮佳以明,质直见请兮政以方",就应当是一句双关语,它不仅说明了新造的方形铜镜美观明亮,可以用来整理衣冠,还隐含了可以用来匡正面镜之人行为的用意。也因而在"衣镜赋"的末尾部分,有点明通过圣人孔子和圣人之徒"临观其意"才能"顺阴阳""乐未央""皆蒙庆"⑥的文字表述。只是这一主观用意是工匠或画师秉自汉皇上意而做的民俗用品,并非使用者刘贺内心的真实反映。

(一) 昌邑王国,独立于世

西汉中期社会,民众普遍尊孔崇儒,这是否也影响到了刘贺呢? 从刘贺对待儒者、儒学的态度,可见"尊孔崇儒"并非刘贺的个人喜好。有一个不争的事实是,刘贺身处的环境儒学氛围浓厚。就大环境而言,刘贺自小生活的昌邑封国,在春秋战国时期为鲁国之地,不仅是孔子故里,还是颜回、曾子、孟子、子思等众多大儒活动的区域,而且因地利之便,孔门弟子本身就以鲁国及其辐射区域为最多。这种深厚的儒学传统,一直延续到了西汉,"及高皇帝诛项籍,举兵围鲁,鲁中诸儒尚讲诵习礼乐,弦歌之音不绝";⑦到司马迁"适鲁,观仲尼庙堂车服礼器,诸生以时习礼其家",⑧故而有言"邹鲁滨洙泗,犹有周公遗风,俗好儒,备于

---

① 就汉代的流传情况而言,"孔子画像"出现的时间,晚于相关题材被文字记载的时间,所以画像有着文献依据;但故事的发生时间,又早于文献的成书时间,所以故事的流传本身还应有着口耳相传的方式。只是口述的历史被书写的过程,就是故事情节被定格的过程,而一旦定格,又会成为文献传抄、工艺传承、民间传说的新的故事版本。于汉代"孔子画像"来说,《史记》正是这一定格的文献依据,因而图像程式化特点突出。
② 裴松之在《三国志·魏书·仓慈传》注引《孔氏谱》云:"汉桓帝立老子庙于苦县之赖乡,画孔子像于壁。"见陈寿撰,裴松之注:《三国志》,北京:中华书局,1999年简体字版,第387页。
③ 《论语·里仁》,杨伯峻:《论语译注》,第39页。
④ 《孔子家语·观周》,王国轩、王秀梅译注:《孔子家语》,第90页。
⑤ 《旧唐书·魏征列传》,刘昫等传:《旧唐书》(八),北京:中华书局,1975年,第2561页。
⑥ 王意乐等:《海昏侯刘贺墓出土孔子衣镜》,《南方文物》2016年03期,第64页。
⑦ 《史记·儒林列传》,司马迁:《史记》(十),第3117页。
⑧ 《史记·孔子世家》,司马迁:《史记》(六),第1947页。

礼";①班固也说鲁地其民"好学犹愈于它俗"。② 正因山东是当时的文化圣地，尤以学礼、遵礼而著名，刘贺之父刘髆才被汉武帝特意分封于此，寄予厚望。就小环境而言，刘贺身边有不少通经的大儒。如刘贺的老师王式是西汉大儒，通《诗》；又如刘贺父亲刘髆的太傅夏侯始昌及其族子夏侯胜都是通《尚书》的大儒，且也在昌邑国任职；再如在昌邑国担任重要官职的中尉王吉和郎中令龚遂也都是以"明经"为官。

鉴于刘贺身处这样一种浓厚的儒学氛围之中，不少学者便援以证明他也是一副"尊孔崇儒"的儒者形象，并且联系刘贺被废时所说的一句话，进一步证明刘贺对于儒家经典也是有着一定了解的。据《汉书·霍光传》所载，当皇太后下诏批准群臣请求废黜刘贺的奏章后，霍光令刘贺起拜受诏，刘贺曰："闻天子有争臣七人，虽无道不失天下。"③刘贺所说的这句话，是《孝经·谏诤章》所载孔子之语。④ 但是这两点就足以说明刘贺本人一定就深受儒家思想的影响吗？答案自然是否定的。因为刘贺生长之地的儒学传统不管有多么浓厚，抑或是刘贺身边的人对儒家经典有多么充分的理解，这些思想并不会直接移植入刘贺的内心。所以，即便刘贺对儒家经典有一定的知晓，但他还是干出了许多违背礼仪之事。《汉书》上关他无道的记载，便是他并不重视儒家思想及儒者的力证。

刘贺在担任昌邑王时，一贯的不喜儒术而好玩乐、不听儒者进谏而任意妄为。如因通晓经学而被举荐为贤良做了昌邑国中尉的王吉，在看到刘贺"好游猎，驱驰国中，动作亡节"时，便上书规劝，其言语中就直接提到了刘贺"不好书术而乐逸游"，认为这不仅耽误农时，有损百姓生活，也不是保护好身体的办法，更不是使仁义之德得到长进的做法，希望他能够"考仁圣之风，习治国之道"。王吉还进一步以刘贺与昭帝的关系来提醒他，说："诸侯骨肉，莫亲大王，大王于属则子也，于位则臣也，一身而二任之责加焉，恩爱行义，孅介有不具者，于以上闻，非飨国之福也。"但是对于王吉的忠言，刘贺只是表面说"中尉甚忠，数辅吾过"，并给予物质奖励，但实际上他依然是充耳不闻，我行我素，也就是史书所说的"其后复放从自若"。⑤ 又如昌邑国郎中令龚遂看到刘贺"动作多不正""久与驺奴、宰人游戏饮食，赏赐无度"，也曾"涕泣膝行"以"社稷危也"为劝，希望他能收敛心性，远离邪恶小人，并为他挑选"郎中张安等十人侍王"，希望通过这些"通经术有行义者与王起居，坐则通《诗》《书》，立则习礼容"，从而使其能够勤学苦读、勤理政事，但"居数日，王皆逐去"。⑥

正是鉴于刘贺的一贯行径，王吉在刘贺被迎立之初，就上书告诫过他：对于昭帝之丧，应当日夜悲伤哭泣；对于权力的使用，应当学习殷高宗居丧期间不乱说乱做，听从大将军霍

---

① 《史记·货殖列传》，司马迁：《史记》（十），第3266页。
② 《汉书·地理志》，班固：《汉书》（六），第1663页。
③ 班固：《汉书》（九），第2946页。
④ 汪受宽：《孝经译注》，上海：上海古籍出版社，2004年，第72页。
⑤ 《汉书·王吉传》，班固：《汉书》（十），第3058—3061页。
⑥ 《汉书·循吏传》，班固：《汉书》（十一），第3637—3638页。

光之意,自己垂衣拱手南面而坐。① 若刘贺听从了王吉的规劝,历史肯定又会是另一番局面。可惜的是,刘贺到了长安之后,便将王吉的话抛诸脑后,"服斩缞,亡悲哀之心,废礼仪",即位仅27天,"数进谏,不变更,日以益甚"。即便是在朝廷风云为之大变的当日,刘贺还曾出宫玩乐,并将挡车提醒他将有谋反之事发生的光禄大夫夏侯胜捆绑处置。② 刘贺的种种行径,导致他尽失人心。夏侯胜本是刘贺师傅夏侯始昌的侄子,与刘贺关系密切,但他最终也转而投向霍光集团。这就证实了刘贺丧不改常,一贯的荒淫无道,所以群臣那封控告辞和废黜辞二合一的奏章,开篇就以刘贺"废礼仪"而始,结尾又以刘贺"荒淫迷惑,失帝王礼仪,乱汉制度"而终。

刘贺因"废礼"而招致了帝位"被废",可见武帝"以礼治国"策略是不断延续的。而众礼之中,"孝"被视为天经地义之大法,是最为根本的治国纲领,是而常言汉是"以孝治天下"。对于《孝经》,班固解释说:"夫孝,天之经,地之义,民之行也,举大者言,故曰《孝经》。"③ 为推广这一根本伦理大法,武帝于"元光元年(前134)冬十一月,初令郡国举孝廉各一人",④此后"孝廉"便发展为察举制最重要的科目,以此行教化而移风易俗,由此可见西汉中期社会对于"孝道"的提倡。然"元平元年(前74),昭帝崩,亡嗣",霍光"承皇太后诏,遣行大鸿胪事少府乐成、宗正德、光禄大夫吉、中郎将利汉迎昌邑王贺",刘贺却在奉诏典丧前往京师的途中,以及抵达京师以后的27天服丧期内,做出了种种荒淫无道之举。他不仅不遵循丧礼中素食废乐的规定,还亲近女色,"使大奴善以衣车载女子",甚至还与"孝昭皇帝宫人蒙等淫乱",表现出了他的毫无悲哀之心。因而当奔丧到达长安东郭门时,郎中令龚遂提醒他当按礼"望见国都哭",但刘贺却说"我嗌痛,不能哭",等到达东城门时,刘贺再次拒绝了龚遂的提醒,直到来到皇宫未央宫东阙门,在龚遂的再次提醒下,刘贺才下车望门"哭如仪"。可见刘贺在主丧期间,确实不遵丧礼、不守孝道,加上随意出令、乱行赏罚,完全不见帝王应有的德行和智慧。尤其是按照"为人后者为之子也"的礼制,刘贺是以汉昭帝继子的身份继承大统而"受皇帝玺绶,袭尊号"的,但他却没有去拜谒汉高祖庙,反倒是先派特使"以三太牢祠昌邑哀王园庙,称嗣子皇帝",这就等同于不认可自己是昭帝之子。由于刘贺如此的"不孝无礼",完全丧失帝王最基本的"仁德",因而使群臣们生出了"昌邑王行昏乱,恐危社稷,天下不安"的担忧。最终,使自己得到了一个"淫乱,请废"的结局。⑤

---

① 《汉书·王吉传》记载王吉劝谏刘贺说:"臣闻高宗谅暗,三年不言。今大王以丧事征,宜日夜哭泣悲哀而已,慎毋有所发。……大将军仁爱、勇智、忠信之德,天下莫不闻,事孝武皇帝二十余年,未尝有过。先帝弃群臣,属以天下,寄幼孤焉。大将军抱持幼君襁褓之中,布政施教,海内晏然,虽周公、伊尹亡以加也。今帝崩,亡嗣,大将军惟思可以奉宗庙者,攀援而立大王,其仁厚岂有量哉!臣愿大王事之敬之,政事一听之,大王垂拱南面而已。愿留意,常以为念。"见班固:《汉书》(十),第3061—3062页。

② 《汉书·五行志下之上》记载:"昭帝元平元年(前74)四月崩,亡嗣,立昌邑王贺。贺即位,天阴,昼夜不见日月。贺欲出,光禄大夫夏侯胜当车谏曰:'天久阴而不雨,臣下有谋上者,陛下欲何之?'贺怒,缚胜以属吏,吏白大将军霍光。光时与车骑将军张安世谋欲废贺。"见班固:《汉书》(五),第1459页。

③ 《汉书·艺文志》,班固:《汉书》(六),第1719页。

④ 《汉书·武帝纪》,班固:《汉书》(一),第160页。

⑤ 对刘贺帝位废立的这段历史,《汉书》的《宣帝纪》《武五子传》《霍光传》都有记载。分别见于班固:《汉书》(一、九、九),第238、2764—2765、2937—2946页。

由此可见,刘贺即便读过《孝经》,在昭帝之丧中却没有表现出丝毫的孝心,以此来证实他儒者的形象自然也失去了合理性,霍光将刘贺被废一事归结为"王行自绝于天",①也就是客观史实。而儒家讲究"其为人也孝弟,而好犯上者,鲜矣;不好犯上,而好作乱者,未之有也。君子务本,本立而道生。孝弟也者,其为仁之本与"!② 受这种孝道观念的影响,汉人又进而认为"上不知顺孝,则民不知反本",③也就是统治者应当率先垂范,是此上行下效才会发挥积极的作用。然而刘贺的不孝行为,无疑会让维护汉室江山的礼制形同虚设,从而危及社稷、致使天下不安。唐朝学者虞世南就曾推测:"沉湎昏纵如斯之甚,若使遂享中国,肆其狂暴,则夏癸、商辛未足比也。"④如此看来,刘贺确非什么尊孔崇儒之辈,他不修个人品行、不好治国之道而专好玩乐专权之事,也实在不是什么能够胜任皇帝之职的人选,他的被废也是咎由自取,他的淫乱昏庸的形象也不是成王败寇理论下被人编排的样子,他本来便是如此。

(二)孔子画像,集聚山东

刘贺既然独立于世、不喜儒学、不遵礼仪,那么他又怎么会拥有"孔子衣镜"呢?这就与他生长的昌邑故国的文化氛围直接相关。简单地说,山东历来儒者众多、儒学氛围甚浓,自西汉中期以来,以不同载体呈现的汉代孔子画像在山东不过是常见之物。前面列举过的"孔子见老子画像"绝大多数都是属于这一区域,而且时代最早的微山县画像也在此地,即是其证。所以,就已经发现的实物而论,"孔子画像"齐聚山东,这不仅表现在数量最多,⑤而且题材也最为丰富。⑥ 就山东来说,"又以地处鲁南的济宁市最为集中,包括嘉祥、微山、济宁、邹城、曲阜等县市区"。⑦ 而刘贺的昌邑王国,正处于"孔子画像"最为集中的济宁市范围内⑧,这样刘贺拥有"孔子衣镜"也就不足为怪了,就是当时山东地区儒家文化盛行的

---

① 《汉书·霍光传》载:"大将军光送至昌邑邸,光谢曰:'王行自绝于天,臣等驽怯,不能杀身报德。臣宁负王,不敢负社稷。愿王自爱,臣长不复见左右。'光涕泣而去。"见于班固:《汉书》(九),第2946页。
② 《论语·学而》,杨伯峻:《论语译注》,第2页。
③ 《韩诗外传·卷五》,韩婴撰,许维遹校释:《韩诗外传集释》,第179页。
④ 虞世南撰、陈虎译注:《帝王略论》,北京:中华书局,2008年,第65页。
⑤ 已知的"孔子见老子画像",发现于山东、陕西、四川、河南、内蒙古等地,见于墓室、祠堂和石阙上,以墓室和祠堂为主;形式上可分为画像石、画像砖和壁画,以画像石为主。画像绝大多数在山东,其次是紧挨山东的江苏,有学者通过统计得出"山东地区的约占总数的80%"和"在现在山东省中南部以及江苏省徐州地区出现最为集中,几乎占据所有图像的85%"的结论。分别见于李强:《汉画像石〈孔子见老子图〉考述》,《华夏考古》2009年02期;陈岩:《汉画"孔子见老子"的资源和制作》,中央美术学院硕士学位论文,2011年,第6页。
⑥ 除了"孔子见老子画像"占有绝对优势外,还有发现一副"孔子师项橐"与"孔子荷蒉"题材的画像,都是出于嘉祥县武氏祠。分别见于中国画像石全集编辑委员会:《中国画像石全集·山东汉画像石》,附录第5;蒋英炬、吴文祺:《汉代武氏墓群石刻研究》,济南:山东美术出版社,1995年,第166页,图47。其中,"孔子荷蒉"的典故,又被称为"孔子击磬",最早见于《论语·宪问》,表达的是孔子虽然追求理想遇挫,但不愿放弃而避世的思想。此外,就是见于《史记·孔子世家》,是言:"孔子击磬,有荷蒉而过门者,曰:'有心哉,击磬乎!硁硁乎!莫己知也夫而已矣。'"对比所有的孔子画像题材,发现仅仅共同见于《史记》的记载,再联系前面提到过的种种吻合情况,自然可以推测汉代"孔子画像"创作的文献依据就是《史记》,画像范式被创作出来的时间就是在《史记》成书的武帝时期,由此可以感受到司马迁所成"一家之言"在汉代的影响。
⑦ 郑建芳:《论汉画像石中的孔子见老子》,《大汉雄风——中国汉画学会第十一届年会论文集》,2008年,第111页。
⑧ 钱存训教授考释说:"昌邑,秦置县,汉属山阳郡。武帝天汉四年(前97)更山阳为昌邑国。故城在今山东金乡县西北四十里。"见钱存训:《东西文化交流论丛》,北京:商务印书馆,2009年,第194页。

体现。所以,即便是出土于江西衣镜上的"孔子与弟子画像",在一些山东的"孔子见老子画像"中,总能找到似曾相识的感觉。

观察"孔子衣镜"中的孔子画像,其显著特点就是与西王母、东王公一同出现,对此山东不少墓葬出土的画像,明显与此遵循着同样的组合思路。如枣庄市山亭区冯卯乡汉墓中,一方画像石的上层刻画西王母;下层为"孔子见老子"。① 又如山东嘉祥宋山一号墓的画像石中,上层刻画"东王公""西王母";中间刻画"孔子见老子""周公辅成王"等历史故事。② 再如山东平阴县实验中学出土的画像石中,5号石表现的是以西王母、东王公为核心的神仙世界,7号石表现的是"孔子见老子图"。③ 在这些画像中,孔子、孔子弟子与西王母、东王公也是并存出现,可见"孔子衣镜"的这种人物组合形式,在东汉的山东地区一直流传着。这种长期流传又反证了孔子衣镜的构图,就是山东流行的客观样式。④ 所以,继承西汉中期的画像风格,其后的孔子仍然作为核心人物,保持着既往的高冠、长袍、拱手的布衣姿态,只是与衣镜的漆画形式不同,其他画像换用了表现的载体。这种多样的展示方式,正反映了西汉中期以来山东地区存在的尊孔崇儒风气。

在这种文化氛围之下,许多儒者出身的官吏,就热衷于通过刻画符合儒学要义的图像,来表明自己的道德追求,在此个人喜好与社会风尚便合二为一。如在有着"汉画像石之王"美誉的嘉祥武氏祠群石刻中,除了有"孔子画像"外,还描绘了不少有关"忠孝节义"的历史典故,包括:"荆轲刺秦王""专诸刺王僚""曹子劫桓""聂政刺韩王""豫让刺赵襄子""要离刺杀庆忌""休屠""李善抚孤""蔺相如完璧归赵"等忠义故事;"丁兰刻木""老莱子娱亲""闵子骞御车失棰""曾母投杼""朱明""董永佣耕养父""邢渠哺父""伯榆伤亲年老""孝孙原谷""赵酬屠""孝子魏汤""杨伯雍义浆""三洲孝人"等孝子故事;"京师节女""齐义继母""梁节姑姊""使者""丑女钟离春""楚昭贞姜""鲁义姑姊""秋胡洁妇""梁高行"等烈女故事。⑤ 这些画像的存在,正与武氏家族成员的经历相当。如武荣祠堂画像的主人"治鲁诗经韦君章句,阙帻传讲,孝经、论语、汉书、史记、左氏、国语,广学甄彻,靡不贯综"。⑥ 由武荣深明经史、精通儒学来看,这些画像出现在他的祠堂中也就顺理成章了。

---

① 中国画像石全集编辑委员会:《中国画像石全集·山东汉画像石》第2卷,第135页。
② 朱锡禄:《山东嘉祥宋山发现汉画像石》,《文物》1979年09期;王思礼:《山东画像石中几幅画像的考释》,《考古》1987年11期。
③ 平阴县博物馆:《山东平阴县实验中学出土汉画像石》,《华夏考古》2008年03期。
④ 对于这种地区性范式的存在,已有学者涉及过。如冯汉骥先生说:成都画像砖都是模制的,"当时仅有一两家制造此种画像砖的场所,有如近代的'纸扎店'。丧家在建墓时,即可按照墓主的身份和社会地位,购买与其相合者砌在墓壁上,作为墓主在死后的享用"。又如邢义田先生认为:江苏高淳固城画像砖墓(M2)所出的"孔子见老子"画像砖即是模印,而许多类似模式的反复出现,与粉本的使用有很大关系。分别见于冯汉骥:《四川的画像砖墓及画像砖》,《文物》1961年第11期,第42页;邢义田:《汉碑、汉画和石工的关系》,载氏著《画为心声:画像石、画像砖与壁画》,北京:中华书局,2011年,第59—66页。
⑤ 参看江继甚:《汉画像题榜艺术》,《中国汉画学会第九届年会论文集》,第540—544页。这种情况与东汉王延寿在《鲁灵光殿赋》中所记述之文正可遥相辉映,其曰:"黄帝唐虞,轩冕以庸,衣裳有殊,下及三后,淫妃乱主,忠臣孝子,烈士贞女,贤愚成败,靡不载叙。"这些画像题材所渲染出的儒学氛围,正是政权稳固的无形基石。见萧统编:《文选》,上海:上海古籍出版社,1986年,第516页。
⑥ 此乃《故执金吾丞武荣碑》所记,见洪适:《隶释》,《石刻史料新编》第一辑第9册,台北:新文丰出版公司,1977年,第6888页。

那么,"孔子衣镜"与墓主刘贺的关系与此类似吗?从"衣镜赋"的文字内容和衣镜的艺术水准来看,该衣镜应为刘贺本人的生前用物,而非家属为他的埋葬所制作的冥器,因此,"孔子衣镜"的存在,除了与社会的集体意识直接相关外,也应与刘贺的个人想法有所关联。至于是一种什么样的关联?关键在于分析刘贺在帝位被废之前的玩世不恭、不遵礼仪的行径,经帝位被废一事后是否会有所改善。

(三)孔子衣镜,随葬江西

"读经""观画"作为武帝以来儒道设教的两种重要方式,在海昏侯墓中都有体现,随葬的儒家简牍、孔子衣镜即是其证。由"孔子画像"集聚山东,可见刘贺的故里昌邑王国确实儒学鼎盛,但观察他帝位被废之前的种种举动,却知他并不具备一个儒者的基本素养。那么经过大起大落之后,刘贺是否会一改旧习、潜心儒学,以衣镜上的孔子及其弟子为榜样,改过迁善、奉行礼法呢?或者说,"孔子衣镜"在刘贺生前到底发挥着什么样的作用呢?在回答这一问题时,学者们往往与一同随葬的儒家简牍联系起来,尤其是其中一版比较特殊的木牍,内容是抄写的《论语》。之所以特殊,是其与同出竹简上所抄写的文字十分规整拘束的儒家经典相比,文字十分率性随意,接近章草,所以,有学者便猜测这是刘贺本人读书时随手做的笔记。① 假设这种推论可靠,刘贺学习《论语》便不仅仅是打发时间以自娱这么简单,其真正用意还得结合他帝位被废之后的表现才能加以推定。

据《汉书》的记载,刘贺在被废以后的"故王"阶段,由于新即位的宣帝对他多有忌惮,密令山阳太守张敞行监察之责,因此他从此过起了幽禁式的生活。张敞受命之后,便开始督察刘贺的活动踪迹,他不仅"数遣丞吏行察",还曾两次亲视昌邑王居:一是在地节三年(前67)五月,发现刘贺行为谨慎,对外没有交往,也没有闲杂人员出入;二是在地节四年(前66)九月,发现刘贺身体很差,行动不便,并且"清狂不惠"。通过张敞的上奏,汉宣帝"由此知贺不足忌。其明年春,乃下诏曰:'盖闻象有罪,舜封之,骨肉之亲,析而不殊。其封故昌邑王贺为海昏侯,食邑四千户。'"对此诏书,"侍中卫尉金安上上书言:'贺,天之所弃,陛下至仁,复封为列侯。贺嚚顽放废之人,不宜得奉宗庙朝聘之礼。'奏可。贺就国豫章"。② 宣帝一方面想以此彰显自己重视骨肉亲情的仁义,另一方面为了确保刘贺没有东山再起的可能性,在给他封侯的同时,还剥夺了他贡奉宗庙、朝觐天子的权利。可见将刘贺封为海昏侯,让他远离经济发达、文化繁荣的故土,而就国偏处南荒的豫章,就是汉宣帝明升暗降的政治伎俩,汉宣帝的精明,也说明了他更适合做大汉皇帝。

但刘贺"故王"阶段的安分守己仅仅是一种表象。海昏侯墓中的随葬器物、墓葬形制等多存在违礼逾制的现象,就是刘贺不臣心态的展露。③ 这与刘贺封侯之后又开始忘乎所

---

① 王意乐、徐长青、杨军、管理:《海昏侯刘贺墓出土孔子衣镜》,《南方文物》2016 年 03 期,第 70 页。
② 《汉书·武五子传》,班固:《汉书》(九),第 2767—2769 页。
③ 对此已有学者有所涉及,如熊长云认为大刘记印"反映了制作印章时的特殊心态";周洪认为墓葬出土的天子祭天才能使用的苍璧、天子祭祀上帝时使用的供品金板,以及按照天子所居东北方位安置主棺位置等,是明显逾礼的现象;张仲立、刘慧中认为墓葬显然存在墓园逾制、封土逾制、墓圹踩线、棺椁逾制、礼制建筑逾制等现象。分别见于熊长云:《海昏侯"大刘记印"小考》,《中国文物报》2015 年 12 月 18 日第 6 版;周洪:《有关海昏侯墓葬文物礼制的三个问题》,《南昌师范学院学报(社会科学版)》2016 年第 2 期,第 1—4 页;张仲立、刘慧中:《海昏侯刘贺墓逾制几论》,《南方文物》2016 年 03 期,第 57—58 页。

以,在与故太守卒史孙万世闲话中大放厥词,并被扬州刺史吕柯上奏朝廷,从而使其野心公之于众的表现吻合。刘贺悔恨当年宫廷政变时,没有"坚守毋出宫,斩大将军,而听人夺玺绶";又相信自己将"王豫章,不久为列侯",终归招致了"削户三千"的结果。① 这说明刘贺即便在帝位废黜之后,对于儒家学说也并非怀有发自内心的喜爱和打算去遵循的意图,而是继续给自己的被废寻找可以利用的借口。刘贺对于帝位被废和列侯身份的不满情绪,也直接影响了他的后人。所以,在对他的后事安排上,也是秉承了刘贺不甘心以一个普通列侯的身份入土下葬的意愿,这才有了我们今日所见到的海昏侯墓。但刘贺这样一种愤懑不平的心态,或者说时刻梦想能够重返权利中心的这种欲望,也直接招致了其死后因"暴乱之人不宜为太祖"而"不宜为立嗣,国除"的结局,②从而不仅使得自己回归政坛中心无门,也堵塞了后人的权势之路。

  刘贺真实心态与现实处境的反差,决定了其被废之后,大多数时间里是处于口是心非、表里不一的状态的。虽然有不少器物和现象反映了刘贺不臣的心态,但从他所写的奏牍来看,却完全是一副努力效忠朝廷、做国之屏藩的态度,如分别出现了三次"臣贺"与"皇帝陛下"的字样,以及一次"拜上"和"南藩海昏侯"的字样。这种谦恭的态度明显与他私交孙万世时所流露出来的不一致,而这正是他心存不甘的反映,也说明他至死也没有忘怀他那段贵为天子的短暂荣耀。但处于宣帝严密监视之下的刘贺,需要做出一副改过自新、遵循礼法的样子,这样"孔子画像"就成为了一个很好的掩人耳目的工具。据《汉书·外戚传》的记载:"成帝游于后庭,尝欲与婕妤同辇载,婕妤辞曰:'观古图画,贤圣之君皆有名臣在侧,三代末主乃有嬖女,今欲同辇,得无近似之乎?'"③一个女子尚且能明白图画深意、恪守自律,可见"图史自镜""见贤思齐"的方式,在汉代引领思想动向和社会风尚方面确实被多加运用。刘贺对此自然心知肚明,又深知宣帝最为忌惮的就是自己"废帝"的身份,所以便随波逐流的买了一件当时的流行物件,以给他人制造一种尊孔崇儒、恪守君臣名分的假象。④阅读儒家经典同样有如此功效。而且《论语》中的许多治国思想也在给刘贺以启迪,他或许还在反思自己被废的始末,思考自己予人口实招致被废的原因,并希望通过反思能达成一些目的。所以,他对被废和侯位的不满,就说明了他对《论语》的批注,就如同他对《孝经》的知晓一样,并不能作为他"学礼""遵礼"的依据。

  总之,刘贺生前死后的种种迹象表明,刘贺对儒学的不尊重、不践行是自始至终的,"孔子衣镜"和"儒家简牍"的出土,并不能为刘贺"行昏乱"的历史形象提供有力的翻案支撑。也就是说,"孔子画像"表现出的"尊孔崇儒",是经统治者提倡的主流思想意识,并不能算作刘贺内心的个人爱好。衣镜对于刘贺,除了日常"正衣冠"的作用,就是制造遵守礼制、安分守己的表象。只是按照"事死如事生"的丧葬习俗,"孔子衣镜"作为刘贺生前使用的

---

① 《汉书·武五子传》,班固:《汉书》(九),第 2769—2770 页。
② 《汉书·武五子传》记载:在刘贺去世后,"豫章太守廖奏言:'舜封象于有鼻,死不为置后,以为暴乱之人不宜为太祖。海昏侯贺死,上当为后者子充国;充国死,复上弟奉亲;奉亲复死,是天绝之也。陛下至仁,于贺甚厚,虽舜于象无以加也。宜以礼绝贺,以奉天意。愿下有司议。'议皆以为不宜为立嗣,国除。"见班固:《汉书》(九),第 2770 页。
③ 班固:《汉书》(十二),第 3983—3984 页。
④ 对此观点,邵鸿先生曾有相似推测,他认为"屏风中较多文字错误则表明,其可能只是刘贺为自保而以尊儒示人的一件道具"。见邵鸿:《海昏侯墓孔子屏风试探》,《江西师范大学学报(哲学社会科学版)》2016 年 05 期,第 16 页。

器物也被埋进了墓葬。就拥有时间而言,衣镜最可能为刘贺帝位被废以后的"故王"阶段所拥有,后随同刘贺南迁至江西,①隐约展现了刘贺王、帝、民、侯四种不同身份转化的经历。所以,汉代皇帝儒道设教的统治策略,虽然对当时绝大多数人都是有效的,但对刘贺而言,它却是失败的。这也说明了即便生长于浓厚的儒学氛围之中,也并非人人都能受到社会习气的浸染。而"孔子衣镜"和"儒家简牍"尚且不能证明刘贺儒者的形象,其他砚台等文墨用品、钟磬等乐器、铜鼎等礼器,更不能作为他尊孔崇儒的象征,因为对刘贺而言这些不过就是一种实用物品。

四、小 结

基于目前借助海昏侯墓出土文物而普遍存在的翻案之风,本文选取了被认为是最有力的证据的"孔子衣镜"入手,围绕绘于其上的"孔子画像",重新审视了刘贺的真实形象和衣镜的可靠价值。笔者认为衣镜不足以证明刘贺就是一副儒者的形象,它所折射出的"尊孔崇儒"思想,代表的只是当时的整个社会风气,而并非刘贺的个人喜好,《汉书》有关刘贺废立事件的记载,就是历史的真相所在。在汉代"孔子画像"的两大宗题材之中,道家人物总是作为陪衬随同出现的事实,是汉武帝以来儒道并存、儒主道辅的思想格局的体现。儒道两家思想作为中国文化的两大主干,之所以能够并存两千年之久,是因为二者存在一种既对立又互补的关系。儒者以天下为己任、推崇礼制、维护君臣名分的思想行为,切合了统治者安定天下的政治需要,所以为统治者所青睐,从而使儒学得以长期居于正统地位。更为具体地来说,通过本文的介绍与分析,可以看到如下三个方面的内容:

(一)孔子画像,汉代教育

透过衣镜上的"孔子传文",可见"孔子画像"的存在,在于时人对于孔子"至圣"的高度评价和对儒家学说的推崇。"孔子与弟子画像"共现于"孔子衣镜",说明了孔子最大的贡献在于教育的思想,正是通过"善教",孔子才终成学者之宗。而除了衣镜上的这类题材,汉代"孔子画像"还存在另外一大宗,即"孔子见老子画像",其主旨则在于彰显孔子"好学"的品质,正是通过谦逊好学,孔子才成长为一代圣人。从汉人执著于表现"孔子创办私学"和"孔子问礼于老子"两事可知,画像通过对师徒关系的描绘,向世人传达了"劝学""遵礼"的主观意图,说明了孔子画像的存在与汉代教育密切相关。画像所展示的孔子主动接受教育和主动教育弟子的两面,正是教育的两大核心内容;孔子"学而不厌,诲人不倦"的精神,正是教育面向学生和老师这两大主体所宣扬的理念。"孔子画像"所传达的"尊师重教"的儒学主张,自汉武帝时被确立为官方思想。这种图画孔子的做法,也就成为武帝以来教育

---

① 一方面,海昏侯墓中许多器物均是由山东迁来江西的,这从随葬的马蹄金、麟趾金,以及许多带有"昌邑"字样的漆器、铜器可以为证。另一方面,这种文化现象随人而迁徙的事例也有其他例证。如射阳的孔子见老子画像,有学者就推论,墓主人"很可能是东汉中期以后的原籍山东,或在那里做过官吏的儒学信徒,后期定居于射阳,死后埋于此。另从这一块画像石刻的风格与扬州附近所见的迥异,亦可作为它的佐证"。参见尤振尧:《宝应〈射阳汉石门画像〉考释》,《东南文化》1985 年 00 期,第 68—69 页。

机构的一贯传统,并进而引领了当时整个时代的艺术创作。"孔子画像"也由此被广泛地描绘和塑造,从而出现于学堂、宗庙、祠堂、墓葬等场所。

"孔子衣镜"反映出的尊孔崇儒风气,正是汉代官学教育成果的展现。孔子作为画像刻画的核心人物,便是点明向圣人学习当起于"好学",且学习的主旨在于"遵礼",孔子就是树立起的"学礼""遵礼"楷模,所以"孔子衣镜"的构图中随处可见儒家礼制的成分。而且武帝时期两类"孔子画像"的范式已成,创作的文字依据应当就是《史记》的记述,由此不仅可以感受到司马迁所成"一家之言"在汉代的影响,也可见汉武帝奠定中国传统文化根基的丰功伟业。总之,"孔子画像"关乎汉代的教育大计,"孔子衣镜"体现了武帝以来形成的"儒道设教"的统治策略。如此"孔子画像"就不是独立的艺术创作,而应定性为"礼仪美术",存在于时人的生死两界。因而"孔子画像"是了解汉代艺术、教育、思想、政治的强有力凭借。

(二)孔子衣镜,刘贺工具

统治者利用"孔子画像"以教化子民"学礼""遵礼"的意图,在刘贺身上落败了。"孔子衣镜"对于刘贺来说,并没能起到"见贤思齐""图史自镜"的作用。刘贺在担任昌邑王时,不喜儒术而好玩乐、不听儒者进谏而任意妄为;他在奉诏典丧前往京师的途中,以及抵达京师以后的27天服丧期内,做出的种种荒淫无道之举,就是他的一贯行为。由于他居昭帝之丧而毫无悲哀之心,这种"不孝无礼"的行径动摇了大汉朝的统治根基,从而招致了群臣请废的结局,所以,霍光所说的"王行自绝于天",就是刘贺帝位被废的主要原因。只是作为"废帝"的刘贺,长期处于宣帝的监视之下,虽然内心不喜儒学、不遵礼仪,却需要做出一副尊孔崇儒、恪守君臣名分的样子,以打消宣帝对自己的忌惮,由此,"孔子画像"作为常见的宣教之物,就成了很好的掩人耳目、为我所用的工具。因而"孔子衣镜"的拥有时间,最可能在刘贺为"故王"阶段。衣镜的人物组合就是故国昌邑的流行样式,是山东地区尊孔崇儒风气的反映,只是后来随着刘贺就国豫章,衣镜也南迁到了江西。

受封海昏侯以后的刘贺,不臣之心渐露,他对帝位被废的不满和所封侯位的不知足,招致了"削户三千"的结果,也使之前"故王"阶段安分守己的表象破灭。加之海昏侯墓中随葬器物、墓葬形制多存在违礼逾制的现象,说明刘贺即便在帝位废黜之后,对于儒家学说也并非怀有发自内心的喜爱和打算去遵循的意图,而是继续给自己的被废寻找可以利用的借口。总之,刘贺生前死后的种种迹象表明,刘贺确非尊孔崇儒、遵循礼仪之辈,"孔子衣镜"等文物的出土,并不能为刘贺"行昏乱"的历史形象提供有力的翻案支撑。

(三)汉代历史,今朝启示

1. 回归以德为主的教育

教育方针关乎国家长治久安,正确的教育是功在当代、利在千秋的大事。汉代官方教育儒术独尊,学堂通过读经、观画等方式使学子服膺于圣人道德的大旗下,而对于高尚品格的普遍追求,促使了社会风气纯化,这引发我们反思当下的教育方式。正如孔子所说:"道之以政,齐之以刑,民免而无耻;道之以德,齐之以礼,有耻且格。"[1]教育在重视能力培养的

---

[1] 《论语·为政》,杨伯峻:《论语译注》,第12页。

同时，还应当强调德才兼备，而且以德为首。与此同时，刘贺教育失败的案例，又提醒着我们见贤思齐的教化方式，并非对所有人都有作用，所以，讲究德育、德治的同时，还得借助法育、法治以提供保障。

2. 提升教育的为政分量

为政之道，不仅需要确立符合需要的指导思想，更在于将这种思想传播出去使大众接受。孔子由一名教书匠而受到世人尊崇、君王景仰，就在于他用儒学为统治者提供了其所需的政治宣传和道德训诫的工具。而汉代统治者通过提高儒者政治地位和经济待遇，使得通经之儒将君臣仁孝等纲常伦理传播的家喻户晓，从而达到了国泰民安的效果。可见教育事关治国安民的大计，这对当今宣传官方核心价值理念同样有借鉴作用。

3. 重视人性的双面需求

和谐社会的缔造，关键在于对民众基本需求的满足。孔子、老子作为历史人物，不仅能够影响当世，还能穿越时空影响后世，足见儒道思想强劲的生命力。这也说明制定国策法规时，既要为个体实现社会价值提供正常渠道，也要注重满足个体的合理诉求。

4. 反思学术研究的导向

现今利用考古材料来探究历史真相的情况已是常有之事，但要科学判断历史事件和历史人物，需要谨慎论证，排除个人求新的欲望，尤其要注重分析人物的内心和事件发展的阶段。因为"物"是死的，"人"是活的，而且文献与文物资料不可偏废。只有做到有机结合，才能发挥它们的真正价值。

作者简介：何丹，南昌大学人文学院讲师。

明中叶毁"淫祠"行动中的思想因素

——以魏校欲罢祀陈献章于乡贤祠为例*

庄兴亮 黄 涛

【摘 要】明中叶,怀抱着重建儒家理想社会秩序的士大夫在广东进行了大规模毁"淫祠"、兴社学的活动。这些活动历来颇受学者的关注。然鉴于在所谓"淫祠"的界定上始终存在不少"模糊地带",故并非现有的"外部视角"研究成果皆能深入解析。本文通过对广东提学副使魏校在毁"淫祠"行动中一度欲将陈献章牌位从乡贤祠撤出一事的考察,从思想与学派的内部脉络方面出发,对此事例加以重新审视。由分析魏校对心学与白沙学派的态度出发,展示魏氏"欲罢祀"念头的产生缘由;进而讨论湛若水借机将此事件扩大化以达致确立自身在白沙学派中"正统性"的真正目的。最后,借对执行者魏校的考量与渲染者湛若水的作为之厘析,尝试在思想因素方面为先前明清毁"淫祠"行动的研究做以补充。

【关键词】魏校;毁"淫祠";白沙之学;湛若水;师门"正统性"

一、前 言

在帝制中国时代里,相对于受国家承认且充满正统色彩的"正祀",大凡不受国家祀典规定所认可的,皆可称之为"淫祀"。从《礼记·曲礼》中"非其所祭而祭之,名曰'淫祀',淫祀无福"①的直白解释中,我们可知"淫祀"及祭祀所在处"淫祠"在传统读书人心目中的负面形象。按《大明会典》所载,如祭祀"其不安奉祀之神",是要受到惩处的;而在16世纪的珠江三角洲地区,多数巫觋奉祀的神祇并不在国家祀典的规定内。② 尤其值得关注的是,在传统"庙学制"底下设立的地方乡贤、名宦祠虽获得国家的积极推动,但终究没有被正式列入法定的国家祀典中。正因为处于这种既受鼓励,又无法获得实际法律保障的"尴尬"地位,珠江三角洲地区的乡贤祠在明中叶的士大夫大规模捣毁淫祠的过程中究竟是如何被界

---

* 本文初稿曾宣读于2014年6月25—29日由广州中山大学岭南文化研究院主办的"'理学与岭南社会文化'国际学术研讨会"上。衷心感谢业师香港理工大学人文学院院长朱鸿林教授的悉心指点,笔者从老师的意见中受益良多。

① (汉)郑玄注,(唐)孔颖达疏,龚抗云整理,王文锦审定:《礼记正义》卷五,北京:北京大学出版社,2000年,第180页。

② 科大卫:《明嘉靖初年广东提学魏校毁"淫祠"之前因后果及其对珠江三角洲的影响》,周天游主编:《地域社会与传统中国》,西安:西北大学出版社,1995年,第129页。

定和对待的,遂成为一个极为有趣的问题。

正德末年至嘉靖初年苏州府崑山人魏校(1483—1543,字子才,号庄渠)①以广东提学副使身份赴粤开展大规模毁"淫祠"、兴社学行动之情况,历来已获得不少明代社会史研究者、历史人类学家的关注,他们将焦点主要集中在魏氏打击巫觋邪术、乡间佛道信仰及如何维护或建立儒家正统的议题上。② 研究者亦从"系乎时君之好恶"③的角度切入,认定作为"释氏之不振极矣"④始作俑者的嘉靖皇帝(1522—1566年在位)乃是导致魏校在广东严厉打击佛教,甚至造成"僧、尼亦多还俗"⑤局面的关键所在。⑥ 此外,被视为"淫祠"的佛寺田产在被执行官员扫荡后落在各个地方势要手中的情况,亦可以让我们关注到了这场行动中的经济利益之争。⑦ 当我们愈加意识到明清地方毁"淫祠"行动的成功在很大程度上其实是取决于有关执行者的政治热情与利益趋向以后,⑧会发现在所谓"淫祠"的裁定上着实存有不少"模糊地带";而其中执行官员含有很大主观成分的(态度)因素却非现有的"外部视角"所能深入解析的。⑨

本文尝试探究魏校何以于"正德十六年(1521)八月"至"嘉靖元年(1522)六月"之间⑩在广东毁"淫祠"行动过程中一度有意将来自新会县的大儒陈献章(1428—1500)的牌位从位于广州城西部的乡贤祠中撤出。有关魏校此举的记载,最早见于陈献章弟子湛若水(1466—1560)《无题答或问》中。兹摘录其文字如下:

有问于无名子,见知与闻知孰优?
或曰:"孟子见知皆贤也,闻知皆圣也,闻知似优。"又曰:"及其知之一也。"

---

① 有关魏校的生平事迹,详参(明)郭棐撰,黄国声、邓贵忠点校:《粤大记》卷六《宦绩类》,广州:中山大学出版社,1998年,第144—145页;(清)黄宗羲著,沈芝盈点校:《明儒学案》卷三,北京:中华书局,2008年,第47—48页;(清)张廷玉等:《明史》卷二百八十二《儒林传》,北京:中华书局,2007年,第7250—7251页。

② 参科大卫:《明嘉靖初年广东提学魏校毁"淫祠"之前因后果及其对珠江三角洲的影响》,第129—134页;Sarah Schneewind, "Competing Institutions: Community Schools and 'Improper Shrines' in Sixteenth Century China", Late Imperial China, 20.1 (June 1999):85—106;井上徹:《魏校的捣毁淫祠令研究——广东民间信仰与儒教》,《史林》2003年第2期,第41—51页。

③ (明)宋濂:《元史》卷二百〇二《释老》,北京:中华书局,1976年,第4517页。

④ (明)沈德符:《万历野获编》卷二十七《释道》,北京:中华书局,2007年,第684页。

⑤ (明)郭棐:《粤大记》卷六《宦绩类》,第144页。

⑥ David Faure, Emperor and Ancestor: State and Lineage in South China, Stanford, Calif.: Stanford University Press, 2007, p101. 有关魏氏毁"淫祠"对佛教的打击情况,可见林有能:《魏校岭南毁佛述略》,《暨南学报》(哲学社会科学版)2015年第3期,第151—156页。

⑦ 详见David Faure, "The Emperor in the Village: Representing the State in South China", in State and Court Ritual in China, ed. Joseph P. McDermott, Cambridge: Cambridge University Press, 1999, p282. 晚近一篇论及这些被变卖的"淫祠"田土性质及其所引发的广东地方赋役结构变化之文章,可参任建敏:《明中叶广东禁毁淫祠寺观与寺田处理》,《新史学》(台北),第26卷第4期,2015年12月,第79—126页。

⑧ 参王健:《明清江南毁淫祠研究——以苏松地区为中心》,《社会科学》2007年第1期,第97—107页。

⑨ 王健透过对明中叶江南地区士人参与打击"淫祠"运动的考察,就指出积极者似乎皆有其独特的倾向于理学背景之况。详见氏著:《十五世纪末江南毁淫祠运动与地方社会》,《社会科学》2015年第6期,第155—164页;《明代中叶吴中士人居官"毁淫祠"现象探析》,《史林》2015年第3期,第56—63页。

⑩ (明)魏校:《庄渠遗书》卷九,文渊阁《四库全书》影印本,第1267册,上海:上海古籍出版社,1987年,第848—877页。

或曰:"东所(张诩)、本诚(即陈元诚)①之于白沙先生也,一曰见知,一曰闻知,然则本诚优于东所矣乎?"

或曰:"闻之白沙先生谓南川(林光)出仕,三十年不讲此学矣;东所未尝问矣,不知其于见知也何如?魏庄渠督学以白沙先生为西方之学,欲出乡贤祠牌位于西郭。本诚,(林)勿欺入室弟子也,实与焉。赖潮士薛子修(薛宗凯)十数人诤之,乃免。不知本诚于闻知也何如?"②

以上的对答恐怕是湛氏对其老师牌位将被魏校撤出一事较为详细的记载,从中透露出陈本诚(1522年中举)曾参与其中,幸得一班潮汕子弟力谏,计划才未实施。而湛若水对此事的耿耿于怀,还可以从他和门人郭肇乾(生卒年不详)③的对话中窥见一斑,其文曰:

(郭问)尊教一贯之旨,合内外、动静、心事而一之也,诚指俗学之迷矣,但虚名实事,未悉教旨。程子说违道不远,犹降一等言之,则曾子未发,此事何如?尊示谓陈元诚、林勿欺韶庄渠魏公毁白沙先生,此诚有之。盖陈、林二子学问全在闭邪功夫,不知知几之学,故误去耳目支离之用,存虚玄不测之神之说。魏公祭文有"黜聪毁明"之句,时机等辨之于下,潮士言之于上,以为风化所关,后魏公乃悟,林勿欺固不足道,魏公因陈子学问之误,何足以病先师之学哉。

(湛答)忠恕立即无等,此辈所谓义袭耳,安得闭邪?勿错认了石翁"去耳目支离之用",而庄渠即以为"黜聪毁明"是"去耳目之用",安得会读书?以为西方之学,出牌位于西郊,赖潮士与吾诸子贤谏之,卫道之功不小矣。④

与《无题答或问》一样,这里同样是通过讨论义理分歧的对答方式进行的论述,并且不忘再次大力抨击陈元诚,因陈氏为林勿欺弟子,故而此处也连带批评后者。由上观之,湛氏两次将此事置于论学的文字中,是否正暗示了争议的源头其实在于学问上的分歧?魏氏欲罢祀陈献章态度的背后究竟基于什么考量?排佛为何不对具体佛寺与僧人进行扫荡?魏校最终并未采取实际行动的原因又为何?针对以上的问题,本文微观地将此个案置于思想与学派的内部脉络中加以重新审视与梳理,冀望发掘此前明中叶毁"淫祠"行动研究中所不察的另一面向。

---

① 案:今查与湛若水、魏校同榜进士及第的另一位广东籍高官方献夫的《西樵遗稿》,可得好多篇出现"陈元诚"之名的文字。何维柏《陈尧山先生传》则清楚地指出:"先生讳激衷,字元诚,号尧山,南海人也。"同时文中提及陈氏与方献夫、魏校等人的交往。详见(明)何维柏:《天山草堂存稿》卷六,《四库全书存目丛书》,集部第103册,台南:庄严文化事业有限公司,1997年,第418—420页。另,《庄渠遗书》及《广东新语》中皆有与陈元诚的书信及陈氏事迹的记录。由此可推知,湛氏笔下的"陈本诚"应为"陈元诚"。
② 见(明)湛若水:《湛甘泉先生文集》卷七,《四库全书存目丛书》,集部第56册,第591页。
③ 后人将郭氏事奉老师湛若水的故事记下,详见(清)屈大均:《广东新语》卷十《学语》,北京:中华书局,2010年,第312页。
④ (明)湛若水:《湛甘泉先生文集》卷十一《问疑续录》,第644—645页。

二、执行者的考量：魏校对心学及白沙学派的态度

为更深入地探究魏校欲罢祀陈献章的背景与动机，我们需要把握魏氏本人对陈氏所持有的态度。根据学者的研究，陈氏被后人视为"明代心学的肇端者"，乃因其早年师承吴与弼（1391—1469），从朱学入手，而后经过自己的长期摸索，由朱学的"以格物穷理为首的工夫进程"，转向在"自身心体上用功"之经历。① 因此，欲探究魏校对陈献章的真实态度，可首先关注魏氏对心学的评骘。

陆九渊（1139—1193）是心学的创始人，魏校对其肯定之余，亦不忘批评。他称赞陆氏为"振古豪杰""其心青天白日，其言震霆惊雷，足以大振俗学之卑陋"；②但同时认为陆九渊之学"未近道"，虽能"耸动人""救援人"，但却没有"实下手处"，"实下手处"指的应是"四勿三省之类"。③ 可见，在魏校看来，由陆九渊所开创的心学，显得过于高妙，令人难以付诸实践。而陆氏的高第门人杨简（1141—1226），在魏校的眼中则是一位离经叛道者。魏氏认为杨著简直是"逆天侮圣人之书"，因为"夫子说学，他便要说以不学为学；夫子说习，他便要说以不习为习"。④ 杨简之学，被魏校目为"邪说"，与佛学无异；而其人之品行，也不比被孟子称为无君无父的杨朱、墨翟好多少。⑤

事实上，魏校之所以关注杨简，当与明中叶王学风行天下有关，即所谓"自阳明之说行而慈湖之书复出祸天下"。⑥ 他在修改其友夏尚朴（1466—1538）所撰李一清（1469—1515）墓志铭时论述明代心学兴起原因时道：

> 今直云："近时……异说蜂起，程朱之书，又将为天下大禁，余为此惧，而力不足以震之。"则几于骂矣。且彼正因厌俗学支离，故喜禅学之捷径，而陷溺多世之高明之士。今舍却俗学一边，专攻彼一边之失，语意亦欠平正，而未足服其心也。⑦

夏尚朴的墓志铭原稿，对因王学兴起而可能导致的程朱理学衰落深表担忧。魏校则认为其言论过激，认为心学在明代中叶的复兴，是因为所谓"俗学"（即程朱理学的末流）有"支离"之病，"未免为多才多艺所使，用志或分"，⑧不专注于儒者的最高理想——内圣外王，单纯追求具体的知识与才艺。从魏校的立场言之，心学作为这种趋向的反面，在工夫论上追求"捷径"，故而对禅学颇有借鉴之处。显而易见，此语是针对王阳明（1472—1529）而

---

① 吕妙芬：《历史转型中的明代心学》，陈弱水主编：《中国史新论·思想史分册》，台北："中研院"、联经出版事业公司，2012年，第322、336—337页。
② （明）魏校：《庄渠遗书》卷十二《答吴长洲》，第915页。
③ （明）魏校：《庄渠遗书》卷四《答霍渭先》，第775页。
④ （明）魏校：《庄渠遗书》卷四《答崔子钟》，第784页；卷十一《与邓鲁别纸》，第886页。
⑤ （明）魏校：《庄渠遗书》卷四《答崔子钟》，第784页。
⑥ （明）魏校：《庄渠遗书》卷四《答崔子钟》，第784页。
⑦ （明）魏校：《庄渠遗书》卷十六《损益大意》，第972页。
⑧ （明）魏校：《庄渠遗书》卷三《与徐用中》，第746页。

发的。所谓"圣学之枢机"本来是"至易至简"的,但"说者自生繁难";阳明"有激"于此,故而"翻禅学公案,推佛而附于儒"。王学的弊端在于过分"高抬此心",并且对于"义利人界限,反多依违"。① 魏校的说法建立在其本身对讲说心学者的态度上,他认为他们说得"太易易然"又"内省或缺",遂"似与圣门讷言敏行相反"。② 魏校还曾批评阳明的《朱子晚年定论》一书"不计年之先后,论之同异,但合己意,即收载之耳",③直指该书考证并不严谨,只是引朱熹(1130—1200)之说以凑合己意而已。

由此可见,魏校对陈献章所属的心学这一派并不认可。至于他对白沙本人的态度,在《庄渠先生门下质疑录》中有如下一条材料:

> 问:"成德、达材以上,固君子所乐育。若夫徒事口语以相答问者,君子亦教之乎?"
> 答:"君子与人为善之心,无所不尽。如陈白沙'纷纷去马与来牛',及'有人问我道如何,白雪楼头放浩歌',俱是不恭之习。"④

问语源自《孟子·尽心章句上》:"君子之所以教者五:有如时雨化之者,有成德者,有达财者,有答问者,有私淑艾者。"⑤程度较高者,所谓"成德、达材以上",同时包括"如时雨化之者",皆为君子所乐于教之人。而在孟子(前372—前289)看来,资质较差者(如"答问者"),君子亦应当去教,故魏校会说"君子与人为善之心,无所不尽"。在此提问者对"答问者"加上了"徒事口语"这一设定,则说明魏校对于陈白沙的批评乃集中于此。魏氏在答问时所引的陈氏诗句,正是较为"口语化"的。尤其是陈白沙在回答道是"如何"这一极其严肃的问题时,居然以"有人问我"这种口吻来表述,而且还认为"白雪楼头放浩歌"就是"道",则足以充分体现出他为人随意、玩世不恭的习气。⑥ 魏校所不满与不屑的,或许正是陈献章这般姿态。

此外,针对上节介绍过的湛若水宣称魏校误判"白沙之学"为禅学的关键原因——"勿错认了石翁'去耳目支离之用',而庄渠即以为'黜聪毁明'是'去耳目之用'",陈献章确有"去耳目支离之用,全虚圆不测之神"⑦之说。按陈氏说法,"其心虚静,不执著于外物,而随其自然,是修身处事之根本",反之若"不守心性之理,而惟耳目视听之用,是劳其形,长其欲,则其德乃支离而远离天理"。绎言之,即将"尊德性"置于"道问学"之先。⑧ 至于魏校所谓"黜聪毁明"当出自《庄子·大宗师》中"堕肢体,黜聪明,离形去知,同于大通,此谓坐

---

① (明)魏校:《庄渠遗书》卷四《复沈一之》,第771页。
② (明)魏校:《庄渠遗书》卷十一《答吕仲木》,第898页。
③ (明)魏校:《庄渠遗书》卷三《与余子积》,第746页。
④ (明)魏校:《庄渠先生门下质疑录》卷二,《续修四库全书》,上海:上海古籍出版社,第938册,1995年,第389—390页。
⑤ (宋)朱熹:《孟子集注》,《四书章句集注》卷十三,北京:中华书局,1983年,第369页。
⑥ 早在魏校之前,时人对于陈献章在出仕问题上的"玩世"之态已颇有微词。详见朱鸿林:《陈白沙的出处与道德思考》,《中国近世儒学实质的思辨与习学》,北京:北京大学出版社,2005年,第187—192页。
⑦ (明)陈献章著,孙通海点校:《陈献章集》卷一《道学传序》,北京:中华书局,1987年,第20页。
⑧ (明)黄佐著,陈宪猷点校、疏注:《广州人物传》,广州:广东高等教育出版社,1991年,第404页。

忘"①,意即要摆脱一切外在束缚以达到与道合一的境界。魏校捉住表面文字的相似度并以此指斥陈献章近禅自有其道理:此语虽出于道家,但其中的出世精神算是与禅宗如出一辙。然两相对照之下,则可知陈氏的原意显然与《庄子》不同。不管有意无意,魏校确在此误解了陈氏的作品,仅流于关注那些与《庄子》原文相近的关键词(诸如"去耳目支离之用"与"堕肢体""离形去知"等)。

复可论者,魏校私淑胡居仁(1434—1484),而胡氏在其《居业录》中对白沙之学多有批评。如"陈公甫说,物有尽而我无尽,即释氏见性之说",胡居仁则以为:从"形气"的角度说,"物"和"我"都是一样的,"生必有死,始必有终",因而不能够只谈"我无尽"。从"理"的角度说,人与物又皆为"生生不穷"的。② 胡居仁还指责陈献章"专意静坐",这样就等于把"静"当作了"体","动"当作了"用",有"流于空寂"之病,因此在他看来,对静的过分强调导致陈献章"多流于禅"。正确来说,静坐中应当"有个戒慎恐惧"在。③ 或许正基于胡居仁所持的上述批评,黄宗羲(1610—1695)在《明儒学案》中不讳言地点出了胡、陈二人虽存在"同门冥契"的师承关系(皆师从吴与弼),但胡居仁"必欲议白沙为禅,一编之中,三致意焉"。④

胡居仁的学生夏尚朴则称陈献章"斯理也,宋儒言之备矣,吾尝恶其太严"之论是要"打破敬字",故而"白沙之学近禅"。⑤ 这里所谓的"斯理",指的正是宋儒所讲的"戒慎恐惧"。⑥ 换言之,夏尚朴与胡居仁对陈白沙的批评,其实都是认为他不讲"主敬",不谈"戒慎恐惧"。⑦ 夏氏为魏校好友,后者对其学甚为欣赏,黄宗羲《明儒学案》有云:"先生传主敬之学,谓'才提起便是天理,才放下便是人欲'。魏庄渠叹为至言。"⑧由此观之,魏校将白沙学视之为"西方之学",个中原因与其受师友影响亦有一定关联。

综上所述,魏校对心学基本上是持否定态度的。又因陈献章思想倾向于陆九渊之故,魏氏对与白沙思想存在着联系的儒者均有所不满,指斥心学与禅学的相近。再加上胡居仁、夏尚朴等师友的潜移默化。这些都是导致魏氏认定白沙学问"近禅"的因素。事实上,明代中叶的一些广东儒者,如王渐逵(1498—1558)在评论陈献章时,已开始深入辨析"禅而儒"和"禅而佛"的微妙差别所在,他指出"儒者着重的是行为上的表现,禅只是一种思维方式,只要不像佛教一般的影响到实际行动,是儒者所可以接受的"。⑨ 从魏校的角度言之,他当时未必有王氏对白沙之学了解的这般透彻,故其认定陈献章之思维方式近禅,其人又有玩世不恭之习,从而将陈氏归入"禅而佛"一类,进而产生"罢祀"的念头,也属情理之

---

① (清)郭庆藩、王孝鱼点校:《庄子集释》卷三,北京:中华书局,2004年,第284页。
② (清)黄宗羲著,沈芝盈点校:《明儒学案》卷二,第39页。按:四库本《居业录》无此段。
③ (明)胡居仁:《居业录》,文渊阁《四库全书》,第714册,第27页。
④ (清)黄宗羲著,沈芝盈点校:《明儒学案》卷二,第30页。
⑤ (明)夏尚朴:《夏东严先生文集》卷一《语录》,《北京图书馆古籍珍本丛刊》影印本,北京:书目文献出版社,1988年,第102册,第578页。
⑥ (明)陈献章:《陈献章集》卷二《复张东白内翰》,第131页。
⑦ 参见章沛:《陈白沙哲学思想研究》,广州:广东人民出版社,1984年,第251—260页。
⑧ (清)黄宗羲著,沈芝盈点校:《明儒学案》卷四,第66页。
⑨ 参见朱鸿林:《项乔与广东儒者之论学》,曹凌云主编:《明人明事——浙南明代区域文化研究》,北京:人民出版社,2012年,第290—292页。

中的事。

三、渲染者的用心：湛若水确立师门"正统性"的作为

尽管上节考述清晰地展现了魏校对心学与白沙学派的态度，但就目前所见的材料而言，揭露魏氏"欲出（白沙）乡贤祠牌位于西郭"一事却皆出自于湛若水一方。在罢祀陈献章一事中，湛氏是直接站在魏校对立面上的。在相关资料中，我们可以看出双方在学问上的歧见。

从魏校的方面来讲，他时常拿来与湛若水作比较的，恰是"罢祀事件"的主角之一陈元诚。例如，相较于善音律的陈元诚"若出金石"①的歌声，湛若水之"咏歌"声乃"一高则必一下"，因非出自"天然"的声音遂不为魏校所喜。② 对于魏校而言，"咏歌"既是一种推行教化的工具，③同时亦是理学工夫论的一类。魏氏认为"感人天机，莫善于乐"，即"咏歌"的最终目的是要感动、兴起人的"天机"。④ 鹤成久章指出，明代士人通过歌诗活动"来达到体认以人知不能预测的形而上之根本原理（天理）及我心之本体的目的，把与圣人相似的气象在自己的身上加以再现"。⑤ 上引魏校的"感人天机"之论，正可作如是观。湛若水当年在南京国子监任上倡导"咏歌"活动时，魏校就委婉地对其提出批评，表示乐教"恐不必拘以五伦也"，暗示湛若水不够自然，过于使用五伦这些外在的规范去约束"咏歌"，以至于达不到"动发天机"的效果。⑥ 鉴于"咏歌"与理学家的工夫论密切相关，故魏校在这方面对湛若水的批评，其实已经牵涉到了对其学问的不认同。

从湛若水的角度来看，他对魏校在广东社学所实行的教学方法亦曾提出质疑。由湛若水于正德十六年（1521）年底写给时任吏部员外郎的友人方献夫（1485—1544）讨论《大学》古本问题的信中所谈及的"昨见过五羊魏督学，顾舟次说今有三古本"⑦一语可知湛氏在同年九月收到部檄起复，动身北上⑧途中或许见过了魏校。今天的学者已注意到在正德十六年（1521）广州见面后，湛氏在《复谢惟仁》中对魏氏推行教化方式之可行性是存疑的。⑨

> 昔庄渠提学广东亦立四言，有邓童生前问曰："四者不知何处下手？"魏公斥之曰："童子何知！"吾谓童子此问，正有知也。今以五教之（日）[目]、为学之序、修身之要、处事之要、接物之要，判为五条，的于何处下手乎？而训规诸条不惟皆原于心，而心又

---

① （明）魏校：《庄渠遗书》卷四《与邹谦之》，第947页。
② （明）魏校：《庄渠遗书》卷四《与邹谦之》，第947页。
③ 参见简锦松：《明代文学批评研究》，台北：台湾学生书局，1989年，第234—235页。
④ （明）魏校：《庄渠遗书》卷十一《与夏惇夫（其二）》，第889页。
⑤ [日]鹤成久章：《飞动梁尘的圣歌声——关于明代书院的歌仪》，李弘祺编：《中国与东亚的教育传统（一）：中国的教育与科举》，台北：喜玛拉雅研究发展基金会，2006年，第382页。
⑥ （明）魏校：《庄渠遗书》卷三《答湛元明》，第735页。
⑦ （明）湛若水：《湛甘泉先生文集》卷七《答方吏部》，第577页。
⑧ 参见黎业明：《湛若水年谱》，上海：上海古籍出版社，2009年，第79—80、82页。
⑨ Schneewind, "Competing Institutions: Community Schools and 'Improper Shrines' in Sixteenth Century China".

本于几上用功,其孰为易简繁难也?①

由此可见,作者是认同童生所提出的困惑,且对于魏氏那种不易拿捏的抽象教学理念是不以为然的。联系上文所述魏校对湛若水"不够自然"的批评可知,前者认为后者的学术偏于外在,而湛若水则认为魏校这种"皆原于心"的学问太过强调内在的修养工夫以至于不易掌握。

湛、魏二人对同一事物的截然相反的认知,也可体现在看待陈元诚与林勿欺的态度上。在湛氏眼中无可救药的陈氏,魏校不仅肯定其"切实用功",还特别指出其具有"超然绝尘,如凤鸾翔于千仞"②、"心学光洁"③的崇高形象。据魏门弟子、著名文学家归有光(1507—1571)的回忆,在老师心目中的陈元诚确是一位能够通过读书来领悟古人学问神妙之处的人,归文曰:

> 庄渠先生尝为余言:广东陈元,少未尝识字,一日自感激,取四子书终日拜之,忽能识字。以此知书之神也。非书之能为神也,古人虽亡,而其神者未尝不存。今人虽去古之远,而其神者未尝不与之遇。此书之所以可贵也。虽然,今之学者,直以为土梗已耳。④

而同样被湛氏视为不堪与之同门的林勿欺,亦被魏校看作"志行卓尔不群"之士,且认为若能与陈、林二人切磋,则"必大有益也"。⑤

尽管罢祀事件的双方存在着学问上的歧见并且彼此成见很深(湛若水更是直接批评魏校对陈献章的曲解),然细籀湛氏笔下的两段直接谈论"罢祀事件"的文字,他本人及其门人似乎更倾向于将"罢祀"一事的主要责任推给陈元诚和林勿欺。湛若水在叙及此事时特别强调陈、林两人"实与焉";其门人郭肇乾则称"尊示谓陈元诚、林勿欺諂庄渠魏公毁白沙先生,此诚有之"。郭氏似乎对被误导而后"乃悟"的魏校保有愿意理解的余地,但他对陈、林二人误解老师陈献章"去耳目支离之用,存玄虚不测之神之说"的真意及给魏校造成甚大影响的行为感到十分不满。

实则,在陈献章去世之后,其弟子湛若水与张诩(1454—1514)曾对白沙学的定位问题有过争议:前者坚持老师承继宋儒道统,后者认为其直承孔子(前551—前479)道统。⑥ 湛氏先为陈献章作行状,但张诩对湛氏之行状不甚满意,于是另作一篇,说明白沙将其道托付于己之意。张氏此举同样无法为湛氏所接受。最终二人因为对于老师进退出处问题有完全不同的理解与认识(张诩"承白沙退隐自修以作世范之风",湛若水"承白沙传道之志而

---

① (明)湛若水:《湛甘泉先生文集》卷七《问疑续录》,第586页。
② (明)魏校:《庄渠遗书》卷三《与王直夫》,第750页。
③ (明)魏校:《庄渠遗书》卷四《与何子时》,第772页。
④ (明)归有光著,周本淳校点:《震川先生集》卷九《送童子鸣序》,上海:上海古籍出版社,1981年,第209页。
⑤ (明)魏校:《庄渠遗书》卷四《与何子时》,第772页。
⑥ 杨正显:《白沙学的定位与成立》,思想史编委会:《思想史》第2辑,台北:联出版事业公司,2014年,第5—19页。

自乐于问世酬应"),以至于在师门内产生了对陈献章之学所持的迥异立场。①

复可论者,上引湛若水《无题答或问》中称:"闻之白沙先生谓南川(林光)出仕,三十年不讲此学矣;东所未尝问矣,不知其于见知也何如?""见知"一语出自《孟子·尽心章句下》,指的是那些亲眼看见过圣贤之道并对其加以继承发扬的人。湛若水认为张诩非"见知",换言之,正是说他未得白沙真传。林光(1439—1519)是白沙最早的门人之一,但在出仕问题上,白沙一直对其做法有所保留。起初白沙尚能对林光的一意仕进持谅解态度,直至林光任职在外而其老母病逝于家,白沙才在书信中不断指责他未尽养亲之道,林光对此亦予以辩驳,深交三十年的师生,关系由此趋于冷淡。② 白沙称林光"三十年不讲此学",是认为他没有彻底领会老师的学问从而将其付诸实践。主张退隐的张诩这件事情上是站在老师陈献章一边的。③ 而积极入世的湛若水则批评张诩的这种态度,认为他对白沙指责林光的说法"未尝问",算不得真正领会了老师的思想。

有必要特别指出的是,陈元诚其实并非白沙学派内部之人。湛若水称陈元诚"闻知"白沙之学;而深受白沙学影响的何维柏(1510—1587)在与友人的书信中,则称陈氏为"私淑白沙而有得者"④。验之于何氏所撰《陈尧山先生传》等资料,并未见白沙学对陈元诚产生过多大影响,二人的为学方法更是不尽相同。陈元诚早年读书,读至《论语》"修己以敬"章以及程颢(1032—1085)"聪明睿智,皆从是(敬)出"之论,则"动静起居一主于敬",以至于"顿悟日开,豁然有得"。⑤ 陈氏曾奉劝他人道:"须将《论语》熟玩,力行作圣之功,在是矣。"⑥由此可知,其学问的根基乃从《论语》中得来,属于由读书提升修养的为学路径。反观陈献章早年"日靠书册"以求理,然而卒未有得,于是由博返约,依靠静坐以"体认物理",最终得以"见吾此心之体隐然呈露,常若有物",故而将静坐而非熟读某一部儒家典籍作为"作圣之功",以教于前来问学者。⑦ 根据上述资料,我们只能说陈元诚受到过白沙思想的影响。

既然如此,湛若水为什么还要对陈元诚耿耿于怀呢?正德十六年(1521)湛若水作《白沙子古诗教解》,通过为陈献章诗歌作注解的方式以解决"师门内部的纷争以及外界视白沙学为禅学的情况",自诩"是白沙之道的传人,并且排除其他门人"。嘉靖元年(1522),湛氏甚至在陈献章《改葬墓志铭》中为老师作出盖棺评断,借此"凸显出自己正宗传人的角色"。⑧ 有趣的是,魏校欲罢祀陈献章于乡贤祠一事正好同样发生在这两年间。据此推论之,我们有理由相信湛若水很可能是为了确立自身在白沙学派中的地位,刻意将"罢祀事件"加以渲染与扩大。在排除异己的过程中,湛氏对于任何有可能"威胁"其主导地位的同期人物都是敏感的,而他对"私淑"(而非"入室")白沙的陈元诚的不放过,就是最明显的

---

① 朱鸿林:《读张诩〈白沙先生行状〉》,《明人著作与生平发微》,桂林:广西师范大学出版社,2005年,第219页。
② 参见朱鸿林:《明儒陈白沙对林光的出处问题之意见》,《明人著作与生平发微》,第220—248页。
③ 参见朱鸿林:《明儒陈白沙对林光的出处问题之意见》,《明人著作与生平发微》,第220—248页。
④ (明)何维柏:《天山草堂存稿》卷六《与支文宗》,第406页。
⑤ (明)何维柏:《天山草堂存稿》卷六《陈尧山先生传》,第418页。另见于何维柏:《天山草堂存稿》卷六《与支文宗》,第406页;(清)屈大均:《广东新语》卷十《斋居拜先师》,第314页。
⑥ (明)何维柏:《天山草堂存稿》卷六《陈尧山先生传》,第418页。
⑦ (明)陈献章:《陈献章集》卷二《复赵提学佥宪》,第145页。
⑧ 详见杨正显:《白沙学的定位与成立》,第19—31页。

例子。

四、结　语

　　根据上述分析,我们可知理学家是无法置身于时代与社会变迁之外的,他们之间有关哲学理念的争议有可能会影响他们的行为。因此除了过往学者极力关注的政治势力(帝王喜好)、基层社会教化(维护儒家正统)、经济利益(田产之争)以外,研究者尚需从思想因素的角度出发去理解毁"淫祠"的士大夫的"主观考量"。无论是欲罢祀陈献章的魏校,还是站在其对立面的湛若水,他们在事件中所持的学术立场均是由彼此不同的认知所决定的。

　　儒者的学术观点是会随着其人生历练的不断深入而产生变化的,此诚为确论。① 以魏校为例。胡松序《庄渠遗书》指出魏氏思想曾经历"三变":早年在南京刑部任职时"思业乎其官,覃思法理";而后则转向经世之学,所谓"凡丘氏《衍义》所载经世之业,必加讨论";最后则"本心不再是也,反之身心,学于天地万物",深究正心修身之学。② 由于魏校曾自称二十四岁"始获闻敬斋先生之学",其后二至三年"赖天之灵,得一二同志朝夕以所闻切磋,似粗见为学端绪";③因此,倘魏校生于成化十九年(1483),则其学之第三变当发生在正德初年。下至正德十六年(1521)在广东学政任上采取一系列"化俗"行动之际,他已转向身心性命之学多年,思想亦应受胡居仁"崇仁学派"影响。

　　此外,魏校对心学创始人陆九渊态度的变化还有助于我们从侧面进一步理解理学家思想的"过程化"。④ 魏氏曾坦言:"象山天资甚高,论学甚正,凡所指示,坦然如由大道而行,昔议其近于禅学,此校之陋也。"⑤黄宗羲在《明儒学案》中据此称:"先生疑象山为禅,其后始知为坦然大道。"⑥由此推知,魏校对陈献章的态度或许同样存在类似微妙的转变,即起初他认为其学为禅,对白沙之学了解增多后又觉其非是,以至于最终放弃了罢祀陈献章的想法。复次,崇仁学派以排佛著称,认为心学近禅而对其持否定态度,魏校却对其有所肯定,此乃黄宗羲所说的"于师门之教,又一转矣"。⑦ 湛若水紧紧捉住了魏校刚开始的"以白沙先生为西方之学,欲出乡贤祠牌位于西郭"这个思想瞬间,借此不啻表达了对魏氏学问的不认可,还透过"捍卫"老师身后事与学问之纯正性来抬高本身在师门内的地位。钱穆曾

---

　　① 有关这点,许齐雄通过对薛瑄《读书录》和《读书续录》之对比,厘析出作者思想理路之嬗变,借此提醒我们勿将儒者的思想当做一成不变的研究对象。详见氏著:《明代思想史研究的新视野——以薛瑄(1389—1464)研究为例》,复旦大学文史研究院编:《中国思想文化史研究的新视野》,北京:中华书局,2015 年,第 26—30 页;KheeHeong Koh, A Northern Alternative:Xue Xuan(1389—1464)and the Hedong School,Cambridge:Harvard University Asia Center,2011,p2.

　　② (明)胡松:《胡庄肃公文集》卷一《庄渠魏先生遗书叙》,《四库全书存目丛书》,济南:齐鲁书社,1997 年,集部第 91 册,第 46 页。

　　③ (明)魏校:《庄渠遗书》卷三《复王济美》,第 716 页。

　　④ 刘勇通过湛若水与方献夫的个案讨论,指出在理学研究中应该将分析框架对象化、问题化,并留意其过程化、历时化和变动不居的特点。详见氏著:《王阳明〈大学古本〉的当代竞争者:湛若水与方献夫之例》,《中国文化研究所学报》(香港),第 61 期,2015 年 1 月,第 181 页。

　　⑤ (明)魏校:《庄渠遗书》卷十一《复邵思抑(其三)》,第 890 页。

　　⑥ (清)黄宗羲著,沈芝盈点校:《明儒学案》卷三,第 48 页。

　　⑦ (清)黄宗羲著,沈芝盈点校:《明儒学案》卷三,第 48 页。

指出,"思想要有事实表现,事背后要有人主持。如果没有了人,制度、思想、理论都是空的,靠不住的",①今我来思,此语确实一再值得我们在研究思想文化史议题时反复咀嚼。原本看似微小的"欲罢祀事件",正因为多种不同方面的考量与动机的同时介入,致使儒者思想在短时间内发生了转变,历史的现场亦因而远比我们想象的复杂得多。

作者简介:庄兴亮,香港理工大学中国文化学系博士研究生;黄涛,香港理工大学中国文化学系博士研究生。

---

① 钱穆:《国史新论》,北京:三联书店,2001年,第265页。

【近世变迁】

《蚕坡章程碑》考论：地方社会、国际市场与产业变迁*

武 强 刘 芹

【摘 要】茧绸产业是明清以来豫西丘陵地区的一项重要副业，《蚕坡章程碑》则是中国现存最早的关于该产业的记载。笔者通过田野考察及访谈调研，进而梳理《蚕坡章程碑》的相关文字，考证了与该碑相关的几项重要史实，包括两位县令的信息、南石庙蚕神宫的建设、士绅在地方经济中的活动等。根据茧绸产业的外向性市场特性，可知国内经济形势及国际市场的变迁对作为茧绸产业链上游的柞蚕业具有直接的影响。南召县境内各区域在清末出现的蚕坡被破坏等情形，充分反映了国际市场的强大作用力。通过与山东省情况的对比，可以明显看出鲁、豫二省茧绸产业在拓展市场方面的不同。相较于山东省茧绸产业的直接与市场联系，豫西山区与国际市场的互动却是一种间接的形式，但这种互动依然影响到了河南茧绸业的兴衰。因此，《蚕坡章程碑》虽然以传统的形式表现了国家政府与地方的关系，但其深层次反映的却是中国经济不断被纳入世界体系的历史现实。

【关键词】《蚕坡章程碑》；南召县；柞蚕；茧绸；国际市场

茧绸业是河南伏牛山区的一项传统产业，其产业链涵盖了柞蚕放养、缫丝、织绸等多项工序，并在近代发展成为该区域的支柱产业之一。以南召为中心，包括鲁山、镇平、方城等各县域，是茧绸产业的聚集地，而南召是最重要的原料——柞蚕丝的来源地。在自身用以织绸的同时，南召也大量供给鲁山、镇平两县的织绸业，"召邑山坡放蚕，食栎叶，每岁春秋二季"。整个南召县境内，以野蚕丝织成的"茧䌷"已较为有名，其形制"无花，不及东兖沂等处，惟朴实可取"。①

南召县被称为"县在万山下，万山卫山城"，②文献史料极为匮乏。本文从南召县的县级文物《蚕坡章程碑》谈起，结合现存碑刻文物与实地考察所获得的地方性信息，参考文献资料等公共知识，试图复原近代早期南召柞蚕业的历史面貌，为梳理现当代南召柞蚕业、茧绸业的基本面貌提供历史的线索及借鉴。

《蚕坡章程碑》是南召县乃至整个中国现存最早的关于柞蚕和茧绸产业的实物记载，该碑刻于清光绪十年（1884）立于南召县皇后乡齐家堂（现名七里堂），碑高1.5米，宽0.65

---

* 基金项目：本文系国家社会科学基金青年项目"'国家—市场'视野下近代中国茧绸业生产与贸易格局演变研究"（15CZS035）、河南省政府决策研究招标课题"河南贫困县分类施策精准扶贫绩效评估与典型案例研究"（2017B398）研究成果。

① 乾隆《南召县志》卷二《土产·货类》。
② （清）陈之烺：《览风》，乾隆《南召县志》卷四《艺文志·古诗》。

米,厚0.2米,碑阳270字,碑阴460字,楷书。2015年12月、2016年3月,笔者数次赴南召实地考察,对该碑的现状进行了调研,并附带找寻了内容相关的其他碑刻,如《建修南石庙蚕神祠碑》《全县各乡镇丝行等捐资题名碑》《建龙王侯爷庙碑记》《廉清光墓碑铭》等。现以《蚕坡章程碑》为线索,整理如下。

一、《蚕坡章程碑》碑文疏证

《南阳蚕业志》①、《南阳地区经贸志》②及新出的《清代河南碑刻资料》③等均著录整理过《蚕坡章程碑》的碑文,但讹误不少。故此处以原碑文为基础,参考两部志书,对该碑的碑文进行系统的疏证整理。

正面碑文

赏戴花翎,候选知府,另补知县,署理南召县正堂加五级记录十次丁,为』剀切晓谕,④永期奉行事。照得天下大利,首重农桑,召邑地瘠民贫,尤赖养蚕为事畜之助。本县』自去秋来,虔诚默祷,议建蚕神祠,间县祈福,⑤功既告竣,理合酌定章程,⑥永远奉行。为此示仰』阁⑦邑绅民人等知悉,所拟各条,凡养蚕之家,均宜凛遵,倘各条内或有不便,急宜增减者,亦』即随时呈明改正,不得面从心违,则天麻人和,互相感召,本县寔有厚望焉。切切特示。

』计开条规⑧   遵

』一 广植蚕坡,以资喂养也。召邑山坡,宜栗养蚕,凡坡有荒弃者,悉力栽种,如无力之家,商同邻』佑帮种,⑨或出资夥种,⑩俟获利按股均分。有抗违者,准地保指名送官责治。

』一 保护蚕坡,以垂永久也。凡坡栽后,倘有渔利之徒,斫条刨根,毁打湿、干疙瘩及牛羊践牧栗』芽者,准地保指名送官,轻则责罚,重则枷号,⑪决不宽贷。

』一 爱养蚕蚁,以阜民财也。凡茧择种之始,几费经营,⑫及入坡之后,急宜爱养。近有无知之徒,每』在蚕蚁厂⑬中放牧牛羊,任意践伤,则收成无望,殊堪痛恨,准地保

---

① 赵魁编纂:《南阳蚕业志》,郑州:中州古籍出版社,1990年,第211—213页。
② 南阳地区对外经济贸易委员会编:《南阳地区经贸志》,郑州:河南人民出版社,1989年,第332—335页。
③ 王兴亚等编:《清代河南碑刻资料》(七),北京:商务印书馆,2016年,第390—391页。
④ "谕",整理本作"喻";"署理",《碑刻》误作"置理"。
⑤ 碑文为"间",疑为"阖"字之误。
⑥ 碑文为"定",整理本误作"酌立章程";《碑刻》遗漏"本县"至"告竣"二十三字。
⑦ 碑文作"阁",疑为"阖"字之误。
⑧ "计开条规",《碑刻》误作"计刻条规"。
⑨ "帮"字,碑文作"拂",疑为"帮"之异体字。
⑩ 碑文作"夥",整理本、《碑刻》均误作"影"。
⑪ "枷"字,整理本作"加",应系误抄。
⑫ 整理本作"凡费经营",疑系将"幾"字误认为"凡"。
⑬ 碑文作"厰",整理本作"场",疑同音所致。

禀官责治。

』一 严禁抽丰，以杜诈索也。每遇丝茧丰收，即有棍徒聚众索茧，托言乞求，寔①与抢夺无异。即拾』茧亦必俟放刹方准，②倘有结党勒讨，乘间偷窃者，准地保查获送官，定照盗贼例治罪。

』一 撙节草木，③以裕民用也。凡物必以时取，则本不竭，而用无穷。④ 霜降前不准割黄柏草，橡子未』落不准振打。有外境拾柴人毁伤薪木及放荒烧山林者，⑤准地保送官责治。

』右谕通知

』告　　示　　　　　　　　寔贴皇后峪

背面碑文

』保护蚕坡序⑥

』国家首利，农桑为要，其培也宜深，其防也宜密。昔黄帝夫人亲教民蚕，此食桑蚕也，桑固不可以』不树。后汉光武记野蚕成茧，被于山阜，而明成祖时，山东复有野蚕之瑞，此皆食栗蚕也，栗又不』可以不养。此先王所以斧斤有戒，⑦山虞有禁也。我召皇后峪，山多田少，地瘠民贫，可幸者坡宜槲』栗，能养山蚕，以利民用也，则蚕坡之益人匪浅鲜矣。近有渔利之徒，斫条刨根，毁典之家，⑧伐薪烧炭，』以至樵者采、牧者践，种种弊端，难为枚举。道光十二年，合乡建蚕姑祠于齐家堂，⑨同恩邑侯胡』公出示禁，⑩有碑记可考。同治十三年，邑侯丁公，修先蚕宫于南石庙，遂酌定蚕坡章程，急为』出示严禁，而蚕坡之害得少息焉。首事等恐久漫灭，顽梗之辈复蹈故辙，时特将告示章程刻著』于石，⑪以垂永远。于是乎⑫序。

』邑　优　庠　生　廉　清　俊　撰　文　并　书　丹⑬

---

① 碑文作"寔"，整理本作"实属"，二者为异体字；《碑刻》遗漏此字。
② 拾茧之俗，东北亦有。参见卞宗孟：《奉天东南一带饲养柞蚕的情况(13)》，《晨报》1921 年 11 月 6 日，第 5 版。
③ "撙"，《碑刻》误作"樽"。
④ "而用无穷"，《碑刻》误作"用无穷"。
⑤ "毁伤薪木"，《碑刻》误作"毁薪木"。
⑥ 此行题名，整理本、《碑刻》均无，碑文中记载。
⑦ "斤"，《碑刻》作"勉"。
⑧ "毁典"一词，出自《晋书·嵇康传》："康、安等言论放荡，非毁典谟，帝王者所不宜容。宜因衅除之，以淳风俗。"
⑨ 碑文作"齐家堂"，即该碑所在地，今名"七里堂"。整理本作"乔家堂"，误。
⑩ "邑侯"，碑文作"邑候"，此处径改。下文"邑侯丁公"同。
⑪ "著"，《碑刻》遗漏此字。
⑫ 碑文为"乎"，整理本作"平"，误。
⑬ 碑文为"廉清俊"，整理本误作"廉法俊"，《碑刻》误作"谦德俊"。

		耆老	廉广益		宋之崇①	监	温清修		张国祥
』首事人		监生	高殊联	九品	廉广居	俊生	刘庚三		刘成德
		典籍官	段书秀	监生	廉清光②	耆老	廉善纯		高同德
		监生	高星联	九品	陶成玉	监	赵邦相		廉善习
		武生	赵邦哲		梁士堂	秀生	李芳清		王振家③

』大　清　光　绪　十　年　七　月　　　穀旦④

二、《蚕坡章程碑》相关问题考论

(一)碑文中两位县令的名字

《蚕坡章程碑》中比较大的问题,是碑文中提及的两位县令——即道光十二年(1832)的"邑侯胡公"、同治十三年(1874)的"邑侯丁公"——究竟是谁?这原本是一件非常容易的事情,如果府志、县志俱全,只需找寻地方志中的《职官志》等,以姓名寻人即可。但很不幸的是,南召县仅有乾隆十一年(1746)修的一部县志。南阳府的方志相对较多,现亦仅存嘉靖三十年(1551)刻本、顺治十六年(1659)刻本和康熙三十三年(1694)刻本、嘉庆十二年(1807)刻本,共计四部,且无任何一部延伸至嘉庆年间之后者。若要寻求胡、丁二公的历史信息,必须另觅他途。

先来看碑文记载的道光十二年(1832)"邑侯胡公",从时间、姓名两个方面来考察,此时的南召知县,应该是哪一位?

据同治十二年(1873)刻本《汉川县志》卷十六《列传上》载:"秦敦原,字逢资,号襄坡,嘉庆九年(1804)举人,嘉庆二十二年(1817)登进士。初任河南南召知县,剔奸弭盗,振兴书院,不遗余力。不次采访节孝,取沈沦之幽光,大为表扬之。在任八年,风教丕变,以卓异调滑县,南召民饯送者,多至泣下。"又据清同治六年(1867)刻本《滑县志》卷六《职官》载:"秦敦原,湖北汉川县,进士,十七年六月由南召县调署。"按:秦敦原于道光十七年(1837)署理滑县知县,再据《汉川县志》,其调任滑县知县之前,在南召知县任上八年,则可知其任南召知县的时间应为道光十年(1830)至道光十七年(1837)。

除文献史料外,在实物碑刻史料中,也记载有秦敦原的宦迹。据南石庙(兴阳观)所藏《创修桥梁两座斋房三间客堂三间碑记》的记载,此碑立于道光十五年(1835),碑末捐资人名录中,第一人即为"特授南阳府南召县正堂加五级纪录十次秦敦源,捐银伍拾两",虽"源""原"二者名字稍有出入,但可确定为同一人无疑。则文献与实物相参照,可知道光十

---

① 碑文为"宋之崇",整理本、《碑刻》均误作"宋之荣"。
② 碑文为"廉清光",整理本、《碑刻》均误作"廉清先"。
③ 碑文为"王振家",整理本、《碑刻》均误作"王振宇"。
④ "穀旦",《碑刻》遗漏此二字。

二年(1832)的南召知县,必定为秦敦原,不再有可能是碑文中的"邑侯胡公"。那么碑文中的"胡公",究竟又该是谁呢?

民国《贵州通志·选举志二》载:"胡万全,威宁籍,河南南召知县。"民国《威宁县志》载卷七《选举志》载:"胡万全,四十八年,癸卯,附生,历官南召知县。"则胡万全很有可能即是碑文所指的这位南召县令。

据嘉庆《南阳府志》卷四《秩官》"县令"条中记载:"胡万全,贵州人,举人,嘉庆十年任。"又查阅该方志目录之前列有纂修人姓氏,其中参订者一栏,列述南阳府下属各县知县名录,中有"南召县知县胡万全,贵州威宁州人,癸卯举人"。按该志修成于嘉庆十二年(1807),可知至少在嘉庆十年(1805)至十二年(1807)之间,胡万全官居南召知县。至于胡万全在南召知县任上多长时间,并无记载可参考,那么在二十五年后的道光十二年(1832),他是否还能再任南召知县?此处"胡公"所指何人?均尚待考证。

又据道光十八年(1838)《重修伊阳县志》卷三《职官志》"知县"条中记载:"胡万全,威宁州人,乾隆癸卯科举人。嘉庆二十四年任。至道光元年离任。"光绪二十二年(1896)《鹿邑县志》卷十一下《秩官志》"知县"栏载:"胡万全,道光元年任。至道光四年离任。"之后他的任职情况,暂无所考。则胡万全宦迹,多在河南境内,似乎确有再任之可能。

那么,胡万全有没有可能两度任南召知县呢?这种可能性是有的,明显的例子,即是纂修乾隆《南召县志》的知县陈之煾,据该志卷二《职官》载:"陈之煾,江西临川人,廪生,拔贡,乾隆十一年(1746)三月委署,纂修县志";七月,浙江遂安人,庚子举人詹能绂任南召知县;仅两个月后,陈之煾于"乾隆十一年九月,又署"。但以常理推测,即使胡万全能够两任南召知县,假设在其中举年份的乾隆四十八年(1783),年方二十岁,至道光十二年(1832)时已年近七十,再为知县的可能性亦很小了。

于是,另一种可能性便凸显出来。《蚕坡章程碑》立于光绪十年(1885),距道光十二年(1832)已有五十余年的历史,距嘉庆十二年(1807)更将近八十年。那么,是否因皇后峪诸乡贤,因此事已历半个多世纪,记忆错乱,将"嘉庆"误作"道光"?根据以上考据,则时间正好符合。

由上述考证可知,《蚕坡章程碑》中的"邑侯胡公",确定为贵州威宁人胡万全,嘉庆十二年(1807)前后任南召知县;碑文中所载"道光十二年"应为"嘉庆十二年"之误,这个错误是由于年代久远,记忆错乱所致。碑文中称"首事等恐久漫灭",可见几十年前发生的事情,当真已经逐渐在经历者的记忆中模糊,并被忠实地反映在了《蚕坡章程碑》的碑文中。

下面我们来考证同治十三年(1874)的"邑侯丁公"又是哪一位。

据碑文载,蚕坡章程由南召知县丁某制定于同治十三年(1874)。这位丁知县,虽然史载乏名,但据考证,他就是山东日照人丁凤年。据光绪十二年(1886)《日照县志》卷六《选举志》"进士"栏载:"丁凤年,癸亥,历任涉县、南召、柘城、兰仪、桐柏、原武知县,候补府。"知其于同治二年(1863)癸亥恩科中进士,为三甲第八十一名。同书卷八《人物志》中,丁凤年之父丁守存传附丁凤年传,称:"子凤年,字蔼臣。以进士历知河南涉县、柘城、南召、兰仪、桐柏、原武,凡六县,加知府衔。不迎合上官意,以爱民为心,除原武小马之弊,民勒石颂德,岁饥,捐廉助赈,劳勚致疾,卒于官。"是此处柘城、南召对调,似较为符合史实,对比《选举志》中的记载,此处"加知府衔",更为准确,故此处记载应无误。或者可以理解为,丁凤年曾两度任职南召知县。

丁凤年于同治四年(1865)九月任涉县知县,那么他是何时任职南召知县的呢?按光绪二十二年(1896)《柘城县志》卷二《建置志》载:"丁凤年,山东日照进士,同治九年任。同治十年离任。"但据《上谕档》同治十年(1871)三月载,此时丁凤年仍在涉县任上,其官名为"署柘城县事涉县知县",可知在三月十八日后,因"缉捕不力,难资整顿",他与另两位知县"均著开缺,留省察看,以肃吏治"。则丁凤年任职南召,应在同治十年(1871)之后,或即为其离任柘城留省察看之后,赴南召为任。故《蚕坡章程碑》称其同治十三年(1874)尚在南召知县任上,正好可以衔接。

又据下文所载南石庙藏《蚕神祠碑记》,光绪元年(1875)丁凤年应仍任南召知县。据此考证,自同治十年(1871)始,最早截至光绪元年(1875),丁凤年一直在南召知县任上。是以,《蚕坡章程碑》中的"邑侯丁公",即为丁凤年无疑。

(二)蚕姑祠与南石庙

柞蚕放养和蚕坡的维护,其实是比较麻烦的事情。道光十二年(1832)前后,时任湖北省应城县知县的丁周,为推广柞蚕放养并打消民众对此业的顾虑,曾出一告示,遍行全县。他在告示中称:"其养蚕之法,须往黔买种,于清明后,俟蚕种甫出,置之于树,即能自食其叶,及至成蚕,依枝作茧。植树数千,止须小儿一二,持竿梭巡,以防鸟雀啄食,取茧缲丝,俱不费力。"虽然地方官的目的在于"业普一邑,利及百年,丰年足乐,荒年亦可无虞",①不可谓不真诚,但毕竟养蚕是一件非常辛苦、非常不保本的事情,一旦有连续的歉收,一般小民无法承受这种损失,损坏柞坡也是很自然的事情,祈祷蚕姑神灵保佑亦是不得已之下的必然之举。

柞蚕产业具有不稳定性,对气候的要求极为苛刻,因此,对蚕神的崇拜就成为需要殷切关注的重要事务。据《橡茧图说》载:"历代所祀蚕神有四:一黄帝元妃西陵氏(见《皇图要览》),一蜀蚕女马头娘(见《蚕经》及《搜神记》),一菀窳妇人寓氏蚕神(见《后汉书·礼仪志》注),一新兴泥塑东山蚕神罗夫人(见《广东旧语》)。"②这些供祭拜的蚕神,在贵州等地各个蚕坡,均设有神龛以供跪拜(如图1、2所示)。

---

① (清)丁周:《劝民种桑种橡示》,光绪九年(1883)《应城县志》卷一《舆地志·物产》。
② (清)刘祖宪:《橡茧图说》上卷,"祈蚕第十六"。

图1 蚕坡拜蚕神图①　　　　　图2 蚕神图②

《蚕坡章程碑》中提及的同治十三年(1874)"修先蚕宫于南石庙"一事,也是需要考证的史实,此事即指当时被提上日程的重要事务——蚕神祠的建设。此事的记载,反映于《建修南石庙蚕神祠碑记》之中,③现存该碑碑文,大多已漫漶不清,难以辨识;尤其遗憾的是,立碑者姓名部分,均已完全磨平,没有任何痕迹。但通过仔细抄录,发现仍能辨识的部分碑文约占2/3,内容如下:

> 建修南石庙 蚕神祠 碑记
> 　召邑多山,农耕之外,□有□□□□□□□□□□□□□□□□□□夕,而蚕神祠独缺而不备。予谋于众曰:"□□□□□□□□□□□□□□□□神麻,而为斯世箕裘计乎?"佥曰:"可。"因建祠于城南石庙之侧,程 以共□□□□□□□□之 酬 以昴星,世所称为扶桑君,及织女、婺女二星,重其业也。

---

① 原图见于《橡茧图说》上卷《祈蚕第十六》。
② 原图见于《农学报》1905年第12期,第41—42页。
③ 笔者在南召县云阳镇西南兴阳观(1989年重新对外开放之前,即为南石庙)实地调研,通过探访兴阳观现任主持孟兴坤道长,得到《建修南石庙蚕神祠碑记》一通,碑额题"流芳百代"。据孟道长称,该石碑是在数年前,云阳镇小关清真寺修缮时,从地基中翻出,孟道长得知此事后,发现碑文上有南石庙的记载,遂以600元作价买回。该碑现置于兴阳观内,与数十通石碑放置在一起。

经营期月,而大功告竣,□□焕然,召邑数十年未竟之功,盖于是而始备。庙既成,众请〿书石以记其事,予曰:"天下事有莫之为而为之者,人也而即天也。召邑之业蚕,不始于今日,而谋为〿蚕神祠宇,亦不始于今日,乃不始于今日而卒成于今日,□□□□□□召之民享蚕之利,受蚕神之福,□未〿有艾乎!"因综立庙之始末而勒于石,□□□□□□□□之□者。是为记。

　　〿赐　进　士　出　身　即　选　知　县……
　　〿特　授　南　　召　　县　教　谕……
　　〿钦　加　六　品　陞　衔　赏　戴……
　　〿钦　加　六　品　衔　赏　戴……
　　〿钦　加　六　品　衔　赏　戴……
　　〿例　授　修　职　郎……
　　〿光　绪　元　年　四　月……

　　按:此碑虽然难以识别的文字很多,但总体而言还能够辨别出事情的来龙去脉。不过,最值得遗憾的是,碑后的题名均已无存,幸而还能看出"光绪元年四月"一行字。由此,基本上可以确定,这就是丁凤年于同治十三年(1874)始修的"先蚕宫"碑记。

　　与蚕姑祠不同,南石庙蚕神祠的建立,完全是由官方主导的——从碑记题名来看,从知县、教谕,直到品位极低的"例授修职郎",基本是在国家行政体系主导之下。相比较而言,虽然《蚕坡章程碑》中,"首事人"题名录仍然在努力向国家官品系列靠拢,但细绎名录可知,这些均为地方士绅或精英的代表。蚕神祠于光绪元年(1875)完成建造,光绪十年(1884)《蚕坡章程碑》被竖立于齐家堂,二者对比来看,可见官方对地方的深刻影响——虽然地方士绅一直有建造蚕神祠的意愿,但最终仍然需要在官方的主导之下才能完成这一工程。《蚕坡章程碑》也可以看做是地方士绅对国家政策的一种回应。

(三)地方士绅的廉氏宗族

　　《蚕坡章程碑》中,非常引人注目的是在碑后的题名中,列举了皇后峪地区相关的士绅姓名。遗憾的是,虽然这些士绅在地方上有一定的影响,但并没有载入正式的史籍中,若要真正考察他们的生平及活动轨迹,则比较困难;幸而去今未远,还可以通过田野考察及口述访谈等方式,获取一些比较关键的信息。

　　细绎《蚕坡章程碑》的题名,可以看到一个现象,即有不少廉姓族人,似乎这是很大的一个地方宗族。通过实地调研,笔者确实梳理清楚了至今仍然在当地影响很大的廉姓宗族的基本情况,其中最重要的根据即是《南召方城廉氏宗谱》。该宗谱曾有过数次修订,但迄今为止,仅在2000年的新修版《南召县志》中有收录,在2007年新版的《南召县志》中,并没有收录此部家谱。[①] 针对《蚕坡章程碑》中出现的廉氏题名,笔者进行相关的整理如下:

---

① 南召县史志编纂委员会编:《南召县志》,北京:方志出版社,2007年,第843—844页。

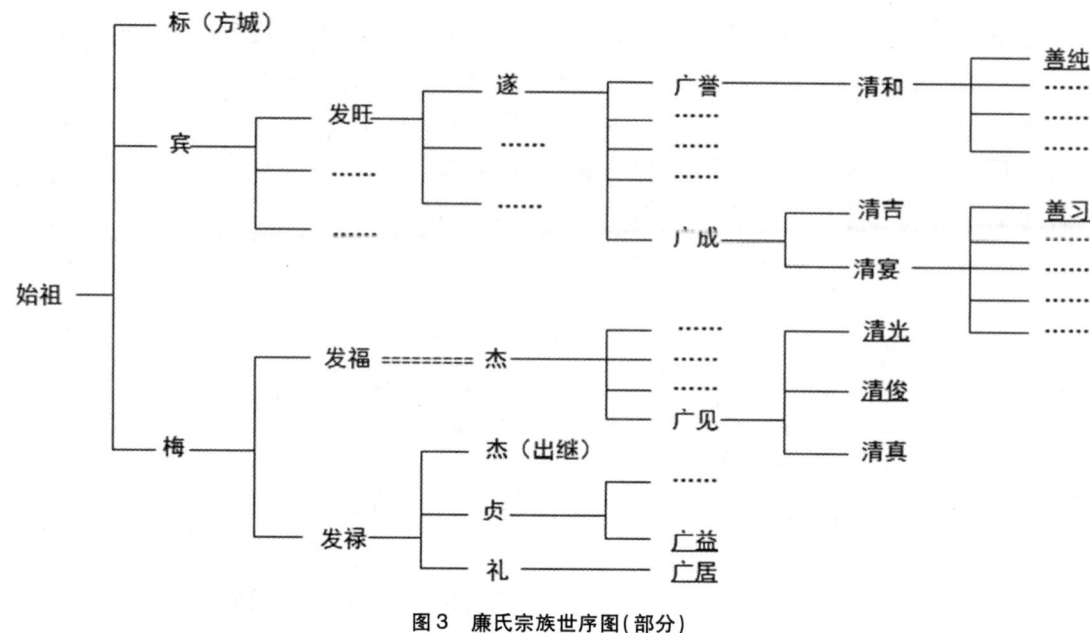

图 3　廉氏宗族世序图(部分)

根据这一宗谱序列,可以对《蚕坡章程碑》中相关的廉氏族人有比较深入的了解。但这似乎仍然不够,需要另外一些资料进行补充。笔者在调研中,又发现了廉氏家族中"廉广见"一脉的墓地,并初步整理出比较完整的《建龙王侯爷庙碑记》《廉清光墓碑铭》等的碑文。

《建龙王侯爷庙碑记》与《蚕坡章程碑》同立于七里堂,略述龙王庙筹建经过,碑文较短,但碑阴所列捐资人众多。此处仅将碑文整理如下:

建龙王侯爷庙碑记

昔先王先成民而后致力于』神,民和而』神降之福,故凡有功于』民者,皆祀之,此立庙致祭之所由来也。我皇后峪七里堂有』龙王侯爷神像,而无□□之所。辛卯夏,旱既太甚,民以为憂,温君』良魁等率众祝祷,越三日,大雨滂沱普济,商贾歌于途,□□』忭于野,憂者喜,病者愈,佥曰:神之惠既其优,神之德不可』忘也,故募众鸠工,修祠刻石,以垂不朽云。』

』太学生廉广见撰文　　　姪清英书丹

	温良魁	二千	段子廉	一千	铁笔匠	王永太	
	孟瑞	二千	张德	一千	画匠	王德功	三百
』首事人	耆民 廉贞	三千	赵太	五百	住持	胡永全	二千
	耆民 王义	三千	孟珍	一千			
	耆民 刘明福	五百	宋思问	一千			
	监生 高肇傛	一千	伍廷魁	五百			

』大清道光十六年岁次丙午仲夏下浣　　谷旦

此碑落款年代作"道光十六年(1836)",但此年为丙申年,道光二十六年(1846)才是丙午年,疑似"申""午"二字之误。廉广见,即《蚕坡章程碑》中廉清俊、廉清光之父,廉清英亦为廉广见之后辈。由此碑记载可知,撰文、书丹均由廉氏一族办理,则其在地方上的影响力可见一斑。

《廉清光墓碑铭》碑额题"永垂不朽",碑心题"清太学生廉公讳清光字伯明之墓",碑心左侧落款为"中华民国叁拾年夏历十月朔日立",是廉清光之子廉善林所立,碑心右侧碑文如下:

> 考讳清光,字伯明,太学生博庵公长子也,幼受庭训,颖慧绝伦。后患气壅症,亲学就医,生性仁慈,不辞劳瘁。精岐黄后,并不择人择时,延请即至,一经诊治,未愈者必乘便往其家视轻重,心拳拳不少释,以故感德者咸以慈父视之。公因痼疾,三十六而卒,邻里妇妪相为泣涕。事嫡母孝,晨昏不间,病虽延长,服侍如故,疮疾病烂,不嫌秽□床□□□之役,亦必亲为,故乡党宗族以至孝称。生诱兄弟三人,诱居长,□□□□□□次八区区长,三善庸,已故,亦粗□文字。孙及曾孙十余人,多列学校后起之秀,亦不乏人□者,先父□德□□之所效也,故□诗之□永垂不朽云。

在此碑文中,并未提及《蚕坡章程碑》,唯对廉清光一生之慈、孝关注最多。① 该碑立于1941年,此年廉广见一脉从廉氏宗族祖坟中迁出,重又选择一处背山面水之地安葬。原在祖坟之时,廉广见等并无墓碑,之所以重又立碑,当然与后代社会地位的上升有直接关系。

通过对廉氏家族庞大的族系分析,基本上可以明了其在地方上的影响力。这也就不难理解在决定地方经济发展的柞蚕业方面,得到一些较大宗族的支持是必不可少的;也正是在这些地方宗族及士绅的努力之下,国家政策才可能发挥影响作用。

三、《蚕坡章程碑》与清末豫西的柞蚕业

蚕坡在南召县地方经济中的地位,早在乾隆年间就已经得到了充分的表现,时任南召县令的陈之煟作诗称:

> 邾石夹杂卉,尺土剩锄耕。暂憩村茅舍,琐琐讯民生。槎坡饶耳利,蚕坡茧丝盈。斧斤以时入,砍伐足担簦。猎逐初无禁,岂止椓丁丁。采药多品类,采菜无嚣争。以兹补乏匮,且以供职征。②

---

① 据笔者实地调研,以及对廉氏家族德高望重的廉敬增等老先生的访谈得知,廉广见之子即廉清光、廉清俊、廉清真三兄弟,三人寿命合计尚不足一百岁,故乡人谈及此事,多引以为奇,且表示唏嘘怜悯之情。因此,若天可假年,三兄弟应能够成为地方上影响力更大的士绅,能够找到的史料也许会更多。

② (清)陈之煟:《览风》,乾隆《南召县志》卷四《艺文志·古诗》。

乾隆《南召县志》中,记载蚕坡、槎坡等有九十处之多,可谓极一时之盛(如表1所示)。

表1　清中期南召县境蚕坡与槎坡分布表①

坡别	区域	地　名						
蚕坡	县东	石槽沟	老庙坡	姜子沟	年家沟	黄土岭	干　沟	将台山
		张门石	鳖军垛	贾家扒	斗金洞	蚰蜒沟		
	县西	金藏山	富春山	空　山	八里桥	香炉山	鹰嘴坡	红崖坡
		漆树崖	王家扒	张仙沟	白家扒	木石沟	铁炉垛	石庙坡
		青沙岭	铁河贯					
	县南	响水沟	鸡冠垛	小庞山	双土地庙	观音岭	天桥坡	太子山
		王葫芦沟	天宝观	灌沟口	大面垛	油芦沟	花椒峪	
	县北	头道庙	二道庙	三道沟	鹿鸣山	马鞍山	白龙潭	牛王塚
		王婆婆庙	苏家山	搬山庙	晒衣山	石嘴坡	料干桥	八里坡
		磊落石						
槎坡	县西大山	古墓沟	柳树沟	水牛冲	牛石沟	老毛坑	吴家沟	元潭沟
		塞坡	七顶山	九八垛	明崖	磨儿沟	小寺山	化龙潭
		韭崖山	野牛岭	普堤厂	葛花架	青石板	沙　沟	京子垛
		青又崖	马岭沟	甘露沟	青山	五垛山	丹霞山	板山
		御垄山	仙人洞					

但遗憾的是,这一产业并没有得到精心的维护,在经过百余年的变迁后,光绪初年的蚕坡已经处于不断被滥砍滥伐的状况之下。民国初年,虽然柞蚕放养仍然相对繁盛,但已经出现蚕坡、槎坡大量减少的趋势,时人称:"南召有栎坡五六十处,山丝产额甲于各县。"②这条史料,是张嘉谋在民国时期校注的内容,反映的是清末民初的状况。虽然有研究者以此条史料作为南召柞茧丝绸业发达的力证,但与上表对比,可以看到,蚕坡被破坏的程度,是逐渐加深的。

在南召知县及地方士绅看来,这尤其需要归结为民众的短视与无知,应当积极出示相关的政府告示、乡规民约等进行制度建设,这无疑正是《蚕坡章程碑》产生的历史背景。但放在长时期的历史中来看,这一现象却又是与时人无法直接感受到的国内区域市场、国际市场紧密联系在一起的。

(一)蚕坡被破坏的历史背景——资本主义世界经济危机与"道光萧条"

蚕坡是柞蚕业生产区域中,影响民众经济生活至深的固定资产,在柞蚕放养最盛的山东省内,早在康熙年间即有对蚕坡所有者、经营者的敲诈勒索。据方志载,康熙四十一年至五十一年间(1702—1712),"四川遵义举人"罗士栢任日照知县,"时社差累民,胥吏为奸,

---

① 表中资料来源:乾隆《南召县志》卷二《土产·货类》。
② 张嘉谋:《明嘉靖南阳府志校注》第二册《土产》,1942年,第24页。

又檄查蚕场。士柏以日照贫敝之形上陈,尽革社差,民以不扰"。① 可见诸如胥吏对蚕场骚扰的情形,早已有之。但需要明确的是,当时关于破坏蚕坡的记载则相对较少,而经营蚕坡必然获利颇丰,才会有被勒索的可能。

蚕坡养成及维护需要积数年之力,沉没成本极大,一般民众即使是没有能力估计数年之后的收成或经济水平较差,也不会轻易毁坏蚕坡。清代咸丰年间,官至沂水知县的吴树声,曾就这一历史现象进行了专门的分析:"沂多山,山必有场,种柞栎树以养山蚕,岁出山茧山绸无算。西客皆来贩卖,设经纪以抽税,岁入数千金焉。东门外山绸会馆,为山绸客公会之所,颇壮丽可观,可想见当日绸行之盛。近则小民贪目前之利,伐其树以助薪,刨其根以为炭,无山不童,而山蚕之利,在官在民,皆不及昔之十一二。沂在群山中,粮粒不能致远,唯赖此项为生财之大宗,今此项一废,非复昔日之殷富矣!"②这是咸丰四年(1854)前后,柞蚕原产区山东的情况。

其实,作为一种市场导向型产业——柞蚕业,其终端制成品茧绸因质量很高、价格相对昂贵,主要的市场集中于国际市场以及国内经济相对发达的区域;一旦终端商品市场无法扩张或维持,则产业链上游必然会受到影响。随着"五口通商"后中国的对外开放,资本主义世界多次爆发的经济危机已经影响到了柞蚕业的发展。1825年、1847年、1857年、1873年,以西欧为起源地,资本主义经济体系发生了数次经济危机,导致国际市场整体生产过剩,③以资本主义世界为终端市场的柞蚕业所受到的影响自然是巨大的,由此造成了柞蚕业在某种现代意义上的"生产过剩"。

但是,更直接影响到柞蚕产业的,则是中国国内发生的影响区域极广、几乎贯穿了整个道光朝的经济衰退现象,即所谓"道光萧条"。虽然学界亦有观点认为,"道光萧条"并非历史事实,或并不如相关研究显示的那么明显,④但道光年间中国经济及国力的相对衰退,已然是不争的史实。很不幸的是,柞蚕业正属于受市场衰退影响最大的外向型产业。在通货紧缩导致的国际竞争力下降以及农业生产同样不景气的影响下,茧绸无法在国内国际市场上实现价值,对相对脆弱的农村经济而言,自然就无法维持蚕坡这种大规模的"固定资产"投资,由此导致的对蚕坡的各类破坏,完全属于顺理成章的历史事实。道光年间,资本主义经济形态已经由通商口岸渗透至中国,国内、国际市场已经逐步开始一体化进程,如果需要考察某一项国内产业(尤其是外向型产业),就必须要同时注意到国际市场的影响。

针对《蚕坡章程碑》的分析而言,南召知县丁凤年的故乡日照县与沂水县同属沂州府治下,丁凤年对吴树声记述的这种毁坏柞坡、蚕场的行为应多有耳闻目睹。如果说《蚕坡章程碑》的发布是地方士绅的行为,那么发布保护蚕坡告示的丁凤年,应该是根据自己的亲身经历、亲眼目睹的教训,试图为南召蚕坡的建设提供相应的政策保证。

当然,对蚕坡的保护,也是各个柞蚕放养地区官民都非常看重的一件事。与南召相仿,

---

① 乾隆二十五年(1760)《沂州府志》卷十九《职官下》、卷二十《宦迹》。按:遵义应属贵州省,但此处称其为"四川遵义",未知何据,待考。
② (清)吴树声:《沂水桑麻话》,载《沂水县文史资料》第3辑,1987年,第70—71页。
③ 朱炳元、徐璐:《资本主义发展史上的历次经济(金融)危机》,《毛泽东邓小平理论研究》2010年第3期。
④ 倪玉平:《清朝嘉道时期的关税收入——以"道光萧条"为中心的考察》,《学术月刊》2010年第6期。

位于伏牛山北麓的南召邻县鲁山县也是柞蚕的重要产区。同治五年(1866),该县北来河村诸乡绅就蚕坡保护等事,专门立规矩碑一方,申明各类对地方极重要的事务,称"禾稼乃养生之本,窃取者有干例禁;材木为利用之资,偷砍者至蹈罪戾",其中的五条规矩之中,单列一条专门就蚕坡培植及保护做出规定:

> 一、凡北社地方,坡多地少,土薄石厚,全赖构梢、蚕坡、树材取利。勤培养根株者,非数年不成,甚属艰难。如有不法窃取嫩芽,砍伐枝梢,刨绝根株,拿获者,视物轻重,酌量议罚。①

对培植工作投入极大,"非数年不成,甚属艰难"的蚕坡而言,如果其遭到民众肆意的破坏,那么一定是由于它无法带来非常明显的利益。

道光至同治年间,河南、山东境内与蚕坡相关的条规和章程的不断出现,反证了柞蚕产业的历史渊源之深厚,也说明《蚕坡章程碑》有着深厚的时代背景。地方官员及士绅出于职责或地方利益,试图阻止由"道光萧条"导致的蚕坡被破坏的状况,但他们却无法改变经济规律的运行,即对于某项产业而言,在市场上实现其价值是其最终目的,唯其市场究竟位于何处,是需要深入考察的。

因此,对于柞坡的被毁坏,梳理其历史的逻辑线索也是有必要的。蚕坡被毁坏,应该是源于放养柞蚕的减少,这一现象应该归因于茧绸产品的销路不稳定,这种不稳定与市场需求及国家政局的变动有关。所以,当时所谓对蚕坡的保护政策,应该是在一定的国际大背景下形成的,即国际市场由俄罗斯向欧美的转变,②以及国内政治和经济形势的变化。蚕坡的扩张,也随着国内、国际市场的逐步复苏,在同治后期逐步得到实现。

(二) 柞蚕产品市场的扩张

南召县域内柞蚕放养、茧绸织造技术的相对成熟,使其在乾隆时期就已经开始了向外传播的进程。陕西省商南县在陈宏谋等地方大吏的倡导下,亦早在乾隆初期即开始放养山蚕。据乾隆十三年(1748)县志记载:"乾隆十一年(1746),自河南购种,觅河南、山东人放养,拈丝织绸,今土人学习,渐有成效。"③按,其自河南购种,依就近原则应该即为伏牛山区的南召、鲁山一带。

南召、鲁山一带柞蚕放养技术水平的相对较高,无疑对周边各地产生了一定的影响。道光十一年(1831),登州府福山县人王德瑛履任舞阳知县,到任不久即发布《厚风俗告示》,因其出身于山东柞蚕产区的背景,中有一条特别对这一产业加以关注,文曰:

> 一、境内南乡,地少山多,若能种树养蚕,其利必厚。本县莅任之始,为民代谋生计,曾经劝谕栽树,嗣经周历巡查,见罗寨、辛安等保,山势回环,处处连而不断,向来南山以捻匪窥伺为虑,设遍山皆丛林密菁,易于藏奸,亦不为宜,是以中止。至于开化、港

---

① 鲁山县地方史志编纂委员会:《鲁山县志》,郑州:中州古籍出版社,1994年,第984页。
② 武强:《明清时期柞蚕书的刊行、传播及影响》,《地方文化研究》2016年第2期。
③ 乾隆十三年(1748)《商南县志》卷五《物产·虫豸之属》。

河等保,山势之有起有落,并非连环不绝者,匪徒不能潜迹,与罗寨等保情形不同,仍宜栽树养蚕,可以常年收茧。南召、鲁山有开蚕坡之蚕师,其法极简,雇令种橡养蚕,三两年后收利无穷矣。①

因此,无论是经济活动,还是社会事业,都要以政治安定为第一位。例如,在嘉道之间的白莲教起义期间,因山区常有的教众出没,柞蚕业的发展就受到了极大的阻碍。

柞蚕业的提倡者往往以"收利无穷"为词,但"利从何来"则是需要深究的问题,归根到底,这是在清末国门大开的背景之下,国际市场的扩张造成的必然结果——即使是僻在豫西山区的南召县,同样会受到市场的影响。

道光初年,时任贵州安平知县的林祖宪,曾以《橡茧图说》为名,对地方柞蚕生产技术进行了详细的描述,其中也提到如何处理大量生产的柞蚕产品:

> 或曰:"遵义以一郡所出之茧,即将遍天下,设橡树徧于黔中,不虑其聚而不销乎?"不知遵义之绸,今仅通于河南、四川、湖北、山陕、云贵数省,而河南贩客,往往于春季,先出银付织,秋始收绸,则绸之易销可知。且今之土绸,尚不可以染红,其用此丝者,亦惟广东之沉香茧,云南之通海缎,余若四川各省,祇以杂丝线帽纬等之用,嗣此而胰绸益熟,染水益得,则用必益多,销必益易矣。②

从刘祖宪试图推广该产业的努力可知,道光初年,河南省内已经有大量行商前往贵州等地购办茧绸等柞蚕产品。那么作为河南柞蚕产业中心的伏牛山腹地(南召、鲁山等县),其柞蚕生产的兴盛程度更可得知。《橡茧图说》以图说的形式,标明了贵州野蚕丝、茧绸的销路方向(如图4所示):

---

① 道光十五年(1835)《舞阳县志》卷六《风土》。
② (清)刘祖宪:《橡茧图说》卷上《橡利第一》。

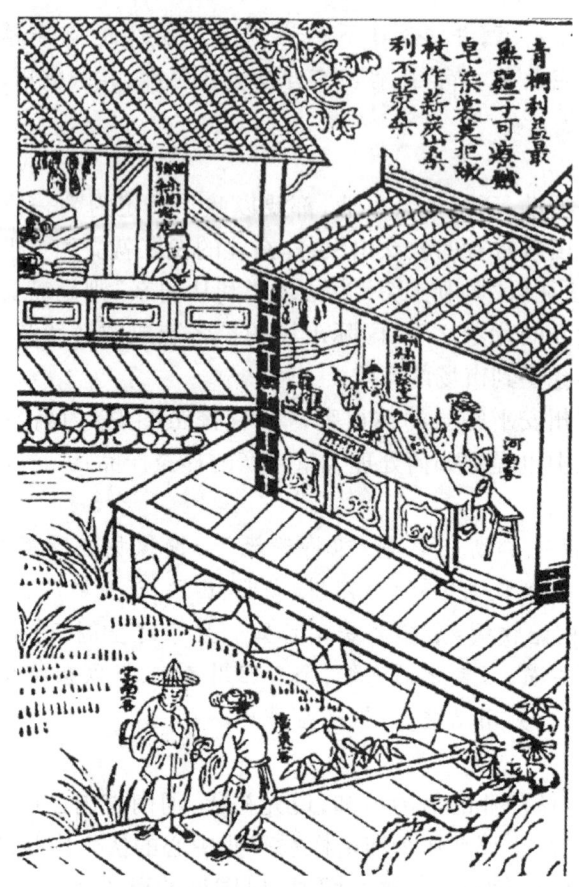

图4 《橡茧图说》载柞蚕丝绸贸易图

图中的河南客、云南客、广东客,已经前往贵州各个"丝绸老店"从事蚕丝、茧绸贸易,这是道光初年该产业的基本情况。对于贵州茧绸而言,其市场包括河南、云南、广东等地区,如果说后二者因地属边境,可直接对外贸易,那么河南作为茧绸产品的市场,似乎就不仅仅是由内部市场消化,更可能的情况是,从事茧绸贸易的"河南客",只是以中转商的身份而出现的,最终市场仍然是在国外。

于是,在上海、汉口等地开埠之后,以野蚕丝、茧绸为代表的柞蚕产品的对外贸易额日益增长。茧绸贸易的这种兴盛趋势,在王元绥辑录的《野蚕录》中亦有记载。

表2 光绪年间柞蚕产品出口贸易额

年份	野蚕丝		山东茧绸		烟台出口茧绸价值	上海出口茧绸价值
	担	价值	担	价值		
1875	5731	618053				
1876	3094	366183				
1877	3029	365190				
1878	4200	410942				

续表

年份	野蚕丝		山东茧绸		烟台出口茧绸价值	上海出口茧绸价值
	担	价值	担	价值		
1879	4716	409466				
1880	4101	385876				
1881	5199	509441			218696	321030
1882	4089	344720			314303	307222
1883	5836	510974			426761	393965
1884	6651	609463			335149	282362
1885	7871	723983			381101	377459
1886	12554	1288655			508182	350009
1887	12041	1083830	2210	339090	527931	322694
1888	13128	1360881	1854	297065	329883	293309
1889	17827	1955725	1901	300348	396902	308865
1890	19979	2032408	1281	201374	301904	272952
1891	17043	1513670	1280	202035	317264	255649
1892	16433	1479225	2751	471944	518578	394495
1893	13758	1402577	2523	405589	549211	363571
1894	16240	1939594	2718	435425	494474	406552
1895	15942	1967038	2621	419701	455367	367936
1896	16370	2403827	2590	589874	415974	467285

资料来源:"野蚕丝""山东茧绸"出口额,出自王元綎:《野蚕录》(写本,1902年),价值单位为"两";烟台、上海两通商口岸出口茧绸额,出自《中国旧海关史料》(京华出版社,2001年)各年贸易统计,价值单位为"关平两"。

以上海"久成号"等为代表的茧绸贸易商,也相继在南召、镇平、鲁山等地设立"申庄",就地进行茧绸、野蚕丝的生产,再转运至上海出口。"至光绪十九年(1893),是年豫省山蚕收成十分丰稔,除运销俄国外,尚供过于求,有豫省绸客带货来申(此为上海推销河南绸之始)。""光绪二十七年(1901),在拐河创设久成通记,并设办事处,李青店添设久成隆记,二十九年(1903)又在板山坪添设久成庆记,并设办事处于赊旗镇,办理汇总发货等事。"①通过上海等地客商的介入,南召境内李青店(今南召县城所在地)、板山坪等地真正与上海等通商口岸紧密联结起来,融入了以欧美为代表的国际市场之内。

直到20世纪10年代,南召县境之柞蚕产业链,仍然非常兴盛。"丝绸商号,以李青店为最,次留山,次白土冈,商号之大者,有男女工二百余名……山绸之大销场,则为恰克图及上海。"②这种遍地丝绸商号的特征,在南召县南石庙立于清末的《南石庙老姥洞口集资碑》(暂定名,此碑被镶入墙中,未能看到正面,推测应为与蚕神祠相关之捐资情况)碑文中,也

---

① 庞藻:《整顿豫绸初步方略》,《南阳地区经贸志》,郑州:河南人民出版社,1989年,第340页。
② 林传甲总纂:《大中华河南省地理志》,北平:武学书馆,1920年,第274页。

能推测出来。该碑尚未知因何而立,但仅就集资的出资者多为丝绸商号来看,推测应与南石庙蚕神祠相关。其中,相对明确标明为丝行者,有如下表(表3)所示诸商号。

表3 《南石庙老姥洞口集资碑》中部分捐资商号及商人

城关丝行		李青店镇	
德懋店	捐钱四拾串零九百六	吴心太	捐钱四十三串五百五
福隆恒	捐钱五拾九串二百六	四聚山	捐钱五拾串
裕盛长	捐钱四拾五串三百六	敬盛店	捐钱四拾九串六百文
立德恒	捐钱五拾串零二百六	永兴号	捐钱五拾串
铁牛庙镇		德隆号	捐钱三十九串六百文
德盛店	捐钱五拾串	万利号	捐钱三十四串八百文
廉大成	捐钱五拾串	裕盛祥	捐钱五拾串
乔滩丝行		马同众	捐钱三十三串六百六
玉合店	捐钱四拾七串二百八	信成大	捐钱四十九串七百文
文兴成	捐钱五拾串	白土岗镇	
东魁义	捐钱四拾四串零六十	信成玉	捐钱四十九串六百文
涌源店	捐钱五拾串	同义和	捐钱四十一串七百四
马柿坪镇		聚成增	捐钱四十四串六百文
玉兴盛	捐钱二拾串零三百文	和成公	捐钱二十五串五百文
陈大成	捐钱五拾串	裕太和	捐钱三十一串七百文
隆奉店	捐钱四拾六串四百四	同仁公	捐钱四十一串六百七
留山丝行		同昇源	捐钱三十八串二百文
同盛正	捐钱五拾串	柴岗丝行	
同盛恒	捐钱五拾串	尹吉让	捐钱三十三串一百八
隆昌明	捐钱四拾九串玖百二	祖德元	捐钱二十七串八百二
板山坪镇		韦湾丝行	
仁兴昌	捐钱四拾九串七百四	鸿兴店	捐钱二十串
太生玉	捐钱叁拾串零一百文	祥典源	捐钱二十二串六百二
永兴聚	捐钱五拾串	新太号	捐钱一十串

据表3可知,清末光绪年间后,南召地区柞蚕业受国际市场影响,开始向欧美各国出口茧绸等商品,这一历史性转变产生的前提,乃是南召本地有大量的柞蚕茧、丝、绸的商号。"久成号"等上海绸庄对原料来源地的探索精神固然可嘉,南召本地的相关商号也已经间接受到国际市场影响,虽然这种影响是间接而微弱的,并非如"申庄"那么直接而强烈,但整个柞蚕业市场的兴旺,也使得南召本地的商号有了更大的经济实力,来支撑各类集资与捐款活动。

(三)内外有别:山东商人对国际市场的主动开拓

近代中国柞蚕、茧绸产业发展最重要的区域,在前期仍然是作为其发源地的山东烟台、昌邑等地。虽然清中期以后,山东省内所产茧绸产品已经开始向中国东北地区、俄国经销,但在经历了嘉道、咸同间的混乱之后,其在光绪年间才开始了真正的市场开拓。同时,值得关注的是,与南召等地区的被动相比,山东地区从业者对市场的敏感度要更高一些。

这一历史现象最明显的例证,即是《杨茂春墓碑》中对杨茂春开拓南洋市场的记载。该碑位于山东省昌邑市双台乡裴庄村东夹沟河东岸路旁,保存完好。① 现据《昌邑文化博览》所载,照录其碑阴面的部分碑文如下。

> 公杨姓,讳茂春,字曦和,世居昌邑县西乡南裴庄。曾祖讳万刚,祖讳思仁,父讳岱山,俱以耕读为业,累世积善,称长者。公幼贫,然好学,有至性。未弱冠嗣堂伯嵩山公后。嵩山公家境较丰,公力主同㸑之仪,举尽所有,以与本生兄弟。暨伯叔兄弟同居,毫无畛域之别,乡党称之。清光绪初,公时年二十有一,岱山公偕嵩山公贸易南洋,水土不服,先后染病卒。公闻耗几不欲生,日夜南向啼哭,以不能即归先人骸骨为憾。而家道寒微,筹资维艰,不得已变卖田产,藉供资斧,万里重洋,风涛险恶,逾三月始达爪哇岛。只身绝域,深询半载,仅于三宝垅得岱山公遗骸。公恐延滞资罄,遂先扶柩归里安葬。逾年,复南渡,始于巴达威得嵩山公遗骸,移家安葬如仪。
>
> 昌邑故产茧绸,广销齐鲁燕晋,而运售海外者殊乏。自公再度航海习外情,起服,携运土产绸布,经营南洋群岛,骎骎乎开海外贸易之风,而入世界商战之局矣。获利既丰,家道渐裕。嗣以春秋高,命侄玉珍继其业。乡人受公汲引,继起商南洋者日益多。至今英荷属地谈及华商及华产,辄称杨氏叔侄与昌邑茧绸,盖非一家一邑之光矣!公性仁慈,喜施与,急公好义,尤善治家。教督子侄,严而有恩。故全家男妇四十余口,咸蔼蔼一堂,恪遵义训,乡里视为模范焉。
>
> ……………
> 二等大绶嘉禾章教育次长世愚侄林修竹拜撰
> 宣统己酉科拔贡山东教养局局长乡愚侄女张书绅书丹

碑文中,对杨岱山、杨嵩山、杨茂春、杨玉珍一家三代开拓南洋群岛市场的描述,可谓是一部华商奋斗史——杨家有两位先人命丧于此。同时需要关注的是,上文中的记录,并未提及政府力量的参与,也可知山东地区的茧绸产业发展,自明清时期出现以后的数百年的独立演变历程中,地方民众为此所付出的努力。

近代山东史上的一位著名学者,诸城县(著名的茧绸产地之一)人王统照,在其1933年前往欧洲游历的记载《旅欧散记》一书中,对山东茧绸商人主动拓展市场的筚路蓝缕之功,有过相当详细的记载:

> 当我由香港的岸上回船之后,很惊奇地发现了同等舱中新添出九位"山东大汉"。……看他们的行李:柳条包,真正道地国货的小牛皮提箱,巨大的竹网篮,这不合于北

---

① 王蔚成:《昌邑文化博览》,济南:齐鲁书社,2000年,第280—281页。

平话"干吗呀"？如果是随了这条大邮船到欧洲去的，还用得到网篮一类的国货行装？他们的衣服呢，不错，也穿西装——不甚合式的西装，种种颜色的领带，有的软领歪了，有的裤子上有一些摺纹，粗劲的手指，不很文雅而有时是茫然的神情。几个大肚皮的西洋人不免多看几眼，中国的客人们当然也觉得奇异，应分是甲板旅客（deck passengers），怎么会跑到这舱里来？可是一点不差，人家有船票，有护照，那些白衣亮发的意大利侍者们也只得给他们安排一切。

…………

谈起来，他们与我的故乡还是相距不远的邻县。他们不但是同县而且多住在一个屯里；不止多在一个屯里，又多是同姓、同族，唯有一位王姓，一位刘姓是例外。他们去的地方是荷兰的亚姆司脱丹。去的目的要往那边去推销山东茧绸与烟台女工手制的花边及桌布一类土产品。荷兰，他们都没曾去过，文字、言语亦不懂，——虽然他们的每一位都到过很远的地方，每一位都会说一两种外国的应用语，唯有往这陌生的地方去还是第一次。虽然他们的每一位都到过很远的地方，每一位都会说一两种外国的应用话。唯有往这陌生的地方去还是第一次。不错，由烟台领的护照，在香港找各国领事签字，还有通济隆的介绍信，但在船上，他们不懂英德的言文，以及到意大利上岸后的行程，怎样坐车换车与行李的运输，都十分茫然。他们单凭了以前在日本，在南洋，在南美洲，在革命前的俄罗斯的行商经验；凭了他们团结在一起的热心——总之，是凭着他们的勇气与冒险的精神，便走上了往欧洲大陆的旅程。[①]

在这一文学化的记载中，可以看到与杨茂春家族非常相似的一群"山东大汉"在开拓茧绸等商品国际市场过程中的作为。与杨茂春时代相比，有几处比较明显的变化：

首先，这些山东大汉的经济水平其实已经相对较高，虽然一路辛苦，但并非赤手空拳前往国外。王统照在下文中认为他们"没有人招呼，没有人引导，更没有西洋商人的知识"，不过从行文来看，他们能够熟练地在烟台办理护照、从山东前往香港办理签证，并通过国际知名的旅游公司通济隆（Cook & Son, Ltd., Thos.）办理出国的其他相关事宜，说他们"十分茫然"，绝非史实。

其次，山东茧绸也在地方从业者的几代人的不断努力中，拓展着自己的市场，从最早的俄国、南洋群岛，一直到南美、欧洲。文中的几位山东大汉"说起罗宋话来十分流利"，已经是茧绸贸易从传统的俄国市场转向到现代欧美市场的重要表现。山东茧绸市场的转移，也是近代中国茧绸产业链变化的缩影。虽然豫西山区无法直接感受国际市场的需求，但由《蚕坡章程碑》中所反映出的关注蚕坡的内地柞蚕产区的差异来看，该地区也已经充分了解了柞蚕生产对社会经济的影响，并不自觉地成为与国际市场更紧密联系的区域。

[①] 王统照：《旅欧散记》，北京：北京师范大学出版社，2012年，第21—24页。

四、结　语

近代中国经济发展(或者称为现代化)最重要的特征,是其与国际市场的紧密联系,并由此构建起中外经济交流的渠道,从而使欧美的现代文明逐步由沿海、沿江向内地渗透,而这种渗透的途径,往往又通过非常隐蔽的方式表现出来,尤其会隐藏在传统中国的表象之下。本文对《蚕坡章程碑》的考证,其实也是在揭示近代中国经济的这一特点。

柞蚕业的特点,在于其对地理环境的要求比较苛刻。一直到20世纪30年代,国际市场上野蚕丝产量的90%以上,都产自中国。因此,产地质量控制的程度,也就直接决定了整个产业链的发展方向。《蚕坡章程碑》关注的重点是对蚕坡的保护,这是由地方政府及士绅阶层在经历了道光萧条之后,在山东、河南等地的柞蚕产区的蚕坡被破坏之后,对这一比较传统的经济来源的重新关注所决定的。

笔者通过田野考察及实地访谈等方法,获取了许多实物与口述资料,在此基础上,初步梳理与考证了《蚕坡章程碑》的一些相关问题,证实了碑文提及的两位知县的身份——分别为贵州威宁人胡万全、山东日照人丁凤年,以及光绪元年由知县丁凤年主持完成的南石庙蚕神祠的建设、廉氏宗族对柞蚕业等地方经济事务的关注与介入等。从中,我们也可以非常明显地看到地方政府与基层士绅阶层的互动:以历届知县为代表的政府,根据士绅之反馈,将对蚕坡的保护以告示的形式公布,而地方士绅又将这一告示勒诸碑文,并通过历数与柞蚕业相关的政策、善举等,创造保护蚕坡的合法性。当然,这种官绅互动,是以相应的利益为转移的。例如,在《蚕坡章程碑》被树立的光绪十年(1884),虽然皇后峪距离县城仅有十多千米,但地方士绅竟然将曾经的知县任职年份混淆,这也充分表明官绅二者存在的隔膜——二者的利益诉求毕竟无法完全一致。

更值得关注的是,无论是《蚕坡章程碑》的树立,还是南石庙蚕神祠的创建,其实都有非常强大的社会经济背景,即当时南召县全境对作为一种经济来源的柞蚕产业的依赖——在此基础上才会反映出地方政府对民生的重视,以及地方士绅阶层以政府指令为依托,来实现乡规的设立及对基层社会自主性的调控。通过与山东各地柞蚕业从业者前赴后继、主动开拓国际市场的努力相对比,可知处于豫西山区的南召县,其柞蚕业的生产是被动地但却已经充分地接受了国际市场的影响。《蚕坡章程碑》是近代中国被迫对外开放、与世界一体化程度日益加深的情况下,对国际市场有关柞蚕业原料需求情况的反馈。尽管这种反馈的结果仍然是以传统的方式表达出来,但它所体现的却已经是市场经济的现代意义。

作者简介:武强,河南大学黄河文明与可持续发展研究中心副教授;刘芹,河南大学黄河文明与可持续发展研究中心助教。

晚清教育改革与乡村塾师的家庭生活

——以祁门县胡廷卿为例*

董乾坤

【摘　要】光绪二十四年(1898)清政府颁布《定国是诏》,命各省、州、县开设中西学堂,州县书院改为小学,晚清政府的教育改革由此拉开。胡廷卿作为徽州府祁门县的一名乡村塾师,虽距首都千里之外,在此改革之际,亦身处其中。改革影响到了他及其长子的收入与日常开支。为了应对这一变化,他采取各种措施来维持自己的教书事业。

【关键词】晚清；教育改革；徽州；账簿；塾师

晚清教育改革作为政府寻求自强之道中的重要一环,不仅在当时就受人瞩目,更成为后来近代史研究者所重点关注的课题之一。经过几代学者的努力,诸如改革的起因、过程以及影响等各个环节都取得了丰硕的成果,相关史实已基本清楚。这场制度变革,对中国各个方面都产生了极为深远的影响,①作为数量众多乡村塾师及其教学形式——塾学,所受到的冲击最为直接、明显。迄今为止,对塾师这一阶层在制度变革、社会变动面前所受到的冲击的研究之作所取得的成果令人瞩目。前辈学人的辛勤耕耘,为本文的写作提供了坚实的基础。② 在既有研究成果中,对教育制度改革本身及其对地方社会影响等宏观层面的研究比较多。近些年来,随着日常生活史的兴起及研究目光的"下移",有些学者开始关注制

---

* 基金项目:本文系中国博士后科学基金第 61 批面上资助项目"国计与民生:晚清徽州塾师的生活实态研究"(项目编号 2017M612049)的阶段性成果。

① 有关晚清改革所带来的影响,代表性成果还包括:王笛:《清末新政与近代学堂的兴起》,《近代史研究》1987 年第 3 期;夏俊霞:《论晚清书院改革》,《近代史研究》1993 年第 4 期;罗志田:《清季科举制改革的社会影响》,《中国社会科学》1998 年第 4 期;杨齐福:《科举制度的废除与近代社会的转型》,《中州学刊》2002 年第 4 期;霍红伟:《晚清教育转型与府州县学的变迁》,《学术月刊》2010 年第 2 期;关晓红:《清季科举改章与停废科举》,《近代史研究》2013 年第 1 期;韩策:《科举改制与诏开进士馆的缘起》,《近代史研究》2015 年第 1 期;韩策:《科举改制与最后的进士》,北京:社会科学文献出版社,2017 年。

② 相关研究代表性成果可参见:田正平、杨云兰:《中国近代的私塾改良》,《浙江大学学报》(人文社会科学版) 2005 年第 1 期;郝锦花、王先明:《论 20 世纪初叶中国乡间私塾的文化地位》,《浙江大学学报》(人文社会科学版) 2005 年第 1 期;贾国静:《清末的私塾改良及其成效》,《安徽史学》2006 年第 4 期;左松涛:《近代中国的私塾与学堂之争》,北京:生活·读书·新知三联书店,2017 年。

度变革对塾师个人生活的影响的问题,体现出制度与生活这一问题路径。① 本文即以清末民初"胡廷卿账簿"为核心,重点探讨国家变革之际,乡村塾师及其家庭受到了哪些影响;为维持生计,他们又采取了哪些生存策略加以应对。限于学力,浅陋之处,敬请方家指正。

一、胡廷卿的教书生涯

胡廷卿,徽州府祁门县南乡贵溪村人,有关他的情况,民国《贵溪胡氏支谱》有较为详细的记载:

> 兆祥,名品福,字廷卿,号和轩,邑增生。曾修阖族宗谱,倡办本村养正国民小学校,精通医学。民国癸亥年(1923),寿登八秩暨泮水重游,县长徐公赠"泮水耆英"匾额。生道光廿五年(1845)十月十二申时,殁民国十三年(1924)二月三十申时。原娶郑氏,未婚而卒。继娶汪氏,生道光廿七年(1847)六月二十卯时,殁光绪廿九年(1903)十月十五卯时。②

此可表明胡廷卿生活于晚清民国之间,是一名生员,且在地方社会中是一位颇有影响的人物。当太平军于同治二年(1863)最后一次被祁门军民驱逐出祁门时,胡廷卿刚满十八岁。同治七年(1868),二十三岁的他参与了本门宗族出拚本都(即十二都)七保白石坑东培山山业分单,③可以看做是其介入家族事务的开始。光绪七年(1881)其父胡昌陞去世,作为长子,他正式接手家务。④ 他于该年的六月份开始每天将自己及其家庭的日常收支详细地记录下来,同时,也将自己所发生的重要事件及心情一并记载下来,为我们留下了丰富的家庭生活记录。本文所利用的核心资料即是他从此时至1915年持续记载的系列账簿(中缺光绪二十三年,即1897年)。这些账簿被收录在《徽州千年契约文书》中影印出版,使学界得以识见。⑤

光绪七年(1881),胡廷卿之父胡昌升去世。胡廷卿时年三十二岁,长子云青(乳名阳开)已十六岁,四子云鹄(乳名佛子)年仅三岁(中间两个儿子均不幸夭折),此时,他正于溶口坐馆授徒。这一点在光绪七、八、九三年中与溶口相关的记载中可以得到证明(见表1)。

---

① 如蒋纯焦:《晚清士子的生活与教育:以塾师王锡彤为例》,《华东师范大学学报》(教育科学版),2006年第6期;徐佳贵:《废科举、兴学堂与晚清地方士子——以林骏〈颇宜茨室日记〉为例的考察》,《近代史研究》2013年第4期;[英]沈艾娣(Henrietta Harrison):《梦醒子:一位华北乡居者的人生(1857—1942)》,赵妍杰译,北京:北京大学出版社,2013年;贾琳:《清末民初士人的一种生存模式:以〈癸卯汴试日记〉作者为个案的考察》,《北京师范大学学报》(社会科学版)2015年第5期;
② 胡承祚编纂:《贵溪胡氏支谱·愿公派下图七时慎派下》,1924年刻本,页80a、b,现藏于贵溪胡恒乐先生家中,承蒙惠允使用,特此致谢。
③ 刘伯山主编:《徽州文书》第二辑,第1册,桂林:广西师范大学出版社,2006年,第331页。
④ 参见《贵溪胡氏支谱·愿公派下图七时慎派下》。
⑤ 有关胡廷卿账簿的详细情况,可参见拙文《徽州民间账簿及其产生的社会机制——以"胡廷卿账簿"为例》,《安徽大学学报》(哲学社会科学版)2017年第6期。

从表 1 中我们可以看出，光绪七年（1881），他从溶口馆中收到了俸金和节礼钱，而在光绪八年（1882）则有了往溶口馆的记录，且多次往返溶口与家中，这是因为他必须要返家处理家务。至光绪九年（1883）时，他于二月廿三日回家，笔者推测，这当是自溶口回家。此后，再未有类似记载，且有本年腊月十六派三喜前往溶口的记载，因此笔者认为，由于光绪八年（1882）胡廷卿往返于溶口与贵溪家中之间，颇觉劳顿，因此决定在贵溪本村设馆，方便管理家事。至迟自光绪十年（1884）始，即设馆于村中，不再任职于溶口。

表 1　胡廷卿在溶口活动记录表

年	月	日	事情	页码	卷数
光绪七年（1881）	暑月	初二	收馆中俸洋八元	3	十四
	七月	初二	收溶口学中钱二百文	4	
		十二	收溶口学中来钱一百四十文	4	
	八月	十一	收馆中来俸洋七元	5	
			收馆中节钱七百文，义	5	
	十一月	初一	收学中换来钱 1000 文（洋价 1700 文），扣洋 1 元，仍存钱 300 在学	10	
光绪八年（1882）	杏月	初一	往溶口馆	22	
	三月	初十	来家	23	
	五月	初三	学中回家	27	
	六月	十二	回家	32	
	巧月	十一	己回家，干廷叔岳到	33	
光绪九年（1883）	二月	廿三	回家	102	
	五月	初四	秀峰书舍去钱一百二十二，伙老过节	103	
	腊月	初八	秀峰书舍散学，各派钱九百三十七，作九人派，金福未派	114	
		初八	散学	115	
		十六	着三喜往溶口	116	

胡廷卿将塾馆移于贵溪村后，教学地点并不在其家中。胡廷卿所居房屋是由其祖父胡上机所建，由于胡上机的子孙众多，可供居住的空间日益狭小，其长孙胡兆瑞为此另择地点建房迁出，因此，在家中设馆是颇不现实的。那么设馆于何处呢？在光绪十五年（1889）的《进出总登》有一则"（腊月）初六，白杨院散学"的记载，[①] 而在光绪三十四年（1908）的《收支总登》中则有"（暑月）廿一日，移学在家读书"的记载。[②] 从这两则记载来看，胡廷卿应该是在村中夫子山上的白杨院内开馆，20 年后方将塾馆移于家中。

[①] 周绍泉等编：《徽州千年契约文书》第二辑，第 15 卷《光绪十五年〈进出总登〉》，石家庄：花山文艺出版社，1993 年，第 125 页。

[②] 周绍泉等编：《徽州千年契约文书》第二辑，第 18 卷《光绪三十四年〈收支总登〉》，第 186 页。

二、晚清教育改革与胡廷卿的家庭生活

光绪二十四年(1898)清政府颁布的《定国是诏》是教育体制改革之路的发端,对中国各个阶层产生了重要影响。① 据王鹤鸣先生的研究,在这场改革浪潮中,安徽在教改发轫期走在了全国的前列。② 光绪二十三年(1897)时任安徽巡抚的邓华熙即提出在省城设立二等高等学堂的要求,③"总理衙门奏准通行,因就敬敷书院屋宇开办,并将书院书籍、产业、经费归并,名曰'求是学堂',于光绪二十四年(1898)闰三月开学,是为皖省兴学之始"。④ 光绪二十七年(1901)八月初二日,在众多大臣的强烈要求下,清政府再次颁布上谕,恢复了在维新变法中所制定的设立学堂的政策,指出"除京师已设大学堂应行切实整顿外,著各省所有书院,于省城均改设大学堂,各府及直隶州均改设中学堂,各州县均改设小学堂,并多设蒙养学堂",⑤晚清教育改革由此实质性展开。光绪二十八年(1902),安徽巡抚聂缉椝请求对求是学堂加以改革,将其由二等学堂改为高等学堂,并更名为安徽大学堂。同年,桐城县创办桐城中学,由当地著名学者吴汝纶负责。⑥ 显然,此时安徽省对北京的政策响应较为积极。那么,这一过程对胡廷卿的生活会产生什么样的影响呢?

(一) 长子的职业

光绪二十七年(1901),清政府下令将书院改为学堂之后,徽州各地也遵照政策纷纷设

---

① 有关晚清改革所带来的影响,学界研究成果颇丰,除前揭所举对塾师影响的文章外,代表性成果还包括:王笛:《清末新政与近代学堂的兴起》,《近代史研究》1987 年第 3 期;夏俊霞:《论晚清书院改革》,《近代史研究》1993 年第 4 期;罗志田:《清季科举制改革的社会影响》,《中国社会科学》1998 年第 4 期;杨齐福:《科举制度的废除与近代社会的转型》,《中州学刊》2002 年第 4 期;霍红伟:《晚清教育转型与府州县学的变迁》,《学术月刊》2010 年第 2 期。左松涛:《近代中国的私塾与学堂之争》,北京:生活·读书·新知三联书店,2017 年;关晓红:《晚清议改科举新探》,《史学月刊》2007 年第 10 期;关晓红:《清季科举改革与停废科举》,《近代史研究》2013 年第 1 期;韩策:《科举改制与诏开进士馆的缘起》,《近代史研究》2015 年第 1 期;韩策:《科举改制与最后的进士》,北京:社会科学文献出版社,2017 年。
② 王鹤鸣:《安徽近代教育发展概述》,《安徽史学》1986 年第 3 期。
③ 《邓华熙奏设二等学堂折(附章程)》,陈学恂主编:《中国近代教育史教学参考资料》(上册)第三编《戊戌维新运动时期的教育(上)》第三章《各级各类学堂的兴办·安徽二等学堂(1897)》,北京:人民教育出版社,1986 年,第 303 页。
④ (清)冯煦主修,陈师礼总纂:《皖政辑要》(点校本)卷五十一《专门·高等学堂》,安徽省地方志办公室据光绪三十三年(1907)刻本点校,合肥:黄山书社,2005 年,第 488 页。
⑤ 《光绪二十七年八月初二日(1901.9.14)上谕》,朱有瓛主编:《中国近代学制史料》第一册下,上海:华东师范大学出版社,1983 年,第 776 页。
⑥ 《光绪二十八年安徽巡抚聂缉椝奏设学堂折》《安徽省城大学堂》,上揭朱有瓛主编:《中国近代学制史料》第一册下,第 463、827 页。

立各类学堂。其中包括高等小学堂、初等小学堂以及师范学堂和各种实业学堂。① 有关小学的情况,据不完全统计,"清末徽州兴办的高等、两等与初等小学堂约有 128 所,就学堂性质而论,官立者 13 所、公立者 46 所、私立者 69 所"。② 其中祁门县两所,一所为"高等小学堂。公立,在东门外,就东山书院改设,光绪三十一年(1905)由知县胡德修开办";另一所为"两等小学。公立,在西乡十八都,光绪三十三年(1907)二月由绅士汪肇镕开办"。③

《皖政辑要》中有关东山书院位置的记载并不准确,它实际上位于阊江东岸的眉山,与县城东门隔江而望,"与课生童,旧常数百数十人"。④ 东山书院建立发展的过程,《祁门县志》有详细记载。东山书院所在之地,原为一处民间祭祀之所。自明代正德末年开始,东山书院逐渐变为理学之区,从祭祀朱子的朱子祠,到主祀祁门理学家汪克宽(号环谷先生)的环谷书院,最后定名为东山书院。明清以来,东山书院一直是祁门士大夫、当地士子的聚集场所。该书院是民间筹款,民间管理,因此,留下了诸多地方士人捐赀修建的记载。⑤ 然而,由于每年费用不菲,在运作中容易产生贪污情形,如在光绪十九年(1893)时,就经费管理、无力延请山长问题,曾发生过纠纷。⑥ 因此,东山书院对于祁门士子来说,应该有着重要的作用,这一点在胡廷卿及其长子胡云青的身上即有体现。

胡廷卿在生活中亦教亦读,持续参加科举考试,希冀借此获取功名。在他不断的努力下,终于在光绪十三年(1887)通过府试,中了秀才。他于次年赴南京参加乡试,在临行前的七月初一,收到"东山书院乡试费洋四元"的资助。⑦ 三年后,胡廷卿连续两年被东山书院请来开过讲座之类的课程,并从中收到微薄的报酬,如:

(光绪十七年)十月廿八,收东山书院赏资二百四十文,日前收过一百六十。

(光绪十八年)四月廿二日,入,东山书院,三月初三、四,分小课钱三百二十。四月十八、九,课赏资钱四百八十,计钱八百。⑧

此后,光绪十九年(1893)即发生了前面所提及的经费管理纠纷事件,这一事件是否影

---

① 有关清末徽州教育的研究,学界成果不多,具体可参见:周文甫:《浅谈清末民国时期的徽州教育》,《社会科学战线》2007 年第 6 期;张小坡:《清末徽州新式教育经费的筹措与配置研究》,《安徽史学》2008 年第 5 期;张小坡:《发展与困局:清末徽州新式教育运作实态论述》,卞利编:《徽学》第五卷,合肥:安徽大学出版社,2008 年;马桂菊、黄忠鑫:《徽州文书所见清末地方师范教育及其困境》,《华中师范大学研究生报》2009 年第 1 期;张小坡、张爱萍:《承继与过渡——清末徽州族学转型探析》,《合肥学院报》(社会科学版)2010 年第 1 期;胡晓飞:《试论近代徽州教育》,《江苏教育学院学报》(社会科学版)2012 年第 4 期;丁佳丽:《20 世纪初至抗战前徽州近代教育的发展》,安徽大学硕士学位论文,2013 年;徐和阳:《晚清民国徽州新式学堂研究》,安徽师范大学硕士学位论文,2014 年;方光禄等:《徽州近代师范教育史(1905—1949)》,芜湖:安徽师范大学出版社,2013 年。
② 张小坡、张爱萍:《承继与过渡——清末徽州族学转型探析》,第 12 页。
③ (清)冯煦主修,陈师礼总纂:《皖政辑要》卷五十二《学科·普通》,第 515 页。
④ (清)唐治编:《东山书院志·序》,清咸丰二年(1852)刻本,现藏于上海图书馆。
⑤ (清)周溶修,汪韵珊纂:《祁门县志》卷十八《学校志二·书院》,第 715 页。
⑥ 周绍泉等编:《徽州千年契约文书》第二辑第 3 卷《光绪十九年祁门县捐赀延订山长谕文》,第 186 页。需要说明的是,从该谕文内容看,并非是捐赀,而是为解决院款纠纷一事,故命名非妥。
⑦ 周绍泉等编:《徽州千年契约文书》第二辑第 15 卷《光绪十四年〈进出总登〉》,第 28 页。
⑧ 周绍泉等编:《徽州千年契约文书》第二辑第 15 卷《光绪十七年〈收支总登〉、光绪十八年〈收支续登〉》,第 296 页、327 页。

响到胡廷卿我们不得而知,但之后东山书院实未有关于胡廷卿的记载。不过,光绪二十七年(1901)的《壬寅学制》则对其长子胡云青的职业产生了影响。

胡廷卿育有两子,长子胡云青,小名阳开;次子胡云鹄,小名佛子。胡廷卿对二子的职业其实早作了安排,长子专注于科举,次子求职于商业。"(胡)云青,名阳开,字达程。生同治丙寅十一月十六子时,殁光绪甲辰六月廿四戌时,墓六保西边庄坞。娶郑氏,生同治四年十月初八酉时,生子承启,幼殇。继云鹄五子承铎为嗣。"① 同治丙寅年,即同治五年(1866);光绪甲辰,即光绪三十年(1904)。由此可知,胡云青去世时年方三十八岁。尽管英年早逝,但作为长子,他在胡廷卿的账簿中多次被提及。从记载来看,他在读书、科考之余,会协助乃父处理一些日常事务,如去县城购买年货、代表本村赴县缴税等。胡廷卿提供资金,帮助其长子参加县试、府试的记载经常出现在账簿中。似乎胡云青是逢试必考,这也表明他秉持父志、矢志科举的决心。除此之外,为了维持生活,增加家庭收入,胡云青在光绪十四年至十七年间(1888—1891),亦曾开馆授徒,如在其账簿中有载:

(光绪十四年,1888)正月念五日,阳开发市开学。②

(光绪十四年,1888)五月初四日,阳开学:收澍廷兄子十三元,收升廷子八元,收用夫子六元,收信夫菓子一封、子六元,收新根子六元、糕一斤,收秋福面姜一包、子八元,收中林糕一斤。③

(光绪十五年,1889)五月初三日,阳开学内,收和开节礼:子八元,油条二十支;收善、悦开节礼:子八元;九节礼:子八元;收用复节礼:子八元。

(光绪十五年,1889)十一月廿九(冬至),收阳开学中俸米二百十四升。④

(光绪十六年,1890)廿七日,阳开开学。⑤

(光绪十七年,1891)杏月初二日,九甲和开来学,从阳开。⑥

上面的记载可以表明这段时间内,胡云青有意继承其父亦读亦教的生活模式。但是,这一模式并未持续很久,在光绪十七年(1891),他即入东山书院求学,据本年账簿记载:

光绪十七年:

蒲月初一日,支本洋一元,付阳开在书院用,欢发手。

又六月十二,支英洋一元,付阳开书院用。

十一月初七,支洋二元,付阳开用。十八,邑交,寄上。

初十日,支本洋一元,付杰手带上邑买货。……除支,仍存钱二百七十,付阳开

---

① 胡承祚编纂:《贵溪胡氏支谱·愿公派下图七时慎派下》。
② 周绍泉等编:《徽州千年契约文书》第二辑第14卷《光绪十四年〈进出总登〉》,第498页。
③ 周绍泉等编:《徽州千年契约文书》第二辑第15卷《光绪十四年〈进出总登〉》,第14页。
④ 周绍泉等编:《徽州千年契约文书》第二辑第15卷《光绪十五年〈进出总登〉》,第96、124页。
⑤ 周绍泉等编:《徽州千年契约文书》第二辑第15卷《光绪十六年〈进出总登〉》,第158页。
⑥ 周绍泉等编:《徽州千年契约文书》第二辑第15卷《光绪十七年〈进出总登〉》,第258页。

收用。①

此年也正是胡廷卿在东山书院开展讲座的一年,胡云青也求学于此,两者之间是否有关系,我们不得而知。此后,胡云青除协助父亲处理一些日常事务外,专意于科举。

这一生活状态,至光绪二十五年(1899)发生改变,且这一改变当与上一年的维新变法有关。光绪二十四年(1898),光绪帝实行维新变法,针对科举一门,颁布了多项措施。光绪二十四年五月五日(1898年6月23日),首先颁布上谕:"自下科为始,乡会试及生童岁科各试,向用四书文者,一律改试策论。"随后又于五月二十二日(1898年7月10日),再次颁布上谕:"著各该督抚督饬地方官各将所属书院处所经费数目,限两个月详覆具奏,即将各省府厅州县现有之大小书院,一律改为兼习中学西学之学校。至于学校等级,自应以省会之大书院为高等学,郡城之书院为中等学,州县之书院为小学。"六月十一日(1898年7月29日),光绪帝再次督促各省设立学堂,"现在京师大学堂业经专派管学大臣克日兴办,各省中学堂小学堂亦当一律设立,以为培养人才之本"。② 如此密集的上谕,显示了光绪帝以及维新派改革科举制度的决心。变法虽因慈禧的阻挠旋即失败,但却对那些汲求于功名的士子们产生了一些影响。胡云青即是如此。变法给他带来的影响,最直接的表现就是他对职业的重新选择。

光绪二十五年(1899),胡云青便开始参与当地一所名为瑞芳祥的茶号的管理经营,并收到英洋二元的薪俸:"三月望日,收瑞芳祥号英洋二元,阳开俸,仰儒过。"本月十一日,他又收到该茶号的另一笔薪资:"收阳开帮瑞芳祥俸英洋十元,并前共十二元。"③本年之前,这种现象在胡廷卿的账簿中从未有记载,表明胡云青从本年开始,进入茶号,给别人帮忙,学习茶叶生意的相关知识。虽然笔者未能找到维新变法与胡云青这一行为的直接联系,但结合此前他的生活状态,这一突然的变化,不能不说与此相关。

光绪二十六年(1900),胡云青在三月初十参加了徽州府举行的府试后,又来到另一家名为福和祥的茶号帮忙,并获得英洋十元的薪资。④ 光绪二十七年(1901)的正月十二日,胡云青带上父亲交给他的三元英洋和二角龙洋再次参加了本年的府考后,于该年的三月和六月,继续在茶号帮工并获得薪资。⑤ 这一生活模式的变化,似乎表明他已经预感到即将到来的大变动。果然,自本年的八月初二,清政府重启新政,谕令全国将书院改为学堂。并于光绪二十八年(1902)命管学大臣张百熙拟订《钦定学堂章程》,光绪二十九年(1903)七月再命张百熙、荣庆、张之洞等人重新拟订学堂章程,并于年底颁布。这一举措,虽尚未将科举制度正式废除,但改试策论、废除八股的做法,让胡云青的功名理想变得更加渺茫。光绪二十八年(1902)正月,胡云青参加了人生中的最后一次府考后,⑥便代替本村的胡俊明远

---

① 周绍泉等编:《徽州千年契约文书》第二辑第15卷《光绪十七年〈进出总登〉》,第330、340、354、355页。
② 详见汤志均编:《中国近代教育史资料汇编·戊戌时期教育》,上海:上海教育出版社,1993年,第47、55、56页。
③ 周绍泉等编:《徽州千年契约文书》第二辑第16卷《光绪二十五年〈收支洋蚨总〉》,第382页。
④ 周绍泉等编:《徽州千年契约文书》第二辑第16卷《光绪二十六年〈收支洋蚨总〉》,第392、395页。
⑤ 周绍泉等编:《徽州千年契约文书》第二辑第16卷《光绪二十七年〈收支洋蚨总〉(标题为笔者所拟)》,第408、408、411页。
⑥ 周绍泉等编:《徽州千年契约文书》第二辑第17卷《光绪二十八年〈各项誊清〉》,第294页。

赴广东销售茶叶,且开设了自己的店铺,①从此走上了人生的另一条道路。然而,不幸的是,刚刚由科举走上经商之路的胡云青,因旧病复发,第二年便撇下弱妻幼子,撒手人寰,令人唏嘘。

(二)胡廷卿的塾馆

相较于长子胡云青,胡廷卿的科举之路似乎自考中秀才以后便逐渐放弃了。光绪十四年(1888)乡试失败后,他仅于光绪十五年(1889)和二十一年(1895),参加过府试,这在其账簿中有所记载:"(光绪十五年,1889)杏月十九,往郡岁考。"②"(光绪二十一年,1895)杏月廿二,起程往郡岁考。"③此后,该类记载便消失不见,表明他将求取功名的责任交给了儿子,将精力专注于家庭管理与开馆授徒。那么,晚清的教育改革,是否对胡廷卿的塾馆事业产生了影响呢?遍阅胡廷卿账簿的全部记载,笔者发现,直至1915年,他收入中作为塾师一项依然存在,且在最后几年呈上升趋势。揆诸史料,笔者认为,这既是国家改革过程中传统与创新交汇下的普遍现象,也是他自身为适应新的变革而做出应对策略的结果。

1. 改革与变通

前已述及,改革之初,安徽政府对中央的谕令反应较为迅速,但是具体到各府州县,行动则相对迟缓。就徽州府而言,最早创办的小学堂为婺源县的高等小学堂,创办于光绪二十九年(1903)。据《皖政辑要》载,该学堂为官立,在县城东门内,因崇报书院而改设,由绅士胡宗成创办。④而祁门县的东山书院,虽自光绪二十七年(1901)即停止运作,但直到光绪三十一年(1905)方正式改建为高等小学堂。

新式学堂在创办之初,举步维艰,面临着经费困难、管理混乱、缺乏生源以及地方士绅阻挠等诸多问题,⑤这一点在时任徽州知府刘汝骥的记载中得到印证。他在批歙县知县蔡世信的禀文中说:

> 学堂之难办,由于经费之难筹。经费之难筹,由于开支靡费之太多。据禀各节,自系实在情形。本府查阅各属报告,休宁海阳学堂,每岁进款八千余元,学生则仅十六人;祁门东山学堂,岁入不下四千余金,学生不过二十余人。其尤可骇者,历年堂长接替,并未有决算报销,或至宵遁而去。黟县岁入尤丰,婺源称是,绩溪次之。然均以经济困难为辞。该县小学堂岁支二千余千(应为"元"——笔者注),比较观之,尤为彼善于此者也。所有开支,该县拟作十个月计算,此原从核实,撙节起见。惟近日学界潮流,日益膨胀,其降志者往往窃美名以去。稍为认真整顿,不目为反对,即抵为阻扰,其不遭唾骂者有几?⑥

---

① 周绍泉等编:《徽州千年契约文书》第二辑第17卷《光绪二十九年〈各项誊清〉》,第383页。
② 周绍泉等编:《徽州千年契约文书》第二辑第15卷《光绪十五年〈进出总登〉》,第80页。
③ 周绍泉等编:《徽州千年契约文书》第二辑第16卷《光绪二十一年〈进出总登〉》,第103页。
④ (清)冯煦主修,陈师礼总纂:《皖政辑要》卷五十二《学科·普通》,第514页。
⑤ 可参见前揭张小坡:《清末徽州新式教育经费的筹措与配置研究》,《发展与困局:清末徽州新式教育运作实态论述》,马桂菊、黄忠鑫:《徽州文书所见清末地方师范教育及其困境》等成果。
⑥ (清)刘汝骥:《陶甓公牍》卷四《批判·学科·歙县蔡令世信禀批》,《官箴书集成》第10册,合肥:黄山书社,1997年,第502页下。

在另一篇写给祁门知县赵元熙的批文中亦指出：

> 查阅上年下学期收支清册，诚如所禀，殊欠撙节。其伙食杂支等项，有无浮冒，尚难悬揣。县礼房一项，按节既支办公。开办劝学所，又支英洋四元，甚至礼差茶房，亦且索取规费，任意侵蚀，实属浮滥，应即认真整顿核实厘剔，并将礼房津贴改为每年六元，按上、下学期分给。此外，无论何项，不准巧立名目，于学款内滥行开支。毋违切切！①

刘汝骥于光绪三十三年（1907）正月出任徽州知府，于宣统年间离任。在此期间，他致力于地方教化，实行了诸多政策，②他的这两篇批文显示出当时官立学堂在经费和管理上的困难。不唯如此，即便同是新式学堂，相较于私立，官立学堂在学生的招生上也相形见绌。对此，刘汝骥也多有抱怨："又据称西乡历口学堂，本年开校，骤添数十余人，何以官立学堂召之不来，从无额满之日，甚至各都私贴钱文，始勉强来学，尤属无从索解。比较观之，其原因亦可不言而喻，岂得尽诿诸风气之闭塞耶！"可见刘汝骥对此现象十分气愤，因此他令赵元熙"仰即传谕该董，切实劝导，随时报告为要"。③

针对上述困难，刘汝骥除利用各县劝学所极力劝学外，还根据徽州遍地存在塾学的状况，大力提倡族学。事实上，清末新政以来，1903 年就有人在报刊上发文倡议族学："（中国教育）要在相夫民情以利导之而已。在中国利导教育之具维何为？就国民重视家族之情，力劝其兴学以振家族，乃为不易之良策也。"④面对这种呼吁，根据中国实际情形，清政府于光绪三十二年（1906）在全国议办族学：

> 闻学部会议，以各省官立、私立学堂，虽已不少，究难普及。亟宜振兴族学，以宏造就。拟即通咨各省，劝谕绅富，自设宗族学堂。其族单人少者，亦可合数族共建一堂，辅官力之不逮云。⑤

这一消息表明在官立、私立学堂无法顾及众多乡村学童的现实下，清政府回到传统的族学上，企图借助这一传统的教育形式实现普及教育之目的。此后，各省纷纷响应，安徽提学司在光绪三十三年二月（1907 年 3 月）便饬令全省，提倡族学："日前提学司以安省多未设立族学，因特札饬各州县会同学董，各就村乡市镇殷实富户，劝其兴办族学，以期教育普及。"⑥刘汝骥对此项政策亦十分赞成，他在详阅祁门县学董提出的劝学章程后，在给知县

---

① （清）刘汝骥：《陶甓公牍》卷四《批判·学科·祁门县赵令元熙禀批》，据宣统三年（1911）刊本影印，《官箴书集成》第 10 册，第 502 页下—503 页上。
② 有关刘汝骥及其著作《陶甓公牍》的介绍，可参见王振忠：《晚清徽州民众生活及社会变迁——〈陶甓公牍〉之民俗文化解读》，安徽大学徽学研究中心编：《徽学》（2000 年卷），合肥：安徽大学出版社，2001 年。
③ （清）刘汝骥：《陶甓公牍》卷四《批判·学科·祁门县赵令元熙详劝学章程批》，第 503 页上。
④ 《经世文潮》第四期《教育部甲二·教育之机括·兴族学议》，光绪二十九年六月望日（1903 年 8 月 8 日），第 12—13 页。
⑤ 《祖国文明报》第 1 期《学界·学部议兴族学》，光绪三十二年（1906）正月十五日，第 18 页。
⑥ 《申报》（影印本）第 87 册（1907 年 3—4 月）《劝办族学（安庆）》，上海：上海书店，1986 年，第 295 页。

赵元熙的批文中不无兴奋地指出：

> 详及章程均悉,该董所陈各节,甚有见地,第四条尤为当务之急。惟必沿袭义塾名目,其义犹狭而不广。徽州聚族而居,祠堂、文会,此自然适用之校舍。一族之中,得贤且达者主持其事,就原有祀产而推广之。除岁时祭扫外,尽数移作培植子弟之用,族学之兴,当翘足可待。①

同一时期,黟县附生汪炫桥在其家乡创办崇实小学,并拟定了堂规章程。该县县令将此事并章程向刘汝骥作了汇报。刘汝骥对汪的行为十分赞赏,但对于小学的名称提出了自己的看法：

> 惟查阅学生姓名表,越国子姓,十居八九,此纯乎族学性质。原定私立名称,似不若名为碧山汪氏公立族学较为翔实。本府于族学一事,极力提倡。我徽聚族而居,就祠堂、文会而扩充之,尤属轻而易举。其以此校为椎轮大路可也。②

于此,可见刘汝骥兴复徽州族学的迫切心情。他根据省司的要求,结合徽州的实际情况,大力发展徽州族学,这一点为胡廷卿在晚清教育改革浪潮中继续从事塾学教育以维持生计提供了机会。

以往对塾学的研究,多把塾学分为四种,即：明代朱元璋开始设立的社学、民间民众自行创办的义学或者族学、富有家庭所礼聘的家庭塾馆、塾师们自己设馆的塾馆,其主要的划分标准是出资的形式。前两种资金源自官府或公众,塾师面对的是国家和宗族等公共组织；而后两种其实就是一类,即来源于私人的投资,其所面对的是私人。③ 但是这一划分标准并不完全适用于胡廷卿所开设的塾馆。

光绪十五年(1889)以前,将塾馆移于贵溪村之后,胡廷卿的塾馆运营模式大致遵循了传统的惯例,即自己设馆收取学生家庭的私人酬劳。自光绪十五年(1889)始,在其账簿中出现了由村内公共组织发放的俸米记载："(十一月)廿九,收阳开学中俸米二百十四升。发学俸六名(九、善开、新根、茂、林、和开)。"④其后,他又更明确的记载："(十一月)初十,收粮局列全首人学俸米二名,计六斗八升二仝,二九扣钱。"⑤上述记载表明,胡廷卿的俸金部分来自于宗族组织,具有族学的性质,但他也招收外村的学童。即便是本村的学童,也不完全是由宗族组织来发俸米。如光绪二十五年(1899)胡廷卿"收庆余粮局发学俸英洋九元,计九名：神开、元海、云胜、金海、荣海、义开、壬开、禾上、开炜。存。众共发十三名：夏

---

① (清)刘汝骥：《陶甓公牍》卷四《批判·学科·祁门县赵令元熙详劝学章程批》,第503页上。
② (清)刘汝骥：《陶甓公牍》卷四《批判·学科·黟县罗令贺瀛详送附生汪炫桥私立崇实小学堂规章批》,第503页上、下。
③ 可参见韩凝春：《明清塾师初探》,《中国社会经济史研究》1997年第3期；刘晓东：《明代的"私塾"与"塾师"》,《东北师大学报》(哲学社会科学版)2010年第2期。
④ 周绍泉等编：《徽州千年契约文书》第15卷光绪十五年(1889)《收支总登》,第125页。
⑤ 周绍泉等编：《徽州千年契约文书》第15卷光绪十七、十八年(1891、1892)《进出总登》,第355页。

开、莲、新喜、厚根"。① 但本年的招生人数为十五名,除此十三名外,还有二名本村的学生。

由此看来,胡廷卿所创设的塾馆并不属于传统划分的任何种类,而是一种混合体,这实际上跟他所处的地域社会有关:他一方面要满足本族的教育需求,并且借此获得稳定的收入;另一方面,通过姻亲和商业活动建立起来的经济关系,扩大了收徒的范围,其收入亦随之增加。特别是由于他在光绪十三年(1887)考取了秀才,在获得声誉的同时,也增加了乡民对他的信任,成为其在收徒方面获得更多机会的重要因素。正是这种具有族学的性质而又不限于族学的特殊形式,让其能在社会变革中获得生存的机会。那么除此之外,胡廷卿自身又有哪些应对策略呢?

2. 胡廷卿的策略

光绪十年(1884)以前,胡廷卿的教书活动似乎与秀峰书舍这样的教育机构有关系,移居贵溪村后,在其塾馆内除了光绪十五年至十七年(1889—1891)其长子阳开的参与外,似乎一直都由其一人承担(后来发生了变化,后文详述)。但晚清政府所掀起的改革浪潮不能不对胡廷卿产生影响,这在他的账簿中亦有反映。但胡廷卿作为塾师的收入,无论是晚清的教育改革还是民国的建立,似乎都未对其产生影响,具体见表2所示:

表2 胡廷卿塾师收入洋钱、折米数量表

年份	俸金		节礼钱	洋钱比率(平均)		总	米价	俸米	总米数
	洋(元)		钱(文)	本洋	英洋	钱(文)	(1升/文)	(升)	(升)
光绪七年(1881)	本洋	37	1700	1202	——	46174	36		1282.6
光绪八年(1882)	本洋	47	2300	1263	——	61661	28		2202.2
光绪九年(1883)	本洋	60	3460	1274	——	79900	33		2421.2
光绪十年(1884)	本洋	25	6800	1290	——	39050	30		1301.7
光绪十一年(1885)	本洋	18	3200	1254	——	25772	30	3.1	862.2
光绪十二年(1886)	本洋	17.3	1400	1238	——	22817.4	30	8.1	768.7
光绪十三年(1887)	本洋	40	1200	1244	——	50960	33	214	1758.2
光绪十四年(1888)	本洋	48	4751	1244	——	64463	33		2976.9
光绪十五年(1889)	本洋	21	2112	1264	——	28656	28		1023.4
光绪十六年(1890)	本洋	19+1	4320	1302	1020	30078	28	186	1260.2
光绪十七年(1891)	本洋	28.5	5965	1287	——	42644.5	26	8	1648.2
光绪十八年(1892)	本洋	27	2141	1288	1023	36917	28	68.2	1386.7
光绪十九年(1893)	本洋	29+1	2612	1275	940	40527	35	196	1353.9
光绪二十年(1894)	本洋	16.35+5	6603	1274	1086	32862.9	30	217.4	1312.8
光绪二十一年(1895)	本洋	37+4	6499	1272	1046	57747	30	171.2	2096.1
光绪二十二年(1896)	本洋	3+26	4600	1259	989	34091	32	66.2	1131.5
光绪二十四年(1898)	英洋	23	2600	——	945	24335	38		640.4

---

① 周绍泉等编:《徽州千年契约文书》第17卷光绪二十五年(1899)《收支总登》,第9页。

续表

年份	俸金 洋(元)	节礼钱 钱(文)	洋钱比率(平均) 本洋	洋钱比率(平均) 英洋	总钱(文)	米价(1升/文)	俸米(升)	总米数(升)
光绪二十五年(1899)	英洋 23	1330	—	976	23778	34	—	699.4
光绪二十六年(1900)	英洋 37		—	995	36815	38	—	968.8
光绪二十七年(1901)	英洋 38		—	1027	39026	48		813
光绪二十八年(1902)	英洋 24		—	979	23496	50		469.9
光绪二十九年(1903)	英洋 48		—	932	44736	50		894.7
光绪三十年(1904)	英洋 33		—	882	29106	30		970.2
光绪三十一年(1905)	英洋 42		—	937	39354	30		1311.8
光绪三十二年(1906)	英洋 52		—	1119	58188	45		1293.1
光绪三十三年(1907)	英洋 50		—	1092	54600	54		1011.1
光绪三十四年(1908)	英洋 64		—	1172	75008	50		1500.2
宣统一年(1909)	英洋 61.5		—	1315	80872.5	52		1555.2
宣统二年(1910)	英洋 68		—	1315	89420	68		1315
宣统三年(1911)	英洋 60		—	1281	76860	72		1067.5
1912年	英洋 62.5		—	1302	81375	70		1162.5
1913年	英洋 46.5							
1914年	英洋 45							
1915年	英洋 24							

注:1.表格中"+"后的数字表示英洋数目;2.因为米价在一年中有变化,所以表中的数字为其平均数。

由表2可知,胡廷卿的塾师收入,自光绪十三年(1887)以后明显增加,这体现出了声望的上升与生源之间的关系。而收入在某个年份的下降,或与学生退学有关(这极有可能是后面关书出现的主要原因),或因家长拖欠俸金而致。但是连续几年的持续减少,则应与当时的社会状况相关。前文已提及,清政府自光绪二十四年(1898)颁布《定国是诏》开始,即将全国范围内各级辖区内的书院改为小学、中学与大学,这一政策的实施,使民众对塾学产生了观望与不信任的心理,这从表2中胡廷卿自光绪二十四年(1898)起俸金的连年下降亦可得到印证。而光绪二十九年(1903)以后,胡廷卿的塾师收入却出现了增长的现象,这又是为何呢?结合其他文献,笔者发现这一现象的产生与胡廷卿在收徒过程中新增的关书一项密切相关。

自光绪二十六年(1900),胡廷卿在正月十八日便有了"建名、景和送关书来"①的记载,这在此前从未出现过。那么,这种关书是什么内容呢?对此,他并未记载,但他在光绪二十九年(1903)、三十年(1904)连续两年提到了关书,如在光绪二十九年(1903)"关书"的下面列出了所收学生各人的交款数额,具体如下:

---

① 周绍泉等编:《徽州千年契约文书》第17卷,光绪二十六年(1900)《收支总登》,第40页。

> 承谟修金洋六;承宠三;开礼四;开铭三;开泰三;开文三;开钧二四,吉;云玩二四;中和云登二八;曰广三;曰禄三;翠棋二,吉;顺昌三,吉;振兴五六;义安二四,旧收英洋五角;宗本二;并茂五元;茶茂二元;开记二五。

这是一份收学费的记录单,但关书的内容绝非如此简单。胡廷卿在宣统元年(1909)的修金记录中,有如此记载:

> 两纸关书共计洋一百零三元,廷记六十二,荩记四十一。扒洋五角归荩,各六十一元五角、四十一元五角。
> 己酉(宣统元年)四月十三日面算,分拨各收。
> 关书各收一纸。①

由此可知,在宣统元年(1909),担任塾师的并非只有他一个人,他是和同村的胡荩臣两人共同教学的。并且关书一式两份,各收一纸。由此笔者推测,这种关书应该是每年年初胡廷卿与学生家长签订的入学合同,上面注明了相应的条款,而酬金仅仅是其中的一项。这一行为的背后,实际上是在国家对塾学改良的背景下,胡廷卿为了保证自己利益的一种应对措施。为了不让学生流失,他于年初即以契约的形式将学生与老师的关系固定下来,避免学生中途退学。当然,就整个徽州社会而言,这种关书在此之前可能已经产生,但就胡廷卿而言,关书出现的时间则恰好在教改这一时期内,这或可视作胡廷卿对晚清教育改革最直接的应对。

不仅如此,进入民国以后,胡廷卿还将自己的塾馆从私塾变为小学,这在前引族谱中有关他"倡办本村养正国民小学校"的记载即可证明。正是由于这种对教育的贡献,在1923年,他得到了县长徐公颁赠的"泮水耆英"匾额,同时也赢得了本村民众的怀念。在他去世后,同村人胡云隆在报刊上为其撰写了挽联,以表哀思:

> 挽胡廷卿先生联
> (祁南贵溪)胡云隆
> 具一片热忱,为地方效劳;种种良规,足资后生矜式。
> 值二月下浣,弃天伦至乐;绵绵长恨,徒令弟子怀斯。②

三、余 论

面对清政府的教育改革,乡村塾师们的应对方式不一。河南的王锡彤较为幸运,他利

---

① 周绍泉等编:《徽州千年契约文书》第17卷,光绪三十三年至宣统三年(1907—1911)《各项誊清》,第479页。
② 胡云隆:《挽胡廷卿先生联》,《学生文艺丛刊》第二卷第八集,张廷华编辑,上海:大东书局,1925年,第2页。

用义和拳运动的机会得到地方官员的邀请,成为幕僚,从而成功步入仕途,并且他的两个儿子也都成为新式知识分子。① 山西的刘大鹏则放弃了坐馆的职业,以开矿山、与人合伙办企业的方式来养家糊口。② 浙江温州府的林骏,在社会变革之际,虽然依然保持着塾师身份,但却因受新思潮的影响而鼓励其儿子步入新式学堂,接受新教育。③ 同属徽州府的婺源人詹鸣铎在自己的纪实性自传体小说中写道:"时国家诏停科举,起学堂,我以蒙馆一事,不合时宜,因谢散学生,将拟往外谋事。村内丙生唤人来请我上去,他想我以私塾改良,充作学堂,尽先任我开办,我亦辞之。"④这虽是小说家言,但由于这部小说强烈的纪实性,笔者以为这段叙述亦是事实。⑤ 本文所讨论的胡廷卿及他的长子在国家废私塾、兴学堂的教育改革之际,或是采用立关书、办学校的方式,保证自己的收入来源,继续着自己的教书事业;或是顺应时代潮流,及时转变生存策略,利用传统的社会资源,转而经营茶业。由于胡氏父子功名低下甚至没有功名,他们没有如王锡彤那样接触高官从而改变自己命运的机会,亦因生活地域所限,无法及时受到新思潮的影响,因此也无法在思想观念中蜕变为新式士子。他们只能跟同处徽州的詹鸣铎一样,对时代变革做出被动反应。这种现象,无疑是清中叶以来徽州本土社会乡村塾师生活的部分写照。

由此观之,不同身份、不同地域的塾师,在面对晚清这场声势浩大的教育改革时,采取的生存策略也有所不同。这是因为身份、性格以及所处环境的不同,使得社会带给他们的机遇是各不相同的。但无论如何,他们面对教育改革时所采取的应对策略都给他们自己的生活带来了或大或小的影响。

作者简介:董乾坤,安徽大学历史系师资博士后。

---

① 详见前揭蒋纯焦:《晚清士子的生活与教育:以塾师王锡彤为例》一文。
② 参见[英]沈艾娣:《梦醒子:一位华北乡居者的人生(1857—1942)》一书的相关论述。
③ 详见前揭徐佳贵:《废科举、兴学堂与晚清地方士子——以林骏〈颇宜茨室日记〉为例的考察》。
④ 詹鸣铎:《我之小史》第九回《迎新学五门道贺,探爹娘七夕到杭》,王振忠、朱红整理校注,合肥:安徽教育出版社,2008年,第174页。
⑤ 王振忠:《徽商章回体自传〈我之小史〉的发现及其学术意义》,《史林》2006年第5期。

粗鄙之语
——民国时期作为叙事辅助的粤语脏话"丢那妈"

林旭鸣

【摘 要】民国时期粤语脏话"丢那妈"的使用,大致遵循"个体——群体——个体"的发展规律。随着局势的发展,"丢那妈"的内涵随使用者身份与目的的不同而在雅俗之间徘徊,其被用于修饰没有确切说法的叙事时,可能带有作者强烈的主观偏向。

【关键词】脏话;丢那妈;抗日战争;民国时期

自明清以来,随着文化的发展,出现脏话的文献不胜枚举,各地也演化出了自己方言的脏话。其中,来自粤语的"丢那妈"无疑是得到广泛传播的方言脏话之一。以下,笔者将对民国时期"丢那妈"一词的使用情况进行考察。

一、清末民初:好汉温生才

温生才又作温生财,广东梅县华侨,革命志士。发生于1911年4月8日的温生才刺杀孚琦事件可谓尽人皆知。以往的研究多从温本人的英勇表现和该事件对后来的黄花岗起义的影响等角度入手,几乎没有关于其个人形象方面的成果。[①] 但据相关文献记载,温生才可能是第一个出现在文献中的使用"丢那妈"一词的人。因此笔者试图从这个词出发,重新审视清末舆论中的温生才的形象,进而对清末民初的粤语脏话有更进一步的了解。

据报道,温生才使用"丢那妈"的场景如下:

> 当生财发枪时,咨议局守卫巡士郑家森闻声出现,适见游人奔避,生财独自跳入人丛中,四面顾盼,旋乃将枪弃去,雍容而行。郑即尾随其后。生财行至竹林,将身上外衫脱去,弃之林中,郑暗随之。途遇河南侦探队黄熙林会同跟追,转向盘龙里,出永胜街,与站岗巡警相遇。郑乃上前将生财抱持,并鸣号召诸巡士,与生财互相纠缠。时生

---

① 蔡冬瑾:《黄花岗起义失败原因再研究》,福建师范大学硕士学位论文,2012年。

财大喊"丢那妈"一声,颠扑数次,卒被拿获,解向二区分驻所。①

这是冯自由摘录的当时《民立报》的相关报道。在这个场景中,温生才自以为能够逃脱,所以在被郑家森捕获时下意识地使用了"丢那妈"这个词,表达了他包括惊讶、恐惧在内的复杂情感。但在1911年农历六月成书的署名为"岭南半翁"的《辛亥粤乱汇编》中,并没有出现这三个字。② 时隔多年,我们已不可能考察温生才当年到底有无说过这个词,但我们仍可通过考察温的生平,看出这个词与他个人形象之间的关联。

虽然《革命逸史》与《辛亥粤乱汇编》对温生才的生平记载详略不同,但我们综合两方记载,可以得出以下几个共同点:(一)温曾经当过兵;(二)温曾前往南洋;(三)温家境贫穷;(四)温不赌不饮只好嫖。③ 这四点连同后来英勇就义的情形构建出的温升才,是一个见多识广但处于社会底层,心中有远大理想但也有不能忽视的毛病的革命党人。

这种来自社会底层而又不拘小节的草莽英雄形象,与名著《水浒传》中的好汉形象颇有互通之处。革命党人恐怕也想到了,甚至有意识地利用了这种形象,因此革命党人创办的《民立报》记载下了温的这句话。而唯恐读者不能理解,更加上了"粤语'丢那妈'三字,经温烈士一呼,而增无上之荣誉"这样直白的评语,④笔者以为这句评语,不仅仅是形容温生才之伟大,更重要的是,他试图告诉读者,不要太在意地方特色,而要认识到英雄的共性,并认为通过英雄的影响,可以使原本不好的词汇变得值得纪念。

由是我们可以看到,清末温生才事件中出现的"丢那妈",其中拟古的成分较多,虽有底层特色和地域特色,但这并不是其最主要的内涵。这与后来出现的"丢那妈"的内涵不尽相同。同时值得注意的是,这时该词既然要拟古,那就必然带有原生性的好汉特色,即无善无恶,或说以恶法行善事,这种特点虽然其后也有,但都不如此刻那么强烈。

二、20世纪20年代:从个人到群体

20世纪20年代以来,在出版物上出现"丢那妈"一词的次数有所增加。1928年9月11日的《申报》刊登了一篇署名"绣豸"的题为《东鲁拾零》的通讯,通讯中有如下字句:

国民革命军第四军战无不胜,攻无不取,素有铁军之誉。每至一处辄举行游艺会暨种种宣传工作,期与民众结合,诚不愧为民众之军队。自移驻安泰一带以来,丢那妈声浪随处可闻,惟其纪律绝佳,军容亦至整。吸鸦片一事,吾人所目为至微之罪,而一

---

① 冯自由:《革命逸史》,北京:新星出版社,2009年,第367页。
② 岭南半翁:《辛亥粤乱汇编》,载国家清史编纂委员会:《辛亥革命史资料新编》第1卷,武汉:湖北人民出版社,2006年,第323页。
③ 冯自由:《革命逸史》,第366页;岭南半翁:《辛亥粤乱汇编》,载国家清史编纂委员会:《辛亥革命史资料新编》第1卷,第323页。
④ 冯自由:《革命逸史》,第369页。

经查出,亦判枪决。①

作者将"泰安"误作"安泰"。据《第四军纪实》,三期北伐(即二次北伐)结束后,第四军于 1928 年 7 月下旬奉令移驻泰安,8 月中旬在泰安集结完毕并开始整训。② 也正是战事不甚紧张,记者才得以近距离接触第四军。

此第四军由 1926 年北伐时的第四军十二师扩编而来,前身是 20 世纪 20 年代初的粤军,将校士卒多是广东人。虽然随着北伐进程,第四军吸收了很多广东以外的成员,但自南昌起义至广州起义前后,第四军返回广东,补充了兵源,使得队伍中广东人的数量回升。该军战斗力强悍,在北伐期间获得"铁军"的称号。

广东军人使用不文明用语相当频繁,即便不考虑后来回忆录中的记载,单看当时人的书信,也可以略微看出端倪。1923 年 2 月 8 日,原粤军第一师副师长、北伐时期的第四军副军长广东清远人陈可钰致信古应芬汇报当时的情况。在信中,陈可钰这样说道:

> 在钰所闻,亚梁(鸿〇)极不可靠,即在四邑之部队,亦属一丘之貉。东江之敌,只在牛屁乱吹,所谓反攻,俱希望吾内部发生变化,彼趾高气扬以返广州,实则有何能力?③

"东江之敌"指退出广州的陈炯明部。从全信来看,陈可钰十分崇敬孙中山,而对反对孙中山的陈炯明,则有"竞存之人格破产,六月十六以后,钰以为不佩吾们有论断之价值"的评价,可见其激动与愤恨之情。正是在此激动之时,陈可钰写下了与平日用词谨慎风格不同的书信,使用了"牛屁乱吹"这样的话。此刻的不加修饰,似乎也可以印证其在平日的口语中也会使用脏话,甚至于使用"丢那妈"这种程度较重的脏话。

但脏话毕竟不文明,单就古应芬收藏的陈可钰信件来说,"牛屁乱吹"已经是最不文明的用词,其他时候陈可钰行文仍然是十分克制的,可见其意识到脏话不可见诸文字。而回到 1928 年 9 月 11 日的那篇《申报》报导,在"丢那妈声浪随处可闻"之后,接了一句"惟其纪律绝佳",可见说"丢那妈"被认为是一种缺陷。另外,笔者以为,该文作者用了不少词句来赞扬第四军,突然写上这个词,其目的或是明褒暗贬,或是注意事实,或是博读者一笑,使人捉摸不透。

这种态度可以说是一种通例。同样是 1928 年,12 月 17 日《申报》刊登了署名为"俞牌云"的短篇小说《群众的狂热》,在第一部分"女人在台上"中,作者这样描述:

> 伊今天是初次在台上向群众贡献伊的处女舞。当绣幕从无以统计的巴掌拍得像机关炮扫时的欢声中揭开的时候,伊很模糊的瞥见一屋的人头,仿佛西瓜山倒下来了。他们每个人的脸色都很紧张,尤其是一双张得无以再张的眼睛,几乎冒出一种炽赤的

---

① 绣豸:《东鲁拾零》,《申报》1928 年 9 月 11 日。
② 张发奎编:《第四军纪实》,台北:文海出版社,1966—1973 年,第 263—264 页。
③ 李穗梅主编:《古应芬家藏未刊函电文稿辑释》,广州:广州出版社,2010 年,第 12 页。

炎焰来,把台上的跳舞姑娘燃烧死了。

"丢那妈,这两只藕的长臂。"

"俺老子今天第一次瞧见女人穿着这样短到大腿上的短裤子。"

"好……"噼啪,噼啪……

钢琴声、梵哑林声,奏得十分的紧凑。伊也尽量地把身上凡是可以颤动的肉,都跳得颤动起来。

忽地,吊丝袜的带子散了。一条肥美的腿——一条肥美的腿实现在群众弛张的眼里,没有一层丝网的遮盖了。

"叽、叽……"他们都吹出一种尖锐的鸣声。

伊仍旧很张皇地跳动着。

吱吱……拍,拍……轰轰,隆隆……

有笑声,有掌声,有蹬足声。后面几十排站在木橙上的看客,因为一人的不慎,牵动了全部分。他们都从木橙上倾倒下来,哗喇……哗喇,哗喇……山崩了,海翻了,天坏了,地裂了。

"再来一个。索性把裤子跳掉了下来。"①

这篇并不算精良的小说描绘了一群好色的观众看女人跳舞的场景。作者是何处人已不可考,但他接触过广东人甚至于会讲粤语恐怕没什么争议。在该句话中,"丢那妈"本身只是作为语气词而存在,不像《东鲁拾零》中一句话就含有褒贬,但在整个场景中,这是流氓看客们开口的第一句话,使用和性行为有关的词暗示众人的关注点在性方面,点出了围观者的下流,因此仍可认为这是与《东鲁拾零》同样的用法。

综合这两个案例我们可以看到,与前述温生才案报导中的使用情况不同,20世纪20年代的出版物使用"丢那妈"时,并不落实到某个具体的人物身上,而是加诸到某个群体之上。这可能与王奇生先生提到的五四以来"社会"压倒"个人"的现象有关。②但无论如何,此时的"丢那妈",仍然是负面形象使用居多。

三、20世纪30年代:家与国

20世纪30年代初始时,"丢那妈"一词虽仍是粗鄙之语,但其现身的场景还是相当轻松的。1931年11月25日,江苏吴县人包天笑在《申报》上发表了《乡下人又到上海》。在该文中,包天笑描述了这样一个场面:

> 那个广东堂倌,暗想今天来了这们一个乡下土老儿,他和别一个堂倌操着广东话谈天,指指乡下人,不觉露出了"丢那妈"三个字。

---

① 俞牌云:《群众的狂热》,《申报》1928年12月17日。
② 王奇生:《革命与反革命:社会文化视野下的民国政治》,北京:社会科学文献出版社,2010年,第39—65页。

"你们说什么话?"乡下人忽然诘问了。

广东堂倌以为乡下人是听不出他们广东话的,所以无意露出了一句口头骂人的话,不料乡下人提出责问,好像是他听得懂广东话的,连忙说道:

"没有说什么。我们在讲自己的事。"急急地掩饰过去。

"你们好像是在说我来兜奶妈,那是没有的事。虽然我们阿侄媳妇阿土的新娘子,生了一个小毛头。说要到上海来公馆人家当奶妈,我们都不劝伊来。他们那些有钱人家生下孩子来,雇用奶妈,真是只知道自己舒服,不顾人家的死活。把奶娘关在他们家里,好比下了监牢一般,自己的男人,不许见一面;自己的孩子,不许望一望。有的因为贪他们几个钱,自己的孩子没有奶吃,活活的饿坏,真有些可怜。我是不主张有口饭吃的乡下人,到城里来当奶妈的。怎么你们还说我到上海来兜奶妈?"①

来上海做奶妈的乡下人将"丢那妈"听成"兜奶妈",进而发表了一通议论,虽然议论颇有谴责资本主义社会扭曲母子人伦的意思,但这个情景还是让人多少感到有些滑稽。

引发乡下人议论的,是广东堂倌欺负乡下人听不懂粤语而用粤语对其进行点评,不经意间漏出"丢那妈"一词。在包天笑笔下,堂倌的形象相当俗气,"丢那妈"显示出堂倌喜欢说人闲话,后面的掩饰显得胆小,但这些又都不是原则性的大问题。正是脏话运用的恰到好处,使得堂倌的形象跃然纸上。

这大概是第一篇将"广东"和"丢那妈"直接联系在一起的文章,但我们也应该注意到,对于作者而言,这只是他使用白话文和方言的一个文学上的尝试,他并不试图通过"丢那妈"来对任何事物作出褒贬。因此,此处的"丢那妈",仅仅是一个身份构建的工具和叙事的技巧。

仅仅过了几个月,"一·二八"事变爆发,来自广东的十九路军在上海拼死抵抗日军进攻,坚守一月有余,虽最终奉令撤退,但广东士兵的英勇形象深入人心。同时,广东将士多用脏话,故后日追溯使用"丢那妈"的源流,时人多从十九路军抗日讲起。②

自此以后,媒体中出现"丢那妈"的次数便增多了。其时《风月画报》刊登了这样一篇文章:

友邦某辞典注解"丢那妈"云:丢那妈者,"很勇敢的放枪"之意也。因为"一·二八"时他们听到十九路军士兵口头不离丢那妈的缘故。

不可入耳的污语,用得好用得当,也会变成光荣的口号。友邦人吃过丢那妈的亏,所以把"丢那妈"三字解释得这样慷慨激昂。反之,一切好听的名词口号,如果用得不当,说而不行,恐怕在别人听来,倒不如丢那妈那样的有力吧!③

"友邦"指日本,自不必说,而"一切好听的名词口号",笔者怀疑是针对蒋介石的"攘外

---

① 包天笑:《乡下人又到上海》,《申报》1931年11月25日。
② 四佳:《南粤俗语新解:丢那妈与丢阿妈》,《星光》1946年第3期。
③ 佚名:《"丢那妈"的光荣解释》,《风月画报》1936年第9卷第24期。

必先安内"。在这篇文章中,作者以"用得好用得当"来去除掉"丢那妈"一词本身的污秽属性,并转加以"有力"的意义,使之变成一句抗敌的口号。

实际上这并不是该杂志独创的,鲁迅先生在1933年就曾经如此评论广东南海人黄震遐的《大上海的毁灭》:

> 这是警告我们,非革命,则一切战争,命里注定的必然要失败。现在,主战是人人都会的了——这是"一·二八"的十九路军的经验:打是一定要打的,然而切不可打胜,而打死也不好,不多不少刚刚适宜的办法是失败。"民族英雄"对于战争的祈祷是这样的。而战争又的确是他们在指挥着,这指挥权是不肯让给别人的。战争,禁得起主持的人预定着打败仗的计划么?好像戏台上的花脸和白脸打仗,谁输谁赢是早就在后台约定了的。呜呼,我们的"民族英雄"!①

鲁迅先生引了一段原文,大意是十九路军士兵虽然口头不服气,先说"丢那妈,死光就算了"后说"丢那妈的命令",但是最后还是不得不跟着排长撤退。黄氏的原文和鲁迅先生的评论,都是批评官长抗日不积极,空费民众一腔热情,而鲁迅先生的程度要更甚,讽刺也更有力。

《伪自由书》中的"丢那妈",除了有前面提到的抗敌意义外,还多了一层与官长相对的下层人民的属性。这种属性既不同于温生才的草莽,也不同于包天笑笔下的广东堂倌,它更纯洁、更正面。笔者以为,这是鲁迅先生的一贯主张。早在1925年,他在《论"他妈的"》一文中即指出,"他妈的"这种侮辱对方母亲的脏话,是平民反抗贵族统治的武器,攻击的是贵族或压迫者用作理论依据的血统根基。②"丢那妈"性质与"他妈的"相似,因此不难想见,鲁迅先生在使用"丢那妈"的时候,仍是沿袭了他之前的看法。

然而,随着沪上战火停息,"丢那妈"的抗敌或下层反抗的意义并未得到大规模应用,在1932至1936年间的《申报》上,"丢那妈"使用得最多的,仍是各种较为轻松没有太多政治意涵的小说。倒是在1935年的《影舞新闻》上,有人化名"丢那妈",讽刺一名老妓女小黛玉靠养女从事风月生意来赚钱。③ 这位作者显然深知该词的最初意义,引为讽刺工具,不得不说极为恰当。

1936年以后,随着局势日趋紧张及战争爆发,该词的抵抗意义再次被翻出。除了前引1936年的《风月画报》外,申报1938年10月16日还登载了一篇题为《第二批丰盛的礼物》的文章,文章中说:

> 日本近日又复南犯,在大鹏湾登陆。广州的援军,业已开拔前线,中央的飞机,亦

---

① 鲁迅:《伪自由书·对于战争的祈祷》,《鲁迅全集》第5卷,北京:人民文学出版社,1981年,第40页。原载于《申报·自由谈》1933年2月28日。
② 鲁迅:《论"他妈的"》,《鲁迅著译编年全集》第6卷,北京:人民出版社,2009年,第299—301页。原载于《语丝》第37期。
③ 丢那妈:《靠女人吃饭:小黛玉觅好货》,《影舞新闻》1935年第1卷第24期。

已运到广州。两广的民族性,素称强悍,"一·二八"之役,"八一三"沪战之役,想日军多已领教过的,听见了"丢那妈"三字,莫不亡魂丧胆,望风奔窜,现在进攻广东,必定又要去尝"丢那妈"的滋味,说不定又要送上一票很丰盛而名贵的一批大礼物。日本的军火,虽预备的怎样充足,若照这样一批一批的奉赠,必定有最后一决隆重的礼物送来,届时必当额手鼓掌而登受之。①

题目中的"第二批丰盛的礼物"指德安战役中缴获的日军物资。但是出乎该作者意料,仅仅五日后的1938年10月21日,广东省会广州即告沦陷,直到抗战胜利,国民党军队都没能再入广州城。此处值得注意的是,除去"一·二八"以外,作者又举了"八一三"为例,独独没有提到同样有广东军人参与的德安战役,恐怕是为了便利上海的读者理解。

到了这里,作者们只需提及广东军人过往的功绩,便不需要像以前一样花费笔墨洗净"丢那妈"的污秽。"丢那妈"俨然成为了抗日的口号,而且是广东人专属的抗日口号。但我们也可以看到,此时该词虽然继承了自"一·二八"以来的民族主义属性,却由于大敌当前,没有了鲁迅先生使用时的阶级属性。

四、杂音:批评与辩解

实际上,"丢那妈"一词的使用,是有一批人看不惯的。1936年的《星华》上刊登了这样一篇报导:

> 广东人骂人,每喜用"丢那妈"一语,已成流行的口头禅。
> 年来西南诸公,正在提倡读经,恢复新道德,而于社会风化,更极力维护,以冀挽救垂颓的世风、堕落的人心。
> 在广州下流社会圈内,无论谈话絮语,"丢那妈"之声,不绝于耳,等于上海白相人的满口"抄那娘"、北方人的口谈"妈特皮"。西南政委会某委员有鉴于斯,乃于最近常务会上,提一议案,要求取缔"丢那妈"的口头禅,凡街巷之中,有人提及"丢那妈",随时可由警士拘往警局,处以妨害风化应得之罪。其提案中有"……处此人欲横流,世风日下之今日,欲挽救于万一,非从根本着想不为功。查'丢那妈'一语,吾粤到处流行,实与风化之衰败,有莫大之关系。此语近乎性,故易于触起青年男女性欲之冲动,盖自幼习染此语,情窦初开,即轻动妄为。今之青年,日惟拍拖索野是务,奸淫诱拐是图,舍正业于不顾,致国家社会日趋于衰弱之境,'丢那妈'一语实为主要之原因也。昔者,孔子删诗经,度其用意,原不过冀挽救式微之风化,俾免淫风日炽,世道凌夷。为此,'丢那妈'一语,实有禁止之必要,是否有当,敬候公决"等语。这提案在那天会议席,虽未通过,仅议决保留至下次会议时,再行商讨。②

---

① 佛:《第二批丰盛的礼物》,《申报》1938年10月16日。
② 见《星华》1936年第1卷第5期,作者署名为玉女。

此事不知确否,但无论如何,直到陈济棠下野,西南政务委员会解散,都没有禁止"丢那妈",可见即便真有此案也未能获得通过。从这位委员的提案中我们可以看出,"丢那妈"的反对者认为,该词与性有关,在该词的影响下,传统的道德受到严重的冲击,西南诸公应效法孔子取缔之。这说明"丢那妈"之争,本质上是以个人解放为代表的新伦理与明清以来的旧道德之间的冲突。而其时陈济棠在广东施行读经教育,试图通过读经恢复道德,两者之间内在逻辑是一致的。然而此案终究没有通过,否则出身粤军的陈济棠,将要面临"只许州官放火,不许百姓点灯"的嘲笑了。

而"丢那妈"的支持者们,也做出了回应。除了前文提到的将其上升到抗敌御侮的高度外,也有人试图用娱乐的手法消解其崇高的意义。如三曼在《"丢那妈"之妙解》中这样说道:

> "丢那妈"为粤人谩骂之土语。闻之人言,前十九路军长谭起秀,每次率军抗敌,若至双方战事激烈,必高呼此语。谭本粤人,其士卒复多粤东子弟,作战时,闻谭高呼此语,无不慷慨激昂,作殊死战,敌人常心为之怯。而此"丢那妈"一语,遂成为谭军战胜之壮语。迫停战言和,双方将领签停战协定之际,有人以"丢那妈"一语,求谭详加解释。谭以此语本係粤人之口头禅,直言殊属不雅,不得已乃曲解之曰:"丢者,抛弃也;那妈,老母也。即言当冲锋陷阵时,最亲爱之老母,亦当抛弃不理,舍此身以救国家,义无反顾之义。"敌将聆谭说出此语,衷心钦佩誉为热血男儿云。①

此段后来几经演变,主角变成了中国军官与美国军官,最后的总结也变为美国军官敬佩中国军官娴于辞令,但是不变的是,都将"丢那妈"曲解为"抛弃母亲"。② 这种将之上升到"忠孝两难全"的做法,也许就是为了应对"败坏道德"的指控而形成的。同时,这个笑话一样的故事,也可以视为向古板的老派作风的一种挑战。

五、余音:"丢那妈"在回忆叙事中的意义

有人赋予"丢那妈"高尚的含义,自然就有人利用其低劣的一面。前面提到的《小黛玉觅好货》一篇虽说是利用该词之低俗含义,但只是作者化名为此,行文中未有提到该词。而在此之前的1933年,《社会新闻》上有一位化名为"铁军小卒"的人,写了一篇揭十九路军将领广东罗定人蔡廷锴底细的文章,文中有一段这样说:

> 时英雄有一奢望,即真如走后,遗十一军军长缺,颇欲得归己有也。乃次日,政府即发表张向华以四军副军长兼领十一军军长,且将十一军之二十四、二十六两师,大加

---

① 三曼:《"丢那妈"之妙解》,《论语》1936 年第 90 期。
② 四佳:《南粤俗语新解:丢那妈与丢阿妈》,《星光》1946 年第 3 期。

改组,调叶挺任二十四师师长,许志锐任二十六师师长。英雄大失所望,对人颇有怨言,而"丢那妈"乃更不离口矣。事为邓择生、张向华所知,对英雄颇不满,欲解决之,独廖乾吾以其为"左倾"也,竭力维持之,故仍任十师师长如故。①

据作者描述,1927年宁汉分裂以后,十一军军长陈铭枢出走,蔡廷锴以为自己可以顶上,结果期望落空,遂大肆骂人。但实际上这条记载是有问题的。据蔡廷锴自己说,他是在陈铭枢走后才调升十师师长的,要想一步到位升任军长,恐怕他自己都没想过。② 而且,当时蔡廷锴和张发奎的关系似乎也并不那么差,他曾向张发奎要了陈芝馨做他的副手,③张发奎也通过张世德挽留想要出走的他。④

两相比较之下,笔者认为,"丢那妈"在这里恐怕与现实没有太大关系,它只是作者用以增加可信度的工具。作者本身的叙述可能没有较高的可信度,甚至可能是他自己编造的,于是就采取这样激烈的词语来诱使读者相信。

这样的例子在20世纪30—40年代并不多见,尤其在抗日战争时期,大众的关注点都在"丢那妈"的积极意义上,负面意义反而用得少。但在解放战争胜利后,在一些名人的回忆录中,这种情况就出现得相当多了。以下即以几本20世纪40—60年代成书的回忆录为例。

广东合浦人陈铭枢在回忆录中提到,1925年第一次东征,准备进攻兴宁城的时候,因为对俄国顾问的布置不满,他属下的张发奎有这样的表现:

> 我没有结果回到旅里,张发奎发了牛脾气,大骂:丢那妈,这仗有什么可打,我的黄琪翔一营又拨出了。气鼓鼓回去睡觉了。我只得到张团找他的团附许杰镜说:你的团长的脾气就是这样的,不管他,你今晚可务要把部队向神岗山上下要地扼守,这是口头命令。⑤

陈铭枢在此暗示,攻打兴宁的战斗张发奎本人并未参与,但张发奎却说:

> 陈铭枢命令我去增援蒋光鼐。战事毗邻第一旅旅部,陈铭枢顶不住林虎部的优势火力。蒋先生被围于惠州五里亭顶,正陷于灭顶之灾。我再次率领黄琪翔营,全体官兵光着身子突破敌阵杀到林虎司令部,大获全胜。⑥

可见陈铭枢在撰写回忆录时,必然带有强烈的倾向性。考虑到此二人关系自北伐以来

---

① 铁军小卒:《蔡廷锴底尾巴》,《社会新闻》1933年第5卷第18期。
② 蔡廷锴:《蔡廷锴自传》,哈尔滨:黑龙江人民出版社,1982年,第176页。
③ 张发奎口述,夏莲瑛访谈及记录,胡志伟翻译及校注:《张发奎口述自传:国民党陆军总司令回忆录》,北京:当代中国出版社,2012年,第90页。
④ 蔡廷锴:《蔡廷锴自传》,哈尔滨:黑龙江人民出版社,1982年,第180页。
⑤ 陈铭枢:《陈铭枢回忆录》,北京:中国文史出版社,1997年,第34页。
⑥ 张发奎口述:《张发奎口述自传:国民党陆军总司令回忆录》,第43页。

一直不好,这种情况也是可以理解的。

我们仍可以举另一个例子。广东始兴人张发奎记录了这样一件事:

> 蔡廷锴在江西进贤摆脱"叛军"之后打电话给我。我一直以为他是忠于武汉革命政府的,但是不料他竟用……广东粗话咒骂我,使我极为震惊。他说,他忠于陈铭枢,支持蒋先生,我们反蒋是错误的,他要像反对共产党一样反对我们。①

由于《张发奎口述自传》系从英文采访稿转译而来的,不可避免有些地方不能准确到位,此处的"广东粗话",应该就是"丢那妈"一类的词语。按说这是南昌起义以后,蔡廷锴十师脱离起义部队以后的事,但据蔡廷锴回忆,他只是曾经与缪培南通过电话,并未与张发奎直接通电话,若如此,也就不存在所谓的大骂张发奎的事了。②

通过陈铭枢、张发奎和蔡廷锴的例子,我们可以看到,在一些大家都有争议的事情上,叙事者会"记得"自己对面当事人说了脏话。他们相信通过记录这些符合对方平时习惯又不是日常必须使用的词汇,能使读者相信自己说的话。同时值得注意的是,出现在他们回忆录中的自己,都是不使用脏话的,笔者以为,这恐怕和他们让对立面使用脏话的内在逻辑是一样的,即使用脏话的人是粗鲁的,不使用的人是文明的。

六、结　语

通过以上的讨论,我们可以看到,"丢那妈"在出版物上的使用,大致可以看做是一个"个体——群体——个体"的循环。从最初的拟古到后来的平民文学、抗日救亡,其内涵随着时代的变动而变动。至于大局已定的1949年以后,使用"丢那妈"的作者们更关心自己的主张和他人对自己及对立面人士的评价。当然,笔者所说的都只是大体而言,所有的这些含义,并不是非此即彼的关系,而更像是此起彼伏,只是哪一个更主流而已。

我们其实也可以看到,虽然使用"丢那妈"的是广东人,但其真正为大众所知,仍是依靠上海发生的"一·二八"事变与在上海印刷发行的报纸杂志。

最后还有一点,文本记叙的"丢那妈",有时并不是对现实的素描,而是包含有作者刻意利用以扭曲事实的可能。笔者以为这点在近代史研究当中,应该要特别留意,不要被史料误导。

作者简介:林旭鸣,南开大学历史学院博士研究生。

---

① 张发奎口述:《张发奎口述自传:国民党陆军总司令回忆录》,第98页。
② 蔡廷锴:《蔡廷锴自传》,第183页。

【研究述评】

"南开中古社会史工作坊：中古中国的都市与社会"会议综述

路锦昱

2017年10月14日，由南开大学中国社会史研究中心、天津社会科学院历史研究所共同举办的首届"南开中古社会史工作坊：中古中国的都市与社会"在南开大学历史学院举办。来自中国社会科学院、中国人民大学、北京师范大学、中央民族大学、首都师范大学、清华大学、台湾大学、日本中央大学、南京大学、南京市考古研究院、浙江大学、厦门大学、福建师范大学、天津社会科学院、中西书局、南开大学等16家高等院校、科研院所及出版社的21名学者，就中古中国城市史视野下的"空间范围"和"人的活动"展开了深入的交流。

南开大学中国社会史研究中心成立近二十年来，在促进中国的社会史研究方面做出了一系列卓有成效的贡献。但国内社会史的相关研究多集中于宋以后，尤以明清、近现代为重，宋以前则相对薄弱。近年来，南开大学中国社会史研究中心着力于发展先秦至隋唐的社会史研究，推动该领域的整体发展。自2013年起，南开大学中国社会史研究中心开设了南开中古社会史研究班，并连续举办三届"古史新锐"南开论坛。本次工作坊亦是这一理念的延续。

"南开中古社会史工作坊"是学界首个、也是目前唯一一个以社会史为学术旨趣、聚焦中古时期的学术活动。会议设置短小精悍，上午四场主题演讲，下午五场青年学者论坛，报告与评议时间充分，保证了对话的有效性和深入性。今后工作坊将逐年举办，形成系列，旨在用一天时间围绕中古社会史某一核心议题展开尽可能充分的交流，并约请中西书局为工作坊出版系列文集。作为新的尝试，首届工作坊以"中古中国的都市与社会"为主题。既然历史需要在特定的时空背景下展开，从空间角度切入社会不失为一条重要路径。以"长安学""洛阳学"为代表的中古城市史研究目前已经取得有目共睹的成就，约请在该领域深耕多年的学者晤谈，对提升中古史研究的"空间感"不无裨益。本次工作坊对"都市与社会"的探讨，主要围绕城乡关系、城市与葬地、城市中的个人与家族三方面展开。

一、城乡关系：设计理念与层级区分

台湾大学历史学系教授甘怀真《从周礼国家观看中古时期的城乡关系》一文关注汉晋之间的城乡关系，以产生于战国的"周礼国家观"和郡县制为线索，探讨从汉代里制向晋以后村制发展的制度历程。里制诞生于战国中期以降"大国运动"与"货殖时代"两大历史脉

络中,其特点是缺乏自立性。与此相应,《周礼》试图在"体国经野"的构想下,用政治力量控制官民区分和市场交换,以建立不同生产行业间的经济制度,从而维持里制的实行。作者从晁错《论贵粟疏》入手分析了西汉前期农民的日常生活状态及其与官、商的关系,认为国家与人民的联系建立在以户籍为凭借的名分制度上,农民与商人(豪族)之间是传统封建意义上的债务信用关系,而"农本"的统治理念即植根于此。与"里"不同,"村"在生产上有更大的自主性,且表现出多元复合的特征,自给程度较高。这种从"里"向"村"的转变基于汉晋间历史的三条线索,即豪族庄园制的建立、村落共同体的形成和屯田制的施行。前两者是封建原理对市场机制的否定,旨在将儒、释、道等宗教学说转化为人际关系原则,将物的交换转变为以人情为媒介的礼物交换,从而否定其中的商品性。后者反映出国家利用屯田这种军事型聚落重塑编户齐民的努力。从"封建与郡县"角度观察由里向村的转变,是值得继续思考的课题。

北京师范大学古籍与传统文化研究院徐畅对中古中国的乡村研究颇有心得,其论文《从唐代京畿区域看中国中古城乡关系》从当代中国"城乡二元结构"何时形成这一社会现实问题出发,追溯了以往阐释中国古代城乡关系的诸种模式,如马克思"城乡无差别统一"、牟复礼"城乡连续统一体"等,进而探求古今截然相反的城乡关系之间的过渡点,以寻找早期城乡关系的新框架。作者以隋唐长安为观察点,发现唐帝国以律令形式将城乡的自然区分与人为区分相统一,在国家治理层面采取城乡并管策略,在经济管理层面遵循四民分业理念,京畿地区的城、乡呈现出极大的同构性。首都长安的政治性消解了城市内部的生产冲动,使其消费性远大于生产性。城市在政治上统御乡村,乡村在经济上供应并制约城市,具有积极属性的资源由乡村流向京城,京城无法容纳的消极属性资源则溢出到郊区,使京畿形成"非均质"的统一体。伴随着聚落形态、产业布局所体现出的城乡差异,唐人观念上的城乡之别也逐渐形成,作者将这种政治、经济、文化全方位的优越感称为"长安傲态"(superiority)。选官制度变化导致士族城居的潮流自隋唐延续到两宋,对城、乡的文化地位产生了深远的影响,乃至重塑了社会精英的城乡观念,使长安城居成为中唐文人的共同理想。作者从城乡关系角度重新审视唐宋变革,认为唐宋之际是城乡地位的转折点,"非均质统一体"逐渐向"城乡交相养"过渡。由于工商业功能的增强,传统城市的生产能力和经济地位得以提升,进而摆脱了对乡村的"寄生性"。唐宋的城市变革恰恰导致了日后城乡分离的客观结果,后世城乡相分的端倪正可追溯至唐帝国的首都长安。

浙江大学人文学院林晓光对此文做了题为《在"城乡研究"与"都城研究"之间》的评议。林晓光肯定了文章深入的理论思辨、敏锐的问题意识和强烈的现实关怀,同时提出了三点意见。首先,应当在何种标准下讨论城乡差异。牟复礼"城乡连续统一体"的概念是基于西方中世纪城市乃至近世都市的封建形态而提出的,其中议会、广场、雕塑、行会等西方市民社会兴起的表现未必适合中国,相关讨论需要更精确的标准。其次,在引用古人言论作为材料时,要注意史料言说者本人的立场、知识范围和用意指向,有时言说者本人的错误判断会干扰其对史事的分析。同时,由于该文选取都城长安这一十分特殊的城市为对象,难免导致"中央—地方"与"城市—乡村"两种不同性质史料的重叠和混杂。因此,能否将分析一般城市的理论和观点直接用于讨论长安问题,仍值得思考。最后,林晓光认为一地社会的上层人口向资源集中的大型聚落流动,是历史发展到一定阶段的自然结果,而"傲态"的形成更多由资源集中和权力优位所导致,未必能将其特殊化到某一特定时期或城市之中。就一般的城乡关系而言,士族城居的潮流或许未必始自隋唐。

二、城市与葬地:都城空间下的都城圈社会

南京大学历史学院张学锋与日本中央大学文学部妹尾达彦,近年来致力于将汉唐间东亚地区几个典型都城的空间和葬地变化相结合,进行比较研究。本次工作坊,二位学者分别着眼于孙吴西晋时期的建业城和隋唐时期的长安城。

张学锋《吴都建业的都城空间与葬地》囊括了2017年以前公开发表的南京地区两汉、孙吴、西晋墓葬资料,从城市空间与葬地的关系出发,分析两者之间的互动。文章引入"都城圈"的概念,将都城与周边的地域社会相联结,形成盐泽裕仁所谓"都城—郊城—境域"的同心圆结构。这种都城圈的形成及都城圈社会的变化,通过葬地的分布、形制而体现出来。秦汉时期南京地区的县邑建置以江乘、湖熟、秣陵、丹阳为主,从东北、东南、西南三面呈弧形环绕今南京市区,两汉葬地集中分布于江乘、湖熟附近。作者结合对这些墓葬形制的细致考察,认为江乘、湖熟是两汉南京地区人口相对集中、土地开发程度较高之地,且已形成参与地方行政的豪族。而秣陵、丹阳及今南京市区则相对落后,因此孙吴建都应是首先考虑了军事因素。今南京市区大量孙吴墓葬的发现,反映出建业政治中心地位的确立和人口向宫都附近的聚集。江乘、湖熟二县几乎未见孙吴墓葬,当为屯田政策使当地土著人口大量减少所致。建业西南沿江一带的众多孙吴墓葬反映出当地因战略地位提高而导致的经济开发和人口增长。孙吴、西晋葬地的基本重叠,说明吴晋易代之际建业未因战争受到严重破坏,社会局势较为安定。在深入考察南京周边地区两汉吴晋墓地分布及墓葬形制特征后,作者进而探讨了吴都建业的"都城圈社会"。东吴西晋墓葬的主人,既有土著亦有侨寓,既有官僚亦有平民,建业及都城圈"近东"地区是五方杂俎的新天地。西晋平吴后的相对缓和与隋平陈后的"全境皆反",反映出江南地域文化从模仿中原到逐渐独立的过程。

都城居民和葬地的空间安排,是隋唐长安城面临的社会问题之一。妹尾达彦从居民与葬地的关系透视社会史上生与死的不同侧面,《人界与地界:隋唐长安官人居住地与埋葬地的变迁》一文详细梳理了新出墓志、帝陵、官人与其家族墓、粟特人墓、一般居民墓、墓葬壁画和丧葬制度等方面的研究现状。该文指出长安居民理想的郊外墓域,是在与都城往来的交通路沿线上,即"原高野旷,地厚泉深"之处。东郊为皇族、贵族墓地,西郊多为庶民墓地,就城内殡葬业而言,东市冥器较西市更为华丽,而西市挽歌却更胜东市。作者用精确的图表将隋唐长安城官人居住地与墓葬地的分布关系形象化。由此观之,自9世纪起,大明宫前城内街东北部的最高级宅邸的住民在长安至洛阳沿线建造墓地,街东中部新兴官僚阶层于东郊至南郊地区建造墓地,街西北部官人于西郊开远门外街道沿线建置墓地,街西中南部的庶民墓地集中于西郊和西南郊地区。这与城内官人郊外别庄的分布倾向相同。墓地与别庄的开发、郊外寺观的分布、郊外娱乐设施的设置与清明扫墓的盛行,使居住地与墓地所在的城内外结为一体而形成长安的都市圈。最后,作者根据墓葬壁画和线刻画所描绘的在世生活,考察了佛教对隋唐"灵肉二元"生死观的影响和贵族的都市生活。以墓葬变

迁为线索可以看出,长安正成为不同阶层人群聚集的巨大世俗都市。

中国社会科学院考古研究所沈丽华《东魏北齐邺城都城布局与复原研究述论》一文从文献与考古两端,对以往学者的东魏北齐邺城复原研究进行了回顾、总结和反思。作者从文献角度考察了邺城在东魏初年、北齐初年和北齐中后期的营建过程,并对都城布局做了详细梳理。考古发现显示,邺城大致由宫城、内城和外郭(城)区三部分组成,宫城位于整个都城中心。邺城布局的复原研究可分为三个阶段:第一阶段完全依据明嘉靖《彰德府志》卷八《邺都宫室志》的记载复原,第二阶段利用了邺城考古队公布的邺南城实测图,第三阶段开始对整个外郭范围平面布局展开研究。在东魏北齐邺城都城布局和复原研究发展史上,考古发现发挥了非常关键的推动作用,而考古材料的局限性、尺度和模数思想问题仍是目前存在的主要难点。

南京市考古研究院许志强评议此文,建议对邺城的研究要把目光前移至东汉末年。曹魏邺城在中世纪都城考古乃至中国古代都城发展史上意义重大,由其所开创的"邺城模式"影响了东魏北齐的邺城、东晋南朝的建康城、北魏的平成与魏晋洛阳城等,而隋唐长安城标志着中世纪都城在邺城模式的基础上达到了顶峰。都城是空间、时间、事件的集合体,空间问题解决后,时间、事件才更有立体感和代入感。文献中对建筑物、街道名称的罗列,以及描述位置时坐标点的不确定使人们很难形成清晰的布局观念,这就需要考古材料加以弥补。评议人指出该文将文献与实测里数相对应而反推当时计量单位的做法值得肯定,但运用逆向思维的前提是考古实测数据与文献记载均准确无误。然而考古实测数据准确性高但全面性不足,文献记载的准确性、全面性均存疑,因此计量单位问题尚需谨慎处理。

首都师范大学历史学院张天虹在《唐幽州城坊研究的再思考》一文中关注了幽州城的城址范围及内部构造,并在此基础上将城坊研究视作解析中古时期城市经济、社会问题的门径。作者利用北京出土唐代墓志所记载的葬地,结合传世文献和大量实地考察判断唐代幽州城的方位和范围,推测出幽州城南北长约 4.5 千米,东西长约 3.5 千米,面积约 15.75 平方千米。幽州城坊的平均面积与长安城内面积较小的坊相当,幽州大都督府廨、节度使衙、幽州州衙均位于子城内,幽都县衙与蓟县县廨位于罗城的某两坊之间,藩镇时代罗城内尚有官营"作坊""冶坊""船坊",以及"蓟门馆"和寺庙等。尽管辽南京城基本继承了唐幽州城,但辽南京城坊名并非完全是唐幽州城坊名的沿袭,两者坊数也未必相同。文章统计了石刻文献中出现的唐代幽州里坊名称共 25 个,并对其得名由来进行了逐一分析。蓟县诸坊大多由先秦至唐的典故得名,少部分意指本坊在蓟县的位置,带有明显的汉文化色彩。幽都县诸坊与东北边疆少数民族事务有关,"遵化""归化"等名称带有浓厚的羁縻色彩,凸显了幽州在唐朝处理东北边疆民众关系中的重要地位,据此可推测"肃慎""辽西"二坊亦当置于幽都县。唐代的幽州城是一座多元文化交融的北方都会,坊名透露出的历史信息表达了国家或地方统治者的政治意愿。

中央民族大学历史文化学院蒋爱花在评议中首先回顾了"幽州学"的发展历程。自 2015 年日本明治大学气贺泽保规倡导"幽州学"以来,相关研究已渐成规模。幽州是唐时期东北边疆第一大城市,亦是"安史之乱"的策源地。"幽州"概念本身具有三个层次:狭义的幽州城和蓟城,包含州、刺史等一级辖区的地域,幽州节度使辖境。该文前两部分聚焦狭义的幽州,第三部分对幽州学的思路和方法做了整体关照。评议人提示到,在文献稀缺、考古难以展开的情况下,数量可观的边塞诗亦是值得利用的重要材料。另外,城坊存在的时间和坊名的变更等也应纳入到考察的范围中来,并可进一步考虑幽州城军事性和居住性之间的关系。

三、由城到人:都市社会中的个体与家族

北京师范大学历史学院宁欣《编制内外:唐代的"趋吏"》一文关照的是唐代长安城内担任或曾经担任低级杂职、杂役的"趋吏"群体。趋吏的来源、数量、行为表现、社会影响究竟如何?探究这一问题,不仅要关注他们进入、迁转、晋升、入流的环节,也要关注其退出的过程及此后的去向和活动。在编制内,趋吏涵盖了被官府驱使而趋走办事的人,数量巨大;在编制外,因监察权限的广泛、用人机制的混乱、吏员膨胀而导致的超编问题普遍存在。就京吏而言,大量的低级吏、杂职掌、诸色人等徘徊于吏、役、色之间,几无晋升机会,无法迁转至流外官乃至流内官的行列。唐后期官署经费来源渠道多样,各司以"役利"供给"公食餐费"的弹性很大,为胥吏上下其手留下了空间。从《天圣令》中的规定看,在京各官署招聘和役使人员大多没有户口限制,全国各地的人员充斥其间,良莠不齐。这些小吏离职后,相当一部分滞留京城,数量和社会影响都不可轻视。作者从对唐代"趋吏"的研究出发,倡导学界在都市史研究中回归对"人"的讨论,重视城市的"中下阶层",关注不同层级的变动,并深入理解历史时期的城乡关系和管理制度。

中国人民大学历史学院王静《王处存家族崛起与神策禁军》一文以长安为背景,结合唐后期军事制度的变化,分析在神策军成立的过程中,长安万年胜业里王处存家族由高赀转而镇守地方的过程。万年胜业王家因父辈移居京辇,凭借经营能力而聚集财富,并顺势以财富换取了军中仕途。王处存之父王宗自神策军校起家,其子弟则借此入禁军乃至出守藩镇。王处存家族的崛起是四民社会中商人利用财富改变其社会地位的典型表现。一方面,军事制度的变化、工商业的发展与唐中后期的财政危机,为商人入仕提供了契机。开元时期,招募制的实施改变了兵员的身份限制,为商贾入禁军提供了制度性保障。贞元后长安富户挂军籍渐成趋势,京城高赀、豪强、商贾为避役或突破身份限制而入仕,往往投籍禁军,这成为一条比科举更快捷的途径。加之宦官对神策军的控制,贿赂内官纳货窜名也成为一种渠道。另一方面,军队亦需商贾的贸易助力,神策军得势后影占户口现象愈发突出,客观上导致了其战斗力的削弱。王氏家族的崛起,是晚唐五代军事制度与社会变迁的一个个案,有助于多方面、多层次地了解制度变革与社会结构变化的多元性。

福建师范大学社会历史学院李永认为,作者延续了以往由个案研究以小见大的治学方式,深入历史细节,以王处存家族的变迁透视了长安城的社会流动及其与地方的互动。家族研究若缺少墓志材料的支撑往往很难进行,而此文在材料运用上做了较好的示范。探讨武人阶层势力的崛起,应将晚唐五代宋初视作一个相对独立的研究单元,宋代的许多现象都应在晚唐五代的历史脉络中寻找源头。此外,李永指出使用郡望冠称某一家族需要满足一定的条件,"胜业王氏"的提法似有不妥,同时"神策军"与"禁军"的概念在论述中似乎尚可进一步明晰。王处存的家族由商贾入禁军虽并非个例,但由禁军而出镇地方并在义武军

中成功立足,则具有相当的特殊性。是否可以找到更多类似的个案以形成更全面的观察,发现武人家族之间的同质性和异质性,是犹待解决的问题。

清华大学人文学院管俊玮《从兴唐观到玄真观:中晚唐长安一个道教师门的沉浮》一文借助近年来新出墓志,还原了郄氏道教师门从德宗到宣宗数朝的动态发展历程。郄氏师门与政治联系紧密,几乎每代都有人出任道教最高行政职务——道门威仪。郄氏师门在德宗时开始崛起,至宪宗时其势力达最高点,穆、敬两朝仍保持不坠,其兴起与德宗、宪宗时期内廷与外廷始终保持平衡的政治格局关系密切。郄氏师门不是普通的技术型道士,而是政治型道士,他们凭借较高的文学修养,与外廷士大夫、内廷宦官和女官保持着良好的互动关系,从而游刃有余地游走于中央政治之间。甘露之变后,原先的政治生态被打破,郄氏师门在武宗崇道的背景下被边缘化。宣宗朝,在复兴宪宗"元和故事"的口号下,郄氏师门又一次利用政治风向的变化,保持了师门不坠。

清华大学人文学院孟献志评议此文,指出作者从人物交游角度切入研究,注意引用诗文材料,对人物个案研究颇具启发。文章题为"从兴唐观到玄真观",行文中对兴唐观的介绍比较详细,但对玄真观却着墨不多。郄氏师门从兴唐观到玄真观的移动,究竟是首先在地理位置上远离了内廷,因此由政治型道士转变为技术型道士;还是由于从政治型道士转变为技术型道士,郄氏师门才选择了道观的迁移?此问题尚需进一步说明。最后,评议人对"政治型"与"技术型"的概念提出了修改建议,指出若道教师门与政治联系密切,似乎不应出现文献记载稀缺的情况,将其称为"事务型"与"学术型"的道士或许更为合适。

四、结　语

本届工作坊所关注之"都市与社会",上自两汉魏晋,下迄晚唐五代,涉及长安、建业、邺城、幽州等多个地域。中古时期,长安与洛阳长时间作为京城,不但留存了大量的文献材料,同时也是都城考古关注的重心所在,相关的研究成果自然最为丰硕。尽管都城研究的学术意义不言而喻,但中古城市史研究如何突破"都城史"的局限而向更广阔的地域探索,仍是值得思索的问题。历史学者不仅要利用考古材料,还应重视实地考察在中古城市史研究中的作用。走进历史现场,将历史学尤其是社会史与考古学密切结合在一起,或许是可行的方法之一。城市是一个开放的学术场域,来自历史、考古、文学乃至艺术等多学科观点的自由对话,对推进该领域的学术发展至关重要。而开放与平等的对话,也将成为南开中古社会史系列工作坊的基本追求。

作者简介:路锦昱,南开大学历史学院本科生。

小历史与大历史勾连

——"生活与制度:中国社会史新探索"国际学术研讨会综述

王嘉乐

由南开大学中国社会史研究中心主办的"生活与制度:中国社会史新探索"国际学术研讨会,于2018年9月10日至12日在津召开。来自海内外32所高校和科研机构的43位专家学者在生活与制度的视野下,围绕"礼法、士人与生活""医疗卫生与生活""性别与生活""移民与地方社会生活""乡村生活""城市生活""水的生活与制度""制度与生活的多样性"等多个主题展开了深入的讨论。

研究中心主任常建华先生指出,传统中国是专制主义中央集权国家,皇权支配社会,人们的日常生活受到国家制度的制约,"日常性"的生活与"非日常"的社会经济制度、意识形态往往绾结在一起,将两者关联起来思考便能够使小历史的研究拥有大历史的关怀。由于身处以日常生活为研究对象、追寻自下而上看历史的社会史研究领域,我们主张将"生活"置于"制度"之前,改变"制度与生活"的思路,故而在会议上提出了"生活与制度"的概念,旨在为中国社会史的研究提出新的挑战,开启创新性探索,以期对未来的社会史研究产生影响。

一、生活史研究与制度关怀

将作为分析框架的"生活与制度"引入以衣、食、住、行为研究对象的生活史领域,有助于打通日常叙事与宏大叙事之间的障壁,将小历史与大历史更为紧密地勾连在一起,进而推进我们对日常生活的理解。

以制度为背景往往能够彰显生活史研究的意义。以往学界对虢国夫人的奢靡早有关注,但对其所谓的"奢靡生活"的论述往往泛泛,研究多浮于表面。李志生(北京大学)《唐虢国夫人衣食住行研究》一文通过细致爬梳史料,对虢国夫人的衣食住行展开具体而微的考察,细致呈现其日常生活的面貌及违礼僭制的情形,使"玄宗天宝时期社会腐化"的议题展现出更加细致生动的面向。

中古时期敦煌的饮食有何特色? 敦煌文书中保留了大量有待挖掘的细节。周尚兵(山东师范大学)《店铺徕客叫卖词与唐五代宋初敦煌日常饮食生活》一文利用敦煌文书中的

"店铺佽客叫卖词"与"干味部"的记载,分析得出中古敦煌地区日常饮食生活中的调料清单,结合其他文献记载综合考证,以期复原中古敦煌饮食调理色、香、味的基本面貌,进而归纳唐五代时期日常饮食生活的基本理念。会后,学者们就文书释读问题、中古敦煌地区饮食生活时空特色的解读、药食同源等问题展开了热烈讨论。

宋代女性随亲宦游的行旅活动是一种较为突出的社会现象,由于其与女性自身及其家庭生活,甚至官吏的仕宦生涯均有所关涉,故而受到国家的重视,出现种种制度上的规范。长期以来,学界对宋代女性的探讨多集中于家内,而对她们的家外活动关注不足。铁爱花(苏州大学)《随亲宦游:一种宋代女性行旅的制度与实践考察》一文便聚焦女性闺阃之外的移动空间,从制度与实践层面对宋代女性随亲宦游的行旅活动进行考察,丰富了我们对宋代女性行旅生活、官吏游宦生涯及相关制度文化的认识。

在民众"私"领域的生活中国家权力究竟能否控制和介入,换言之,古代乡民生活的"自由"度究竟如何,这一问题长期为学界所关注。山本英史(日本庆应义塾大学)《溺女与法制》一文透过历代王朝的溺女法制禁令,观察生活层面的溺女"陋习",认为历代王朝无法透过法制来规制溺女问题,故而认为传统时代国家权力并未实质渗透至基层社会。谭景玉(山东大学)在对宋代乡村职役制度进行观察后得出了不太相同的结论,他在《宋代乡村职役与乡民生活状态》一文中通过转换视角,站在广大乡村民众的立场上,从乡村职役人自身的认识出发进行考察,认为所谓宋代乡村职役人"至困至贱"的论述在很大程度上是不用服役的官僚士大夫群体的一种片面认识,在广大乡村民众眼中,乡村职役人是国家权力的代表,他们凭借国家授予的权力维护乡村秩序,协助国家实现对乡村的治理和对乡民的控制。谭教授进一步指出,维持乡村社会稳定、确保赋税收入是包括宋代在内的中国传统王朝治理乡村的重点,至于其他方面,或限于治理成本和技术,国家并不愿干涉,故而不应对传统社会民众生活的自由度做出过高的估计。

若要深入探索生活与制度的关系,移民不失为一个较为恰当的研究对象。以往学界对清代东北移民的研究多集中于晚清清廷放垦之后,较少见对放垦之前的移民生活的探讨。常建华(南开大学)《生活与制度:清中叶东北奉天地区的移民与日常生活》一文将东北奉天地区的移民生活置于清廷针对汉族人进入东北地区而制定和调整相关制度的大背景下进行考察,以35件嘉庆朝刑科题本为基本资料,呈现了流寓民在规避、利用乃至违反相关制度的情形下顽强生活的具体情形。

除移民外,水域社会中的渔民等水上从业者由于具有较强的流动性,是历代王朝国家重点管控的人群,他们的生活往往与国家制度有着激烈的互动,亦可作为观察生活与制度关系的对象。徐斌(武汉大学)《国家与渔民:宋至清两湖地区鱼税的征收及其演变》一文以赤历甲册、湖册及渔户宗族的族谱等新发现的文书为核心史料,结合正典、方志、文集等史料,考辨有关渔税的制度条文与两湖地区征收渔税的具体场景,从制度与人群互动的角度,观察国家控制边缘人群的措施及实际效果。陈瑶(厦门大学)《市场、税费与社会——清末长江中游民船航运业的近代困局》一文聚焦20世纪初一宗发生在湖南湘潭的航运诉讼案件,分析长江中游民船业在19世纪末20世纪初所遭遇的行业内外的各种变局,指出除行业内部竞争因素导致近代民船业的衰落外,另需微观分析、综合考虑促成行业转型的市场因素、制度因素和社会因素。

晚清民国时期,社会艰难而缓慢地从传统迈向现代。在社会变革的背景下,乡民的日常生活有着怎样的变化,我们又该如何理解这种变化呢?会上,王振忠与董乾坤教授为我们进行了细致的解读。王振忠(复旦大学)利用《开检可观》稿本对祁门云村的日常生活进行了深描,考察了晚清民国时期徽州的乡村治理,进一步揭示出这些与徽州日常生活中历时已久的民事惯例之间的渊源关系。董乾坤(安徽大学)《晚清教育改革与乡村塾师的家庭生活——以祁门县胡廷卿为例》一文利用徽州账簿,对乡村塾师在晚清科举制变革背景下的生活实态进行探讨,展示了在教育改革背景下作为乡村塾师的胡廷卿是如何变通以应对变革的,指出了此间制度的变迁与其家庭生活之间的关联甚密。乡村之外,城市生活的面貌亦在教育改革的背景下发生了变化。张弛(天津社会科学院)《为教育改革提供原料——天津教育品陈列馆、制造所(1905—1919)与教育用品本土化的滥觞》一文聚焦清末教育改革大背景下的天津学堂,通过探索天津教育品陈列馆与制造所的兴办、发展与结局,强调了两者在社会教育和振兴实业方面发挥的重要作用。李长莉(中国社会科学院近代史研究所)《晚清日本人看中国人的生活与制度》一文参考小室信介的《第一游清记》,通过日本汉学文化人的眼睛细致观察中法战争爆发后中国人的实际生活与社会、文教制度,由文化心理与情感态度入手,深入探讨这一时期日本国民"蔑华"心态形成的原因。

二战后中国人的城市生活亦在政府治理政策的实施中悄然发生着改变。邓丽兰(南开大学)《饮食政治:抗战胜利后的上海酒菜治理》一文以抗战胜利后上海酒菜业为研究对象,考察社会运动过程中,酒菜业职工与商馆各自的运动方式、利益诉求,以及上海市政府在劳资调解、征税管理、经济管制过程中的作用,从一个侧面揭示了上海经济领域在多元利益的博弈下,运动式治理、制度化治理两种方式互相纠缠的实际状态。周子峰(香港树人大学)《港英殖民政府与香港殡仪文化之演变(1895—1980)——以殡仪馆为中心之讨论》一文通过对二战后香港殡仪文化变迁的细致观察,揭示出港英殖民政府颁布的法律与施行的政策在某种程度上影响着战后香港丧葬文化的演变。

二、"生活史"取向与制度史新研究

作为一种研究取向的"日常生活史",亦丰富了制度实践研究的面向。会上,杜正贞(浙江大学)指出,从生活史的角度反观制度史的研究,能够使传统的政制礼制、思想文化、宗族家庭、民间信仰等研究领域焕发出新的生机,在问题意识、研究理路与写作方式上有所创新和发明。

政制与礼制作为制度的核心是传统制度史研究的重要领域,研究视角的转换使传统的研究对象拥有了有别于以往的解释模式,使我们对制度的理解更加深入。陈宝良(西南大学)《礼教秩序与明代社会生活变迁——兼论礼制、观念与生活之关系》一文将礼制置于生活的场域,探讨了有明一代作为一种"生活法则"与"生活艺术"的礼制是如何变化的,以及这种变化如何与明代文人的生活观念、行为方式等进行深入的互动。许哲娜(天津社会科学院历史研究所)《五德服色符号与改易服色制度的日常实践和社会认同》一文受到政治人类学研究视角的启发,以五德服色这一象征符号为切入点,通过其在物质文化、日常生活习惯中的运用以及对大众政治意识的影响,分析了改易服色制度的具体实践过程和社会认同机制。

思想文化史领域,传统的研究方式多将焦点放在"大名字、大人物"的学术思想与文学成就上,利用知名士人的文集、笔记、书信等文献史料,配合地方志勾勒出他们的文化交游圈,这种研究理路往往容易造成叙事的粗线条化,难以将思想史的发展脉络梳理完整。张艺曦(台湾交通大学)《明及清初地方小读书人的社集活动:以江西金溪为例》一文将族谱资料创造性地应用于思想文化史领域,从地方史与地域研究角度出发,重构、复原金溪小读书人的言行事为,以期呈现明末至清初江西思想文化史的整体面貌,极大地弥补了过去仅关注大人物以致叙事断裂粗简所造成的缺憾。

在宗族家庭史领域,徽州的宗族祭祀近年来广受学界关注。本次研讨会上,卞利与郭锦洲教授利用新资料、转换新视角,将该研究推向深入。以往对于包括徽州在内的清明会研究基本处在叙述和说明的实证性分析阶段。卞利(南开大学)《明清时期徽州的清明会及其所组织的墓祭活动初探》一文利用大量徽州文书资料,对明中叶以来徽州清明会创立缘起、功能、特点、资金筹措以及运行机制等问题进行了系统探讨,强调了王朝礼制变革、徽商崛起对徽州宗族墓祭活动产生的影响。郭锦洲(香港浸会大学)《明朝徽州的"庙户"登记与祖先祭祀》一文通过"庙户"制度在篁墩忠壮庙的变化中所起的作用,探讨明朝的祭祀政令带来的民众生活层面的变化,并进一步指出,研究政府制度并不是要单纯地探讨制度史,也不仅是探讨制度在地方社会实际的运作过程,而是要明白制度"互动"的过程中,地方社会变成了什么模样。张小坡(安徽大学)将关注的重心投向旅外徽州人群体,其《从善堂到医院:清代以来旅外惠州人的慈善设施及其运作》一文通过广泛收集方志、善堂征信录和档案资料,对清代以来旅外徽州人善堂的分布进行梳理,探讨了善堂的运行实态,进一步观察近代旅外徽州人社会救助理念的转变。徽州之外,罗艳春(天津师范大学)长期关注江西万载,其《清代的累世同居:以江西万载县民周继德家为例》一文聚焦并未得到学界充分探讨的明清时期仍然存在的累世同居之家,将清代的旌表制度与江西万载黄茅周继德六世同居之家的形成关联起来思考,强调对朝廷旌表的累世同居之家进行"在地化"的分析,以期在空间视角下对族群关系进行重新解读。

在民间信仰领域的城隍信仰研究中,"哪里能够建置城隍庙"一直是一个饶有兴味的问题。张传勇(南开大学)《城隍下乡:明清村镇城隍信仰考论》一文尝试跃出以往囿于区域的研究范式,从宏观层面对明清村镇城隍信仰进行研究,挑战了传统的以滨岛敦俊为代表的"村镇城隍信仰是城隍信仰'淫祀化'"的解释模式,认为以"非官方化"取代"淫祀化"更符合明清村镇城隍信仰的实际情况。在该文中,作者还指出明清时期州县以下聚落建有城隍庙已是较为寻常之事,所谓村镇城隍庙"违制"更多的是一种观念,不应过分强调,明清时期的村镇城隍庙是城隍信仰多元发展的结果之一。跃出区域的宏观研究有其价值,深入个案的历时性观察亦有必要。明清时期,江南市镇发展与地方信仰变迁之间有着非常密切的关系,这一点在近年来已经逐渐成为学界的共识。王建(上海社会科学院历史研究所)《宋元以来王江泾的移民、商业与地方信仰》一文以浙北王江泾镇为个案进行研究,尝试将地方信仰与区域开发之间的关系进一步置于更长的历史时段中加以考察。该文指出,在每一个历史阶段,地方信仰往往呈现出不同的形态,这种历时性的个案考察有利于我们更深入地理解宋元以来江南地方信仰变迁的动力机制。

三、日常生活的多元面向

本次会议汇聚了社会学、艺术史、医疗史、考古学等众多领域的专家学者,他们紧扣"生活与制度"的主题展开了激烈的讨论。

会上,上海大学社会学院人类学与民俗学研究所的张佩国教授强调了"制度生成"理论对推进生活史研究与制度勾连议题的指导性意义,其《清代绅权的二重支配》一文具有较为浓重的理论色彩,该文借重马克斯·韦伯支配社会学和马克思生产方式理论,考察了清代绅权支配(而不仅仅是士绅群体)的社会本体论意义,将绅权的社会再生产视为一个融合土地制度等物质生产、皇权官僚体系和儒学、皇权官僚体系、民间宗教等意识形态为一体的整体的历史实践过程。该文突破了传统的"士绅社会"论和"地方精英"论过分强调皇权的解释模式,使清代绅权的种种"背离"现象得到了更加灵活的解释。此外,胡悦晗(杭州师范大学)亦强调了在历史学层面对韦伯社会行动理论的关注和应用。其《战时边缘知识分子社会行动力缺失》一文秉承了韦伯对思想、观念与精神因素的侧重,运用了长期以来被历史学者"选择性忽略"的旨在联结制度结构与思想意识的社会行动理论本身,以战时边缘知识分子群体为研究对象,以董毅《北平日记》为基本史料,细致考察了那些滞留沦陷区,既未"投身革命"又未担当国难的青年学生的生活状态,试图对其个体层面的社会行动力缺失的现象做出解释。

艺术史出身的陈芳与吴若明的研究则提醒我们,作为"史料"的物品与图像在日常生活史研究领域的重要价值。陈芳(北京服装学院)《雌雄二体的结合:明代女服上的"对扣"考释》一文从物质文化史的角度,对学界较少关注的服饰配件"对扣"进行了深入细致的考察,从起源、造型、材料、出土概况及佩戴者身份等方面详考明代女服对扣,并进一步尝试从身体观及社会风气变迁等方面对对扣的流行做出阐释。吴若明(南开大学)《以瓷鉴文:〈红楼梦〉与清代仕女生活之情境再现》一文以清初(主要是康熙朝)的外销瓷器上大量叙事性女性题材的纹样为主要"史料",结合《红楼梦》中的描述,试图再现清代仕女生活的户外庭院与室内闺房等场所,呈现女性的游园赏花、观舞听戏等休闲生活。李志生教授、常建华教授从历史学研究的角度出发,同陈、吴两位学者就"图像证史"问题展开热烈讨论。会上的争鸣提醒我们,利用图像作为史料证史,应当建立在对图像进行充分考证的基础上,综合考虑图景的制造者、制造背景及用途,图像的观众、参与者等因素,方能避开曲解古人的"陷阱",达到理解古人的目的。

张嘉凤、余新忠、王文基、辛圭焕等医疗史领域的专家指出,作为惯习与规约的制度在日常性的医疗卫生世界同样"在场"。张嘉凤(台湾大学)《〈易经〉与医学:以元明清时期的身体起源论为例》一文综合考察了元明清时期《易经》与医学的互动过程,指出宋以降的医家在儒家与道家的启发与影响下,以命门为中心,创立了崭新的医学宇宙观与身体起源论,在这一过程中,《易经》扮演着支持与合法化这一新宇宙观、身体观的经典证据。余新忠(南开大学)《流水账中的日常医疗世界》一文利用德国学者文树德搜集并影像刊布的晚清广灵县医生刘氏于 1982 年记录的手抄处方——《手到生春》为中心,结合另外两本零散处方《万病回春》与《济世活人》探究普通医者的医疗观念与实践、医疗范围、日常关系网络、药材来源与流通网络以及当时的民间求医问诊状况,进一步指出此类抄本处方资料对于呈现历史上日常生活中的医疗实践的价值,认为此类资料的充分利用,将有助于打破以往以文本化的医学知识为中心的研究范式,从一味关注医学知识,转向对医学知识与医疗实践进行互动式探究的新理路。王文基(台湾阳明大学科技与社会研究所)《神经衰弱、精神科学与大跃进》一文关注 20 世纪 50—60 年代特殊政治与社会局势下的医学与科学的发展,聚焦战后特殊时期神经衰弱的诊疗与精神科学的研究,指出在政治与科学、医学高度交融的时代背景下,对于如何看待政治干预科学这一问题,需要进行更为深入全面的观察。辛圭焕(韩国延世大学)《二十世纪前半北京的都市空间与卫生》一文将米歇尔·福柯的近代医学空间化理论应用于北京城市空间的研究,以疾病分类与卫生区的设置为切入点,把握北京城市空间的变动。

耿超与闫爱民教授的对话则展现出考古学与日常生活史在碰撞中产生新的问题意识的可能性。耿超(河北大学)《东周燕国贵族墓葬研究》一文基于墓葬考古研究,结合彼时婚姻制度、社会组织形态和社会结构,综合分析了东周时期燕人的丧葬制度与社会生活。闫爱民(南开大学)与赵璐合作《"如厕潜遁"与汉代的溷厕》一文,将文本记载与出土文物相结合,借助溷厕生动地向我们展示了汉代日常生活的一个侧面。文章指出,汉代的溷厕不只是屎溺与积肥之处,汉人在危难时刻常借道溷厕出逃,而这种"如厕潜遁"的奇特避难方式与汉代日常生活的习惯、溷厕的建筑结构有关。

这些学术讨论与争鸣充分体现出跨学科交流、借鉴多学科的研究方法对于丰富和创新日常生活史的研究是大有裨益的。

四、结 语

纵观本次研讨会,以下几点特色不容忽略:

一是与会学者充分认识到将生活与制度关联起来考虑问题的重要性与必要性。一方面,制度史的关怀或以制度史为背景的生活史研究,能够充分彰显"日常"的意义,使从细部入手的日常生活史与更广阔的历史背景及社会脉络相勾连;另一方面,制度的推行与变化亦是理解社会生活的重要途径。从此种学术理路出发,与会学者以女性、移民、渔民、小读书人等为研究对象,在各自的领域进行了广泛的尝试。

二是跨学科交流、转换视角、突破传统的研究范式和创新史料的解释模式,使传统的研究领域焕发出新的生机。本次与会学者发表的论文,在政制礼制、思想文化、宗族家庭、民间信仰等传统研究领域均有发明和创新,足见"日常生活史"作为一种取向为社会史研究,甚或是历史研究注入的生命力。

三是本次研讨会较长时段的囊括了中国古代史上的多个断代,且多见历时性的较宏观的研究成果。打破断代间隔的交流,有助于在不同时代之间观察历史现象,共性与个性的发现推进了我们对于作为一个整体的"中国古代史"的认识和把握。

四是国际视野。在会议的"特别演讲"中,澳大利亚昆士兰大学的黎志刚教授介绍了大量有关西方物质文化与日常生活的理论及研究成果。海内外学者思维的交锋与碰撞,使我们看到社会史、生活史研究无限的可能性。台湾暨南国际大学荣誉教授徐泓致辞充分肯定了会议的主题,并祝贺会议圆满举行。

自 2008 年以来,南开大学中国社会史研究中心将"中国日常生活史研究"规划作为一段时期内着力发展的重要课题,为推进该项研究,迄今为止中心已成功举办国际讨论会 7 次,继"中国日常生活史的多样性"国际学术讨论会、"日常生活史视野下中国的生命与健康"国际学术研讨会、"中国史上的日常生活与地方社会"学术研讨会、"中国史上的日常生活与民生问题"学术研讨会、"中国史上的日常生活与物质文化"学术研讨会、"日常生活视野下的中国宗族史"学术研讨会之后,本次会议再次将"制度与生活"的关怀引入日常生活史的研究范畴以开阔视野、深化主题。纵观历届研讨会,我们不难发现越来越多的学者开始关注并走进日常生活史的研究领域,"日常生活"的研究理路正日趋成熟。

作者简介:王嘉乐,南开大学中国社会史研究中心博士研究生。

【书评】

宣卷研究的新史料和新视野
——《中国农村的民间艺能》述评

朱小屏　张笑川

《中国农村的民间艺能——太湖流域社会史口述记录集2》(东京：汲古书院，2011年)由佐藤仁史、太田出、藤野真子、绪方贤一、朱火生编著，其中前四位为日本学者，后一位为中国吴江当地宣卷艺人。该书是2004—2006年日本科学研究项目《有关清末民国时期江南三角洲市镇社会的构造变动与地方文献的基础研究》、2008—2010年科学研究项目《解放前后太湖流域农渔村的"乡土社会"和实地考察》和2006—2008年科学研究项目《关于清末民国时期江南三角洲农村的地域整合与民间信仰的基础研究》的系列成果之一。在上述三个研究项目的支撑之下，以现京都大学太田出教授和一桥大学佐藤仁史教授为首，由日中学者共同参与，组织了江南地区的田野调查班。该调查班对中国江南地区市镇进行了广泛的田野调查，包括市镇与农村关系、民间信仰(如庙会组织、香会组织等)、民俗文化的复兴实况等多项内容。作为成果的一部分，该研究已经出版了由太田出、佐藤仁史编著的《太湖流域社会的历史学研究——地方文献与现场调查的探讨》(东京：汲古书院，2007年)以及由佐藤仁史、太田出、稻田清一、吴滔编著的《中国农村的信仰与生活——太湖流域社会史口述记录集》(东京：汲古书院，2008年)，本书是以上二书的姊妹篇，也是该研究的最新成果。[①]

《中国农村的民间艺能——太湖流域社会史口述记录集2》是一部关于宣卷的口述资料和相关研究论文的合集，分为解题论文篇、口述记录篇和宝卷篇三大部分。第一部分"解题论文篇"共收入5篇研究论文；第二部分"口述记录篇"为主体部分，收入10名吴江宣卷艺人的口述记录；第三部分"宝卷篇"收录朱火生手抄的9部宝卷以及两种《猛将宝卷》。本书编著者中，佐藤仁史、太田出为历史学家，藤野真子为中国戏曲研究者，绪方贤一为中国思想史学者，朱火生为吴江著名宣卷艺人。从编著者的阵容可以看出，这是一项跨国的、

＊ 本文写作受到2013年度江苏省社科基金项目"民国苏州城市史研究"和2016年苏州市社科规划项目"同里宣卷文化内涵复兴对策研究"的资助。

[①] 感谢该书编著者之一、日本一桥大学佐藤仁史教授惠赐以上三部著作给苏州科技大学人文学院，使笔者能够先睹为快。佐藤仁史教授2015年被聘为苏州科技大学人文学院兼职教授，笔者有机会与之有更多的交流与研究合作。感谢苏州科技大学日语系毕业的张金钊同学将该书所收四篇研究论文以及《太湖流域社会的历史学研究——地方文献与现场调查的探讨》中佐藤仁史教授的一篇关于宣卷的研究论文翻译成中文。

跨学科的综合研究。

中国宣卷的研究有很长的历史和丰硕的成果,这本著作有何新的贡献呢?一项研究若要突破,不外乎两项,或者是新资料,或者是新方法。这部著作在史料和视野方面都有值得称道之处,让我们先从新史料说起。

一、宣卷研究的新史料

宝卷与宣卷是两个紧密联系的研究领域。中国宝卷是在宗教(宋元和明代前期佛教、明清民间宗教)和清及近现代民间信仰活动中,按照一定仪轨演唱的一种说唱文本。演唱宝卷称作"宣卷"。

近年来,宝卷研究资料的整理出版还是很兴盛的。其中,由马西沙主编的《中华珍本宝卷》已出版了三辑共三十册;由车锡伦主持的《中国民间宝卷文献集成》已出版了《江苏无锡卷》共15册。① 以上两部丛书汇集了大量宝卷文本并影印出版,可谓宝卷资料的两大宝库,相信随着该丛书其他部分的陆续出版,必将对宝卷研究起到强有力的推动作用。

但是,我们也可以看到,相比于宝卷研究资料整理与出版的兴盛,宣卷研究资料的整理与出版则显得滞后许多。由于宣卷是一种演唱和仪式活动,相比于作为文本的宝卷来说,其资料的搜集、整理难度更大,因此宣卷资料的整理和出版相对滞后也是可以理解的。由于宣卷一般被视作一种说唱艺术或仪式音乐,对其的研究主要在音乐学界展开。

就太湖流域宣卷研究来说,据笔者目前所知,最早的资料汇集开始于20世纪50年代。当时的文艺工作者对江苏南部地区民间歌谣和民间音乐进行普查,宣卷音乐作为"说唱音乐"类别收录进江苏省音乐工作组编辑出版的《江苏南部民间戏曲说唱音乐集》,该书采集了苏州、吴江、昆山、常熟、无锡、江阴、宜兴、常州、金坛、丹阳、青浦等地各类宣卷曲调45种。② 此后,在20世纪90年代《中国曲艺音乐集成》丛书的编撰过程中,各地音乐工作者将宣卷作为一种说唱(或曲艺)形式记录其曲调,南方宣卷音乐的资料集中在江苏、浙江、上海各卷中,地域涉及苏州、靖江、常州、无锡、靖江、绍兴、四明、嘉善与上海等地。"集成"是田野资料的搜集与整理,对宣卷音乐的描述亦主要是整理记录曲调,并不涉及宗教信仰、仪轨等内容。

进入21世纪,音乐学界开始出现将宣卷作为仪式音乐或信仰音乐,从音乐人类学角度进行综合研究的倾向。其中,钱铁民、戴宁、李萍等人用力颇深。钱铁民不仅是《中国民间宝卷文献集成·江苏无锡卷》的分卷主编,而且撰有《江苏无锡宣卷仪式音乐研究》一文。③ 戴宁的博士论文《太湖地区民间信仰音乐研究》从民俗的角度审视民间信仰音乐,涉猎内

---

① 马西沙主编:《中华珍本宝卷》(第一、二、三辑),北京:社会科学文献出版社,2013、2014、2015年;车锡伦总主编,钱铁民分卷主编:《中国民间宝卷文献集成·江苏无锡卷》,北京:商务印书馆,2014年。
② 江苏省音乐工作组:《江苏南部民间戏曲说唱音乐集》,北京:音乐出版社,1955年,第274—275页。
③ 钱铁民:《江苏无锡宣卷仪式音乐研究》,曹本冶主编:《中国民间仪式音乐研究》(华东卷),上海:上海音乐学院出版社,2007年,第278—430页。

容包括神歌、礼乐、宣卷和俗舞。① 李萍的博士论文《无锡宣卷仪式音声研究——宣卷之仪式性充访》，以无锡宣卷为考察对象，置宣卷音声于其仪式信仰语境，以获得对于宣卷本质和意义的理解与认知。② 这三项研究都扎根于深入的田野调查，文中展现了大量的口述内容、基于现场录音的谱例以及演出实况的照片。相信每一位作者手里都有大量的田野资料，但是我们所能见到的仅是散见于论文中的资料，我们无从基于这些资料展开独立研究。

值得一提的是，《中国·同里宣卷集》一书亦与吴江宣卷紧密相关。③ 该书分上、下两卷，共200余万字。上卷收录25部口头演唱记录本，下卷是25部宣卷艺人手抄本的校点本。其中载有俞前、张舫澜的《同里宣卷概述》以及收在附录中的《同里宣卷艺术四大流派和班社传承谱系表》《宣卷艺人小传》《宣卷曲调》等文章。采录小组花费了两年半的时间，逐一采访老艺人和现役艺人，用功颇深，但是在书中展现的依然主要是宝卷文本，关于宣卷的描述处于从属地位。

因此，从宣卷资料的出版情况来看，可以说除了曲调的搜集整理之外，与宣卷活动紧密相连的演出市场、演出实况、艺人生活、宗教信仰、仪式仪轨等内容多付阙如。《中国农村的民间艺能——太湖流域社会史口述记录集2》的出版可以说填补了这一空白，为我们深入、立体地考察宣卷活动提供了基础。

《中国农村的民间艺能——太湖流域社会史口述记录集2》的主体内容是吴江10位宣卷艺人(包括赞神歌手)的口述采访录，是编者从2004年9月至2010年3月，历时6年才完成的。从世代来看，网罗了老艺人、中坚艺人以及最近才开始活动的年轻艺人，较为全面地展现了吴江宣卷艺人不同"世代的共通点和差异点"。编者认为："宣卷的演出与年中节日、民间信仰、通过礼仪等生活全体有着密切的关系，应该在以这种生活全体为视野的基础之上(包含变化)保存和继承。"④因此，在采访中，"加入了宣卷艺人的经历和艺术观，对演出环境和组织者的性质也做了调查，这样做是为了达成对宣卷的总体理解"。⑤ 这就使这部口述记录集有别于此前简单的曲调记录集，从而具有了丰富的社会史内容。

通过仔细考察10位宣卷艺人的口述记录内容，可以看出本书编者的独具匠心之处。首先，口述记录有一个基本格式，即注意信息的全面性。每一位口述者的口述记录都从"家族情况"和"个人经历"开始，然后是"学艺和从艺经历"。显然，这样的采访策略意图展现宣卷艺人的整个人生经历及其所处的时代，而不仅仅局限于宣卷的演出活动。被采访的每一位宣卷艺人当然是因为其宣卷艺人的角色而进入我们的视野，但是宣卷艺人的角色并非是其人生的全部，而仅是其人生经历的一个部分。宣卷艺人们在什么样的情况下、通过何种机缘成为宣卷艺人？或者说，宣卷艺人作为一种职业，它的从业人员构成、从业机制如何？相信这些问题都是我们研究宣卷时需要考虑的问题。而本书所提供的信息，就会彰显其重要意义。

---

① 戴宁：《太湖地区民间信仰音乐研究》，上海音乐学院博士学位论文，2004年。
② 李萍：《无锡宣卷仪式音声研究——宣卷之仪式性充访》，上海音乐学院博士学位论文，2012年。
③ 中共吴江市委宣传部、同里镇人民政府编：《中国·同里宣卷集》，南京：凤凰出版社，2010年。
④ 《中国农村的艺能——太湖流域社会史口述记录集2》，东京：汲古书院，2011年，第9页。
⑤ 《中国农村的艺能——太湖流域社会史口述记录集2》，第10页。

其次,口述记录中对与宣卷演出活动紧密联系的民间信仰活动尤为关注,这样可以较全面、立体地展现宣卷活动所依托的社会文化生态系统。宣卷固然是一项民间说唱技艺,但它同时也是民间信仰习俗和文化活动的一部分,若想全面理解宣卷的社会文化内涵,需要从其依存的整体社会文化生态系统来考察。正是从这一点着眼,口述记录中有大量篇幅是关于民间信仰活动的内容。如在朱火生的口述记录中,有"关于青苗会""村庙和其管理人的情况""关于庙会的定义""对于佛娘的看法、维持生活的方式""佛娘传代与继承的情况"等内容。在柳玉兴的口述记录中亦有"一般庙会、菩萨生日的情况""对于佛娘的看法""关于'五圣堂'""在五圣堂的许愿还愿活动"等内容。在江仙丽的口述记录中,有"关于庙会组织人和佛娘""宣卷和民间信仰""佛娘的生活"等内容。此外,在其他宣卷艺人的口述记录中都或多或少有相类似的内容。这些信息,使我们对吴江农村的民间信仰习俗和活动组织有更深入了解的同时,也立体地展现宣卷演出的社会文化生态环境。

再次,口述记录重视对宣卷演出市场状况的描述。宣卷作为一种演出活动,是一种市场行为,需要有消费者,也存在演出频次、演出的地域分布等问题。口述记录中,对宣卷演出场合和顾客有详细的记载。如在朱火生的口述记录中,"宣卷演出情况"一节记录了朱火生的演出频次、一般场合等;"宣卷的顾客(老板、佛娘)"一节中指出宣卷的主要顾客是老板和佛娘两类人;"演出的地理范围和主要地点"一节,详细描述了朱火生演出的地域范围。以上这些信息,使我们可以详细了解宣卷的市场活动情况,也可以了解当前民俗文化活动复兴的内在驱力。另外,需要提及的是,近期苏州职业大学的两位研究者杨海滨和刘燕分别利用本书受访者之一、著名宣卷艺人江仙丽2006年农历正月至3月的演出记录,探讨同里宣卷农村演出市场回暖问题和同里宣卷的活动空间。① 据本书编者之一、日本学者佐藤仁史教授告诉笔者,江仙丽的演出记录正是在接受采访过程中听取采访者的建议而实施的。可见,对宣卷演出情况的详细记录可以为研究者提供颇有价值的探讨空间。

总之,《中国农村的民间艺能——太湖流域社会史口述记录集2》所整理的口述采访记录,以宣卷艺人为单位,详细地展现了宣卷艺人的人生经历、宣卷活动的社会文化生态系统和市场状况,弥补了此前宣卷资料中仅注重曲调采集的不足,为研究者综合、立体地研究宣卷提供了可能,是一部难得的新史料。

此外,本书第三部分"宝卷篇"收录宣卷艺人朱火生的9部宝卷以及编者亲身搜集的2种《刘王宝卷》,可与《中国·同里宣卷集》作对照研读,其价值亦不容小觑。

二、宣卷研究的新视野

为了能用立体的眼光开展宣卷调查,调查组特意邀请了两位非历史学的学者,一位是

---

① 杨海滨:《同里宣卷民俗化转型刍议》,《中国音乐》2009年第4期;刘燕:《同里宣卷的农村演出市场回暖现状及原因分析》,《中国音乐》2012年第4期。另外,佐藤仁史教授的论文《从一宣卷艺人的活动看太湖流域农村和民间信仰——以演出记录为基础进行分析》(载[日]太田出、佐藤仁史编著:《太湖流域社会的历史学研究——地方文献与现场调查的探讨》,东京:汲古书院,2007年),同样是基于演出记录和口述采访来探讨类似的主题,但却未见以上两位作者引用。

绪方贤一,一位是藤野真子。绪方贤一的专长是中国近世思想史,藤野真子的专长是中国演剧。如此,调查组中既有历史学家,也有中国哲学和中国演剧的研究者,他们所撰写的解题论文也具有多学科的视野,颇有值得借鉴之处。

解题论文的第一篇是藤野真子的《中国江南宣卷的演出状况》。该文立足于本书所收录的口述记录,分为"江南吴江市的宣卷演出概要""宣卷艺人的背景""宣卷艺人和地方剧""演出剧目的多样化"四部分,对吴江地区宣卷的演出状况进行分析。作者首先从宣卷的演出方式和乐曲及文本开始考察,指出吴江宣卷的宗教性日趋淡薄,娱乐性越来越居于主导地位。接下来,作者考察宣卷艺人的从业方式,指出与其他地方戏曲不同,宣卷艺人的养成主要采取师徒传授的方式,但流派意识淡薄,宣卷艺人取得影响力的主要方式是即兴表演,由此形成宣卷艺人各具特色的表演风格。作者根据对吴江具有高度人气的赵华和高黄骥表演风格的分析,着力指出宣卷艺术与地方剧之间紧密的联系。在宣调之外,根据不同地域受众的偏好,融合沪剧、锡剧、越剧,甚至扬剧、淮剧、黄梅戏等多种地方戏曲曲调,成为宣卷艺人用力之处和获取人气的秘诀。从演出剧目来说,在传统宝卷基础上,出现了众多改编和自创剧目,显示了吴江宣卷演出剧目的多样化倾向。据笔者所见,在如此简短的篇幅中就宣卷演出的多项议题提出自身见解,似不多见。文中对宣卷的即兴表演特征、对地方剧的广泛借用、娱乐化倾向以及剧目的多样化叙述尤其凝练。当然,作者仅据吴江一地宣卷所得出的以上概括也似乎并非中国江南宣卷发展的通则,若我们将目光转向其他地域,可发现江南宣卷的发展存在明显的地域性和多元性。比如,李萍就指出无锡地区的宣卷依然以传统的"木鱼宣卷"为主导,其仪式性和信仰性功能更为突出。[①] 但藤野真子对于吴江宣卷特征的概括,无疑凸显了江南宣卷的地域性差异,为以后的区域比较研究奠定了基础。

解题论文的第二篇是绪方贤一的《关于吴江宣卷的文本——以朱火生的宝卷为中心》。在吴江,宣卷由师父口传给弟子,较少留下文字文本,即使有也多数是简单的记录。而且,宣卷文本作为宣卷艺人的谋生手段,一般秘不外传。但是据本书可知,吴江宣卷艺人朱火生所藏的宣卷文本多达50余种,而且经常是在一个剧目下面有着复杂的笔记和说明,这不能不说是一种很特殊的情况。为什么朱火生会有数量如此众多,并且记载详细的宣卷文本呢?作者结合朱火生的宣卷演出特色作出了合理的分析。原来,朱火生手抄记录的宝卷文本并非为传授弟子用,而是为自身的演出用。为什么朱火生的宣卷演出如此依赖详细的文本呢?作者指出:"朱火生的宣卷,是没有一字一句都作为文字留下来的话就没办法彻底再现的宣卷,有着复杂缜密的构造。即便是演员朱火生,在演出宣卷的时候也需要剧本,没有剧本的话演出很难进行,在演出时手头没有文本的话很难很好的演下去。"[②]这是因为朱火生宣卷演出的艺术特色在于其故事的精妙构成,将复杂的故事迅速展开,并且洋溢着精彩登场人物的描写。而且朱火生不断对宝卷文本进行持续地改编,以保证故事的完满,并且将演出中每一环节需注意的语气、曲调、姿势等要点标注在文本之中。这些都导致朱火生宣卷演出对文本的依赖。绪方贤一对朱火生宝卷文本的细致分析,展现了朱火生的艺

---

① 李萍:《无锡宣卷仪式音声研究——宣卷之仪式性充访》,上海音乐学院博士学位论文,2012年,第1页。
② 《中国农村的艺能——太湖流域社会史口述记录集2》,第39页。

术特色,也展现了民间宣卷艺人令人尊敬的艺术追求。

佐藤仁史《江南农村的宣卷与民俗和生活——着眼于艺人和顾客的关系》是解题论文的第三篇。该文以朱火生和江仙丽两位宣卷艺人的演出记录和数个艺人的口述记录为基础,探讨宣卷与民俗、生活的关系以及"民俗文化复兴"的时代性。作者发现,从宣卷的演出场合和频次来说,人生礼仪和节日所占的比例日趋减少,而属于祝祷商业繁荣、疾病痊愈等奉纳神明的"待佛"活动则占据了半数。作者的解析是,现代生活中人生礼仪的简略化是前者减少的重要原因,而曾经支撑着多数庙宇运营的团体和组织的消失,则导致了村庙共同祭祀向信仰心笃定的人的自发性、任意性的活动的转变,这也是后者增加的重要原因。另外,作者也发现,以往庙会一般举办"堂名"演出来庆祝,而现在则以宣卷代之,这也是考察宣卷复兴时值得注意之处。

作为宣卷演出主要场合的"待佛"活动的主要主办人是被称为"老板"和"老板娘"的各类私人企业主,他们不仅是宣卷艺人的顾客,也是多数佛娘的主要顾客。作者指出,这些所谓的老板是"在改革开放政策和全球化在太湖流域农村渗透和工业化发展之后登场的",而"佛娘的登场和老板的登场是同轨的",这就点明了宣卷和"待佛"活动背后的社会经济背景。① 同时,作者也对以佛娘为中心的民间信仰活动的参与主体多数为农村老年妇女这一现象提出了解析,他指出:"根据改革开放后的各政策,居住在基层社会的人们以经济为中心开展了很多活动。有才能的人和有关系的人(多数限定在男性)都抓住了商机,开展了事业,然而,几乎所有的不识字的老妇人,除去一部分例外之外,都没能抓住这次机会。基本上对于只在居住村和周边地区活动的他们来说,民间信仰和民俗的相关活动是他们参与活动的主体。"②"对于在农村居住的老妇女来说,与民间信仰和民俗相关的活动是他们为数不多的作为主体能够参与其中的活动空间。"③此外,佐藤仁史还有《从一宣卷艺人的活动看太湖流域农村和民间信仰——以演出记录为基础进行分析》一文,同样是基于演出记录和口述采访的研究,是此文的姐妹篇,可参照阅读。④

解题论文的最后一篇是太田出的《太湖流域渔民与刘猛将信仰——以宣卷、赞神歌为事例》,作者首先追溯太湖流域渔民与刘猛将信仰的关系,接着指出赞神歌是渔民的一般传统文化,特别是刘王神歌占有十分重要的地位,随之是其采访的数位赞神歌手的介绍。作者得出以下几个结论:第一,赞神歌的历史可追溯到隋代;第二,明清时代到中华人民共和国成立初期赞神歌很兴盛,抗日战争胜利到中华人民共和国成立前夜为其全盛期,"文化大革命"时期停止,改革开放后重新开始;第三,赞神歌的内容是各种神明的传说,它通过庙会等口头传承;第四,赞神歌现存"陆上派"和"水上派",前者是以农民为中心的赞神歌,后者是以渔民为中心的赞神歌。相比此前三篇,此篇论文似乎介绍较多,论述较少,这应该与该课题的研究基础薄弱有关,而其通过宣卷、赞神歌来探索渔民信仰的视角则值得肯定。

---

① 《中国农村的艺能——太湖流域社会史口述记录集2》,第71页。
② 《中国农村的艺能——太湖流域社会史口述记录集2》,第67页。
③ 《中国农村的艺能——太湖流域社会史口述记录集2》,第71页。
④ 载[日]太田出、佐藤仁史编著:《太湖流域社会的历史学研究——地方文献与现场调查的探讨》,东京:汲古书院,2007年,第237—279页。

本书所收四位作者的四篇论文,分别从不同学科、不同角度对宣卷进行了探讨。本书以多学科协同研究的方法,从不同侧面展现了宣卷的社会文化内涵,也展现了基于扎实田野资料基础上宣卷研究的潜力,是目前国内外宣卷研究中值得关注的新成果。当然,若从多学科、立体观察的角度来看,该书在宝卷文本的细致分析以及关于宣卷的音乐学考察方面还留下很大空间,希望编者能吸收更多的相关学者,展开更为多元、立体的研究。

三、结　语

基于对《中国农村的民间艺能》一书史料和研究视角的考察,笔者认为该书对以后的宣卷研究具有一定的借鉴意义,现揭示如下,以供讨论:

(一)应注重宣卷研究资料的搜集、整理与出版。前文已指出,宣卷作为一种民间艺术,其资料的搜集、整理与出版相比于宝卷来说明显滞后。而本书突破此前仅关注曲调搜集的情况,以口述采访的方法,全面整理宣卷艺人的生活经历、演出市场状况及其与民俗生活关系的资料,尤其值得借鉴。

(二)正如本书所揭示的,宣卷是中国民间文化和社会生活的有机组成部分,应当对其社会文化内涵进行多角度、立体性的发掘。对于宣卷的保护与传承,也不能仅从民间艺术的单一角度进行,还应当对其所依存的整体社会文化生态系统进行维护。

作者简介:朱小屏,苏州科技大学音乐学院讲师;张笑川,苏州科技大学人文学院教授。

浅谈《凤阳花鼓全书》的学术研究方法

张英聘

自 2006 年起,我国开始对非物质文化遗产采取政府行为的保护。到目前为止,仅国家级非物质文化遗产就有 4 批,共计 1372 项。如果加上省、市、县各级政府公布的不同级别的非物质文化遗产,估计有数万项之多。

保护和传承上述非物质文化遗产的一项重要的内容,就是对本地区非物质文化遗产的历史、发展以及现状进行研究。目前相关成果较多,但从学术研究的角度来看,绝大多数出版物仅是单一性、介绍性、通俗性的读物,不属于本体研究,未能进入非遗项目的内部。

凤阳花鼓是首批国家级非物质文化遗产。由夏玉润主编的《凤阳花鼓全书》,分《史论卷》《文献卷》《文集卷》《词曲卷》《音像卷》,采用"一网打尽"的方式,聚集了凤阳花鼓全部的文献信息,开创了非物质文化遗产保护与研究的新思路。书中最重要、最有特色的是《史论卷》,这是研究凤阳花鼓历史渊源、发展、流变以及现状的学术著作,约 140 万字。该书在编写过程中,采用"多重证据法",这是当前中国艺术史研究中最为先进的学术研究方法。

一、广收文献资料,为全书的编写打下了坚实的基础

《凤阳花鼓全书》的突出特点,就是力所能及的收集凤阳花鼓的资料。

首先是田野调查材料。在田野调查资料中,最重要的是凤阳花鼓民间艺人所演唱的原生态"花鼓小锣"曲目,它是《凤阳花鼓全书》编纂的基石。如凤阳花鼓有哪些曲目?有哪些曲调?如何演唱?其表演形式如何?这虽是一个最基本的问题,但在诸多非遗项目中却并未做到,当地政府与学者一般注重当前专业团体的艺术形态,而对民间艺人的从艺情况则较少关注。凤阳花鼓田野调查的独到之处,是经历了 20 世纪 70 年代及 2011—2012 年两次对民间艺人的全面采访,中间跨越 40 年之久。对比两代人所演唱的曲目,可以管窥出凤阳花鼓曲目在近一个世纪的流传过程中所产生的变异。

其次是对历史文献、历史资料的收集。首先,《凤阳花鼓全书》主编夏玉润通过努力,与中国艺术研究院图书馆达成协议,该馆愿意作为编纂《凤阳花鼓全书》的合作单位,为本书提供资料。中国艺术研究院图书馆是中国艺术类图书资料收藏最多的专业图书馆,该馆的支持是《凤阳花鼓全书》编纂极为有利的条件。夏玉润并不满足于此,他又前往山西、河南、云南、广西、湖南、湖北、广东、江西、福建、浙江、江苏等地采集资料;亦在国家图书馆、南

京图书馆、首都图书馆、中国第一档案馆、故宫博物院、芜湖图书馆等处收集资料,并通过友人在日本、美国以及台湾地区收集资料。

夏玉润先生定居上海,他以上海图书馆、复旦大学图书馆、上海音乐学院图书馆等处为基本资料的来源基地,结合田野调查和在中国艺术研究院图书馆采集到的资料,呕心沥血,编成《凤阳花鼓全书》。作为县一级地方政府组织的非遗研究项目,《凤阳花鼓全书》所收集的资料可以用"穷尽一切"四字来概括了。

二、采用论从史出、史由证来、证史一致、史论结合的学术研究方法

在当前中国艺术史的研究中,史料的引用与采用存在着诸多问题。部分学者在引用史料时,仅凭一条信息不全的史料,便加以渲染,率尔定论;或是仅凭本人的感觉,便加以立论。学术研究中有"孤证不立"的约定,其意思是如果只有一条证据支持某个结论,这个结论是不可接受的,在逻辑学上称之为弱命题。《凤阳花鼓全书》在制定编纂方案中明确提出:严格采用论从史出、史由证来、证史一致、史论结合的学术研究基本方法。

例如,关于"说凤阳,道凤阳……自从出了朱皇帝,十年倒有九年荒"这首《凤阳歌》的产生年代,人们大多引用《缀白裘·花鼓》中的《凤阳歌》以及赵翼《陔余丛考·凤阳丐者》,确定《凤阳歌》出现于雍正、乾隆年间,并认为"自从出了朱皇帝,十年倒有九年荒"这首骂朱皇帝的《凤阳歌》,绝不会出现于明代,应该是清初的产物。《凤阳花鼓全书》认为,"凤阳歌"的文字记载,在康熙年间就已经正式出现,方中发《湖村口号五首》中就有"春鸟声声唤插禾,田夫笑学《凤阳歌》"的诗句。再往前,明末赵相如《江南曲》中有"棹歌犹唱凤阳声",中国民间歌曲的命名以"摘首句"最为常用,"凤阳声"可解释为第一句有"凤阳"二字,而在凤阳花鼓民间艺人所演唱的曲目中唯有这首《凤阳歌》的首句中有"凤阳"二字。另外,还有康熙年间陈于王的"小儿花鼓唱凤阳"、袁启旭的"小鼓花腔唱凤阳"等诗句,以及明末清初佚名作者《盼情郎曲》中的"白云千里过长江,花鼓三通出凤阳。凤阳自出朱皇帝,山川枯槁无灵气"这样与《凤阳歌》词格词意相同的诗文。换句话说,唱词首句为"说凤阳,道凤阳"的《凤阳歌》,最迟在明末就已出现,在康熙年间就传唱于各地,并且演变成田夫的秧歌。

再如,《凤阳花鼓全书》提出了"上元灯会艺术系统"(花鼓、秧歌、采茶、花灯)的源头来自凤阳花鼓的学术观点。为此,夏玉润先生采用"堆积式"的史料来加以论证,以《史论卷》的整个第三章、约9万字的篇幅、330条史料来加以论证。这种论证的手法,在中国艺术史研究中极为罕见的。引人注目的是,其中引用了全国各地的方志史料达286条,几乎每一省市的方志,均引录数条史料。仅从史料的排列就能感受到凤阳花鼓与"上元灯会艺术系统"(花鼓、秧歌、采茶、花灯)之间关联的普遍性与深入性。

对于有学者提出的凤阳花鼓与"官属乐人"之间的关联问题,夏玉润先生不仅认真通读了明清乐户的史料与学术研究成果,而且对凤阳府与"官属乐人"之间的全部史料做了细致排查,最后认为:凤阳府、凤阳花鼓与"官属乐人"之间多为"外围性"的史料,未能查出一条"直接性"、有价值的文献史料。以"官属乐人"为载体的传承理念,很难与凤阳花鼓的

渊源、产生与发展有着直接的联系。

《凤阳花鼓全书》还对明代乐籍制度做了如下评价：乐籍制度自北魏产生以来，在唐宋时期已达顶峰；明初以后乐籍制度产生了较大变异，统治者将其变为处置降附和罪犯家属的刑罚，从事乐舞职业的乐户成为统治者手中的玩物。由于乐户人员的构成发生了重要变化，乐户仅出现于宫廷、王府以及京师（北京、南京）和少数地区（如山西、浙江等地），并未形成像唐宋时期遍及全国所有府州县的乐籍制度。随着明代乐籍制度的弊病越来越明显，至清雍正元年（1723）乐籍制度终于被正式革除了。

《凤阳花鼓全书》的所有结论，均是在"以史为据"的基础上得出的。

三、在使用史料时，对前人使用的史料真伪进行辨误

《凤阳花鼓全书》在使用史料时，遵循如下学术规范：严格把握史料的真实性，逐条核对史料的原件。对无法核对的史料，一律注明"转引自"。这些无法核对的史料，约占全部使用史料的1%。《凤阳花鼓全书》的这种严把史料真实性的特点，主要表现在以下几个方面：

（一）更正所引史料的错处

《文集卷》主编刘思祥先生在审稿时发现，曾惟诚《帝乡纪略》记载"泗州……插秧之时，远乡男女，系鼓互歌，颇为混俗"，句中的"系"字，许多学者在撰写文章时都作"击"字，概因这两个字的繁体字"繫"与"擊"字形相近之故。虽然"系鼓"与"击鼓"并没有显著的抵牾，但从史料的严肃性考虑，根据准确的版本都按"系"字作了改正。又如，出现书名、人名等错误，如吴自牧的《梦粱录》，把"粱"误作"梁"；《留青日札》的作者田艺蘅，把"蘅"误作"衡"；等等。

（二）辨别历史上延续下来的错录史料

近几十年来，中国戏曲界一般认为，花鼓戏最早产生于明代万历年间，其依据来自于《元明清三代禁毁小说戏曲史料》："《高子宪约》：一、花鼓淫戏，诲淫实甚，尤为民俗大害，务须密访查拿，立予严惩，庶风俗可端，人心可正。（清余治《得一录》卷十五之三，云高子《宪约》，今已世远年湮，只将当格言看。）案，高子指高攀龙。"高攀龙（1562—1626），明末人。如果这条史料确信无疑的话，那么"花鼓戏"应该产生于明代万历年间以前，不仅早于上元灯会中的"唱花鼓"，而且早于乾隆年间才刊印的《花鼓》一剧。对此，高寿仙通览了高攀龙《高子文集》各卷，根本没有发现《宪约》或《高子宪约》，因此可知这是一条流传了一个半世纪的假史料。

再如，《中国戏曲志》（江苏卷）引用了苏州阊门外广济桥埭所立康熙二十六年（1687）六月《长洲吴县二县永禁扬花在街头吹唱占夺民间吹手主顾哄骗民财碑记》的内容，说早在康熙年间，江苏就有了"扬花"（即"扬州花鼓"）。夏玉润找到了江苏省博物馆编《江苏省明清以来碑刻资料选辑》（北京，生活·读书·新知三联书店，1959年）一书，碑刻标题及内容中的"扬花"均为"杨花"。而"杨花"与"扬花"是两个意思。不仅《中国戏曲志》（江苏卷）错录，而且在许多学术文章中多次引录，几成信史。

(三)纠正转辗抄录、流传多年的不实史料

肖善生《川北灯戏成熟于明代考》(刊于《四川戏剧》,1994年第1期)一文说:"笔者前些年托友人辗转在残存于北京博物馆的明嘉靖任午(壬午)岁(1522)刊《阆中县志》中查到一条关于灯戏的记载。""此版本阆中本地无存,而流存于北京,不知何故?"这条连作者都有疑虑的史料,后被学者们反复引用,竟无人核对原本,甚至被写入《中国戏曲志》(四川卷)与《中国戏曲音乐集成》(四川卷)中。夏玉润经查阅发现,所谓的"明嘉靖任(壬)午岁刊《阆中县志》"为子虚乌有,咸丰元年的《阆中县志》是该县的最早一部县志,即便是这部方志,也没有"灯戏"的记载。

《凤阳花鼓全书》发现,上述错误史料的使用,在中国艺术界是十分普遍现象。《凤阳花鼓全书》的出版,对艺术界的学术研究无疑起着示范作用。

四、运用"多学科""多重证据法"的手法研究凤阳花鼓

《史论卷》在"绪论"中说:"在遵循历史与逻辑统一的基础上,从历史学、社会学、历史地理学、文化学等多学科的角度,对凤阳花鼓所涉及的戏曲、曲艺、音乐、舞蹈、文学、美术、民俗、宗教等领域进行研究,力求完美。"这种研究手法,即采用了"多重证据法"。

以民歌《茉莉花》为例,当今音乐界把《茉莉花》定为"江苏民歌",其依据仅仅来自何仿于1942年采集的民歌。《凤阳花鼓全书》则认为,《茉莉花》最初是凤阳花鼓的曲目,其名称先后称为《花鼓曲》《鲜花调》《风摆柳》《茉莉花》《叠断桥》等,并采用"多重证据法"加以论证:

(一)史料记载

《凤阳花鼓全书》引录了乾隆二十一年(1756)李声振《百戏竹枝词》:"打花鼓。凤阳妇人多工者,又名秧歌,盖农人赛会之戏,其曲有'好朵鲜花'套数。鼓形细腰,若古之搏拊然;赛会时光趁踏青,记来妾住凤阳城。秧歌争道'鲜花好',肠断冬冬打鼓声。""好朵鲜花"是《茉莉花》的第一句唱词,这一史料是有关《茉莉花》的最早记载,是由凤阳妇人打花鼓演唱的。

(二)凤阳花鼓民间艺人的传统曲目

《茉莉花》亦称《叠断桥》,是凤阳花鼓的传统曲目。《凤阳花鼓全书》(词曲卷)收录了分别于1974年、2011年记录的二首民间艺人演唱的《叠断桥》。

(三)戏曲《花鼓》中的核心唱段

《茉莉花》最早出现在乾隆年间刊印的《缀白裘·花鼓》中,是该剧目中的核心唱段。《凤阳花鼓全书》还将自嘉庆十二年(1807)至民国年间的23本戏曲《花鼓》中的《茉莉花》以及新中国成立后8个不同剧种《花鼓》中的《茉莉花》唱词,一一列表,从而展现了二百年来《茉莉花》一直是《花鼓》一剧的核心唱段。

(四)音乐唱腔

《凤阳花鼓全书》亦将清代以来跨越100多年、9个不同的曲本《茉莉花》曲谱进行对比,证明自清乾隆年间以来戏曲(昆曲、徽剧、京剧)《花鼓》中的《茉莉花》曲调基本未变。

（五）西传英国的《茉莉花》

乾隆末年,由巴罗、坎姆布拉记谱,西传至英国的《茉莉花》,应来自广州流传的《仙花调》,而广州《仙花调》则与凤阳花鼓有关。另外,西传至欧美的《茉莉花》唱词,与道光年间宫廷本《花鼓》中的唱词完全相同,从而证明西传欧美的《茉莉花》与凤阳花鼓有关。20世纪初,西传欧美的《茉莉花》通过"学堂乐歌"东返中国。

《凤阳花鼓全书》从历史学、社会学、历史地理学、文化学等多学科的角度,运用了戏曲剧目唱词、音乐唱腔等艺术对比手法,把凤阳花鼓民间艺人演唱的《茉莉花》,先通过戏曲在全国广泛流传,再西传至欧美的流传途径,一一加以论述。而今天的"江苏民歌"《茉莉花》,来自戏曲《花鼓》,其唱腔结束句依然保留着典型戏曲化的"拖腔""高尾"（高八度）。

《凤阳花鼓全书》是一部高起点、高质量、高水平的学术研究成果。这一学术成果,将会对中国艺术史的研究起着示范作用,对我国非物质文化遗产保护与研究工作起着积极的推动作用。

作者简介：张英聘,中国地方志指导小组研究员。

思想史与社会史结合的佳作

——读《新天下之化:明初礼俗改革研究》

朱亦灵

洪武元年(1368),明太祖朱元璋驱逐蒙元政权于塞北,重建了以汉族为主体民族的中原王朝。洪武时期的制度建设、统治举措及相关理念在历史上留下了深深的印记。例如,明初创设的政治体制不仅基本奠定了有明一代的政府统治结构与行政模式,而且以"清承明制"的方式影响到其后五百余年的政治文明。清初谷应泰所编《明史纪事本末》便专辟"开国规模"一卷总结洪武一朝的制度建设,并为此感叹道:"观其开国,规模宏远矣。"[①]相比之下,洪武时期礼俗改革的影响却未能引起同样程度的关注。新近出版的张佳著的《新天下之化:明初礼俗改革研究》则在这一主题下展开了富有意义的探索,并提出:由政治权力与精英思想配合发动的明初礼俗改革深刻地改变了民众的日常生活与行为方式,奠定了整个明代社会文化的基调和底色。此书以作者的博士论文为基础修订而成,于2014年作为"亚洲艺术、宗教与历史研究丛书"系列之一由复旦大学出版社出版。正文共分六章,还包括独立成章的导言、结论与附录。下文即依次介绍本书各章的主要内容,并作出评述。

在导言中,作者首先对元末明初在政治制度、国家策略、社会风俗、思想文化氛围等方面发生的"断裂"现象进行观察,发现这种"断裂"还表现在宋元以来某些缓慢、渐进的趋势在明初突然加速,如儒家思想的制度化、常识化和风俗化,以及君主权力的强化。作为文化清整的洪武礼俗改革就是在这样的背景下展开的,并最终深刻地改变了当时社会文化的面貌。作者以明初洪武时期的礼俗改革作为切入点,拟通过全书的论述,对元明之际的社会演变进行具体考察,并就明初礼俗改革对明代前期社会及此后历史的影响做出进一步的观察和思考,随后做出了相关的学术史回顾。作者还对书中最重要的一个概念——"礼俗"做出了界定,决定取其狭义,他认为:"礼俗是国家礼仪规范在民众生活中的投射,或者说是大传统(儒家礼仪观念)作用于小传统(民间习俗)的结果,背后隐含着国家试图传递的某种观念。"[②]

[①] (清)谷应泰:《明史纪事本末》卷十五《开国规模》,北京:中华书局,2015年,第224页。当代学者徐泓即认为:"《明史纪事本末》能为《开国规模》立一专篇,史识超乎寻常"。见徐泓:《〈明史纪事本末〉的史源、作者及其编纂水平》,《台大历史学报》1996年第20期,第604页。

[②] 张佳:《新天下之化:明初礼俗改革研究》,上海:复旦大学出版社,2014年,第5页。

第一章《紧张与应对：明初礼俗改革的政治背景》论述了在明朝建立之初，多数士人乃至从龙文臣普遍反应冷淡的现实与原因，认为这构成了明初礼俗改革的基本动机。多数士人反应冷淡的原因是元遗民和逸民现象在明初的普遍存在。汉族元遗民的数量之多，与夷夏观念在元朝的衰微与忠君意识的高涨有直接关系，其中北方士人较之南方更甚。当时的元遗民主要通过北投元廷、寄迹缁羽、力拒征聘、诗文中不奉明朝正朔等方式表达情绪。逸民则是缺乏政治热情而自愿游离于政治之外的士人。这类士人在元代极多，他们在明初继续延续这种生活理念的原因是元代对儒学和儒士的压制。这种淡漠的风气甚至弥漫到明初的官场上。为解决遗民对新政权的不认可与逸民对政治的冷漠等问题，明太祖主要采取两方面对策：一是向正统士大夫的政治立场主动靠近，重新诠释开国史，将朱明政权与有"妖寇"恶名的红巾军武装划清界限，尽量消解自己与士人心中"正统"元政权的对立；二是通过各种"复古"改革，塑造一个符合儒家正统意识形态的国家，反衬一个作为"异类"的"胡元"。对策的有效实施，既能通过强调华夷之辨消除汉族元遗民的忠君情结，又能通过顺应元以来士大夫呼声的"制礼作乐"来引起包括遗民、逸民在内的士人的共鸣，使他们逐渐对新政权产生认同。作者明确指出，明初礼俗改革在很大程度上是作为应对危机的策略展开的，这一出看似平庸老套的复古剧其实承担了不同于以往时代的特殊功能。

本书第二、三、四章讨论的是明初礼俗改革的具体内容。第二章《重整冠裳：洪武时期的服饰改革》梳理了洪武时期针对金元以来的服制紊乱、发式"胡化"等问题，进行的一系列繁琐、细密而严厉的规范。服饰改革有几个基本导向：第一，君臣服饰的交集在明初被大大压缩了，冕服的使用仅限皇族，说明了皇权至上观念与君臣尊卑不可逾越的等级意识得到强化；第二，各类带有鲜明等级色彩的服饰不能混穿，如庶民不能僭用官员服装等；第三，对某些特定社会群体的服饰有单独的规定与要求，如商人不许着绫罗绸缎等。对僧人服饰也有严格规范，将其分为禅、讲、教三类，每类服饰都不同。用意在于严格区别僧人与民众的身份与职责，切断宗教与世俗社会的暧昧关系，清除秘密宗教滋生的空间。服饰之外，明初对发式也有严格规范，要求恢复汉族传统发式，导致某些与蒙古式样相近的汉族发式都遭池鱼之殃。明初服饰改革见效明显，且影响深远，顺利帮助明朝建立政治合法性根基，还为其赢得了极高的历史评价，被士大夫认为创建了华夷有别、尊卑有等的理想社会秩序。

第三章《再叙彝伦：洪武时期的婚丧礼俗改革》对直接涉及儒家道德核心的"伦常"的各类婚丧礼仪在明初受到规范的情况展开叙述。婚姻方面，明初严禁元代流行的收继婚，还较前代更严格地执行同姓不婚和中表不婚，这与当时道德严厉化的思想背景和重新清整恢复儒家伦理秩序的政策导向有密切联系。丧葬方面，明初针对唐以后火葬在各个阶层逐渐流行的情况，大力禁止火葬。在地方儒士的支持下，火葬之风在此后大为收敛。明初对丧葬进行规范的另一个重要体现是大大强化了为父母居丧守制的规定，以官员丁忧制度为代表。明初不仅是父母，祖父母、伯叔、兄弟死亡，官员都须回乡守制，这在历代丁忧制度中是最严格的。明律还前所未有地要求僧道为父母居丧守制，反映出儒学成为国家意识形态的绝对主导，而佛教和道教则被排挤出官方意识形态的核心。另外，以弟为子作为民间无子者选立后嗣的一种方式，因为被认为违背伦序，在明初也被禁止。总之，明初婚丧礼俗改革带有明显的伦理实践严厉化的倾向，一些原本是柔性的道德要求在明初变成了硬性的制度，通过律法、榜文等形式表现出来，快速而深刻地改变了民众的生活方式。这也是儒家伦理从"无形的思想"转变为"有形的制度"的过程,奠定了明代的文化基调。

第四章《整饬仪节:洪武时期的日常杂礼规范》描写了明初对名称字号、往来交际、信笺格式等细琐的日常杂礼的规范。这在以前基本属于士大夫阶层的个人行为,在明初被国家采用政令的形式进行指导和干预。对名号的规范体现在多方面:一是禁胡名,由此引发了居住汉地的蒙古、色目人在姓氏上的汉化高潮;二是在洪武时期避讳一度及其严格,皇帝的名、字,圣贤姓名、先朝国号都要避讳,但之后则按会典而行,较为宽松;三是对元代流行的"民擅官称"现象下令严禁;四是革去唐代以来对岳镇海渎等自然神加上的人爵称号,这是支持以气论为基础的理学观念渗透的必然结果。与之相配合的是祭祀去除偶像,代以木主,这也是响应了宋元以来理学家的呼吁。总之,"正名号"是统治者与士大夫合力对世俗文化进行的改造。在日常交际礼节上,重新确认了尚齿与尊爵两大原则,而且明确了"华夷之辨","胡式"跪拜、蒙古式饮酒礼(把盏、换盏),均被申令禁止。在提倡"崇实尚质"、反对"浮夸虚诞"之风的理念引导下,明初对士人交往所用的信笺格式亦有规范。如"顿首""再拜"等结语被明太祖认为是虚言,而被改为"端肃奉书""端肃奉复"两则敬语。"明初政府颁定的这些日常仪节规范,反映了国家权力触角在社会生活各方面的延展,也反映了儒家意识形态在国家权力的密切结合下对社会生活的积极渗透。"①

第五章《互动与回应:士大夫与明初礼俗改革》讨论了明初各类士大夫在礼俗改革进程中心态变化的过程,以及他们与改革的互动形式,作者以服饰制度的变革与乡饮酒礼的重建为例进行了具体说明。衣冠方面,制定复古、能体现阶层和功能区分的衣冠制度是儒者一直以来的追求,然而元代服制紊乱,且汉人服饰受到少数民族服饰的影响较深,这让不少儒者感到沮丧。因此,明太祖禁止"胡服"、宣布衣冠恢复唐代旧制的举动,成功地激起了许多士人发自内心的喜悦,并在随后积极参与新朝衣冠制度的制定与改进工作。作者以刘夏、解缙、方孝孺三人为例,描述士人心态因衣冠改制在元末明初发生的变化。作为地方上参与者最广、影响最大的官方仪式,乡饮酒礼在明初政府的大力推动下,成为一项有经费保障且被普遍落实的国家制度。作者以陈谟、谢应芳、王礼为例,发现参与了乡饮酒礼的地方士人中,曾经接受过元朝官职的遗民对明朝的敌对态度大大软化,至于那些从元至明始终无心入仕的逸民对此则更是大加赞扬。原因有二:一是乡饮酒礼作为古礼在当代被政府积极推行,让士人开始认为新朝是一个真正致力于复兴礼乐的文治政府;二是乡饮酒礼在明代增加了一个当众读律的普法环节,让那些亲身经历过元末战乱的士人更加认可明朝在恢复秩序方面的努力和成就。可见,明初礼俗改革"用文化正统来塑造权力正统,以共同的族群文化认同来换取士大夫对汉族新政权的认同"②的做法是成功的,赢得了士大夫的广泛认可。

第六章《宣礼导俗:明初的乡里教化体系与律令礼法的传布落实》论述了明初律令礼法自上而下传递的多种途径,以乡里教化体系为重点,对明初礼俗改革在较短时间内取得了显著成效的原因做出了探索。作者认为,明初律令礼法得以在民间快速发挥影响力,除了明太祖个人的意志与权威外,更重要的是洪武时期建立的一套由上而下的政令传输与乡

---

① 张佳:《新天下之化:明初礼俗改革研究》,第212页。
② 张佳:《新天下之化:明初礼俗改革研究》,第255页。

里教化体系:建设庞大的地方学校系统,让师生人人学习律令;通过乡饮酒礼等集会方式普及法律;专门设置里老人这一职位负责乡村教化工作;对明太祖亲手制定的法令《大诰》的宣传;以及在城乡各地都建立申明亭和旌善亭等。申明亭用于惩恶,把罪犯的姓名、罪状在碑上予以公示,起警示效果,也有张贴朝廷榜文,宣传最新政策的作用。旌善亭则用于劝善,公示当地孝子烈妇和其他义民的事迹。申明亭和旌善亭在城内和乡村都有分布,且密度很高,在传播法律、教化百姓上起到了相当重要的作用。但这个制度在弘治以后随着地方官的忽视和负责申明亭、旌善亭实际管理的里老职能发生的变异,最终走向瓦解。管理机制的失序对明代中后期社会风俗发生的变迁起到了推波助澜的作用。

作者在结论中总结了全书内容,认为明初礼俗改革在本质上是一种应对政治危机、塑造国家正统形象的政治策略,其先决条件是国家对儒家意识形态的迫切需求与依赖,以及政治权力的空前强化。将国家权力与儒学意识形态紧密结合起来的明初礼俗改革成功不仅解决了明朝立国合法性的问题,为明太祖赢得了士大夫极高的历史评价,而且其恢复和构建的基本价值观念和基本社会规范深入民间后,逐渐沉淀为民众的日用常识,在明中后期的社会生活中继续发挥着影响力,可以说它奠定了整个明代社会文化的基调和底色。

书中的附录亦值得一提。作者发现,仅读《明史》等清人纂修的书籍,可能完全无法感到元明易代的族群革命色彩。例如,元末群雄刘福通、朱元璋、徐寿辉、陈友谅、明玉珍等人起事时都打着足以反映"夷夏之辨"思想的口号,但清修《明史》却将红巾军运动描述成一场纯粹由"袄教"引导的民众叛乱。这种现象源于清代官修书籍对明初史事的隐没和改篡,因为清代史官对"夷夏"等话题高度敏感。这反映在对明初礼俗改革的记载中,即表现为清代史官刻意去除其中的"去蒙古化"因素,因为清初剃发易服与明初礼俗改革的方向乃是背道而驰的。在上述因素的作用下,清代官修史书与《四库全书》对相关敏感史料或隐没不载,或抽毁,或改篡。改篡的手法极其高超,原句被替换后,连原文前后文意都能贯通,如果不与原始文献对照,几乎无法识破。这种做法已在一定程度上遮蔽了明史研究的视野,因此研究明初历史必须尽量依据明代原始文献。

综上所述,本书第一、二章讨论了明初礼俗改革的背景,第四、五、六章则分别涉及其内容、回应与推行方式,在结论中总结了明初礼俗改革的效果和历史影响。问题意识明确,章节排布合理、衔接紧密,观点富有新意,相关讨论很有价值。笔者认为本书在以下几点较值得注意:

首先,作者依据并落实了其师葛兆光先生关于思想文化史的研究理念,为思想史与社会史的结合提供了新的范例。葛氏所著《中国思想史》提倡思想史应走出思想精英和经典文本,关注普遍的、一般的知识、思想与信仰世界,他所提出了新的思想史研究与书写模式,在学界引起很大反响。对普通人的知识、思想与信仰世界的关注,需要对思想史长期依赖的史料作出拓展,从而深入到民众的日常社会生活。[①]这就与社会史的研究范围产生交叠。葛兆光在《"唐宋"抑或"宋明"——文化史和思想史研究视域变化的意义》一文中进一步建

[①] "过去,思想史研究常常用的是文集、语录、著作……但是,现在如果要了解各个区域普通民众的生活状况与常识世界,你就要看更多的文献,比如地方志、笔记小说;如果要了解日常社会生活,又要看各种家礼、家训、族规。"见葛兆光:《"唐宋"抑或"宋明"——文化史和思想史研究视域变化的意义》,《历史研究》2004年第1期,第29页。

议,应关注精英思想如何从一种精英文本上的抽象观念转变为大众日用常行的生活规范,并指出儒家精英思想在明代存在制度化、风俗化、常识化的过程,这一思路明显地被《新天下之化》一书直接相承。张佳博士的创见则在于,将明初"去蒙古化"、宣讲圣谕、禁止火葬、政府对伦理观念的严格规范等在葛文中已经得到关注的现象统一置于明初礼俗改革的背景下综合探讨,在此基础上指出:"明初礼俗改革是儒家精英与政治权力相配合,对民间文化进行的儒家化改造。"① 以此为例说明了知识精英构建的"创造性思想"走入社会,逐渐落实成被大众接受并无意识应用的"妥协性思想",并最终凝结为日常生活的习俗与行为规范的过程,是思想史与社会史研究相结合的一次实践。思想史研究业已"眼光向下",社会史也愈来愈强调对民众的观念、信仰、心态等精神因素进行认识,② 二者交叠的领域趋于扩大,而且共同出现了"文化转向"。在这样的学术发展趋势下,《新天下之化》的问世应引起更多的思考。

其次,作者对元明易代的意义进行了独特的探索。作者在书中数次强调元明易代的意义超过一般的王朝循环,原因正是以"去蒙古化"与"儒学化"为基本导向的明初礼俗改革重新确定了国家意识形态,也随之重塑了社会文化的基本面貌。近期有学者已注意到了明前期作为在各方面迥异于元代和明后期的一个历史时段的特殊性,进而对元明易代的意义予以关注。③ 但本书的讨论角度不是元明在国家性质、政治制度、统治策略上的变革,而是元明之际社会文化、风俗发生的剧烈变化,这就丰富了相关讨论的内容,并使之进一步走向深入。此外,礼俗变迁是一个渐进的过程,而且前有因,后有果,作为社会现象不宜以帝王轮替乃至皇朝更迭为界限将其割裂。作者为此突破了断代史的框架,上将元代的社会风俗进行了细致整理,下将礼俗改革在明中后期的影响做出了说明。我们不应忽略,近几十年来引起学界热烈讨论的明中后期社会转型与文化变迁所呈现出的多姿多彩、光怪陆离的样态,是以明初礼俗改革奠定的社会文化风气为生长土壤的。恰当地评估明初礼俗改革的影响,对更深入地理解与把握明中后期社会文化变动的诞生背景和发展条件不无裨益。

再次,作者将明初政权遭受严重合法性危机的史实予以呈现,不仅使明初礼俗改革背景得以明晰,而且为一些明史领域的传统问题提供了新的解释思路。如明朝立国后编造太祖投军乃系天启的神话、掩盖朱氏与韩宋红巾政权的关系、强调元亡乃因"天运"使然等问题,过去多认为其用意是神化皇权、掩盖明太祖曾居于人下的历史,作者则认为这源于陷入合法性危机的新政权在广大士大夫面前为洗脱"叛逆"罪名、寻求合作的迫切需要,此论令人有耳目一新之感。此外,明太祖在史上一直以其独特的出身、气质与行为而富有争议,洪武年间的国家政策和政治生态被认为有明太祖浓重的个人色彩,一些研究甚至将明太祖制定严格的社会风俗规范、屡兴大狱、大杀功臣的原因归结为他个人的心理状况。④ 而作者以

---

① 张佳:《新天下之化:明初礼俗改革研究》,第212—213页。
② "社会史研究借鉴人类学,必然转向文化,强调对民众日常生活的探讨。民众日常生活研究的突破,需要结合民众意识、信仰探讨,引入心态史与历史人类学理念。"见常建华:《从社会形态史到社会史——中国社会史学60年之嬗变》,载氏著《观念、史料与视野——中国社会史研究再探》,北京:北京大学出版社,2013年,第98页。
③ 如李新峰:《论元明之间的变革》,《古代文明》2010年第4期,第83—102页。
④ 如吴晗认为洪武年间的文字禁忌"是朱元璋自卑心理的体现",对民间称呼、取名的种种规范则是"从个人的禁忌进一步便发展为广义的禁忌了"。见吴晗:《朱元璋传》,天津:百花文艺出版社,2000年,第289、294页。

令人信服的证据说明,明初礼俗改革的繁琐与严厉并非出于明太祖的一人之兴,而是有着深刻复杂的时代背景的,这与当时的政治文化氛围息息相关。因此,对洪武朝其他一些引人注目的历史现象,或许也能从其他角度进行阐发。

最后,本书对史料的处理与运用是一大亮点,这与作者扎实的文献学功底有关,主要体现在以下几个方面:(一)作者在明初史料相对匮乏的情况下,仍广泛使用了正史、实录、政书、文集、笔记、小说、地方志、碑刻等文献力求说明问题,对史料的运用纯熟而巧妙。如第三章使用成书于元末的高丽汉语教科书《朴通事》中的史料,有力地证明了元大都的火葬习俗流行程度非同一般,给笔者留下了深刻的印象。(二)作者关注史料文本的形成过程,与"新文化史"的相关理念有暗合之处,文本"密码"的破解使新问题纷纷浮出水面。例如,以《明太祖实录》为代表的明初各类官方史料只强调明太祖在礼俗改革中的作用,作者对此并未轻信,他认为这必然是明初史官为神化皇帝而进行的改写,接着他在其他文献中找到了儒臣参与礼俗改革的蛛丝马迹,最终推断出明太祖在政策制定中深受儒臣影响的结论,说明了明初礼俗改革具有儒家精英与政治权力相配合的性质。(三)作者对史料的版本相当重视,因此得以发现清代官修史书对明初敏感史料的刻意隐没、抽毁和改篡现象(以往学界熟悉且关注的多是清朝史官对明末和建州女真史料的改篡)。

在本书成果的基础上,尚存一些问题可以进一步探讨。例如,作者在书中多次强调明初礼俗改革是政治权力与精英思想相互配合的产物,并暗示这两者的行为主体——最高统治者与在朝士大夫、地方绅衿之间的密切合作是礼俗改革取得明显成效、对民众日常生活与行为方式产生深远影响的主要原因。一方面,这一结论确实抽丝剥茧般地揭示了在传统中国的统治体系之内"制度"改变"生活"的某种机制。① 即国家通过响应知识精英的呼声取得其支持,通过在朝士大夫制定制度与政策,借助基层国家政权与地方士绅的力量在广袤的领土上扩张影响,最终将国家意志传递到民间社会的每个个体。尽管洪武时期国家与社会的情况有其特殊性,如异常强大的中央集权体制、繁复严密的基层政权组织等,使此时实行的编纂黄册、组织里甲、人口普查等举措的力度之大、贯彻之彻底、成效之显著在整个前近代中国的历史上都属罕见,但作者对明初礼俗改革的研究仍为传统中国国家与社会的互动模式提供了一个良好的范例,值得继续思考。然而在另一方面,这种观点可能也不自觉地将普通民众视为被国家权力与精英思想任意改造的角色,而未能突出民众通过社会网络适应乃至重塑外部压力的能动性,容易导致对制度、政策和精英思想的贯彻机制与国家政权的真实性质产生误读。加拿大汉学家卜正民就以洪武朝里甲制度的推行为例,说明这一制度在基层的变态源于社会网络对它的重新塑造。② 同样重要的是,礼俗改革是国家权

---

① 起初,正式制度仅是日常生活的简单回应,但当生活主体出现利益和视野分化时,正式制度就会作为部分生活主体有意识建构的产物而涌现,制度与生活的分离也就开始了。在理想状态下,制度需要不断调整以适应始终处于变动中的日常生活,以尽可能消弭二者互不相容的矛盾。明初礼俗改革却表现出制度自上而下重塑生活的强大意志,并收到了明显的成效,或能在某种程度上说明传统中国的国家性质。有关制度与生活关系的论述,参见肖瑛:《从"国家到社会"到"制度与生活"——中国社会变迁研究的视角转换》,《中国社会科学》2014年第9期,第88—104页。

② "洪武皇帝的里甲制度尽管有着黑格尔式的专制主义想象的诱人外观,运作过程却并非随心所欲。里甲制的实施,要以社会下层的毛细血管作用为中介,而下层毛细血管状的社会网络却会按自己的喜好将里甲制度加以重新塑造。"见卜正民著,陈时龙译:《明代的社会与国家》,北京:商务印书馆,2014年,第278页。

力强行改变民间习俗的过程,而根深蒂固的民间习俗往往不以政策为转移。明初纵然国家力量空前强大,礼俗改革在各地的执行程度、与当地民俗的结合程度也未必一致。作者已关注到了某些相关现象,如明中后期山西地区依然流行被明初严禁、在其他地区也已少见的收继婚,惜未予以进一步讨论。总之,作者在注意到明初士人与国家政权紧密配合落实礼俗改革的同时,可能因相关资料有限,多少忽略了民众这一"被改造对象"对礼俗改革的议论与行为回应,也未对明初礼俗改革的推行途径、实施效果与历史影响的区域性展开说明,这应该是一个遗憾,也为今后对明初礼俗改革的研究留下了继续探讨的空间。

应该说,本书是一部高水平的学术专著,研究成果粲然可观,多处论述均具有启发性,势必能够推动相关领域的研究。此外,作者的文风朴实厚重,叙述清晰流畅,也能给予读者良好的阅读体验。

作者简介:朱亦灵,南开大学中国社会史研究中心硕士研究生。

跳出范式的窠臼

——读《地方性流动及其超越：晚清义赈与近代中国的新陈代谢》

王 倩

一、引 言

中国传统历史以宏大叙事为主，多关注王旗变幻、政治更迭，灾荒史很难侧身其中。而上至朝廷和地方大员对水旱晴雨、稻麦收成的密切关注，下至灾荒发生时大范围的十室九空、饿殍遍地，都显现出灾荒和救济是中国历代不可忽视的问题。中国近现代对灾荒和慈善事业的集中研究，本身即是一项跳出传统史学窠臼的视角，是有新意、有意义的重要课题。

灾害频发威胁着国计民生，国家主持的荒政在历代经验积累的基础上日臻完善。政府的赈济作为一种自上而下的国家行为，其制度的演进、政策的颁行、赈济的程序、社会效果的反馈不管在历史文献还是近人研究中，都有被细密的梳理。而"义赈"研究相比作为灾荒救济的主要和基本形式的官赈，在本书成书时期还属于新兴视角。"义赈"是什么？本书作者朱浒教授在2015年发表《名实之境："义赈"名称源起及其实践内容之演变》对"义赈"的概念进行系统考察，指出16到18世纪"义赈"作为独立词语出现；到19世纪前期，义赈指称地方性赈灾活动。而经历了嘉道时期义赈到近代义赈的观念传承，已具备了明显的近代性特征，表现在较为彻底的民办形式和具有近代民族国家意识的"跨境赈灾"，"义赈"成为民赈活动最重要代称。研究官赈，仍然要将目光聚焦在作为主持者的朝廷和各级政府，而晚清义赈的特性使义赈研究走向眼光向下的、有别于传统荒政研究的新路径。

将晚清义赈的流变梳理清楚固然已是开拓性的贡献，但本书并不满足于此。作者在"导论"中已清楚地写道："本书的主要目标，是试图通过经验研究以达致历史认识论和方法论层面的反思。具体地说，就是根据晚清义赈近四十年历史所提供的经验事实，重新审视以往对中国近代社会变迁的把握方式及其背后的认知框架。"作者想做的，是质疑或整合失效的历史解释模式，"冲击与回应""传统与现代""国家与社会"，它们是否能解释中国历史的变迁？而对这些解释模式弊端的抨击，是否有矫枉过正？当时学界被广为接受的灾荒史、地方史、绅商史论点在与义赈的交集之处是否可被颠覆？向世界融入的近代中国应该从何处入手去剖析它的变动？如果不从实践的角度去深入晚清义赈的确切情境,而站在既有的解释模式和成见上理所当然地建构出"规范性的认识",就走入了范式的歧途。而本书则从"地方性"入手,将自上而下的国家向度和自下而上的地方社会向度有力的契合在一起,虽是地方性研究,却没有碎片化叙事的弊病,而是突破时与空的藩篱,避免非此即彼的认知方式,发掘分歧背后的内在联系,把握中国传统社会的内在能动性与西方主导下近代化进程的互动关系,进入场景内部抽丝剥茧理清复杂的线索,从而能依靠有说服力的实证,质疑根据宏观层面的国家与社会得出的普遍性结论。

二、西方"冲击"与地方性传统的双重作用

"冲击—反应"模式专注于"中国的惰性导致古老的社会需要外部的入侵来推动其进程",而柯文在其著作《在中国发现历史——中国中心观在美国的兴起》一书中,已揭露出这一模式的弊端在于西方对中国的冲击不是直接的,而是经过"杂交"的,这种冲击就带有中国本土色彩的影响,而与西方的关联性被削弱。而在本书成书以前,这一观念在义赈研究中仍然占有极大的分量。一是体现在学者对中国本土的义赈活动并没有予以重视,二是在关注到西方对华赈济行动与中国本土义赈的关系,却做出了错误的判断,将本土义赈理解为对西方的合作和模仿。在"西方冲击中国"的视野下,得出这样的结论似乎合情合理,但作者并没有囿于范式的束缚,也没有对抗这一范式走向另一极端去力争晚清义赈情境中西方的"不在场",而是通过进入义赈所在具体场景内部的实践研究,顺理成章地还原历史的真实。

晚清义赈的兴起与西方"冲击"存在何种关系？作者认可西方的影响是促成义赈成型的助推器,但首先论证了江南及江南地区的精英因其传统具有担负起组织义赈的能力,这是证明义赈兴起倚靠中国社会内在能动性的前提。相比于地方社会虚弱的华北及力量薄弱缺乏权威的华北绅富,江南则显现出完全不同的面貌。"丁戊奇荒"爆发后,与手脚束缚、态度疏离的华北绅富相比,向来熟练参与地方事务的江南精英立马行动起来,他们行动的目的一开始还是为了传统的维护江南社会的利益,因为"丁戊奇荒"造成的灾难不仅在华北肆虐,逃荒的人群和粮食问题也极大的威胁到了江南的地方秩序。作者认为这一时期的苏北赈灾虽然成绩斐然,体现出江南社会的内部活力,但其根本目的依然没有越出护卫乡土的范围,没有摆脱地方保护主义性质。而以在华传教士为中心的西方行动也值得重视,因为正是它使发起义赈的江南士绅完成了从乡土感情到民族大义的重要转折。大量史料分析证明,山东是中国义赈的起点,因为这一时期江南地方社会的威胁已经解除,而当西方行动的消息在江南士绅圈子中传开以后对抗情绪最为强烈的一批江南士绅决意对西方进行"跟踪济赈"构成了义赈兴起的最初动力。东赈行动是义赈的开端,还有随后的豫赈、晋赈、直赈等赈灾活动,都基于超越地方感情的抗拒西方的民族情感,并在江南地区产生了巨大的社会反响。催生义赈的主观因素已在中国传统国家观念之中加入了近代民族国家意识。

考察义赈兴起的背景,西方对华赈灾行动是一个至关重要的刺激因素,然而这种刺激并不如以往学者所认知的那样——西方赈灾是为中国本土救济行动提供了规训和参照,反而是江南士绅携中国原有的社会传统与对抗西方的民族主义情感相糅合促成了义赈的产生。但在义赈的发展演变过程中,却与西方有着越来越密切的联系。比如义赈新式的募捐手法基本上都属于对西方做法的直接或间接模仿,借鉴在华西方人士利用西方输入的近代传媒进行募捐活动,模仿西方彩票及西方义演形式进行筹赈,虽然仍有中国的传统因素,但西方因素的加入也日渐显著。在救荒体制上,中国近代救荒机制通过义赈实现了对西方赈灾力量的包容,也可以说是西方力量依托义赈合法地渗入了中国内部。在义赈发生了"以国家话语为指归的近代化改造"之后,相比于兴起时候的抗拒心理,华洋在赈灾方面的对等合作出现了可能。中国红十字会和华洋义赈会在中国的本土化过程也更多依靠的是义赈提供的社会机制,西方为中国传统的救荒机制注入了新鲜的血液,也获得了中国社会的认同,这标志着中国救荒机制在近代的一个新陈代谢周期的完成。

如果遵循"冲击—反应"的范式,学者可能只将目光投向中国本土上西来的力量和他们的行动,而忽视了自己江南社会地方性的能动作用对义赈兴起的基本作用;如果过于强调"中国中心观",只注重中国社会的内在延续性,将内部因素的重要性预设在外部因素之上,那么有选择的解读史料也会使最后的结论有失公正。既对外力不过高评价,也不漠视地方性传统的延续,才能在中国与西方的近代化互动中把握义赈的正确处境。

三、从传统江南到近代国家中的义赈

荒政对中国来说并不是一个陌生的概念,经过王朝代代的经验积累,到清朝可以算是十分完备了。荒政和中国古代社会一样,在"传统与近代"观点看来,都是长期稳定持久更新缓慢。西方的入侵加速了中国王朝体系的衰落,加速了中国文化的质变,那么晚清新兴的义赈,是不是也与中国近代工业化密切相关,成为义赈的生成基础?作者做出了否定回答。作者认为在义赈初兴阶段,带有浓厚江南系谱色彩的中国本土传统资源才是义赈依托的对象。作者对这一问题的论述显现出非常清晰严密的逻辑性。对义赈初兴的考察一是看它依靠的社会资源,二是看它在具体实施过程中采取什么样的措施。社会资源又分成四部分论证:其一是义赈的发起群体,其二是义赈的组织机构,其三是义赈的募捐机制,其四是义赈的中心地点。李金镛、严佑之和谢家福位列发起群体,而从这三位人物入手研究,发现他们并不属于学界以往认定的洋务企业家,主要身份乃是"江南善士圈"中的江南地方善士。所以义赈发起群体和中国近代新兴社会阶层没有太大关系;浸淫着江南慈善传统的善会善堂则处于义赈的领导组织,并最终对义赈的发展起到了很大的推动作用。就募捐机制而言,最关键的环节就是募捐手法和经费来源。被义赈同人使用最多且最具代表性的募捐办法即"愿"捐,还有刊刻灾民图等,都是颇具江南特色的做法,新兴群体和新兴产业也绝不是义赈初期经费的主要来源;义赈的初兴地点不是位于上海,而是从属于苏州。救荒措施也在很大程度上借鉴了此前种种救荒和慈善经验,基本上没有突破传统的救荒机制,尽管有些做法越出了官赈的范围,也几乎都是对官赈弊端的纠正;善后措施,包括最重要的推动华北地区的善会善堂的建立,实质是对本土救荒传统中某些思路的继承和发扬,而不是实质上的彻底超越。

如前一章节所述,义赈在兴起阶段多靠"内在连续性"或"内发动力",但清洌源头也需要流动才能成为绵长的活水。书中指出,义赈不仅与中国近代化进程形成了一种良性互动关系,而且本身也被这种互动关系所改造,从而使其流向发生了更大程度的新陈代谢,与中国近代化进程形成合流之势,由此展示了一条"传统"与"现代"如何在中国具体情境下进行沟通的途径。但对义赈的传统看法,即义赈是由中国近代化进程引发的推论,仍然不甚妥当,作者认为首要原因是将中国近代工业化进程过多且过早地当作了义赈兴起的直接背景。与范式误区下的看法相反,义赈并非主动向中国近代工业化靠拢,反而是中国近代工业化在自身内在要求下首先采取了主动。近代化选择江南作为其落实的区域,而江南则通过义赈将近代化与本土相系。中国近代工业化进程在具有传统地方性特色的江南推行面临着巨大困难,资金因灾荒的挤压而捉襟见肘,人事上能够经营洋务企业的合适人才极其缺乏,而通过义赈作为关键媒介,义赈群体创造性地运用的一套集资方法成为引发中国首次近代企业投资热潮的一条导线;而义赈同人不仅为近代企业提供了一批出色的经营人才,还进一步壮大了在中国刚刚兴起的近代绅商阶层;义赈同人对近代企业的参与还为近代工业化向国内其他地区扩散作出了很大的贡献。而义赈与近代化进程的影响并不是单箭头的指向,义赈后续发展的能源大多依靠新兴因素来提供。义赈在兴起时其创办者并非以近代绅商为身份,但发起义赈的许多主要成员大都转化为了近代绅商;义赈在创始时期依托于原有的江南善会善堂,而后发展出以协赈公所为中心的组织体制;正是由于义赈与中国近代工业化的落实进程发生了密切关联,才为上海从根本上改变其在义赈序列中的位置创造了条件。所以作者总结道:近代化进程与义赈之间形成了一种互动态势,即为这个进程提供在江南落实途径的义赈,又通过这个落实过程而在江南发生了更为深入的近代化改造。此外,从国家与社会的论题来看,义赈促成中国救荒近代化地方系谱向上伸入国家话语,在经历了近代化改造之后,义赈不仅能够脱离借助只对江南社会有作用的地方性"福报"话语,从国家的视野中获得合法性认同,对荒政也形成了制度性冲击,使中国救荒机制发生了具有革命意义的转变。

传统资源和近代化进程在义赈发展的情境中呈现出一种双向互补的态势,地方系谱和国家话语也在这里显现出作者所说的内在亲和力,而以上因素的综合起来更促进了中国与西方在赈济事务上的良性互动。这呼应了作者在导论中提到的从地方史路径和历史底层进程的认识入手,建构一套足以与传统宏大叙事相对立的基本解释构架。

四、对于范式研究的再考量

历史的走向并不是单一因素所推动的,而是各种力量趋合的结果。这就决定了后人虽然能站在尽头回溯全部事件,但却不能用某个"有意义"的范式预设一个结论再收集相关史实去套用理论。历史的阐释将事件的意义综合和归纳,然而这种整体把握的优势并不意味着一种解释就可以理解整段历史的来龙去脉,而对范式的依赖往往会犯了这样的错误。

因此作者提出以实践的史学抛开预设的束缚进入历史的场景,以事实来驳斥范式研究带来的谬误。

西方冲击中国反应,传统与现代,从简短的几个字,我们仿佛就能看出这种说辞与生俱来的傲慢。中国的形象是充满惰性的古老社会,不推则不动,不与西方接触,就会慢慢腐化下去;而西方则代表强大先进的外力,裹挟着现代化的力量摧枯拉朽。虽然这种偏颇的观点已被慢慢修止,但遗留的研究范式仍然在左右着史学家的思维。如"现代"相比传统,占有绝对的优势,既然从传统走向现代,那么传统的多是可摒弃的,而现代的一定是优越的。罗荣渠在《现代化新论——世界与中国的现代化进程》中提出,现代化是一种价值尺度,是新时代的精神与特征,在谈到传统经济结构对经济增长与工业化的启动机制问题时,他认为中国现代化启动的缓慢就在于传统经济结构严重阻碍了转移。这段话当然在一定程度上是无懈可击的,而正是由于这一范式有广泛的说服力,才致使学者有时会下意识的直接套用。然而本书正是反定式而行之。"义赈"作为晚清新兴的现象,以往学者在论及义赈时,会多注意西方与中国接触的那一块领域,并预设它的兴起是基于近代化进程,而作者经过论证得出,"传统"才是义赈兴起中主要汲取的力量,江南的地方性传统和从地方性传统兴起的义赈反而是反哺和推进近代化进程的重要媒介。那么是否夸大传统的内在能动性呢?作者同样正视了西方的在场及其扮演的重要角色。西方以江南为重心来展开对整个中国的近代工业化冲击,而中国在使用关于近代工业化的国家话语对西方作出回应时,同样是主要通过江南的地方系谱来落实的。"冲击—反应"模式同样对这段历史有解释力。中国近代工业化的落实进程同样促进着义赈和整个中国救荒体制的转变,中国的内在活力与外源的近代化新兴因素不可剥离其一。作者已经意识到了范式的危机,但并没有采取简单的回避态度,才能从多维度的视角来看待义赈兴起和发展的整个过程。

地方史路径是作者主要采取的研究方法之一。地方史研究顾名思义是一种与传统宏大叙事相异的叙事方式。江南地区是作者用于分析整个中国历史在晚清流变的样本。我们可以领略"义赈"是一个多么巧妙的切入点,它是中国传统没有的新兴事物,产生于有独特深厚的地方性传统的江南地区,由当时中国最有自主性和能动性甚至可以说最先进的群体之一——江南士绅群体创办,在千年未有之变局的晚清发生,是西方与中国碰撞的一个重要横截面。作者说道,在民族国家的层面上,江南是近代工业化在中国落实的一个重要媒介;转到地方社会的层面上,义赈又是近代工业化在江南落实的主要媒介之一。如果从义赈向上推导,那么研究义赈是研究江南近代工业化进程的重要途径,并可以借此探究近代工业化在中国是怎样落实和展开的。地方性的历史是"小历史",与所谓的全局性的"大历史"仿佛不能相提并论,而微观研究同样可以有宏观的关怀。作者认为,是研究者的主观意识造成了宏观认知和微观认知的对立,宏观认知和微观认知的历史可以在实践逻辑的基础上综合把握。作者将其实践逻辑完整表述为"地方性的流动及其超越",地方性不再设定于狭隘的空间前提,也不是具有本质意味的静态结构,宏观与微观,内部与外部都不应是研究的障碍,应该用更为宽阔的眼界来审视整个历史的变迁过程。

我们从整本书的框架和内容来看,如果关注上编,我们可能看到的是内在能动性和江南地方性传统的重要作用,作者有意向抨击西方中心观;如果关注下编,西方和近代化进程对义赈发展流变的影响则凸显出来,作者又在一定程度上修正了中国中心观的弊端。当我们读完了整本书,才能完整的把握作者立足史实的基础上所持的包容态度。如果用一种范式去套用一系列史实,可能也会产生一篇颇具说服力的论文,但如果从本书的研究成果去回顾,那么依靠范式的研究方法就好像是盲人摸象,显得单薄和无力了。此外,义赈在兴起时还游离于国家救荒体制之外,是一个江南地方性事件,而到最后它已经恍然成为整个中国救荒近代化发生与发展的一个起点,而它也昭示着自己作为媒介与整个中国近代化进程密不可分的关系。虽然我们还不确定在推进近代工业化方面,是否仍然有其他如义赈一般有重要媒介作用的事件还尚未发掘,不敢断言义赈在近代工业化于江南落实的进程中,是否处于最关键的地位之一,但本书以足以说服我们看似"微观"的义赈事件,拥有着在中国历史上举足轻重的地位。

五、余论:历史的人情

"自上而下"的历史这种传统的视角虽然在研究中仍占据着非常重要的地位,但却也时受批评。"自下而上"的历史成为反思"大历史"的一种途径。不过,"自下而上"的历史还是换了一种方式来审视国家与地方的权力,审视政治、经济与社会体制,审视帝王将相,审视重大的历史事件和现象。这种看法和研究理路在灾荒史和慈善史中也是占主流地位。而当我们读完本书掩卷思考,除了那些学界最关心的重要课题,脑海中浮现的还有义赈同人们高尚的情操、悲悯的同情和热血的家国情感。

西方的暴行凌虐中国,同时还在赈济事务上插手华北,这种情形下有着慈善传统的江南士绅面对着困难的情境,也毅然组织起来跨境救灾。我们通过本书得知,在义赈最初的兴起,并不是依托经济的利益,国家的强权,或是出于维护社会秩序的无奈之举,而是义赈同人自发的怀着对抗西方伸手中国的大义举措。文中引用谢家福的话:"生平灭夷之志,刻不能忘,势力所拘,未能灭此朝食,今得隐相摄制之机,而交臂失之,则身存实死,天下不必有此人,谢氏不必有此子也。"他在晚年仍称:"生平最恨人称善长,并请善安。区区心中但为中国保自主之权,无所谓善事也。"书中还提到李金镛、谢家福和经元善三人都有着长期力行善举的家世背景。义赈同人认同并参与近代工业化事业的推行,也很大一部分原因是基于御外侮以救国强烈愿望。正是义赈同人一腔热血的救助同胞维护国权,才有了义赈的兴起。哪怕以后义赈在社会意义上越来越突出,各种新旧因素促使它越来越壮大和完备,直至成为中国近代化进程的重要助力,成为中国救荒事业近代化的起点,都不应该埋没义赈初兴之时义赈同人的那份星星之火的善良和大义。

灾荒史和慈善史作为曾经历史研究的边缘议题,它的勃兴是非常有意义的。因为历史的意义并不只是为了给现实做参照,我们还可以在浩如烟海的史实中耙梳社会发展的规律,高屋建瓴的把握政治制度和意识形态的变迁;历史也不仅是"为往圣继绝学",它还可以记录这个民族曾经经受过怎样的苦难,这个民族的人民在苦难中怎样不屈不挠的努力存活,这个民族有哪些并非重要人物但却能因为其善行和义举而在青史上留名。然而,在主流历史中,这些都是被忽视的,因为这是真正的下层人民的历史,并且不具有历史研究所注重的大的关怀,也难以与中外的学术前沿对话。现今历史学界不可避免的最大范式,是作为感性的人文学科而努力向客观的社会科学靠拢,就像很多近乎公理的范式一样,它在很大程度上确实是必要和适用的,对灾荒史和慈善史的研究也是具有权威指导作用的,只是需要避免在叙事中为现实意义和宏大视野而牺牲掉一些看似琐碎却能引起人心共鸣的东西。

作者简介:王倩,中国人民大学历史学院清史研究所硕士研究生。

编 后 语

本卷呈现在读者面前的是5组论文、1组研究述评和1组书评,共计15篇论文、2篇研究述评、4篇书评。

重点推出的是第1组关于信仰与社会的3篇论文。赵树国《从"东夷首领"到"一方正神":逄伯陵信仰演变考论》一文,探讨逄伯陵信仰自先秦至清的演变及其同山东六社地区社会变迁的关系。谢一峰《争衡圣域——两宋间杭州宗教空间的变迁与重构》论述两宋间杭州宗教空间变迁中道教的兴起问题。王浩《山岳效灵:明代齐云山与休宁地方社会关系研究》一文认为,明代道教名山齐云山的发展之于安徽徽州休宁地方社会的影响是全方位的。这些论文均资料翔实,分析细致,各有新见解。

石刻文献与社会一组论文3篇,呈现的是石刻资料的价值与利用方法问题。徐畅利用出土石刻文献,从社会史的角度考察了唐永淳元年的关辅灾荒。刘昕《北魏刘晦墓志考释》考释细腻,展示了墓志的利用价值。周莎《北京明代公主墓志初步研究》详细介绍了明代北京公主墓志。

宗族与社会一组论文亦3篇。李扬以湘中地区为例,分析了明初"江西填湖广"移民现象。申红星的《试述北方宗族祠堂的演变——以豫北地区为中心》和朱绍祖《清至民国河南西平的宗族建设——以西平县权寨镇陈氏为中心》则是论述河南不同地区宗族的论文。

古史新论一组3篇论文。邓国军考察了先秦忌日礼俗。何丹的《"孔子衣镜"不能作为刘贺的翻案依据》则是一篇商榷文章,它基于汉代"孔子画像",考察了海昏侯出土文物问题。庄兴亮、黄涛以魏校欲罢祀陈献章于乡贤祠为例,论述明中叶毁"淫祠"行动中的思想因素。

近世变迁一组论文亦3篇。武强、刘芹通过对光绪河南南阳南召县《蚕坡章程碑》的考察,阐述了地方社会、国际市场与产业变迁的关联。董乾坤以徽州府祁门县胡廷卿为例,讨论晚清教育改革与乡村塾师的个人际遇。林旭鸣《粗鄙之语——民国时期作为叙事辅助的粤语脏话"丢那妈"》一文从社会文化的角度分析社会语言,饶有意趣。

2篇会议综述为读者提供了南开大学中古社会史工作坊的相关信息。

4篇书评各具特色。朱小屏、张笑川评介了新出版的《宣卷研究的新史料和新视野——〈中国农村的民间艺能〉述评》一书,认为该书为宣卷研究提供了新史料和新视野。张英聘介绍了《凤阳花鼓全书》的学术研究方法。朱亦灵认为张佳的《新天下之化:明初礼俗改革研究》一书,是思想史与社会史结合的佳作。王倩认为朱浒的《地方性流动及其超越:晚清义赈与近代中国的新陈代谢》一书,跳出了以往同类问题研究范式的窠臼。

英文摘要
Summary of Articles

From "Barbarian Leader" to "Official Divinity": Study on Faith Evolution of Pang Bo – ling

Zhao Shuguo
(The department of History, Shandong Normal University)

Abstract: Pang Bo – Ling was the chieftain of the Pang clan that was active in ancient Qi in the Shang Dynasty. In Shandong, there are numerous historical remains related to him, such as Mount Pang which was named after him. Nature worship prevailed in Qi in the Pre – Chin Period and lasted until the Han Dynasty. In the late Western Han Dynasty, due to the presence of stone Shrines and Stone Drums, Mount Pang was included in national sacrifice, then the belief of Mount Pang became popular. After the Song Dynasty, new changes took place in Chinese spiritualbelief that the personality godgradually prevailed. In the Yuan and Ming Dynasty, the reconstruction of villages in the area around Mount Pang was completed, forming a new type of rural structure named "Six Communes". Therefore, the worship of the Mount Pang, which was originally related to a natural god, was transformed into the belief in Pang Bo Ling, the personalized god in the community. At the same time, according to the "Image of Mount Pang", there were many legends of Pang Bo Ling produced in the region of Six Communes. Generally, the evolution of the belief in Pang Bo – Ling not only accorded with the development trend of Chinese spiritual belief but also was closely linked with the social vicissitudes in the region of Six Communes.

Key words: Mount Pang; Pang Bo – Ling; Natural God; Personality God; Six Communes

To Compete in a Sacred City—the Transformation and Reconstruction of Religious Space in Hangzhou(960—1276)

Xie Yifeng
(Yuelu Academy, Hunan University)

Abstract: After the twice transitions from the local capital of Wuyue Kingdom (907—978) to a prefecture city in Northern Song (960—1127), and then becoming the capital of Southern Song, Hangzhou still was a Buddhist world, abounded with Buddhist temples in it in the early period of Southern Song. With the Song court came to the south area, the number of taoist temples, especially the imperial taoist palaces and temples, rapidly increased and considerably enhanced the importance and influence of Daoism in Hangzhou. On the spatial distribution of taoist temples, the intensive degree in core areas (including the imperial city, the capital city and a part of area surrounded West Lake) was relatively higher than the other areas. In other words, the transformation of religious space in Hangzhou was not symmetrical, to focus on the inner urban area and ignore the surrounding region and affiliated counties. In the process to refresh the religious space in Hangzhou, the Song court constructed and strengthened the local advantage of Daoism in the considerably limited religious space of capital, by the way of spatial invasion and substitution. It revealed the

officialcharacter of Daoism in Southern Song; and partly changed the absolutely dominant position of Buddhism in Hangzhou, to reconstruct this sacred city.

Key words: Southern Song; Daoism; Hangzhou; Imperial taoist Temples; Religious Space

Social Relations Study on Mount Qiyun and Xiuning County in Ming Dynasty

Wang Hao

(Center for Hui Studies of Anhui University)

Abstract: The development of Mount Qiyun in Xiuning County of Anhui province can be traced back to the Tang and Song Dynasties, but its real concern and great development is in the Ming Dynasty. The efforts of the Taoist priest laid the foundation for the prosperity of the Mount Qiyun in the early Ming Dynasty. Emperor prayers and national sponsorship raised the position and influence of Mount Qiyun rapidly. The active participation of the local society in Xiuning and Huizhou made the development of Mount Qiyun sustainable. While officials, gentry and the masses were lecturing, visiting and praying at Mount Qiyun, Mount Qiyun´s prosperity brought social problems such as eunuch harassment and local tyrants to the local society. It can be said that the influence of the development of Mount Qiyun in the Ming Dynasty on the local society of Xiuning is all aspects.

Key words: Ming Dynasty; Qiyun mountain; Xiuning; local society

The Socio – Historical Analysis on the Famine in the Guanzhong Area in the Year 682 of Tang—Based on New-Prove of unearthed Stone Inscriptions

Xu Chang

(School of History, Beijing Normal University)

Abstract: Serving for natural science, the research tendency of ancient Chinese disaster history has affected the narrative path of disaster/famine history in the Tang Dynasty. Analyses on disaster-related data and the national relief policy have proved to be two main research paths. Actually, disaster relief is an extensive project involving all sectors of society. This paper takes a famine in 682 A.D. in the Guanzhong area as a case, explores respective performances of officials and civilians, and tries to approach individual experiences of victims. Through the perspective of social history of disaster/famine, the relationship between state and society of medieval China can be understood flexibly.

Key words: Disaster; relief; The first year of Yong Chun; Official; nongovernmental

Interpretation on Liu Hui Epitaphs of Northern Wei Dynasty

Liu Xin

(Faculty of History, Nankai University)

Abstract: Liu Hui Epitaphs of Northern Wei Dynasty was discovered in Sanmenxia, Henan, in 1995 is greatly helpful to historiographic study. There is no record in history books for Liu Hui and his lineage, but his epitaph recorded his family and life. This can make up for the lacuna of the history books and has important historical value for the study of northern dynasty, especially the history of Northern Wei Dynasty, and ancient Chinese family history.

Key words: Northern Wei Dynasty; epitaph; Liu Hui

Priliminary Study on Princess Epitaph of Ming Dynasty in Beijing

Zhou Sha

(The Palace Museum)

Abstract: This article is mainly based on the material of the tomb of the princess of Ming Dynasty in Beijing area, which is known by archaeological excavation and investigation, and explores the characteristics and social life of the tomb of the princess of Ming Dynasty. First, by combing the data of the tomb of the princess of Ming Dynasty found in various districts and counties, the regional distribution information of the tomb of the princess of Ming Dynasty is summarized and analyzed. Secondly, according to the seal number of the princess of Ming Dynasty, the origin of the princess's seal of the Ming Dynasty is discussed. Major epitaphs are studied to explore the social information reflected by the unearthed cultural relics.

Key words: Beijing; Ming Dynasty; Tombs; Princess Epitaph of Ming Dynasty

Historical Interpretation on Migration Phenomenon from Jiangxi to Hunan, Hubei and Guangdong Province in Early Ming Dynasty—Analysis on Central Hunan Province

Li Yang
(College of Applied Arts and Science of Bei Jing Union University, The department of history)

Abstract: Migration phenomenon from Jiangxi to Hunan, Hubei and Guangdong province was a very important phenomenon in early Ming Dynasty. But official documents seldom record it. This paper will make use of materials such as genealogies and legend and finally give a logical explanation.

Key words: Migration phenomenon from Jiangxi to Hunan, Hubei and Guangdong pro-Vince; Migration in early Ming Dynasty; Central Hunan area

Clan Construction of Xiping in Henan Province from Qing Dynasty to the Republican Period_Centre on the Chens in Quan Zhai Town of Xiping Country

Zhu Shaozu
(School of history, Nankai University)

Abstract: The period from the middle Qing Dynasty to the Republic of China was an important stage of development of the clans in Henan, Xiping. Under the influence of modern social changes, until the late Qing Dynasty and the Republic of China, the clan activities continued to flourish. By participating in local chronicles compilation, history of Henan Xiping clan was constructed, there has the following characteristics: first, the change of dynasties cased migration movement, especially in the early Ming Dynasty; second, moved from Hongtong of Shanxi Province; third, many clans descended from famous historical figures; fourth, information about the begining and migration of ancestors is becoming more and more complete. Besides the construction of clan history, the construction activities of Xiping clans were quite frequent. Especially the QuanZhai Chen clan, it not only several repairs Ancestral Shrine, compiling genealogy, establish a sacrificial field, but also formulate regulations of the clan. Although the binding is relatively loose, it shows that the institutionalization of clans is strengthened. The Xiping clan molded the ancestors from the early Ming Dynasty, to be conscious of the official immigration themselves into the memory of the history, and gradually establish contact with the Hongtong immigrant legend, based on which, Quanzhai Chen clan dating back to Han Tai Qiu Chen Shi, construct a pedigree of five dynasties of ancestors moved to Shanxi and in early Ming Dynasty moved back to the homeland. It was to establish the legitimacy and authority of the local people, rather than to be a strong regional identity and adapt to their profound embodiment of modern national thought.

Key words: Xiping; Clan annals; Clan; Quanzhai

Describe Clan Hall Evolution and Development in the North of China—Centre on North of Henan Province

Shen Hongxing
(Xinxiang University)

Abstract: Since the middle and late Ming Dynasty, with the rise of gentry group and clan consciousness, north of Henan province gradually emerged from special hall to ancestral hall of the trend. Some special hall swhich had great influence in north of Henan province like Shao Yong, Yao Shu, Sun Qifeng, had experienced the transition. This trend reflects the efforts of local gentry group in north of Henan province to build their clan, and the construction of local clan organizations has been further strengthened. During the period of the republic of China, the trend of the local ancestral hall was strengthened, and the climax of the building of the ancestral hall was developed, and a new transformation from ancestral hall to the new school was presented.

Key words: Ming and Qing Dynasty; North of Henan Province; North Clan; Ancestral Hall

Investigation on Death Anniversary Etiquette and Custom in the pre – Qin Period

Deng Guojun
(School Of History, Nankai University)

Abstract: The Customs of Bogey Day, is one of the characteristics of Chinese – civilization. Tracing the Source of Rituals Customs can help us to understand the functions and mechanisms of the rituals customs at a deeper level. Bogey customs was originated in the ancient ancestor worship, which was on the basis of evolution of Shang and Zhou worship system. It was esteemed and inheritanced by the Confucian, and eventually became a fixed etiquettein the Spring and Autumn Period. The Bogey Ritual Customs of pre – Qin Period was a kind of family common memory based on the blood relationship. Its core function was to serve the aristocracy to recall ancestors, to express the emotional demands of filial piety. The taboo of the Bogey Day is an important form ofpreserving and spreading to the Customs of Bogey Day. The existence of taboo of the Bogey Day, not only can strengthen the jealousy of the solemn sense and devotion, but also can play the role of family relations education.

Key words: the Customs of Bogey Day; The day of death; Zi Mao Bu Yue; taboo

"Confucius clothing mirror" Cannot be Used as the Evidence to Change Liu He's Historical Image – Based on the Investigation of the "Confucius portrait" in Han Dynasty

He Dan
(Nanchang University, College of humanities)

Abstract: Base on the trend of reverse for Liu He which with the help of cultural relics excavated from Tombs at present, select the most powerful cited evidence "Confucius clothing mirror" in this paper to explore, centre on the portrait of Confucius painted on it, reexamined the true image of Liu He and the reliable value of the mirror. By analyzing the relation between Confucius's portrait and the education of Han Dynasty and Shandong culture, and observing all the signs of Liu He's life and death, author think the mirror is not sufficient to prove that Liu He is a Confucian image. Mirror for Liu He, is a kind of tool to deceive the public.

Mirror reflects the thought of respecting Confucius and Confucianism, can only represent the ethos of society which under the influence of the official Confucian education, and is not Liu He's personal preference.

Key words: Liu He; "Confucius clothing mirror"; portrait of Confucius; The Emperor Wu in Han dynasty

Mentality Factor on Local Officers' Activities of Combating Evil Deities in the Middle of Ming Dynasty—Taking Wei Xiao Dismiss Chen Xianzhang in the Temple of Local Respectable Dead Person as Example

Chang Xingliang Huang Tao
(Department of Chinese Culture, The Hong Kong Polytechnic University)

Abstract: The actions of demolishing "improper shrines" as well as substituteing community schools for the destroyed temples and monasteries by the Guangdong scholar – officials who wished to rebuild the ideal Confucian social order in mid – Ming have been greatly discussed in previous researches. However due to the vague definition of "improper shrines" provided by the officials, existing study from absolute "external perspectives" seems to be limited for analyzing the mentioned issue in a more comprehensive way. This paper attempts to examine Guangdong Assistant Education Intendant Wei Xiao's considerations on deposing Chen Baisha from the shrines of local worthies during his "improper shrines" demolition from an intellectual perspective. The first section explores Wei's attitude towards school of mind and Chen Baisha's learning, thereby demonstrating his real intention of deposing Chen. The second section inquiries into the ultimate purpose of Zhan Ruoshui's sensationalism of Wei's story, which is actually related to the competition for the orthodox position within the Baisha's school itself. It is the contention of the authors of this paper that the selected case study can reveal the importance of intellectual factors that should be highlighted in the research of "improper shrines" demolition during Ming - Qing period.

Key words: Wei Xiao; "Improper Shrines" Demolition; Chen Baisha's Learning; Zhan Ruoshui; "Orthodox Position" within the School

The Analysis of Tussah Field Regulations Stele: Local Society, International Market and the Industry Evolution

WU Qiang Liu Qin

(Henan University The Center for Yellow River Civilization and Sustainable Development)

Abstract: Tussah Field Regulations Stele is the earliesthistorical material of Silk Pongee industry, which was the most important avocation in the west hilly land of Henan province. According to the fieldwork method and the analysis of Tussah Field Regulations Stele, it could reveal some questions, for instance, the two magistrates' name of Nanzhao County, the construction of Silkworm God Temple, and the position of gentry in local economic. Because Silk Pongee was the market - oriented economy, the vicissitude of civil economic condition and international market could influence the tussah industry, then the tussah fields were destroyed and international market showed the significant power. It could compare Henan Province (i. e. Nanzhao County) with Shandong Province (i. e. Changyi County), the disparity was appeared that the link of Silk Pongee industry in west Henan Province with international market was in - direction and this interaction with outer market still affect the Silk Pongee industry of Nanzhao County. Tussah Field RegulationsStele sheds light on the relationship of country government with local gentry in the form of tradition, however, it unfolded the historical condition that modern Chinese economic gradually integrate the world system impliedly.

Key words: Tussah Field Regulations Stele; Nanzhao County; Antheraea Pernyi; Silk Pongee; International Market

Educational Reform and Family Life of Country Private School Teacher in Late Qing Dynasty—Take Hu Ting - Qing of Qimen County as Example

Dong Qiankun

(Department of History, Anhui University)

Abstract: Guangxu twenty - four years (1898), the Qing government promulgated Ding Guo Shi Zhao, which ordered that officials open the western school at the provinces, prefectures and counties. And it also ordered that the colleges of county and State was changed into primary school. From that time the government's education reform in late Qing Dynasty was opened. Hu Tingqing is a teacher of village in Qimen County, Huizhou Prefecture. He was thousands of miles away from the capital. This reform has affected his income and daily life. In order to cope with this change, he has taken various measures to maintain his teaching career, so as to obtain income.

Key words: late Qing Dynasty; The education reforming; Huizhou; Account Book; Private School Teacher

Vulgar Language—Auxiliary Narratation Cantonese Dirty talking "Diu Na – Ma" in the Republican Period

Lin Xuming

(College of History, Nankai University)

Abstract: The use of the curse word in Cantonese "Diu Na – Ma" in the Republican Period followed the regular pattern "individual – group – individual". With the change of the situation, the meaning of that word was change. Depending on the identity or the purpose of the user, that word could be noble or vulgar. Besides, when someone used it to describe something mystery, he was trying to suggest some point that good for himself.

Key words: Curse Word; "Diu Na – Ma"; The Anti – Japanese War; the Republican Period